KB160928

토지소유의 장기변동

- 경기도 시흥 석장둔의 250년 역사 -

차 례

한국학총서 근대전환기의 국가와 민 05

토지소유의 장기변동

- 경기도 시흥 석장둔의 250년 역사 -

이영호 지음

경인문화사

머리말

경인 제2고속도로와 제3고속도로 사이, 그리고 그 동쪽의 서울외곽순환도로로 감싸여 있는, 시흥시 연성동 일대에는 넓은 평야가 펼쳐져 있다. 제3고속도로의 연성 톨게이트로 나가 39번 국도를 타고 북쪽으로 향하면 동쪽으로 넓은 들을 볼 수 있다. 바닷물이 드나들던, 하중동에서 포동까지 750여 미터의 병목을 막아 간척지를 만들 때 쌓은 제방이 국도가 되었다. 18세기 중엽의 『해동지도』에는 '진청신언(賑廳新堰)', 1840년대 『경기지(京畿誌)』 속의 「인천부읍지」에는 '석장둔(石場屯)', 1872년 『안산군지도』에는 '호조방축(戶曹防築)'이라 표시되어 있다. 현지에서는 이 들판을 '호조벌'이라 부른다. 버스 정류장의 안내판은 "시흥의 역사, 소중한 삶의 터전 300년, 호조벌"이라 선전하고 있다. 원래 진휼청(賑恤廳)에서 '석장둔'으로 간척한 곳이므로 진청신언 또는 석장둔이 맞는 표현이고 진휼청이 호조 소속 관서라 해서 호조벌이라 부르는 것은 다소 우활하다. 나는 서울외곽순환도로에서 경인 제2고속도로로 갈아타는 출퇴근길을 10여년 반복하면서 이 들판의 사계절을 정겨운 마음으로 감상했고, 도로가 뚫리고 아파트가 들어서면서 파헤쳐지는 광경에 아쉬워했다.

오래 전 서울대학교 규장각한국학연구원에서 조선후기 양안(量案)과 추수기(秋收記)를 열람할 때 처음으로 『안산석장둔양안』과 『인천석장둔양안』을 접하고 깜짝 놀랐다. 안에 띠로 두른 한지가 겹겹이 붙여져 아래쪽이 배불뚝이처럼 불거져 나오고 표지는 너덜거리고 먼지가 풀풀 날렸다. 띠로 두른 것을 치마처럼 둘렀다고 상지(裳紙)라고, 추가로 붙였다고 첨지(添紙)라고 조어해서 부르는 것은 후에 알았다. 이제까지 마주친 토지관계 문헌 가운데 이 양안이 가장 낡고 험했던 것으로 기억된다. 인천과 안산에 위치한 양안이란 것은 알 수 있었지만 석장둔이 무슨 뜻인지 전혀 몰랐다. 필지별로 토지가 등록되어 있을 뿐 다른 정보를 양안에서 얻을 수 없었다. 그 후 토지제도 연구를 계속했지만 까마득하게 잊고 있었다.

인천에서 학문활동을 하며 지역사에 대한 관심을 가지고 연구하던 중 석장둔이 있던 곳이 직장에서 그리 멀지 않은 시흥시에 있다는 것을 알게 되었다. 강화도의 선두포 간척지를 답사하면서 간척에 관심을 갖게 되었는데 선두포를 간척한 숙종비 인현왕후의 오빠 민진원이 이곳도 간척했다는 사실을 알게 되어 더욱 호기심이 생겼다. 현장도 가보았다. 출퇴근길에 석장둔을 감싸고 지나가는 고속도로에서 석장둔 들판을 건너다 볼 때 기억 속의 양안을 계속 상기했다. 그러던 중 2007년 간행된 『시흥시사』에 광무양안에 대한 글을 기고하게 되면서 석장둔양안을 조사해 보고자 마음먹게 되었다. 규장각한국학연구원에 찾아가 원본 열람을 허락받고 필지별 기록을 컴퓨터 엑셀파일에 옮기기 시작했다. 양안의 원문과 상지의 맨 윗부분 3개년분의 기록을 옮겨 정리했다. 대학원의 제자들이 도와주었다. 이때 작성된 석장둔 양안 두 권의 엑셀파일은 규장각한국학연구원에서 발행한 『규장각』제35호 64-150쪽에 게재한 뒤 규장각한국학연구원에 제공했다. 석장둔 연구는 이렇게 시작되었다.

석장둔양안의 성격에서 시작해서 석장둔의 간척과정, 소유실태, 수취구조 등을 분석했다. 진휼청에서 수조권(收租權)을 설정하여 1결당(結當)

조(租) 100두를 거두는 농장임을 확인했다. 갑오개혁 이후, 그리고 일제 통감부에서 조사할 때 이 농장이 국유지에 편입된 과정에 대해서도 검토했다. 결국 일제의 토지조사사업에서 분쟁을 거쳐 민유지로 인정받은 사실을 확인할 수 있었다. 이로써 연구를 일단락 지었다.

2013년 한국학중앙연구원의 공동연구 프로젝트에 참여하게 되었을 때 석장둔 지역이 일제시기 이후 현대에 이르기까지 어떻게 변모하는지 추적해 보고 싶은 생각이 들었다. 물론 일제시기 이후에는 수조권이 작동되던 조선시기와는 달리 석장둔은 일반 민유지가 되었지만 조선후기 궁장토(宮庄土)·둔토(屯土)에서 출발한 다른 농장과 비교할 수 있을 것이라는 기대를 가지고 석장둔의 행로를 추적해 보기로 했다. 조선후기 다양한 구조를 지녔던 궁장토·둔토는 조선총독부가 운영하는 역둔토(驛屯土) 국유지로 편입되어 농장의 연혁과는 무관하게 일률적으로 역둔토 지주제로 경영되거나 일제가 출자한 동양척식주식회사의 자본주의적 기업경영에 편입되었다. 석장둔은 국유화의 위기를 넘기고 민유지가 되었으니 다른 경로를 밟은 지역과 비교 대상이 될 수 있을 것으로 생각했다.

이렇게 하여 18세기 초반에서 시작하여 20세기 중반에 이르는 250여 년의 장기적 토지변동의 역사를 석장둔의 사례를 토대로 구성하게 되었다. 조선후기, 대한제국기, 일제시기, 해방공간 등 시대별로 분절하지 않고 연속적으로 장기변동의 역사를 연구하는 것이 필요한데 주제와 자료가 정합성을 보여주지 못해 여의치 않은 경우가 많다. 석장둔 연구에서도 그런 고충이 없지 않다. 그런 점을 감안할 뿐 아니라 또한 토지소유는 토지조사사업과 농지개혁이라는 두 개의 큰 분수령을 통해 변화를 겪었으므로 두 부분으로 구분하지 않을 수 없었다. 조선후기에서 토지조사사업까지 제1부에서 다루고, 제2부는 식민지시기부터 농지개혁과 그 직후의 상황까지 다루었다.

제1부는 다시 갑오개혁 전후로 두 단계로 나눌 수 있다. 먼저 조선후기 간척을 통해 석장둔이 탄생하면서 토지소유권이 원시적으로 창출되는 양상을 검토했다. 그 토지소유권은 절수와 입안, 간척의 과정에서 제약을 받았기 때문에 수조권을 발생시켰다. 석장둔에 사적 토지소유권이 발생했지만 그것은 진휼청에 조 100두를 납세해야 하는 수조권의 규제를 받았던 것이다. 그런 점에서 근대적 소유권과는 차이를 지니는 소유권이었다. 석장둔은 '조100두형' 장토의 전형이라 할 만하다.

갑오개혁 이후 한국정부의 궁장토·둔토 정리과정에서 석장둔민은 토지소유권 상실의 위기를 맞았지만 종래의 수취수준을 유지함으로써 토지소유권을 보존했다. 그런데 통감부의 역둔토 국유지에 포함됨으로써 소유권을 상실했지만, 조선총독부의 토지조사사업에서 소유권 분쟁을 거쳐 석장둔 소유권은 극적으로 민간에 반환되었다. 석장둔의 민유화과정은 '조200두형' 장토가 국유화되어 버리거나 투탁된 민유지가 반환되지 않고 국유화된 뒤 조선총독부의 역둔토지주제에 편입되거나 동양척식회사에 불하된 것과 대비되는 모습을 보여준다.

제2부는 농지개혁을 전후로 식민지지주제와 영세자작농체제의 두 시기로 구분된다. 먼저 일제시기 식민지지주제가 어떤 방식으로 존재하고 있었는지 석장둔 지역을 대상으로 살폈다. 석장둔 지역에는 일본인도, 동양척식회사도 진출하지 않았다. 경성의 부재지주가 재산증식의 수단으로 토지를 소유하거나 지주제 방식으로 농업경영을 수행하는 모습이 보인다. 이와 짝하여 재촌의 중소지주도 지주제적으로 농업을 경영했다. 일본인 대지주, 동척농장이 아닌 조선인 부재 및 재촌지주를 중심으로 한 식민지지주제의 또 다른 농촌풍경을 연출했다. 석장둔이 간척으로

시작하여 수리문제가 중요한 문제였으므로 본서에서는 이 문제에도 주목했다. 다른 지역과는 달리 간척지의 특수한 사정이 작용하여 석장둔 지역에도 수리조합이 설치되었다. 그리고 석장둔 지역 지주제의 한 양상을 신안(新安) 주씨(朱氏) 지주가의 사례를 통해 살펴보았다.

석장둔 지역에서 일본인 지주나 대지주와 같은 식민지지주제의 전형적인 모습은 볼 수 없었지만, 지주-소작간의 극단적인 경제적 불균등은 이 지역에서도 피할 수 없는 일이었다. 그 해소를 위한 농지개혁은 석장둔 지역에서도 시행되었다. 시흥시청 소장의 농지개혁 관계 자료를 가지고 석장둔 지역을 품고 있는 시흥에서 농지개혁이 어떻게 진행되었는지 살펴보았다. 농지개혁에 대한 연구는 이미 상당히 전전되어 있는데 농지분배 문제보다는 농지개혁 전후 석장둔 지역의 토지소유분포가 어떻게 변동하는지 분석하여 사례를 보태고자 했다. 특히 북한 점령 하에서 시행된 토지개혁의 진행과정을 국립중앙도서관에 소장되어 있는 노획문서를 통해 살펴봄으로써 석장둔 지역의 농지개혁과 토지개혁을 비교해 보려 했다. 농지개혁의 결과 광범한 영세자작농층이 형성된 것은 모든 연구의 같은 결론인데 본서에서도 마찬가지다. 농지개혁의 결과 1인당 경작면적이 너무 영세하여 경지의 확대가 시급한 문제가 되지 않을 수 없었다. 이에 정부에서는 간척사업을 적극 추진했다. 석장둔 지역에서도 확대 간척이 이루어지고 있었다. 그러한 실례를 시흥 화랑농장 간척을 통해 확인했다. 농지확대에 대한 열망은 서해안에 수많은 간척지를 양산했고 2010년 완공된 새만금 간척지에서 종점에 도달했다.

본서에서는 농지개혁 이후 농경지 확장이 절실하여 간척지 확장을 추진하던 단계까지 검토했다. 이후 산업단지 조성, 교통 인프라의 확장, 그리고 도시개발 등으로 말미암아 농지면적은 지속적으로 축소되고 있다.

택지개발로 토지불로소득을 기대하는 현상이 만연하고 있다. 석장둔 지역도 예외가 아니다. 석장둔 들판의 경계지대는 지속적으로 주거공간으로 잠식되어 가고 있다. 최근 서울 부동산의 폭등으로 수도권에 대규모 택지를 공급하기로 한 정부는 2018년 여름 석장둔 들판의 한 귀퉁이, 하중동을 수도권 택지개발의 대상지에 포함시켜 발표했다. 간척지로 출발해 오늘날까지 300년 가까이 생명의 양식을 공급하던 농경지가 그 수명을 다해가고 있다.

본서에서는 지역을 제한하여 사례로 연구했지만 지역주민의 삶에는 접근하지 못했다. 현재의 주민을 조선후기의 주민으로 소급하기 어려워 주로 역사문헌과 장부자료를 이용했다. 시흥시 『신현동지』가 편찬되어 있는데 촌락과 동리에 밀착하고 주민의 삶에 접근하는 이러한 동지의 편찬이 계속 이루어지면 좋겠다고 생각한다.

본서는 사례연구이기 때문에 자료를 확보하지 못하면 연구를 진행시킬 수 없다. 조선후기의 기본자료는 서울대학교 규장각한국학연구원에서 얻었다. 석장둔양안을 비롯한 많은 토지관련 자료들을 모아 활용했다. 일제시기의 자료로는 한국농촌공사 수원화성지사에 소장되어 있는 수리조합 관계 자료를 이용했다. 그 자료는 국사편찬위원회에도 수집되어 있다. 신안 주씨 지주가의 자료는 2007년 『시흥시사』를 발간할 때 수집된 자료를 이용했다. 시흥시청에 소장되어 있는 농지개혁 관계 자료의 다수도 국사편찬위원회에 수집되어 있다. 이 자리를 빌어 규장각한국학연구원, 국사편찬위원회, 시흥시청에 감사드린다. 특별히 시흥시사의 편찬과 자료 관리를 담당했던 시흥시 향토사료실의 홍현영 선생님, 김치성 선생님께 감사드린다. 한국학중앙연구원 저술지원사업의 공동연구원으로 배항섭, 손병규, 김건태, 김현숙, 이승일, 하지연 선생님과 학

x

문적 즐거움을 나눌 수 있었던 시간을 감사하게 생각한다. 어려운 출판 여건에서도 우리 공동연구 저작을 기꺼이 출판해주신 경인문화사와 도표가 많은 원고 정리에 고생하신 편집진 여러분께 진심으로 감사드린다.

2018년 12월
이 영 호

서 론

1. 근현대전환기 토지문제의 본질

2018년 봄 정부는 헌법개정안 제128조 2항에서 "국가는 토지의 공공성과 합리적 사용을 위하여 필요한 경우에 한하여 특별한 제한을 하거나 의무를 부과할 수 있다"라고 하여 토지공개념을 공론화했다. 토지가치의 상승이 '진보 속의 빈곤' 즉 사회양극화를 초래하는 최대의 원인임을 지적하면서, 토지의 배타적 사용권과 처분권을 보장하면서도 토지가치는 공유해야 한다는 토지공개념을 주장한 것은 19세기 후반 헨리 조지(Henry George)였다. 헨리 조지의 토지공개념을 담은 『진보와 빈곤』이 나온 것은 1879년이었다.[1] 140년이나 지나 대한민국의 헌법개정안에 그 토지공개념이 등장한 것은 어떤 배경을 지니는 것일까?

인간의 경제생활에서 토지는 없어서는 안 될 생산수단이다. 농업혁명 이후 토지로부터 생활에 필요한 물자를 얻었던 전근대사회에서는 더욱 그러했다. 토지의 소유관계가 계급발생의 원인이며 권력구조와 사회의 성격을 규정하는 관건이었다. 자본주의사회가 도래한 근대 이후에도 토지의 가치는 줄어들지 않는다. 근대산업사회가 토지의 상품화를 전제로하고 있고, 도시개발로 인해 토지 부동산의 가치가 경제에 미치는 영향이 대단히 커졌기 때문이다.

1950년 농지개혁에 의해 지주소작제도는 폐기되고 경작자 농민만이 농경지를 3정보 이하로만 소유할 수 있게 되었다. 그렇지만 근대적 농민

---

1) 헨리 조지의 사상은 최근 우리 학계에 적극적으로 소개되고 있다. 헨리 조지 지음, 김윤상 옮김, 『간추린 진보와 빈곤』, 경북대학교출판부, 2012; 헨리 조지 지음, 김윤상 옮김, 『노동 빈곤과 토지 정의』, 경북대학교출판부, 2013; 헨리 조지 지음, 전강수 옮김, 『사회문제의 경제학』, 돌베개, 2013; 김윤상, 『지공주의 - 새로운 토지 패러다임』, 경북대학교출판부, 2009 참조.

적 토지소유가 농업자본주의를 가져온 것은 아니었다. 농업은 국가적 독점의 성격을 강화해가는 자본주의 체제 하부에 편입되었다. 독점자본은 공업 발전을 위해 농업생산물을 낮은 가격으로 유지하고자 했고, 따라서 농민의 경제형편은 나아지지 않았다. 1960년대 이후 저임금에 기초한 수출주도형 공업화정책은 이를 더욱 가속화했다. 몰락한 농민들은 농지를 매각하고 그에 따라 토지소유의 불균형이 심화되면서 소작이 다시 등장하기도 했다. 그렇지만 한국자본주의의 재생산구조에서 소작은 부차적인 문제였다.

몰락농민이 매각한 토지는 자작농에게 집적되기보다는 투기를 목적으로 한 비농민 부재지주에게 들어갔다. 여기에다 독점자본이 이윤의 확대재생산보다는 특혜금융을 이용해 부동산 투기에 몰입함으로써 토지는 투기의 대상으로 변화해 갔다. 토지가격이 농업노동 임금, 농산물 가격을 크게 앞질러 상승하면서 토지투기는 가속화되었다.

토지투기는 1970년대 강남신도시 개발을 계기로 본격화되었다. 고도성장을 배경으로 도시지역의 토지가격은 물가상승률을 넘어 폭등했다. 1980년대 말에는 무역수지 흑자를 배경으로 대규모자본이 부동산투기에 몰려들어 토지가격이 가파르게 상승했다. 1997년의 외환위기를 극복한 이후 2001년부터는 아파트투기로 전환되었지만 그것은 토지투기를 내포하고 있었다. 토지투기와 아파트투기로 인한 불로소득은 자본이익을 크게 상회했다. 따라서 토지투기는 더욱 심화되고 그 결과 토지소유의 양극화 현상이 심화되었다. 1990년 이래 줄곧 토지소유자 상위 10%가 전체 토지의 70% 이상을 소유하고 있는 토지소유의 편중현상이 지속되고 있다. 법인의 경우에는 그 편중도가 더욱 심하다.

토지가 농업생산보다는 도시화 및 개발을 통한 지가상승을 기대하는,

불로소득의 원천으로 간주됨으로써 이제 토지소유 문제는 생산관계의 측면이 아니라 경제정의 문제로서 제기되고 있다. 토지불로소득은 사회 양극화 현상을 초래한 핵심적인 요인으로 지적될 정도로 토지문제는 사회문제의 중심이 되었다. 토지불로소득을 환수하기 위해 토지보유세를 부과하는 방안, 양도소득세나 개발부담금을 부과하는 방안이 거론되고 있다. 토지 불로소득의 완전한 흡수를 목표로 삼는 헨리 조지의 지대조세제를 도입해야 한다는 주장도 강력하게 제기되었다. 토지사유의 절대성과 토지공개념 사이, 어느 지점에 토지소유제도의 좌표를 설정할 것인가는 우리가 어떠한 사회를 만들어나갈 것인가라는 질문과 같은 의미를 지니게 되었다.[2]

본서에서 이러한 토지공개념의 문제를 정면으로 다루려는 것은 아니다. 그렇지만 농지개혁을 거쳐 이제 도시화가 최고도로 발전하고 있는 상황에서 토지사유론의 단점을 보완할 대안으로 토지공개념이 등장하게 된 역사와 현실을 지적하지 않을 수 없다.[3] 19세기 후반 헨리 조지가 토지공개념을 제기한 이후 100여년이 지나도록 그들과는 달리 우리는 토지소유제도를 어떻게 변화시키려 했는지, 왜 이제야 토지공개념이 제기되는지 저간의 사정을 탐구하지 않으면 안 될 것이다. 그동안 우리는 중세의 토지소유관계와 식민지지주제를 넘어 남북으로 분단된 뒤 경자

---

2) 전강수, 「공공성의 관점에서 본 한국 토지보유세의 역사와 의미」, 『역사비평』 94, 역사문제연구소, 2011; 전강수, 『토지의 경제학』, 돌베개, 2012; 김윤상·조성찬·남기업 외 지음, 『토지정의, 대한민국을 살린다』, 평사리, 2012 참조.
3) 토지공개념을 한국의 역사와 현실에 적용하여 논의한 논문으로 최윤오, 「조선후기 토지개혁론과 토지공개념」; 장상환, 「해방 후 한국자본주의 발전과 부동산투기」; 김윤상, 「토지공개념과 지대조세제」, 『역사비평』 66, '특집, 토지공개념의 역사와 현실', 2004 참조.

유전(耕者有田) 이념이나 사회주의 토지국유화론을 통해 이 문제를 해결하려 했었다.[4] 그 과정을 여러 각도에서 구체적으로 검토해 볼 필요가 있다고 생각한다.

본서는 조선후기 토지소유 문제의 발생과정을 살피고 근현대전환기 토지소유 변동의 장기적 양상을 살펴보기 위해 집필되었다. '석장둔(石場屯) 간척지를 사례지역으로 삼아 시계열적으로 변동과정을 추적하고자 한다. 최초 간척하면서 토지에 대한 소유의 권리, 지배의 권리가 어떻게 원시적으로 발생하는지 살펴보고, 그렇게 탄생한 권리가 근현대 권력구조의 변동 속에서 어떻게 변천되었는지를 해명하고자 한다. 조선 후기의 토지문제에 대해서는 소유권(所有權)과 수조권(收租權) 개념을 활용하여 해석하고, 대한제국 말기 및 일제 초기 수조권이 해소되고 소유권이 안정되는 모습을 살펴본다. 이어서 토지소유권의 상품화를 기반으로 소유의 불균등 현상이 최고조에 달했던 일제시기 식민지지주제(植民地主制)가 제2차 세계대전 이후 농지개혁(農地改革)을 통해 농민적 토지소유의 성립으로 해결되어 가는 모습을 살핀다. 농지개혁의 결과 초래된 농민적 토지소유의 영세성은 경지면적의 확대를 위한 지속적인 개간·간척에 의해 해결되어 간다.

2. 장기변동의 두 전환점

조선후기에서 현대에 이르기까지 토지소유의 장기변동 양상을 고찰할 때 크게 두 개의 전환점을 설정할 수 있다. 하나는 1894년에서 1910년

---

4) 김용섭, 『한국근현대농업사연구 - 한말·일제하의 지주제와 농업문제』, 일조각, 1992 참조.

에 이르는 근대전환기이고, 다른 하나는 1945년에서 1953년에 이르는 현
대전환기이다.[5] 그 의미를 토지제도에서 좀 비껴나 민중운동 및 정치운
동의 양상에 빗대어 살펴보기로 한다.

송기숙의 역사소설 『녹두장군』은 지방수령과 이서(吏書)들의 조세수
탈을 1894년 동학농민전쟁의 배경으로 설정한다.

처음부터 전세나 대동미, 삼수미 같은 것하고는 아무 상관도 없는 논에
세미가 나와도 한두 가지가 아니고 곁다리까지 주렁주렁 열댓 가지나 나
왔습디다. 또 다른 사람하고 같이 나온 것도 아니고 다른 사람들은 거진
다 낸 뒤에사 생애 나간 뒤에 부고장맨키로 그런 것이 나왔는디, 세미하고
는 아무 상관도 없는 논에 그런 것이 나왔은께 그것이 괴기하고는 아무
상관도 없는 몽구리 횟값이제 멋이겠소?

누가 아니고 임금님한테서 특지를 받았다고 하는 김창석인가 균전사
(均田使)가 그 사람이, 농사짓기 전에 찰떡같이 한 소리요. 그 사람이 이
동네 나와서 진황지를 개간하면 그 논에서는 3년간 세미를 안받는다고 했
소. 그 소리를 해도 한두 번 한 것이 아니고 두 번 시 번 집터에 달구질하
대끼 곱새겨서 했소. [제1부 상, 11.백지결세(白地結稅)]

---

5) 조석곤은 전환점을 '토지조사사업'과 '농지개혁' 두 시점을 꼭 집어 지적한다(조
   석곤, 「20세기 한국토지제도의 변화와 경자유전 이데올로기」, 『한국경제성장사』,
   안병직편, 서울대학교출판부, 2001; 「토지조사사업과 농지개혁이 토지생산성에
   미친 효과에 관한 비교분석」, 『동향과 전망』71, 한국사회과학연구회, 2007). 정승
   진은 농지개혁에서 소급하여 식민지지주제, 1894년 동학농민전쟁, 조선후기 병작
   제 모순으로 거슬러 올라가는 장기사를 제안했다(정승진, 「장기사의 관점에서 본
   나주의 농지개혁 - 전남 나주군 금천면의 사례」, 『대동문화연구』98, 성균관대학
   교 대동문화연구원, 2017, 388쪽). 토지소유의 장기사적 변동을 두 개의 시기로 나
   누되, 일제가 시행한 토지조사사업은 갑오개혁부터 시작된 한국정부의 정책과 통
   합적으로 관찰하고, 농지개혁은 해방 이후 남북한에서 진행된 토지제도 개혁의
   노력을 통합적으로 관찰했으면 좋겠다.

동학농민전쟁 발생의 배경이 된 조세제도의 모순은 일반적으로 삼정
(三政)의 문란이라는 표현으로 망라된다. 인용문은 삼정의 문란 가운데
토지로부터 거두는 세금문제를 지적한다. 세금의 종류가 많다는 구조적
문제 뿐 아니라 규정과 상관없이 새로운 명목으로 자꾸 세금이 부가되
므로 농민들의 분노가 축적되어 가는 모습을 묘사한다.

특히 전라도 홍덕·고창·무장·고부·부안 등지의 개간지인 '균전(均
田)'의 세금부담이 소유권의 귀속을 가늠하는 문제로 부상하고 있다. 이
들 균전 개간지역에서 동학농민전쟁이 일어나고 진행되었다. 개간 당시
정부에서는 김창석(金昌錫)을 균전사(均田使)로 차정하여 재해로 인해
황폐해진 진전(陳田)의 개간을 지시했고, 균전사는 명례궁(明禮宮)으로
하여금 개간비용을 투자하도록 하면서 균도(均賭)라는 '지대'의 징수를
약속했고, 농민들에게는 진전을 개간한 뒤 결세(結稅)는 면제하고 균도
는 저렴하게 부과하겠다고 마치 소유권을 인정해줄 것처럼 기만했다.
균전사는 정부에서 약속한 5년 면세를 영원한 면세라고 농민을 속였고,
정부는 5년을 기다리지 않고 1년 뒤 곧바로 결세 징수에 나서 약속을 어
겼다. 반면 명례궁은 농민들에게 지대로서 납부할 것을 독촉했다.[6] 인용
문은 결세와 균도의 양세를 부과 받게 된 균전 개간농민이 반발하고 있
는 내용이다. 『녹두장군』의 작자는 균전문제를 자신과 관계없는 땅에
세금이 부과된 것과 같은 의미를 지닌 '백지결세(白地結稅)'라는 개념으
로 표현한다.

---

6) 김용섭, 「고종조 왕실의 均田收賭 문제」, 『한국근대농업사연구』(증보판) 하, 일
   조각, 1984; 왕현종, 「19세기말 호남지역 지주제의 확대와 토지문제」, 『1894년 농
   민전쟁연구』 1, 한국역사연구회편, 역사비평사, 1991; 이영호, 『동학과 농민전쟁』,
   혜안, 2004, 제6장 「1894년 농민전쟁의 토지개혁 방향」, 제7장 「1894년 농민전쟁
   의 역사적 성격과 역사소설」 참조.

반면 박태원의 역사소설 『갑오농민전쟁』에는 농민군 지도자 전봉준이 지주제의 모순을 지적하는 장면이 나온다.

> 고기는 물을 떠나서는 못 사는 것처럼 농민은 땅을 떠나서는 살 수 없다. 땅을 떠나서는 살 수 없는 농민이 제 땅을 못 가졌다. 그러니 달리 무슨 도리가 있으랴? 남의 땅을 얻어 부치는 수밖에. 부치고 떼고 하는 것은 전혀 땅 가진 자의 권한이다. 지주는 갖은 횡포를 다한다. 얻어 부치면 구구한 목숨이나마 이어갈 수 있어도 떼우면 그나마도 살아갈 수 없는 일이라 땅 없는 농민은 그 신세가 지렁이만도 못하다. (제2부 제4장 '땅 없는 농민의 슬픔')

땅을 떠나서는 살 수 없는 농민들이 땅이 없으니 남의 땅을 부쳐 먹을 수밖에 없는데 지주는 갖은 횡포를 다 부리고 농사 짓게 하다가 빼앗기를 자의로 하니 작인은 지렁이만도 못하다고, 지주-작인제(地主-作人制)를 사회모순으로 지적한다.

두 역사소설은 당시의 사회경제적 토대에 대한 인식을 달리하고 있다. 전자는 국가와 농민 사이의 조세수취관계를 중시하여 그 시스템의 붕괴를 농민전쟁의 원인으로 진단한다. 후자는 지주와 작인 사이의 지대수취관계를 사회경제적 모순의 핵심으로 보고 있다. 농민전쟁의 지향도 전자가 균세(均稅)를 지향하는 것으로 본다면, 후자는 토지의 균분이나 균작(均作)을 지향하는 것으로 본다. 그래서 전자는 토지개간문제를 대상으로 하여서도 소유권 문제보다는 세금문제에 집중했고, 후자는 토지소유의 불균형을 지적했다.

1894년 단계에서 토지제도의 문제점은 무엇이었을까? 전봉준은 농민전쟁의 궁극적 목적을 "제일로 민족(閔族)을 무너뜨리고 한패인 간신을 물리쳐서 폐정을 개혁하는 데 있고, 또한 전운사(轉運使)를 폐지하고 전제·산림제(田制·山林制)를 개정하고 사리를 취하는 소리(小吏)를 엄중히 처단하는 것을 원할 뿐"이라 했지만,[7] 전제개혁의 구체안을 제시한 바 없다. 1892년 교조신원운동 단계에서부터 어떻게 사회변혁을 이룰지 관심을 가졌다면 1894년에 동학농민전쟁이 급박하게 전개되어 그럴 여유가 없었다고 변명하기는 어렵겠다. 구체적인 전제개혁안이 있어야 토지가 없거나 적은 농민을 선동하고 동원할 수 있지 않았겠는가?

오지영(吳知泳)은 회고록 『동학사(東學史)』를 집필하면서 농민군의 폐정개혁방안에 "토지는 평균으로 분작(分作)케 할 것"이라는 조항이 있었다고 했지만 그 실체를 알 수 없다. 과연 그 단계에서 농민군이나 지도자들은 토지재분배를 과제로 삼았을까? 토지소유의 불균형을 체험하고 있었지만 군현제 하에서 목표로 삼은 것은 조세문제였다. 총액제적(摠額制的) 조세부과와 공동납적(共同納的) 납세방식이라는 군현단위의 연대책임제 하에서 조세를 문제 삼아야 그 이해관계에 놓여 있는 저항세력을 광범하게 결집하고 조직할 수 있었다. 반면 지주-작인제의 성격, 즉 지주 토지소유의 분산성과 작인 농민의 고립성이라는 구조는 지주에 저항하는 작인의 결집을 어렵게 했다.

균전문제에서 보듯이 생산물의 분배문제로 현상되는 토지소유권의 귀속 문제 처리가 조선말기의 과제였다. 이미 토지소유권은 상당히 안정성을 유지하고 있었지만 왕실과 국가기관이 개입한 토지는 여전히 소유권의 귀속이 확정되지 않았다. 소유권의 귀속을 확정할 근대법적 소유권 개념도 성립되어 있지 않았다. 정부는 토지의 재분배보다는 조세의 공평한 수취와 재정의 합리적 분배를 통한 중앙집권적 군주제의 체

---

7) 『東京朝日新聞』 1895년 3월 5일, '東學黨大巨魁と其口供'(史芸硏究所編, 『동학농민전쟁사료총서』 22, 1996, 369쪽).

서 론 11

제적 안정을 목표로 삼고 있었다.

왕실 및 국가기관과 연관된 토지는 갑오개혁 이후 정비되기 시작했다. 그것은 특히 중층적 소유구조를 형성한 토지의 수조권(收租權)을 해소하면서 소유권(所有權)을 확정짓는 방향으로 진행되었다. 수조권의 해소와 소유권의 확정이 첫 번째 전환기의 주요 과제였다. 일반 민전의 조사도 필요했는데 그것은 국가재정에 긴요한 지세의 부과를 위해서 뿐만 아니라 소유의 배타성을 보장할 근대적 토지소유권의 확정을 위해서도 요청되었다. 이러한 일들을 갑오정권에서부터 시작하여 대한제국과 통감부가 추진했다.

두 번째 전환점은 해방 이후 남북이 분단되기까지 체제의 정체성과 맞물린, 토지재분배를 위한 개혁의 시기다. 제2차 세계대전의 종결 이후 세계는 자본주의사회와 사회주의사회로 양분되었다. 이들 체제는 모두 중세의 봉건체제를 극복하고 나온 근대의 사회체제다. 어느 체제를 선택하건 근대사회를 수립하려는 국가들은 모두 중세적 봉건적 토지제도, 즉 지주제의 척결을 과제로 삼지 않을 수 없었다.

지주제는 일제시기에 들어 더욱 강화되었었다. 일제의 토지조사사업에 의해 일지일주(一地一主)의 토지소유권이 성립됨으로써 토지소유자의 권리는 크게 신장되었지만 그것은 지주를 위한 것이었다. 토지소유 관계의 모순은 전통시대보다 더욱 악화되어 경제적 불평등이 심화되었다. 지대수취의 극대화를 추구하는 기생지주제(寄生地主制)가 조선총독부의 법적 보호 아래 더욱 강화 확대되었기 때문이다. 식민지 조선의 기생지주제는 자본가적 지대수취의 극대화를 추구하는 일본의 제도가 식민지적 강제력의 지지아래 더욱 수탈성을 강화하면서 출현했다.[8]

---

8) 이윤갑, 『일제강점기 조선총독부의 소작정책 연구』, 지식산업사, 2013; 정연태, 『식

조선후기에는 조세문제를 중심으로 주민들의 공통적 이해관계가 나타났다면 일제시기에는 토지문제가 소작농들의 공통적 이해관계로 되었다. 조선후기에는 삼정을 중심으로 군현의 주민들이 항쟁을 했다면 일제시기에는 소작농들이 같은 지주를 향해, 또는 지역적으로 연대하여 소작쟁의를 일으켰다. 일본인 또는 조선인 대농장주 아래에 수백 수천 명의 소작농들이 고율지대에 혹사당했으므로 소작료와 소작조건을 둘러싼 소작쟁의가 빈발했다. 소작쟁의는 식민지하에서 경제투쟁의 성격을 넘어 사회문제로 되고 민족운동의 범주로 확산되었으므로 일제의 권력도 이에 개입하여 가혹하게 탄압했다. 이처럼 식민지의 기생지주제는 식민성과 결합되어 사회적 불평등을 극대화했기 때문에 해방 후 개혁의 대상이 되지 않을 수 없었다.

식민지시대가 종언을 고한 뒤, 농업사회였던 동아시아의 경우 지주제를 폐지하고 농민적 토지소유로 전환시켜야 한다는 경자유전론(耕者有田論)이 대세를 이루었다. 자본주의 국가체제를 이룬 남한·일본·대만은 유상매수(有償買收)와 유상분배의 방식으로 경자유전을 실현했고, 사회주의 국가체제를 이룬 북한·중국·북베트남은 무상몰수(無償沒收)와 무상분배의 방법을 택했다. 당시 토지재분배는 체제경쟁의 성격을 띠고 있었다.[9]

체제경쟁이 내전으로 번진 우리나라의 경우 이 시기 토지재분배에 대한 주장을 양 극단에서 살펴볼 수 있다. 1945년 8월 20일 박헌영(朴憲永)이 작성하고 9월 20일 조선공산당의 노선으로 채택된 '현정세와 우리의

<hr />

민권력과 한국농업』, 서울대학교출판문화원, 2014 참조.
9) 유용태 엮음, 『동아시아의 농지개혁과 토지혁명』, 서울대학교출판문화원, 2014, '책머리에'.

임무'에서 토지문제에 대한 주장은 다음과 같다.

　금일 조선은 부르주아 민주주의 혁명의 단계를 걸어가고 있나니 민족
적 완전 독립과 토지문제의 혁명적 해결이 가장 중요하고 중심 되는 과업
으로 서 있다. 즉 다시 말하면 일본의 세력을 완전히 조선으로부터 구축하
는 동시에 모든 외래자본에 의한 세력권 결정과 식민지화 정책을 절대 반
대하고 근로인민의 이익을 옹호하는 혁명적 민주주의 정권을 내세우는 문
제와 동시에 토지문제의 해결이다. 우리 조선 사회제도로부터 전 자본주
의적 봉건적 잔재를 깨끗이 씻어버리고 자유발전의 길을 열어주기 위하여
우리는 토지문제를 혁명적으로 해결하지 않으면 안 된다. 무엇보다도 먼
저 일본 제국주의자와 민족적 반역자와 대지주의 토지를 보상을 주지 않
고 몰수하여 이것을 토지 없는 또는 적게 가진 농민에게 분배할 것이오,
토지혁명의 진행과정에 있어서 조선인 중소지주의 토지에 대하여서는 자
기 경작 토지 이외의 것은 몰수하여 이것을 농작자의 노력과 가족의 인구
수 비례에 의하여 분배할 것이오, 조선의 전 토지는 국유화한다는 것이오,
국유화가 실현되기 전에는 농민위원회, 인민위원회가 이것을 관리한다.

　토지문제의 혁명적 해결은 봉건적 잔재의 청산과 부르주아 민주주
의 혁명의 전제조건이 되어 있다. 이는 1928년 '국제공산당의 조선혁명
에 대한 12월 테제'를 계승한 것이므로 토지문제의 혁명적 해결, 즉 지
주의 토지를 몰수하여 토지를 재분배해야 한다는 명제는 식민지지주제
의 현실로부터 이미 배태되어 나온 것이다. 조선공산당은 지주토지의
몰수와 분배방법, 그리고 그 궁극적 귀결이 국유화에 있다는 점을 분명
히 했다.
　반면 미군정의 토지제도 개혁은 소작료 조정, 적산(敵産)농지 불하, 그
리고 지주 소유지에 대한 유상매수와 유상분배의 방향을 취했다. 소작
료 조정과 적산농지 불하는 미군정이 실행에 옮겼고, 농지개혁은 대한

민국 정부의 과제로 넘겨졌다. 해방 후 미군정은 지주제 해체를 미루고 소작료 최고한도를 1/3로 제한하는 조치를 취했다. 좌익세력이 요구한 소작료 3·7제는 30%이므로 둘 사이에 양적인 차이는 별로 없었다. 그보다 좌익세력은 1946년 3월 북한 토지개혁의 영향을 받아 지주제의 해체와 토지분배를 주장했다. 미군정의 지지로 추진된 좌우합작위원회나 과도입법의원에서도 토지개혁 방안을 둘러싼 갈등이 치열했다. 이에 미군정은 1948년 봄 일제가 남긴 적산농지를 15년간 연(年) 생산량의 2할(즉 연 생산량의 300%)를 납부하는 방식으로 최대 2정보씩 소작인에게 불하했다. 남은 과제는 지주제의 철폐와 농지재분배를 목표로 한 농지개혁이었다. 적산농지는 지주에 대한 보상이 필요 없어 그 수익을 다른 사업에 활용할 수 있었지만, 농지개혁은 지주에 대한 보상이 문제였다. 그래서 후에 유상매수와 유상분배의 재정적 균형을 맞추는 문제가 쟁점이 되었던 것이다.

이처럼 제2차 세계대전 이후의 세계질서는 지주제를 철폐하고 산업화에 걸맞은 토지제도를 마련하는 방향으로 진행되었다. 1945년부터 1953년에 이르는 해방과 6·25전쟁, 그 귀결로서 분단체제 성립의 배경에 농지개혁이 자리 잡고 있다.

조선후기부터 현대에 이르기까지 토지소유의 장기적 변동은 이와 같이 1894년에서 1910년의 기간, 1945년에서 1953년의 기간을 전환기로 삼아 일어났다. 이러한 토지소유의 장기변동을 주제로 삼아 본서에서는 석장둔을 사례로 하여 검토하고자 한다. 석장둔은 18세기 전반 경기도 인천과 안산 경계의 갯벌을 간척하여 마련된 둔전이다. 석장둔과 그 일대 지역을 대상으로 하여 18세기 전반부터 농지개혁 및 그 직후에 이르기까지 250여 년간의 장기간 속에서 토지소유가 어떻게 변동하는지 살

퍼보는 것이 본서의 목표다. 첫 번째 전환점까지를 제1부 [간척지 석장
둔의 소유권과 수조권]에 담고, 두 번째 전환점까지와 그 이후의 문제를
제2부 [석장둔 지역의 식민지지주제와 농지개혁]이라는 제목으로 다루
었다.

3. 연구 상황과 석장둔(石場屯) 사례

1) 수조권의 소멸과 소유권의 안정화

전근대의 토지소유에 대한 연구는 사회구성의 성격과 관련하여 공전
론·국유론·사유론으로 대별해 살펴볼 수 있다.[10] 그런데 이에 대한 최
근 학계의 논의는 부진한 편이고 본서에서도 본격적으로 다루지 않기
때문에 생략하기로 한다. 다만 필자는 중세사회의 물질적 기반을 사적
토지소유관계로 이해하는 사유론의 관점에 서 있다는 점만 미리 언급해
둔다.

최근의 연구는 세계사적 보편성보다는 우리나라 토지제도의 특징이
나 독자성에 주목하거나 그 동아시아적 의미를 찾는데 더 관심을 보인
다. 조선후기의 토지소유권은 근대적 사적 소유권에 근접할 정도로 성
장했다고 한다. 즉 조선후기의 토지소유권은 주로 진전(陳田)의 개간에
의해 발생하며 그것은 '기경자위주(起耕者爲主)'의 원칙에 따라 개간 후
사적 소유권으로 법률상 인정되었다는 것이다.[11] 이와 같은 토지소유권

10) 이영호, 「조선시기 토지소유관계 연구현황」, 『한국중세사회 해체기의 제문제』
(하), 근대사연구회편, 한울, 1987 참조.
11) 이세영, 「조선시대의 진전개간과 토지소유권」, 『한국문화』52, 서울대학교규장각
한국학연구원, 2010; 이세영, 「조선전기의 진황처 기경과 토지소유권」, 『역사문화

의 배타성은 다른 나라들과 비교할 때 선진적이기도 하고 조선 고유의 특성을 지닌 것이기도 한 것으로 평가되었다. 민전에서는 다른 나라에서 보이는 중층적 성격도 거의 나타나지 않았다고 평가되었다.[12]

　사적 토지소유의 형성과 소유권의 비교적 자유로운 처분은 일찍이 사유론적 견해에서도 인정되어 온 바인데, 문제는 사유권을 제약하는 요인으로 수조권(收租權)이 존재한다는 점에 있다. 조선후기 절수(折受) 과정에서 형성된 수조권은 그 이후 어떻게 변화하는지, 갑오개혁 이후 한국정부에 의해 수조권이 어떻게 처분되는지, 그리고 통감부의 역둔토조사와 토지조사사업에서 어떻게 소멸되는지, 그러한 양상들을 추적하면서 의미를 포착할 필요가 있다. 또한 그 과정에서 토지소유권자는 어떤 상황에 직면하고 그에 대처하는지도 중요하다. 그래서 본서에서는 개간·간척을 통한 토지소유권의 발생, 수조권의 부여와 수조기관의 이동, 수조권의 부여과정에서 발생할 수 있는 중층적 토지소유의 존재양상, 그리고 갑오개혁 이후 이들 문제가 해소되는 과정 등에 대해 구체적인 사례를 통해 검토하고자 한다.

　연구대상으로 선정한 사례는 인천과 안산 경계의 갯벌을 1720년부터 간척하여 조성한 석장둔이다. 제1부에서는 석장둔의 소유권과 수조권이 어떻게 발생하며 변동하는지를 검토하고자 한다. 먼저 석장둔이 연구대

　　연구』 40, 한국외국어대학교 역사문화연구소, 2011; 이헌창, 「조선시대 재산권, 계약제도에 관한 시론」, 『경제사학』 56, 경제사학회, 2014; 이헌창, 「조선시대 경지소유권의 성장」, 『경제사학』 58, 2015.

12) 배항섭, 「조선후기 토지소유구조 및 매매관습에 대한 비교사적 검토」, 『한국사연구』 149, 한국사연구회, 2010; 배항섭, 「'근대이행기'의 민중의식: '근대'와 '반근대'의 너머 - 토지소유 및 매매관습에 대한 인식을 중심으로」, 『역사문제연구』 23, 역사문제연구소, 2010.

상으로 어떤 의미를 지니는지 살펴본다.

16세기 말에서 17세기 전반에 걸친 일본과 청의 조선침략은 동아시아의 국제질서를 재편성함과 동시에 각국 내부에서도 체제개편의 추동력으로 작용했다. 분산된 민호(民戶)의 재편성, 황폐한 토지의 개간은 국가재건을 위한 핵심적인 사업이었다.13) 국가적으로 재정분배가 원활하지 않은 상태에서 왕실의 궁방(宮房)과 정부의 각 아문(衙門)도 재원을 확보하기 위해 도처에 널려 있는 황무지의 절수 및 개간에 적극 나섰다. 그러나 궁방·아문의 대대적인 절수는 민전 침탈과 면세지 증가의 문제를 야기하여 정부는 1688년과 1695년 두 차례에 걸쳐 궁방·아문의 절수를 금지하는 엄격한 조치를 취하는 한편, 급가매득(給價買得)을 통해 장토를 확보하도록 하는 제도를 시행했다. 그리고 부족한 재원을 보충하기 위해 국가의 수조권을 떼어주는 민결절수(民結折受) 또는 민결면세(民結免稅)의 제도를 도입했다. 그렇지만 이후에도 절수를 통한 궁방·아문의 장토형성은 지속되었고, 특히 국왕의 임의적인 사여(賜與)는 문제를 복잡하게 만들었다.14)

17세기를 거치면서 조선후기 궁방·아문의 장토는 성립기원에 따라 절수·사여지(折受·賜與地), 급가매득지(給價買得地), 민결면세지(民結免稅地)의 세 종류로 유형화되었다. 매득지는 개인지주와 동일하게 궁방·아

<hr />

13) 김성우, 「임진왜란 이후 복구사업의 전개와 양반층의 동향」, 『한국사학보』 3·4, 고려사학회, 1998; 김준석, 『조선후기 정치사상사 연구 - 國家再造論의 대두와 전개』, 지식산업사, 2003 참조.

14) 이경식, 「17세기의 토지개간과 지주제의 전개」, 『한국사연구』 9, 1973; 박준성, 「17·18세기 궁방전의 확대와 소유형태의 변화」, 『한국사론』 11, 서울대학교 국사학과, 1984; 송찬섭, 「17·18세기 新田開墾의 확대와 경영형태」, 『한국사론』 12, 1985; 宮嶋博史, 『朝鮮土地調査事業史の硏究』, 東京大學 東洋文化硏究所, 1991, 제2장 「李朝時代における收租權的土地支配の展開過程」 참조.

문이 지주가 되어 병작반수(並作半收)의 방식으로 경영되는 장토이고, 민결면세지는 궁방·아문이 수조권만을 할양받은 것이므로 소유권은 개인에게 귀속되어 있는 민전이다. 매득지와 민결면세지는 소유권의 귀속이 분명하다. 그러나 문제의 절수·사여지에는 독특한 소유관계가 형성된다. 조선후기 토지소유구조에 대한 연구는 바로 이 부분을 분석하는 데 집중되어 왔다.[15]

연구사의 성과는 장토성립의 기원, 절수·사여의 대상, 시간적 공간적 차이, 정책과 관행의 변화 등에 따라 소유구조가 다양하다는 점을 말해준다. 기왕의 연구에서 부족한 점을 지적한다면 절수·사여지의 복잡성을 해결하기 위한 사례연구를 밀도 있게 시도하지 못했다는 점이다. 특히 절수·사여된 장토의 기원과정을 구체적으로 해명하지 못했다. 지역을 제한하여 시간적 변동을 추적하는 구체적 연구가 매우 부족했다. 황해도 재령 여물평장토를 사례로 한 연구는 19세기를 다룰 뿐 장토의 기원에까지 미치지 못했다. 장토의 기원을 해명하지 않고서는 절수·사여지의 소유관계 그리고 거기서 비롯된 지대(地代) 또는 지세(地稅)의 수준을 이해할 수 없다. 지대 또는 지세의 수준을 궁방·아문과 개간자 사이에 형성된 힘의 대결로 설명하기도 하는데 이것은 기원에 대한 이해

---

15) 연구성과를 들면 다음과 같다. 安秉珆, 『朝鮮近代經濟史研究』, 日本評論社, 1975, 제2장 「朝鮮後期の土地所有 - 中層的所有構造と經營構造」; 박준성, 위의 논문, 1984; 도진순, 「19세기 궁장토에서의 중답주와 항조 - 재령 여물평장토를 중심으로」, 『한국사론』 13, 1985; 宮嶋博史, 위의 책, 1991, 제2장; 이영훈, 『조선후기 사회경제사』, 한길사, 1988, 제3장 「궁방전과 아문둔전의 전개과정과 소유구조」; 송양섭, 『조선후기 둔전 연구』, 경인문화사, 2008; 서태원, 「조선후기 충청도 平薪屯의 설치와 경영」, 『규장각』 37, 서울대학교 규장각한국학연구원, 2010; 염정섭, 「조선후기 대동강 하류 河中島의 개간과 궁방전의 성립 및 변천」, 『규장각』 37, 2010.

의 부족 때문이다. 절수·사여지에 존재하는 소유권의 존재방식을 장토의 기원에서부터 시작하여 경영 방식, 생산물 분배, 소유권 이전(移轉)에 이르기까지 사례연구로 깊이 있게 검토하는 작업이 필요하다.

절수·사여지에는 중층적인 소유관계가 형성되기 쉽다. 궁방·아문이 국왕이나 정부로부터 절수 또는 사여를 받음으로써 얻게 된 권리, 개간에 참여한 주체들이 투입한 자금과 노동력의 양에 따라 얻게 된 권리가 중층적으로 구조화되기 때문이다. 토지에 대한 권리의 크기는 생산물의 분배과정에 반영되는데 장토마다 수취액은 다를 수 있다. 대표적으로 결당(結當) 조(租) 100두를 수취하는 장토와 조 200두를 수취하는 장토로 유형화할 수 있다. '조100두형(租100斗型)' 장토나 '조200두형(租200斗型)' 장토 모두 민전의 지대에 비해 헐하기 때문에 조 100두 또는 200두를 납부하는 자들은 토지에 대한 상당한 권리를 행사할 수 있고 그 밑에 작인을 둘 수 있는 여유도 가지게 된다. 일물일권(一物一權) 즉 일지일주(一地一主)의 근대적 토지소유권 개념으로는 재단하기 어렵다. 조100두형 장토에는 거의 배타적 소유권에 육박하는 권리가 형성되고 조200두형에서는 중답주가 존재할 가능성이 높다. 조200두형의 전형적 사례를 경상도 창원 용동궁장토에 형성된 영작궁둔에서 확인할 수 있고, 조100두형의 사례를 경기도 안산·인천의 석장둔에서 확인할 수 있다.[16]

본서에서는 조100두형의 사례로 안산 석장둔의 장기적 변동에 대해 연구하고자 한다. 석장둔은 장토의 기원을 분명하게 확인할 수 있는 사

---

16) 이영호, 「조선후기 간척지의 소유와 운영 - 경기도 안산·인천 石場屯 사례」, 『한국문화』 48, 2009; 「조선후기 '永作宮屯' 궁장토의 구조와 창원 모델」, 『지역과 역사』 30, 부경역사연구소, 2012. 조200두형의 사례는 이영호, 『근대전환기 토지정책과 토지조사』, 서울대학교출판문화원, 2018, 제3부에 자세히 정리해 두었고, 조100두형은 본서에서 집중적으로 다룬다.

레로서, 무주진황지(無主陳荒地)임이 분명한 해안의 간석지(干潟地)를
간척한 곳이다. 서남해안의 간척은 옹진반도, 강화도, 경기만, 아산만,
천수만, 현재의 새만금지역, 신안군 도서 등지에서 활발했다.[17] 고려정
부의 강화도 천도 때 간척이 본격화된 이후 조선시대, 특히 조선후기에
는 서해안지역 개간이 매우 활발했다. 환기전(還起田)인지 신기전(新起
田)인지 구별하기 어렵고, 개간 후 3년이 지나 사실상의 민전으로 전환
한 것인지 민전을 투탁한 것인지 구별하기 어려운 내륙의 개간지와는
달리, 간척지(干拓地)는 신기전의 성격을 지닌 무주지(無主地)임이 확연
하여 여러 가지 분석에 편리한 장점을 지닌다.

18세기 초의 대표적인 간척지로 강화도 선두둔(船頭屯)과 안산·인천
의 석장둔을 들 수 있는데, 두 곳 다 숙종비 인현왕후의 오빠인 민진원
(閔鎭遠)이 주도했다. 본 연구의 대상인 석장둔은 1720년부터 안산과 인
천의 경계에 깊숙이 만입한 갯벌을 막아 제언을 쌓은 뒤 그 안쪽을 개간
하여 조성된 둔전이다. 간석지를 절수 받아 석장둔으로 개간한 진휼청
(賑恤廳)에서는 작답(作畓) 과정에 노동력과 자금을 투입한 사람들에게
토지소유권을 제공하고, 그 대가로 결당 조 100두를 수취했다. 즉 '조100
두형' 장토로서 성립된 것이다.

마침 석장둔의 양안으로 『안산석장둔양안(安山石場屯量案)』과 『인천
석장둔양안(仁川石場屯量案)』이 규장각한국학연구원에 소장되어 있다.
진휼청에서 안산·인천 경계의 간석지를 개간하여 석장둔을 조성한 과
정을 검토함으로써 토지소유권이 어떻게 원시적으로 발생하며, 그에 대
한 수조권이 어떤 방식으로 부여되는지 해명하고, 그때 작성된 양안과
토지문기를 분석하여 궁방·아문 절수지의 한 유형인 조100두형 장토를

---

17) 박영한·오상학, 『조선시대 간척지개발』, 서울대학교출판부, 2004, 23쪽.

구체적이고 심층적으로 검토해 보고자 한다. 나아가 조100두의 수조권이 정부의 다른 기관으로 이전되는 양상도 검토할 것이다. 이렇게 하여 조100두형 장토에 소유권과 수조권이 병존하고 있는 구조를 확인하고자 한다. 이것이 제1부의 첫 번째 과제다.

제1부의 두 번째 과제는 갑오개혁 이후 근대적 토지소유권 개념이 도입되고 일제에 의해 국유지가 설정되는 과정에서 석장둔은 어떻게 변모하여 가는가 하는 것이다. 궁장토·둔토가 다양한 소유구조를 형성하고 있음에도 불구하고 갑오개혁 이후 정부는 이들을 통합하여 일원적으로 관리하고자 했다. 정부는 왕실과 정부기관이 수취하던 토지에 대해 여러 차례 작인과 도조(賭租)를 조사하여 새롭게 지대를 부과하고 관리체계를 일원화하고자 했다.

기왕의 연구는,[18] 갑오개혁 이후 대한제국에 걸쳐 정부가 역토·둔토·궁장토를 정리하면서 사실상의 민전을 공토(公土)로 편입시키려 했고 대한제국에 들어가 훨씬 심해졌다는 점, 중답주를 제거하고 국가적 지주경영을 강화했다는 점, 지대 인상을 꾀했다는 점 등을 강조했다. 즉 '역둔토지주제'의 형성과 그 경영의 강화라고 요약할 수 있겠다. 이러한 상황에 맞서 토지소유자는 소유권분쟁을 야기하고 작인농민은 지대저항운동을 일으켰지만 대체로 정부는 민유지로 환급하거나 지대를 인하

18) 김용섭, 「한말에 있어서의 중답주와 역둔토지주제」, 『동방학지』 20, 연세대학교 국학연구원, 1978[『한국근대농업사연구』(증보판) 하, 일조각, 1984 수록]; 배영순, 「한말 역둔토조사에 있어서의 소유권분쟁」, 『한국사연구』 25, 1979; 박찬승, 「한말 驛土·屯土에서의 지주경영의 강화와 抗租」, 『한국사론』 9, 1983; 박진태, 「대한제국 초기의 국유지 조사」, 『대한제국의 토지조사사업』, 한국역사연구회 토지대장연구반편, 민음사, 1995; 김양식, 『근대권력과 토지 - 역둔토 조사에서 불하까지』, 해남, 2000.

하지는 않았다고 한다. 일제의 국유지소작제 창출이나 식민지지주제 형성은 일제의 침략정책에서 기인한 것이 아니라 갑오개혁 이후 한국정부에 의한 역둔토지주제의 형성과 강화에서 비롯된 것이라는 주장의 근거가 여기서 나왔다.

　문제는 기왕의 연구가 장토의 성립기원이 상이하고 기본적으로 종류가 다른 역토·둔토·목장토·궁장토를 모두 섞어, 갑오개혁 이후 정부 정책을 지주경영의 강화라고 단순화한 점에 있다고 생각된다. 공간적으로 파편화되고, 시간적으로 분리된 사례들을 모아 종합하는 과정에서 실제와 괴리되기도 하고, 정부의 규정이나 정책적 조치에 의존하여 실제 현장에서 실현되었는지의 여부를 확인하지 않은 연구도 적지 않았다. 동일한 지역에서 장기적으로 관찰할 수 있는 사례연구를 통해 검증하는 것이 필요하다. 조선후기, 갑오개혁 이후 대한제국기, 통감부 설치기, 식민지시기로 이어지는 장기적 연속성을 고려하면서 구체적인 사회경제적 관행의 축적과 변이의 과정을 포착하여 근대적 토지소유권이 형성되는 계기와 곡절을 검토함으로써 변동의 경로를 확인하는 것이 필요하다. 구체적인 사례를 가지고 장토의 기원을 확인하여 장토의 소유구조를 밝혀내고, 그것이 갑오개혁 이후 국가적 관리의 과정에서 어떻게 개편되고, 일제의 국유지조사에서 어떠한 판정을 받는지 추적할 필요가 있다. 특히 내장원경 이용익(李容翊)이 궁내부 재정확대를 위해 추진한 공세적 공토정책과, 일제 통감부의 역둔토 국유지 창출의 관계를 파악해야 한다. 통감부는 국유지 창출의 기원을 대한제국의 공토확대정책에서 찾음으로써 침략적 입장을 부인하는 관점을 취했기 때문이다.

　본서에서는 조100두형의 전형으로 평가할 수 있는 석장둔의 사례를 통해 이 문제에 접근해 보고자 한다. 조선후기 석장둔에서 발생 성장한 토지소유권이 갑오개혁 이후 둔토정리 과정에서 어떠한 변화를 겪는지 광무양안 상에서 확인해 볼 것이다. 이어서 일제에 의해 추진된 역둔토 조사사업과 토지조사사업에서 석장둔의 존재가 어떻게 취급되는지, 국 유·민유의 갈림길에서 어떻게 귀결되는지 살펴보고자 한다. 이로써 근 대사회로의 전환과정에서 토지소유권의 확정양상을 석장둔의 사례를 통해 구체화할 수 있을 것이다.

2) 지주적 토지소유의 폐지와 경자유전(耕者有田)의 실현

토지조사사업에서 사정된 근대적 토지소유권은 모든 토지소유자에게 보장된 것이지만 재력이 있는 지주의 소유 확대에 크게 기여했다. 상품 화된 토지의 매매가 활성화되면서 식민지 기생지주제의 생성과 확대가 가능했다. 식민지지주제 문제는 1930년대 식민지 사회구성의 성격을 해 명하려는 문제의식에서부터 주요 연구의제로 부상했다. 식민지사회의 성격을 봉건제의 유제가 지배하는 반봉건(半封建)사회로 볼 것인지 자 본주의사회로 진입한 것으로 볼 것인지에 대한 논쟁이 일본·중국·한국 에서 일어났다.[19]

이런 문제제기 속에서 한국에서도 식민지지주제의 성격에 대한 연구 가 본격화되었다. 그것은 식민지 반봉건사회론의 의제였기에 자연히 대 지주의 소작제 농업경영에 집중되었다. 그리하여 일본 회사지주와 개인 대지주에 대한 연구는 적지 않게 축적되어 전모가 상당히 밝혀졌다.[20]

---

19) 장시원편역, 『식민지반봉건사회론』, 한울, 1984; 김용석엮음, 『식민지반봉건사회 론 연구』, 아침, 1986; 편집부엮음, 『동아시아 사회성격논쟁』, 온누리, 1988; 김대 환·백영서편, 『중국사회성격논쟁』, 창작과비평사, 1988 참조.
20) 소순열·주봉규, 『근대지역농업사연구』, 서울대학교출판부, 1996; 李圭洙, 『近代

식민지지주제에 대한 연구는 식민지 조선을 넘어 대만·만주의 일본 지주와 비교하는 작업으로도 진전되었다.[21] 일본제국주의 체제 하의 식민지에서 지주제는 제국주의 본국인 일본의 기생지주제와 밀접한 관련을 맺으면서 제도화되었다. 일본제국의 경제구조 안에서 자리한 지주제의 식민지적 구조의 체제성과 차별성을 파악하는 것이 중요한 과제로 남아있다.

반면 조선인 대지주에 대한 연구는 사례연구와 대지주 유형화 연구로 진행되었다. 조선인 대지주는 회사지주가 드물고 개인지주가 많았기 때문에 개인가에 소장되어 있던 자료가 발굴되면서 사례연구 형태로 진행되었다.[22] 소작제경영에 머문 경우가 일반적이고 압도적인 비중을 차지하지만 자본가적 기업농, 경영형 지주, 기업가적 농장형 지주도 존재한다는 점이 확인되었다. 대지주 유형화 연구를 통해서는 조선인 대지주의 지역별 특성이 드러나고 조선인 대지주의 범주도 확인되었다.[23] 조

朝鮮の植民地地主制と農民運動』, 信山出版社, 1996; 이규수, 『식민지 조선과 일본, 일본인 - 호남지역 일본인의 사회사』, 다할미디어, 2007; 하지연, 『일제하 식민지 지주제 연구 - 일본인 회사지주 조선흥업주식회사 사례를 중심으로』, 혜안, 2010; 하지연, 『식민지 조선 농촌의 일본인 지주와 조선 농민』, 경인문화사, 2018 등 아주 많다.

21) 淺田喬二, 『日本帝國主義と舊植民地地主制 - 臺灣·朝鮮·滿洲における日本人大土地所有の史的推移』(增補), 龍溪書舍, 1989.

22) 김용섭, 『한국근현대농업사연구 - 한말·일제하의 지주제와 농업문제』, 일조각, 1992; 홍성찬, 『한국근대 농촌사회의 변동과 지주층 - 20세기 전반기 전남 화순군 동복면 일대의 사례』, 지식산업사, 1992 등.

23) 宮嶋博史, 「植民地下朝鮮人大地主の存在形態に關する試論」, 『朝鮮史叢』 5·6, 靑丘文庫, 1982; 장시원, 「식민지하 조선인대지주 범주에 관한 연구」, 『경제사학』 7, 1984; 장시원, 『일제하 대지주의 존재형태에 관한 연구』, 서울대학교 경제학과 박사학위논문, 1989; 임대식, 「1930년대말 경기지역 조선인 대지주의 농외투자와 지방의회 참여」, 『한국사론』 34, 1995.

선인 대지주에 대한 연구는 종래 조선인 지주는 정태적 지주이며 일본
인 지주는 동태적 지주라는 통설에 대한 비판의 의미를 담고 있다. 그런
데 1980년대 동아시아 중진국사회론이 등장하면서 식민지사회를 자본주
의 이행의 한 경로로 파악하는 관점이 나왔다. 따라서 식민지의 지주제
도 자본주의 이행의 관점에서 재해석되었다. 즉 세계시장이 지주제를
포섭하게 됨으로써 지주는 잉여가치의 취득을 목표로 하는 근대적 중간
적 지주제로 변신하여 농업생산을 직접 통제하고 생산물의 판매와 자본
주의적 투자도 주도한다는 것이다.24)

지주제의 성격을 어떻게 해석하든 지주적 토지소유가 경제적 불평등
의 근본원인임을 부인할 수는 없다. 1990년대 이후 식민지 사회구성에
대한 성격규명이라는 목표에서 벗어나면서 지주제 연구는 지역사의 범
주에 포섭되는 양상을 보인다. 종래에도 구체적인 연구는 지역사례를
동반할 수밖에 없었지만 이제 경제사의 범주에서 벗어나 토지소유와 경
영의 변동 뿐 아니라 지역민의 생활, 정치사회적 관계로까지 연구의 범
위가 확장되고 있다. 일본인 대지주와 조선인 대지주 중심의 지주제 연
구를 배제하지는 않지만 하천 유역이나 수리조합 구역이나 특정한 연혁
을 지닌 농장을 상대로 토지소유권, 소유관계, 농업경영, 사회정치관계
등을 종합적으로 연구함으로써 지역사회의 특성을 드러내려는 것이
다.25) 그렇게 하면 대지주의 착취와 소작농의 피폐한 삶 외에 중소지주
와 자작농의 삶도 드러나고 그들의 삶이 정치 사회적 맥락에 어떻게 위
치하는지에 대해서도 해명할 수 있기 때문이다.

---

24) 中村哲, 「근대 동아시아에 있어서의 지주제의 성격과 유형」, 『근대조선의 경제
구조』, 비봉출판사, 1989.
25) 홍성찬, 앞의 책, 1992; 홍성찬 외, 『일제하 만경강 유역의 사회사 - 수리조합, 지
주제, 지역정치』, 혜안, 2006.

본서에서는 사회구성과 관련된 식민지지주제의 성격에 대한 논의는 기왕의 연구성과를 참조하고, 지역사적인 관점에서 이 문제에 접근하여 식민지지주제의 다양성의 한 측면을 드러내고자 한다. 험란한 국유-민유 분쟁을 거쳐 민유화된 석장둔 소재지에서 소유권의 행사가 어떻게 이루어지며 소유의 변동이 어떤 양상을 보이며 지주제가 어떻게 발달하는지, 그 이전 석장둔 시절의 양상과 비교하면서 살펴보려 한다. 어떻게 보면 석장둔에서는 수조권이 사라짐으로써 둔토로서의 의미가 소멸되고 따라서 석장둔에서 유래한 경지는 인접한 다른 민유지와 동질화되었으므로 석장둔의 역사성과 지역성은 의미를 상실한 것일지도 모른다. 그렇지만 조선후기 궁방과 아문의 절수·사여지에서 발생한 조200두형 영작궁둔이나, 중답주가 존재하던 장토, 그리고 궁방과 아문의 급가매득지 등이 1908년 역둔토 국유지가 된 후 식민지시기 겪게 되는 운명과, 민유지가 된 석장둔의 처지를 비교하면 그 차이점이 두드러지게 드러난다.

예를 들어 창원 조200두 용동궁전답은 국유지가 된 후 조 200두의 지대와는 비교되지 않는, 식민지지주제 하의 고율소작료를 납부해야 하는 처지에 놓였다. 그 가운데 동양척식주식회사에 넘겨진 국유지에서는 용동궁전답의 작인들이 경작에서 배제되거나 일본인에 의한 불법적인 전대소작제(轉貸小作制)의 피해를 입기도 했다. 전대소작제는 일종의 이중소작제였다. 이들 토지는 1920년대 역둔토불하정책에 의해 소작권을 가지고 있던 일본인들에게 불하되었다. 토지소유권을 주장할 수도 있었던 농민들이 역둔토 국유지의 소작농이 되었다가 일본인 소작인에 의한 이중소작의 피해를 입었고 급기야 불하과정에서 소유권으로부터 완전히 배제되었던 것이다.[26]

---

26) 이영호, 앞의 책, 2018, 제8장 「'조200두형=영작궁둔' 궁장토 소유권의 향방 - 경

황해도 재령 여물평의 경우를 살펴보면, 이 장토는 일찍이 간척과정에서 중답주가 설정되어 있던 곳이었다. 궁방에서 1/4 지정(支定)을 수취하고 또 중답주가 1/4 중도지(中賭支)를 지대로서 수취하고, 경작은 실작인이 담당하는 구조였다. 갑오개혁 이후 중답주의 권리는 지속적으로 위협받다가 1908년 궁방의 토지소유권이 국유화될 때 배제당하여 결국 장토는 역둔토 국유지가 되었다. 국유화된 재령 여물평장토는 1909년 동척농장이 되었다. 동척은 소작인조합을 조직하여 고율소작료에 기초한 지주경영을 강화했다. 여물평장토의 중답주 및 실작인은 장토에서 배제되거나 소작농으로 전락했다. 이렇게 동척의 소유지가 된 이전의 궁장토·둔토 등은 전국적으로 수만 정보에 이르렀다.[27]

또 한 가지 사례로 전라남도 나주 궁삼면의 토지분쟁을 들 수 있다. 1888년경의 극심한 흉년으로 무망답(無亡畓)이 된 민유지를 경저리(京邸吏)가 농간을 부려 1898년 경선궁(慶善宮)에 팔아넘긴 후 해방 후까지 분쟁이 계속되었다. 경선궁에서는 매득한 것이라고 주장하여 통감부의 국유지 정리과정에서 소유권을 인정받았지만 농민들의 강력한 민유 주장에 부딪치자 동척에 헐값에 팔아넘겼다. 농민들은 소송과 저항을 계속했지만 토지조사사업에서 동척의 소유로 인정되었다. 이후 농민들은 농민회를 결성하여 농민대회를 열고 소작료 납부거부운동을 벌이는 등 줄기차게 토지반환운동을 계속했다. 해방 후 국회에서 2,591정보로 산정된 궁삼면 농장의 토지를 민간에 반환하기로 결정했으나 6·25전쟁에서 모

상도 창원 용동궁전답의 사례」, 제9장 「조선토지조사사업에서 국유지조사와 활용」 참조.

27) 김용섭, 「한말 일제하의 지주제 - 사례 2 : 재령 동척농장에서의 지주경영의 변동」, 『한국사연구』 8, 1972(김용섭, 앞의 책, 일조각, 1992 수록); 도진순, 앞의 논문, 1985 참조.

든 문서가 소실되어 무산된 후 결국 농지개혁에서 유상분배 됨으로써 분쟁은 종료되었다.[28]

이처럼 조선후기 다양한 기원을 지닌 궁장토·둔토는 일제 통감부에 의해 역둔토에 편입된 뒤 역둔토지주제로 경영되거나 동척에 불하된 뒤 일본인 이주식민을 위한 농지로 활용되었다. 조 100두의 지대수준을 유지하다가 민유지로 인정받는데 성공한 석장둔의 일제시기 토지소유 실태는 창원 용동궁장토나 재령 여물평장토, 나주 궁삼면 민유지 등과 대비될 수 있다. 석장둔은 민유지화 되었지만 그 탄생에서 시작된 연혁과 경험은 다른 역둔토와는 상이한 토지소유의 지역성과 역사성을 드러낼 수 있을 것이다.

이러한 관점에서 전근대부터 식민지시기 이후 농지개혁에 이르기까지 석장둔 지역을 중심으로 토지소유의 장기변동을 검토하려 한다. 즉 석장둔이 간척되어 탄생한 조선후기 18세기부터 시작하여 20세기 중반 농지개혁이 완료되기까지 석장둔의 일생을 추적하면서 식민지시기의 존재방식과 그 해소과정을 고찰하고자 한다. 이러한 장기적 변동을 추적하는 방식의 연구는 앞에서 언급한, 지역사 속에서 지주제의 위상을 탐구하는 연구방식과 함께, 토지소유를 둘러싼 경제사적 연구의 가치를 제고할 것으로 기대한다.[29]

---

28) 함한희, 「조선말·일제시대 궁삼면 농민의 사회경제적 지위와 그 변화」, 『한국학보』 66, 일지사, 1992; 함한희, 「해방 이후의 농지개혁과 궁삼면 농민의 사회경제적 지위 및 그 변화」, 『한국문화인류학』 23, 한국문화인류학회, 1992; 李圭洙, 앞의 책, 1996; 이규수, 앞의 책, 2007; 박이준, 『한국근현대시기 토지탈환운동 연구』, 선인, 2007 참조.

29) 정승진은 전라도 영광의 사회경제적 상황의 변동을 분석하면서 재지지주 신씨가 사례를 통해 지역경제를 분석하고 있는데, 지역의 장기변동을 추적하려는 시도로서 참고된다. 정승진, 『한국근세지역경제사』, 경인문화사, 2003 참조.

구체적으로는 식민지시기 석장둔 지역에서는 식민지지주제가 어떤 식으로 존재하는지 살펴보고자 한다. 이것은 두 가지 측면에서 접근하려 한다. 하나는 석장둔 지역의 토지소유 분화의 모습과 지주제의 존재 방식을 추정해보는 방법이다. 이를 위해 석장둔 지역의 1910년 『토지조사부』를 분석한다. 식민지지주제가 지속적으로 확대 재생산되어 지배적인 생산관계로서 유지되는 모습이 석장둔 지역에서 어떻게 나타나며 그 특징은 무엇인지 확인하고자 하는 것이다. 그러나 일제시기 『토지대장』은 6·25전쟁에서 소실되고 없어 일제시기 이 지역 토지소유가 시기적으로 어떻게 변동하는지 추적할 수는 없다. 다만 석장둔 지역의 전답을 몽리구역으로 한, 수리조합의 조합원 명부를 분석하여 일제말기 토지소유 실태의 일단을 확인해 볼 수는 있겠다. 그 과정에서 오랜 연원을 지닌 천수답으로서의 석장둔 수리문제를 검토하는 작업도 동반될 것이다.

다른 하나는 지주가 사례를 통해 석장둔 지역의 지주제 실태를 파악하는 방법이다. 석장둔 지역에는 일본인 소유자가 거의 없고 조선인 대지주도 확인되고 있지 않아 지주제의 실상을 알기는 어렵다. 그래서 석장둔에 바로 인접한 부천군 소래면의 지주인 신안(新安) 주씨가(朱氏家) 사례를 검토하고자 한다. 신안 주씨가에서 개항 이후 토지를 확보한 뒤 토지조사사업을 통해 법인 받고 일제시기에 걸쳐 지속적으로 소유의 확대를 꾀한 양상을 추적한다. 신안 주씨가는 석장둔을 소유하지 않았지만 바로 지척에 있는 곳에 많은 토지를 소유하여 지주로 성장하고 있기 때문에 석장둔 지역 지주제의 양상을 유추하는데 적합한 사례로 생각한다. 주목하는 것은 신안 주씨가 자기 소유토지를 토지조사사업에서 보존하고자 노력한 점, 이후 토지소유의 확대 방법으로 역둔토 불하토지를 확보한 점, 그리고 일반적으로 지주제 연구에서 취급하지 않았던, 식민지지주제의 한계이기도 한 토지상속 문제 등이다.

제2부의 두 번째 과제는 지주제의 해소문제이다. 제2차 세계대전 이후 체제의 성격을 불문하고 중세의 봉건체제를 넘어서기 위한 토지재분배는 시대적 과제였고, 동아시아의 경우 지주제를 폐지하고 농민적 토지소유로 전환시켜야 한다는 경자유전론이 대세였다는 점은 앞에서 언급했다. 지주제의 폐지와 경자유전을 위한 토지재분배는 남·북한의 체제경쟁의 형태를 띠며 진행되었다.

북한의 '토지개혁'과 남한의 '농지개혁'에 대한 연구는 해방 후 분단체제 연구에 있어서도 핵심적인 주제였다. 북한의 토지개혁에 대해서는 구체적으로 연구하기 어려운 형편이어서 활발하지는 않았다.[30] 남·북한의 개혁은 모두 경자유전을 지향하는 경향을 보였지만 지주제를 폐지하는 방법에 차이가 있었던 점은 주지하는 바다. 북한은 지주의 소작지를 무상몰수한 뒤 농민에게 무상분배하여 토지소유권을 보장했지만 처분권을 제약함으로써 소유권 분배의 의미는 무력화되었다. 결국 후에 농업협동화과정에서 개인의 토지소유권은 소멸되는 과정을 밟았다. 북한의 토지개혁은 농민적 토지소유의 옹호를 목표로 삼은 것은 아니었다.

남한의 농지개혁에 대한 연구성과는 아주 많다.[31] 농지개혁의 성격과 관련하여 지주적 토지소유를 타파하고 농민적 토지소유가 확립되었다는 설, 그러나 그 과정이 타협적이고 불철저하여 반봉건적 지주층이 잔

---

30) 북한과 남한에서 나온 대표적 연구성과로는 손전후, 『우리나라 토지개혁사』, 과학백과사전출판사, 1983; 김성보, 『남북한 경제구조의 기원과 전개 - 북한농업체제의 형성을 중심으로』, 역사비평사, 2000을 들 수 있다.

31) 농지개혁에 대한 정책자료와 개설적 정리는 한국농촌경제연구원, 『농지개혁사관계자료집』, 1984; 김성호·김경식·장상환·박석두, 『농지개혁사 연구』, 한국농촌경제연구원, 1989를 참조한다.

존한다는 설 등 농지개혁에 대한 긍정, 부정론이 초기의 논점이었다. 농지개혁 과정에서 지주에게 유리한 정책이 추진된 것은 사실이지만 지주제는 철폐되고 자작농 체제가 형성되었다는 점은 의문의 여지가 없다.

최근의 논점은 이승만 정권의 농지개혁과 북한의 토지개혁을 체제경쟁과 관련하여 해석하는 것이다. 1950년 봄 시작된 농지개혁이 6·25전쟁이 일어나기 전에 완료되었는지의 여부와 관련하여 제기되었다. 남한의 '농지개혁'이 불철저하고 지지부진하게 진행됨으로써 북한이 남한지역을 점령하여 수행한 '토지개혁'이 계급적 성격을 지닌 것으로 보는 견해와, 이미 남한의 농지개혁은 전쟁이 발발하기 전에 사실상 완료되어 농촌사회의 안정화가 이루어졌고 북한이 점령지에서 수행한 토지개혁이 별반 다른 성과를 올리지 못했다고 보는 견해가 있다.[32] 본서의 대상인 시흥군 수암면과 부천군 소래면은 북한에 의해 점령된 지역이다. 물론 여기서도 토지개혁이 실시되었다. 미군의 노획문서에 시흥군의 토지개혁에 관한 것이 포함되어 있다. 이에 대해서는 훌륭한 사례연구가 나와 있다.[33] 이러한 연구성과를 토대로 본서에서는 소래면과 수암면에 집중하여 북한의 토지개혁이 어떻게 시행되었는지 살피고, 농지개혁과도 비교할 수 있도록 검토하고자 한다.

---

32) 정병준, 「한국농지개혁의 재검토 - 완료시점·추진동력·성격」, 『역사비평』 65, 2003 참조.

33) 정병준, 「한국전쟁기 북한의 점령과 지방사회의 변화 - 경기도 시흥군의 사례」, 「한국전쟁기 북한의 점령지역 동원정책과 공화국 공민 만들기 - 경기도 시흥군의 사례를 중심으로」, 『한국전쟁기 남북한의 점령정책과 전쟁의 유산』, 선인, 2014. 북한의 점령지 토지개혁에 대해서는 같은 책에 실린, 기광서의 「한국전쟁기 북한의 남한지역 토지개혁」, 오보경의 「한국전쟁기 북한의 점령지역 토지개혁 - 경기도 화성군 안용면 안녕리의 사례」 및 김태우, 「한국전쟁기 북한의 남한 점령지역 토지개혁」, 『역사비평』 70, 2005 참조.

다른 각도에서 농지개혁에 대한 연구경향을 살펴보면, 지주제의 해체
와 지주자본의 산업자본으로의 전환 등에 대해 거시적인 시각에서 연구
한 것과, 개별 사례를 통해 농지개혁의 구체적인 실태와 지역사회의 변
화를 다룬 연구로 대별할 수 있다. 본서는 시흥군 수암면 하중리·하상리
에 대한 지역연구이므로 사례연구에 대한 연구사에 주목한다. 사례연구
는 정책연구와는 달리 농지개혁의 다양한 면모를 나타내준다. 사례연구
중에도 농지개혁에 대한 사례연구와,34) 농지개혁을 중심에 두고 토지소
유의 변동을 다룬 사례연구가 있다.35) 농지개혁의 전개과정과 그 전후
의 토지소유의 변동, 그리고 특히 지역정치세력의 변동을 종합적으로
고찰한 사례연구도 있다.36) 본 연구의 대상인 시흥군 수암면의 농지개
혁에 대한 직접적인 연구도 있다. 시흥·안산 지역사 연구의 일환으로 구

---

34) 장상환, 「농지개혁 과정에 관한 실증적 연구 - 충남 서산군 근흥면의 실태조사를
    중심으로」, 『경제사학』 8,9, 1984,1985; 유기천, 「농지개혁과 토지소유관계의 변
    화에 관한 연구 - 충남 연기군 남면의 사례를 중심으로」, 서울대학교 경제학과 석
    사학위논문, 1990; 이지수, 「해방후 농지개혁과 지주층의 자본전환 문제」, 연세대
    학교 사학과 석사학위논문, 1994; 장상환, 「농지개혁에 의한 농촌사회 경제구조의
    변화 - 3개 마을의 사례를 중심으로」, 『한국근현대의 민족문제와 신국가건설』, 김
    용섭교수정년기념한국사학논총 3, 지식산업사, 1997.
35) 조석곤, 「토지대장에 나타난 토지소유구조의 변화」, 『맛질의 농민들 - 한국근세촌
    락생활사』, 안병직·이영훈편저, 일조각, 2001; 조석곤, 「토지대장으로 살펴본 토
    지소유구조의 변화 - 원주시 호저면의 사례」, 『농촌경제』 28-2, 한국농촌경제연구
    원, 2005; 조석곤, 「토지대장으로 살펴본 토지소유구조의 변화 - 김제시 죽산면의
    사례를 중심으로」, 『동향과 전망』 65, 한국사회과학연구회, 2005; 정승진·松本武
    祝, 「토지대장에 나타난 농지개혁의 실상(1945~1970) - 전북 익산군춘포면토지대
    장의 분석」, 『한국경제연구』 17, 한국경제연구학회, 2006.
36) 최원규, 「해방후 농촌사회의 정치적 변동과 지주제 - 광주·해남지역을 중심으로」,
    『이재룡박사환력기념 한국사학논총』, 1990; 하유식, 『울산군 상북면의 농지개혁
    연구』, 부산대학교 사학과 박사학위논문, 2010.

체적 실태에 접근한 것이다.37) 이들 연구는 본서의 집필에 많은 참고가 되었다.

본서는 농지개혁에 대한 본격적인 연구는 아니다. 석장둔 지역에서 식민지지주제의 지역적 특성을 찾아보고 그것이 농지개혁에서 어떻게 변모하는지 추적하여 토지소유의 장기변동 연구의 종점으로 삼고자 하는 것이다. 농지개혁에 의해 석장둔 및 신안 주씨의 토지소유에 어떤 변화가 있는지 살펴보는데 초점을 둔다. 그렇지만 이 지역에서 실시된 농지개혁의 진행과정에 대해서도 검토하지 않을 수 없다. 그래야 북한 점령하의 토지개혁과도 비교할 수 있기 때문이다.

농지개혁에 의해 자작농체제가 성립되었지만 경지규모는 극히 영세했다. 경작면적의 확대가 절실했다. 정부는 경지를 확보하기 위해 수리조합이 적극 간척에 나설 것을 장려했다. 일제시기 시흥지역에 설립된 4개의 수리조합이 인안수리조합으로 통합되어 관개개선 뿐 아니라 간척사업도 수행했다. 석장둔이 간척된 것처럼 시흥과 안산 연안의 갯벌에 대한 간척이 추진되었다. 그 한 예로 화랑농장 간척과정과 그 토지분배 상황을 검토하기로 한다. 이로써 간척지의 탄생에서 시작된 석장둔의 역사는 현대에 와서도 다시 간척지의 확대로 이어진 연속적 과정을 확인할 수 있다. 생산력의 향상과 대외개방정책에 의해 농산물의 증산은 불필요했음에도 불구하고 1991년 한국 최대의 간척지가 될 새만금간척공사가 착공되었다. 계속 여부를 놓고 수많은 논란 끝에 20년만인 2010

---

37) 최영묵, 「시흥군 농지개혁의 전개과 귀결」, 『시흥시사』 3, 시흥시사편찬위원회, 2007; 조석곤, 「토지소유권대장으로서의 토지대장과 그 분석의 일례」, 『시흥시사』 10, 2007; 김소남, 「안산의 농지개혁」, 『안산시사』 1, 안산시사편찬위원회, 2011; 조석곤, 「농지개혁 수배농가의 분배농지 전매매에 관한 연구 - 시흥군 수암면 사례」, 『대동문화연구』 81, 2013.

년 완공되었지만 더 이상 농경지는 필요 없는 상황에 이르렀다.

3) 연구의 자료와 방법

장기적 관점과 실제에 밀착한 사례연구가 여의치 않은 가장 중요한 이유는 한 지역의 시계열적 자료가 잘 구비되어 있지 않기 때문이다. 조선후기 양안으로는 1720년 경자양안이 극히 일부의 지역에 존재할 뿐, 그 전후의 군현단위 양안이 거의 존재하지 않는다. 궁장토·둔토의 양안은 그 장토가 산재해 있기 때문에 양안이 있더라도 분석상 파편적 성격을 띠지 않을 수 없으며 시계열적으로 연결되는 경우 또한 드물다.

본서에서 선택한 석장둔의 경우 작성된 양안이 규장각한국학연구원에 남아 있기 때문에 장토 모습을 유추할 수 있게 해준다.『안산석장둔양안(安山石場屯量案)』(규장각 18997)과 『인천석장둔양안(仁川石場屯量案)』(규장각 18996)이 바로 그것이다. 이 두 석장둔양안은 완벽한 개간지 양안의 성격을 보여주며, 양안 위에 중복 첨부된 상지(裳紙)에는 납세자가 기재되어 있어서 석장둔의 소유관계와 수취관계를 파악할 수 있는 양호한 조건을 지니고 있다. 다만 안산 쪽 석장둔 관계 자료는 이후 계속 연결되지만 인천 쪽 석장둔 자료는 연결이 잘 되지 않아 안산을 중심으로 하면서 인천 쪽 자료도 검토하는 방식으로 논의를 전개할 수밖에 없다. 안산 쪽 석장둔은 조선후기에는 안산군 초산면에 속했고, 오늘날 경기도 시흥시 하중동·하상동 일대에 위치하고 있다.

석장둔은 정조년간 장용영(壯勇營)에 이속되면서 장용영 관련 자료에도 등장하게 되고, 19세기에 들어가 석장둔의 일부를 용동궁에서 매득하면서 용동궁이 작성한 매매문기·추수기 등 관련 자료에도 흔적을 남겼다. 통감부의 역둔토정리 과정에서 궁방과 아문이 소유관계를 증명하기 위해 관련 장부류를 조사기관에 제출했는데 용동궁이 안산에서 매득한 석장둔 관련 자료도 그 속에 다수 남아 그 흔적을 확인할 수 있었다.

갑오개혁 이후 정부의 궁장토·둔토정책에 의해 변화된 양상은 광무양안에 반영되어 있는데, 『경기안산군양안』(규장각 17645, 전15책, 1900)이 건재하다. 시흥군으로 편입된 이 지역의 『토지조사부』(시흥군 수암면, 부천군 소래면)도 국가기록원에 남아 있어 양자를 비교할 수 있는 좋은 조건을 이루고 있다.

다만 석장둔 지역 지주들의 소유실태와 경영내용을 확인할 수 있는 자료가 없어 식민지지주제를 직접 조사하기 어려운 것은 아쉬운 점이다. 인근 소래면 신안 주씨가의 지주제 사례를 통해 지역적 특성을 확인하는 것으로 한다. 신안 주씨가의 소장문서는 추수기류, 토지문서류, 토지장부류, 매매계약서, 토지신고서 등 아주 많다. 주요문서로 「인천황등천이리주노삼복결안(仁川黃等川二里朱奴三福結案)」, 「신현면삼리지적(新峴面三里地籍)」, 『부천·시흥양군토지대장초본(富川·始興兩郡土地臺帳抄本)』, 역둔토매매계약서, 『부천군소래면계수리역토추수기』, 『세전전답급제자소유전답□정지적부(世傳田畓及諸子所有田畓□正地籍簿)』, 『부천소래·시흥서면소재전답가대초평토지대장 附지세일람표』 등이 있다.[38]

아쉬운 점은 일제후반기 설립된 수리조합 관련자료를 통해 메울 수도 있다. 1929년 소래수리조합, 1939년 매화공려수리조합, 1942년 홍부수리조합 등 이 지역에 4개의 수리조합이 설립되었다. 이들 수리조합의 설립과정이 수록되어 있는 사업계획서 등 각종 서류가 한국농촌공사 화성수

---

38) 시흥시사편찬위원회 개인·문중소장자료조사연구팀, 『시흥 과림동 신안주씨가(I, II) 소장자료 상세목록 및 해제 조사보고서』(2006. 5. 18); 허홍범, 「과림동 신안주씨가 소장자료의 성격」, 『시흥시사』 10, 2007 참조.

원지사에 소장되어 있고 그 중 일부는 국사편찬위원회에서 수집했다. 중요한 자료는 『소래수리조합사업계획서』, 『홍부수리조합사업계획서』, 각 수리조합의 『토지원부』, 홍부수리조합의 『조합원명부』, 『평의회에 관한 서류』 등이다. 수리조합은 과거 석장둔 지역을 몽리구역에 포함했기 때문에 수리조합 몽리구역의 토지소유를 분석하면 유익한 정보를 얻을 수 있다.[39]

대한민국 정부가 수행한 농지개혁에 관한 자료는 오늘날 시흥시에 아주 풍부하게 남아 있고 일부는 국사편찬위원회에서 수집했다. 주요문서로는 『농지개혁서류』, 『농지예규』, 『농개통계에 관한 서류』, 『분배농지 수배자별조서』, 『토지대장 및 등기부대조원부』, 『지적공부복구공시조서』, 『토지대장』(1950~1976), 『위토신청서』, 『지주신고서』, 등 매우 많다.[40] 더구나 노획문서를 통해 북한점령기 부천군 소래면의 토지개혁 실태에 접근함으로써 농지개혁과 비교하는데 도움이 되었다. 부천군 소래면에서 시행된 북한의 토지개혁에 관한 문서로서 『몰수토지조사서 외 잡철』 등이 석장둔 지역에서 시행된 토지개혁의 실태에 접근하는데 유익하다. 시흥군과 부천군 토지개혁에 관한 북한군 노획문서는 국립중앙도서관에서 수집했다.

이상에서 소개한 바와 같이 석장둔 지역에는 비교적 장기지속적인 관찰을 할 수 있는 자료가 풍부하다. 구체적인 내역은 '참고문헌'란에 소개했다. 본서에서는 이러한 자료적 장점을 살려 조선후기 이래 250여 년간 전개된 토지소유의 장기지속과 굴곡의 양상을 검토하고자 한다. 공간적, 시간적으로 파편화된 사례들을 종합하여 이념형을 구축하는 방식

---

39) 이경란, 「수리조합 자료」, 『시흥시사』 10, 2007 참조.
40) 이명숙, 「농지개혁 자료」, 『시흥시사』 10, 2007 참조.

을 지양하고, 동일한 공간에서 사회경제적 관행이 축적되고 변이하는 과정을 장기적으로 관찰하고자 한다.

최근 등장한 '식민지근대화론'은 '식민지 근대 이전'을 인정하지 않고 식민지를 전통과 단절된 새로운 문명의 시공간으로서 이해한다. 식민지에서는 제국주의의 새로운 정책들이 시도되고 식민지와 무관한 이식의 실험도 빈번하게 감행되지만 전통과 연결된 고유한 토양이 미치는 영향도 심대하다. 본서에서는 전통과의 단절을 강조하는 식민지근대화론의 관점을 비판하면서, 토지소유구조의 변동을 단속적(斷續的) 관점에서 살펴보고자 한다. 그 연속은 생활 속의 관행의 축적에서 오는 변이과정이며, 단절은 법률과 정책적 결단에 의해 이루어진다. 단절은 숙종연간의 궁장토 둔토정책, 정조년간의 토지정책, 갑오개혁과 광무양전사업 사이에서도 보이며, 조선토지조사사업에서 현저하다. 또 하나의 단절은 농지개혁에서 볼 수 있다. 단절의 사이사이에서 연속의 과정을 면밀하게 관찰하는 것이 중요하다.

식민지근대화론에서는 근대적 토지소유의 성립을 1910~1918년 일제가 실시한 토지조사사업에서 찾는다. 근대적 토지소유의 개념규정이 문제가 되겠지만 그것이 배타적인 토지소유권의 성립, 토지의 상품화, 자본주의적 토지소유관계 등을 의미한다면 한 순간에 성립될 수 있는 것은 아니다. 적어도 18세기에서 20세기 중반까지 긴 시간을 통해 변이된 결과다. 한 순간의 정책적 판단에 의해 이루어진 것이 아니라 긴 시간의 관행과 변이의 토양 위에서 이루어진 것이라고 판단된다.

그래서 본서에서는 장기적 관점을 각별히 강조하고자 한다. 조선후기는 그것대로, 대한제국기 이후는 또 그것대로, 각각 연구시기별로 단절적으로 연구가 진행됨으로써 앞뒤 시기의 연속성의 의미를 포착하지 못

하고 있는 것이 연구실정이다. 그러므로 조선후기의 토지소유권이 갑오
개혁기 및 대한제국기에 어떤 변화를 겪은 뒤 토지조사사업에서 정리되
어 가는지, 식민지시기 지주제는 농지개혁에서 어떻게 정리되는지 긴
호흡을 유지하면서 지역성과 역사성을 고려하여 추적하는 것이 필요하
다고 본다.

제1부

간척지 석장둔의 소유권과 수조권

제1장 석장둔 소재지의 지역적 배경

1. 행정구역의 변천과 마을의 형성

조선후기 안산군(安山郡)은 한말에 이르기까지 군내면·초산면·잉화면(인화면)·마유면·대월면·와리면으로 구성되어 있었다.[1] 통감부시기에는 안산군 경계에 있던 광주부 소속의 성곶면·북방면·월곡면이 잠시 안산군으로 편입되어 모두 9개면에 이르렀다.[2] 그 뒤 1914년 조선총독부의 행정구역 개편에 의해 안산군은 시흥군(始興郡)에 소속되었다.

일제시기 이후의 상황을 이해하기 위해 시흥군의 영역을 확인해둘 필요가 있겠다. 1912년 현재 시흥군에는 하북면·동면·군내면·남면·서면·상북면이 편재되어 있었는데, 오늘날의 서울특별시 영등포구를 중심으로 관악구·구로구·안양시·광명시를 포괄한 지역이었다. 그런데 1914년 과천군·안산군까지 통합되어 북면·신동면·동면·서면·과천면·서이면·남면·수암면·군자면으로 재편성되었다. 오늘날 서울시 강남에서부터 과천·안양·안산을 포괄하는, 한강 이남 남서부의 대부분을 차지하는 대군으로 확장된 것이다. 이때 안산군 전체가 시흥군의 군자면과 수암면으로 나뉘어 편입되었다. 안산군 군내면·초산면·인화면은 시흥군 수암면으로, 마유면·대월면·와리면은 시흥군 군자면으로 통합되고, 원래 광

---

1) 『興地圖書』(1760년경) 이후 『安山郡邑誌地圖』(1899년 5월)에 이르기까지 읍지를 살펴보면 안산군은 이들 6개면으로 구성되어 있다.
2) 朝鮮總督府, 『舊韓國地方行政區域名稱一覽』, 1912년 1월 현재, 73쪽.

주부였던 성곶면·북방면·월곡면은 수원군 반월면으로 옮겨갔다.[3]

　일제시기 시흥군 수암면은 한말 안산군의 군내면·초산면·인화면으로
구성되었으나, 오늘날에는 안산시와 시흥시에 나뉘어 있다. 즉 군내면
전체와 인화면 일부(한말의 와상리·와하리·고잔리·월피리로서 일제시
기의 와리·고잔리·월피리)는 안산시로 가고, 초산면 전체, 인화면 일부
(한말의 북곡리·능곡리·광곡리·화정리로서 일제시기의 능곡리·화정리)
는 시흥시에 남았다. 비슷하게 일제시기 시흥군 군자면은 한말 안산군
의 와리면·대월면·마유면으로 구성되었으나, 오늘날은 와리면 전체와
대월면 일부(한말의 선부동·달산리로서 일제시기의 선부리)는 안산시
에, 마유면 전체, 대월면 일부(한말의 거모포·석곡동으로서 일제시기의
거모리)는 시흥시에 남았다.

　석장둔은 안산군 초산면 일대 외에 인천도호부 전반면·신현면 일대
에도 걸쳐 있었는데 이 지역은 일제시기 부천군 소래면이 되었다가 오
늘날은 시흥시에 편입되어 있다.

　'조선후기의 시흥군'은 '일제시기의 시흥군'으로 확대되어 해방 후에
도 일정한 시기 유지되다가 오늘날은 그 대부분이 서울특별시·과천시·
안양시·광명시 등지에 편입되고, '오늘날의 시흥시'는 이름만 '시흥'일
뿐 '조선후기의 시흥군'과는 전혀 무관한 곳에 위치하고 있다. 오늘날의
시흥시는 조선시기 안산군 일부와 인천도호부 일부를 포함하고 있다.
그러니까 조선시기의 안산군은 오늘날의 안산시와 시흥시에 나뉘어 있
고, 여기에다 조선시기 인천도호부 및 일제시기 부천군 소속이던 소래
면이 시흥시에 편입되어 있는 것이다.

---

3) 越智唯七 編纂, 『新舊對照 朝鮮全道府郡面里洞名稱一覽』, 1917, 65~66, 74쪽.

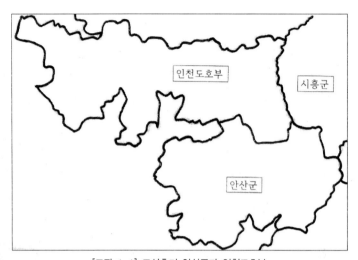

[도판 1-1] 조선후기 안산군과 인천도호부
* 출처 : 조선총독부 육지측량부, 1911년 7월 15일 발행(1895년 측량)

안산·시흥지역의 행정구역을 한말·일제시기와 견주어 정리하면 [표 1-1]과 같다.

[표 1-1] 안산·시흥지역 행정구역의 변천

한말	일제 시기	현재
안산군 군내면	시흥군 수암면(수암리·장상리·부곡리·양상리·성포리·장하리)	안산시
안산군 와리면	시흥군 군자면(초지리·원곡리·신길리·성곡리·목내리·원시리)	안산시
안산군 인화면	시흥군 수암면(와리·고잔리·월피리)	안산시
안산군 인화면	시흥군 수암면(능곡리·화정리)	시흥시
안산군 대월면	시흥군 군자면(선부리)	안산시
안산군 대월면	시흥군 군자면(거모리)	시흥시
안산군 마유면	시흥군 군자면(군자리·월곶리·장현리·장곡리·정왕리·죽율리)	시흥시
안산군 초산면	시흥군 수암면(하중리·하상리·광석리·목감리·논곡리·조남리·산현리·물왕리)	시흥시
인천부 전반면	부천군 소래면(도창리·매화리·안현리·무지리·금이리)	시흥시
인천부 신현면	부천군 소래면(미산리·은행리·대야리·신천리·방산리·포리)	시흥시
인천부 황등천면	부천군 소래면(과림리·계수리)	시흥시
인천부 황등천면	부천군 소래면(옥길리)	부천시

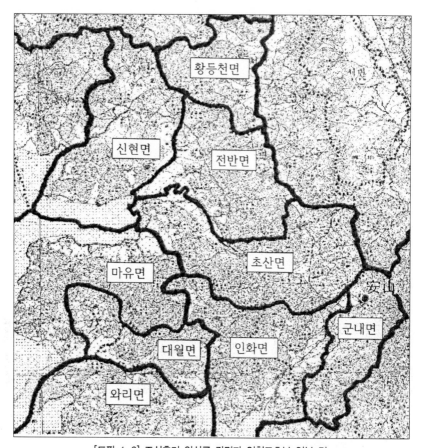

[도판 1-2] 조선후기 안산군 각면과 인천도호부 일부 면
* 출처 : 조선총독부 육지측량부, 「朝鮮五万分一地形圖[14-2-8]: 仁川(京城八號)」, 1918

　일제시기의 수암면·군자면·소래면 지역을 고려하여 오늘날의 소속 법정동을 정리하면 [표 1-2]와 같다.

[표 1-2] 시흥시 법정동의 일제시기 소속 지역

일제시기	현재의 시흥시 법정동
소래면 지역	대야동·계수동·신천동·방산동·미산동·포동·은행동·안현동·과림동·매화동·도창동·무지내동·금이동
수암면 지역	하중동·하상동·광석동·능곡동·화정동·산현동·물왕동·논곡동·조남동·목감동
군자면 지역	월곶동·장곡동·장현동·정왕동·거모동·군자동·죽율동

조선후기의 석장둔은 수암면 지역의 하중동·하상동, 소래면 지역의 도창동·매화동·미산동·안현동 등지에 걸쳐 있었다. 이들 지역이 본서의 주된 연구대상으로서 '석장둔 지역'이 된다.

[도판 1-3] 오늘날 시흥시 법정동

* 출처 : 정부매, 「취락의 형성과 발달」, 『시흥시사』 1, 시흥시사편찬위원회, 2007, 238쪽
* 비고 : 일제시기의 경우 상부는 부천군 소래면, 좌편은 시흥군 군자면, 우편은 시흥군 수암면에 해당한다.

석장둔은 조선후기 인천도호부와 안산군 경계에 걸쳐 있지만 장기적인 시계열 자료가 안산군에 집중되어 있기 때문에 안산 쪽 석장둔에 좀 더 초점을 맞추기로 한다. 넓게는 오늘날의 시흥시와 안산시를 중심으로 하고, 좁게는 조선후기 부분은 안산군 초산면 일대, 일제시기 부분은 시흥군 수암면 및 부천군 소래면이고, 더 좁게는 하중동·하상동을 연구대상으로 삼는다.

조선후기 초산면의 동리 변화를 살펴보면 [표 1-3]과 같다.

[표 1-3] 초산면 동리의 변천

① 조선후기 안산군 草山面	② 한말 안산군 草山面	③ 일제시기 시흥군 秀巖面	④ 현재 시흥시	
			법정동	행정동
牧甘里	牧甘里(모감이) 栗浦里(밤기물)	목감리	목감동	목감동
論知谷里	論谷里(논줄)	논곡리	논곡동	
	鳥南里(식임이) 祭廳里(장군겻)	조남리	조남동	
	山峴里(뫼직) 櫃谷里(살듸골)	산현리	산현동	
物項洞里 上職串里	物旺里(물앙골) 上職里(얼믜)	물왕리	물왕동	
廣石里 下職串下里	廣石里(나분들) 下下里(두터골)	광석리	광석동	연성동 (능곡동·화정동·장현동· 장곡동도 포함됨)
中職串里 下職串里	中職里(요꼴) 下上里(하직곳)	하상리	하상동	
下職串中里	下中里(베실고지)	하중리	하중동	
豆毛谷里				

* 출처 : ① 한성부, 『戶口總數』, 1789, 제2책 경기도 '안산'; ② 조선총독부, 『舊韓國地方行政區域名稱一覽』, 1912, '안산군'; 『朝鮮地誌資料』(필사본), 1911, '안산군 초산면'; ③ 越智唯七, 『新舊對照 朝鮮全道府郡面里洞名稱一覽』, 1917; ④『시흥시사』 1, 2007, 269쪽

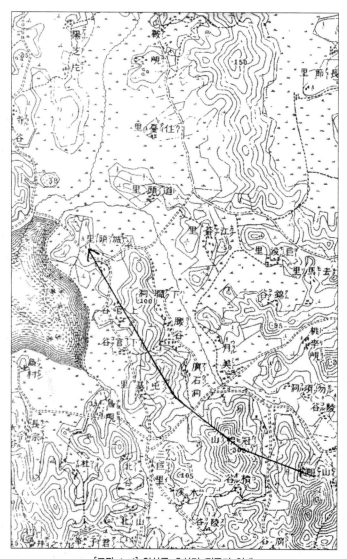

[도판 1-4] 안산군 초산면 직곶리 일대

* 출처 : 조선총독부 육지측량부, 1911년 7월 15일 발행(1895년 측량)

초산면에 속한 동리는 한말에 이르기까지 행정단위로서의 의미를 지
니고 있지 않다. 일본이 1909년 민적조사, 그리고 1910년 토지조사사업
을 동리 단위로 실시함으로써 비로소 동리가 면 산하의 행정단위로 기
능하기 시작하여 오늘에 이르고 있다. 안산 석장둔은 주로 하상리와 하
중리에 분포한다. 『호구총수』의 상직곶리는 상직리, 중직곶리는 중직리,
하직곶리는 하상리, 하직곶중리는 하중리, 하직곶하리는 하하리가 되었
다. 논리적으로 보면 하직곶리는 '하직곶상리'라고 하는 것이 맞을 것이

[표 1-4] 안산군 초산면 광무양안 상의 마을

동리명	마을 이름
조남리	鳥南洞 蛇谷, 內谷, 春峴, 龍堂谷, 土樂里坪, 鳥南里 介芬坪, 崑峴坪, 外巖坪, 端里坪, 萬里外坪
제청리	祭廳 南梁里坪, 倍米谷, 木垢橋, 祭廳 足接坪, 張墳傍坪, 祭廳里, 高低谷
목감리	牧甘里 前坪, 正壽谷坪, 初谷坪, 堂後坪,
율포리	栗浦 內坪, 後谷坪, 小頭川坪, 梧峴基谷坪, 梧里峴前坪, 場基村前坪, 令成坪, 鳥坪, 下後谷, 小頭乃谷
논곡리	論室, 築谷, 居亭谷, 論室 前坪, 新村, 順雨谷, 三千兵馬谷, 軍實坪, 乃加論坪, 介論坪, 原通川, 立巖
산현리	山峴洞 前坪, 山峴洞, 次夫岳里, 槐花谷, 皮谷, 生谷, 金嶺谷, 槐花谷, 次夫岳里, 行飛來谷
물왕리	物旺洞, 物旺洞 亥田坪, 壯自洞, 越村, 物旺洞, 前古乃坪, 務谷論坪, 石巨里, 正智尾
상직리	上職洞, 聖在洞, 上職 前坪
광석리	廣石里 前坪, 廣石里 洞中, 廣石里 前
중직리	中職里
하상리	下上里 前坪, 內坪, 걱지防築外坪(堤堰畓), 高坪, 걱지防築, 東山隅坪
하중리	벼실고지 前坪(戶曹防築), 戶曹防築坪, 春臺防築, 善爲防築, 間村, 間村前坪, 柳築坪, 間村前坪 能溪水防築, 칙나물坪
하하리	下下里 前坪, 石橋坪, 築谷, 甘材坪

* 출처 : 『경기안산군양안』(규장각 17654, 1900)
* 비고 : 동리명은 『舊韓國地方行政區域名稱一覽』(1912년 1월 현재)

다. 이 지역을 '곶'이라 표현한 것은 수리산에서 내려가는 구릉이 이곳에 이르러 갯벌이 넓게 펼쳐진 바다를 향해 뾰족하게 돌출되어 있기 때문이다. 그 끝에 위치한 직곶리가 바다 쪽을 향해 내려가면서 하상리·하중리·하하리가 된 것이다. [도판 1-4]에는 석장둔이 이미 간척된 모습이므로 제2장 [도판 2-1]의 석장둔 부분을 갯벌이라고 상상하고 보면 된다.

안산군 초산면에 형성된 자연마을을 광무양안(光武量案)을 통해 살펴보면 [표 1-4]와 같다.

언급한 것처럼 동리는 행정단위가 아니어서 확정된 이름이 없고, 광무양안도 면별로 작성되어 양안 상에서 동리 사이의 경계를 구분할 수도 없다. 본론에서 광무양안을 분석할 때 소개하겠지만 양전(量田)은 동리와 무관하게 지형과 들판이 놓인 형상을 따라 편의적으로 돌고 도는 방식으로 진행되어 나갔다. 그런데 안산군 광무양안 난외(欄外) 상단에 해당 마을과 들판을 부르는, 민간에서 통용되는 이름이 적혀 있다. 그 이름이 형상을 표현하기 때문에 이를 통해 마을 또는 들의 모습을 유추할 수 있다. 석장둔이 위치한 하상리의 이름을 보면 경지가 마을의 안쪽과 앞쪽, 산과 구릉, 제언답의 안과 밖으로 배치되어 있음을 짐작케 한다. 하중리는 방축의 이름, 아마 새로 생긴듯한 간촌, 채나물 경작 등을 기준으로 들판을 구분했다. 하하리는 돌다리, 방축 등을 기준으로 삼았다.[4]

최근 조사된 이곳의 마을이름은 [표 1-5]와 같다.

---

4) 광무양안에 등장하는 마을이나 들의 이름은 오늘날 정부에서 발간한 『1 : 5,000 인천부천시흥지번도』에도 유사하게 반영되어 있다.

[표 1-5] 초산면의 자연마을 이름

동리명	자연 마을 이름
목감동	新村(더푼물), 高低地, 四巨里, 栗浦(뱅깔)
논곡동	論谷(논줄), 防築洞(방죽말), 四巨里
조남동	南旺, 訪花고개, 土來基, 元鳥南(새미), 小陵山(소릉뫼), 陽地村(양달말), 隱美(을미), 陰地村(응달말), 장승박이, 長子址(장자터)
산현동	골월, 깨골, 山峴(묘재), 生谷(사티골), 아랫말, 血峴(피흘)
물왕동	陵谷(능골), 內村(안말), 上職(얼미), 長子谷(장자골)
광석동	元廣石(나븐들), 屯垈谷(둔터골)
하상동	中職(龍谷, 요골), 下職(荷池谷, 하지골)
하중동	돌장재, 官谷(배실고지), 間村(샛말), 新起村(샛터말), 城峴(성마루)

* 출처 : 정부매,「취락의 형성과 발달」,『시흥시사』1, 2007, 269쪽

[표 1-5]는 자연마을을 부르는 한글이름과 한자표현을 조사한 것이다. 어떤 방식으로 조사되었는지는 소개되어 있지 않다. 한글이름의 일부는 일제가 조사한 [표 1-3]의『조선지지자료』에서 확인되기도 한다. 한글로 부르는 자연마을이 문서에 기록될 때 한자로 표기되고 그 중 일부가 동리명으로 발전하는 경향을 보인다.

2. 강희맹(姜希孟)의 사적(事蹟)과 농업환경

조선시기 안산현에는 여러 양반사족이 살았다. 그중 명문가를 살펴보면, 이방원의 측근 안성 이씨 이숙번(李叔蕃)은 안산에서 사패지를 받았고 그의 묘는 산현리에 있다. 이숙번의 양(養) 외손자인 진주 강씨 강희맹(姜希孟)은 처가인 금양현과 양외가인 안산현을 오갔으며 하중리에 관곡지(官谷池)라는 연못을 조성했다. 광해군의 장인인 류자신의 문화 류씨는 능곡리에, 인조의 장인 한준겸의 청주 한씨는 군자리와 거모리에, 계곡 장유의 후손은 장곡리에 거주했다. 그 밖의 동족마을은 대부분

18세기에 형성되었는데, 석장둔 주변 장곡리에 전주 이씨 81호(2003년 기준 355년 전), 덕수 장씨 23호(350년 전), 장현리에 안동 권씨 27호(650년 전), 논곡리에 안동 권씨 32호(300년 전), 하중리에 인동 장씨 21호(220년 전), 경주 김씨 20호(250년 전)가 있다.[5]

이 가운데 연구대상 지역과 관련되는 강희맹(1424~1483)의 사적을 중심으로 당시의 농업환경을 살펴보기로 한다. 강희맹은 경기도 금양현에서의 농사경험을 바탕으로 『금양잡록(衿陽雜錄)』을 저술했고, 또 안산현 초산면 하중리에 중국에서 들여온 연꽃을 심은 연못, '관곡지(官谷池)'를 조성했다. 『금양잡록』의 저술과 관곡지의 조성 및 관리 상황을 통해 석장둔 지역의 농업환경과 마을 분위기를 파악해볼 수 있다.

강희맹은 고려 말에서 조선 초기에 걸쳐 형성된 명문거족에 속하여 평생 중앙관직에 머문 관료이자 학자였다. 심온(沈溫)의 딸인 세종비 소헌왕후(昭憲王后)가 이모이므로 부친 강석덕(姜碩德)과 세종은 동서지간이었다. 왕실과의 이러한 관계는 강희맹이 재상의 지위에까지 오르는 배경이 되었다. 강희맹은 두 살 때 작은 아버지 강순덕에 양자로 입적되었는데 양어머니는 이숙번(李叔蕃)의 딸이었다. 이숙번은 1398년 지안산군사(知安山郡事)로 있을 때 사병(私兵)을 동원하여 이방원이 태종으로 왕위에 오르는데 결정적인 역할을 했다. 이에 이숙번의 터전은 안산에 마련되었는데, 강희맹은 어릴 때 이곳을 자주 왕래하여 고향과 같은 곳으로 여겼다. 바로 그곳이 안산군 초산면 직곶리(職串里)이다.

그런데 강희맹은 열두 살이 될 때까지 양어머니의 양육을 받을 뿐 아

---

5) 시흥군지편찬위원회, 『시흥군지』 상, 1988, 886쪽; 이승언, 『시흥의 인물』, 시흥시, 2001; 정부매, 「취락의 형성과 발달」, 『시흥시사』 1, 2007, 253~254쪽; 인하대학교 한국학연구소편, 『시흥의 금석문』, 시흥시, 2010 참조.

니라6) 외할머니의 보살핌도 받았다. 외할머니는 청송 심씨 심온의 부인
으로 경기도 일대에 근거지를 형성한 순흥 안씨였다. 강희맹이 배필을
순흥 안씨에서 맞아들인 데도 영향을 주지 않았을까 짐작된다. 강희맹
이 활동했던 공간은 본가가 있는 한양도성을 비롯하여 양외가가 있는
안산, 처가인 금양, 그리고 순흥 안씨 및 청송 심씨 세거지 등이 있었던
금천에서 수원에 이르는 경기도 남부 일원이었다.『금양잡록』의 금양현
(衿陽縣)은 처가로부터 물려받은 농장이 있던 곳으로 금천현(衿川縣)으
로 바뀌었다가 1795년 시흥군이 된, 오늘날 서울시 금천구이다. 강희맹
이 관여한 농장(農莊)은 경기도의 금양·안산·고양·장단 및 연천, 경상도
의 함양 등지에 있었다. 그중 금양과 안산의 농장은 강희맹이 자주 오가
며 직접 농사에도 종사하고 사망 후 묻힌 곳으로 강희맹이 많은 애착을
가지고 농업을 영위하고 생활한 터전이었다.7)

　강희맹은 금양농장에 애착을 가지고 거기서 농사를 지으며 농업에 대
한 이해를 높이고 그런 경험을 바탕으로 최초의 사찬(私撰) 농서(農書)
인『금양잡록』을 저술했다.8) 이때 그는 주로 금양농장에 머물렀지만 멀
지 않은 안산농장에도 오가면서 생활하고 있었다. 안산농장은 강희맹이

6)『私淑齋集』(15세기 간행, 이우성편, 서울아세아문화사 영인, 1992) 권17, 祭養母
貞敬夫人李氏文, 763쪽.

7) 박경안, 「강희맹(1424~1483)의 농장에 관하여」,『역사와 현실』46, 한국역사연구
회, 2002;「강희맹(1424~1483)의 농학이론의 형성과정에 관하여」,『경기향토사학』
7, 전국문화원연합회 경기도지회, 2002 참조.

8) 김용섭, 「《금양잡록(衿陽雜錄)》과《사시찬요초(四時纂要抄)》의 농업론」,『겨레
문화』, 한국겨레문화연구원, 1988(『조선후기농학사연구』, 일조각, 1988에 수록);
박경안, 「姜希孟(1424~1483)의 家學과 농업경영론 - '理生'문제에 대한 인식과
관련하여」,『실학사상연구』10·11합집, 무악실학회, 1999; 정용수,『私淑齋 강희
맹 문학 연구』, 국학자료원, 1993; 김문식, 「학문과 예술의 뿌리」,『안산시사』4,
안산시사편찬위원회, 2011 참조.

18세인 1441년 양부 강석덕의 후사로 지정되어 상속받을 수 있게 되었지만 36세 때인 1459년 양부가 사망하면서 직접 관리하게 된 것으로 추정된다. 강희맹이 금양농장에 애착을 갖고 그쪽에서 생활했지만 일찍이 물려받은 안산농장도 관리하지 않을 수 없었으므로 두 지역을 오가면서 농장을 관리하고 농업사정을 살폈을 것이다.[9] 이런 점을 감안하면 금양농장의 농업사정에서 많은 정보를 얻어 『금양잡록』을 저술했겠지만 안산농장과 비교 검토되었을 것으로 짐작하기 어렵지 않다. 즉 『금양잡록』에 반영된 농업실정은 처가가 있던 금천현 시흥리, 그리고 외가가 있던 안산현 직곶리의 농장을 무대로 한 것이라고 하여도 큰 잘못은 아닐 것이다.

금양농장보다 훨씬 규모가 컸을 것으로 짐작되는 안산농장은 강희맹이 입양 간 양부 강순덕의 처가 농장이었다. 강순덕은 이숙번의 맏사위로서 이숙번의 사패지를 물려받고 다시 1441년 강희맹을 후사로 삼아 노비·전지(田地)·가사(家舍)·재산을 상속했다. 강희맹이 상속한 토지는 바로 안산현 직곶리 일대에 있었다. 직곶리에 대해 강희맹은 다음과 같이 묘사했다.

　안산군진(安山郡鎭)에서 이르기를, 수리산 동쪽 줄기가 남쪽으로 뻗어 다시 서쪽으로 꺾어진 후 빠르게 달려 바닷가로 향하고 있는데 이 근처 수십 리가 직곶이다. 이곳은 풍수가 모여 하나의 좋은 자리를 만들고 있는 바 이 곳이 바로 돌아가신 어머니 이씨의 묘소이다. 여기서 반리쯤 양지바른 곳이 있다. … 지난 무자년(1468년) 가을에 가노(家老) 김귀남이 크게 소원을 빌어 부처님을 모시기를 원해 적당한 곳을 찾아 숲을 깎고 자갈땅을 일구었다. 그때 우연히 남북 양쪽에서 샘을 발견했는데 향적(香積)에

9) 박경안, 「강희맹(1424~1483)의 농장에 관하여」, 122~123쪽.

올려놓을 수 있을 만큼 달고 맛이 있었다. … 귀남이 이에 암자의 이름을
요청하니 즉시 수월(水月)이라고 했다 그 후 임진년(1472)에 탕목(湯沐)을
청하게 되니 모친 앞에 절하고 이어서 관음대사상(觀音大士像) 앞에서 예
를 표했다.10)

직곶리는 [표 1-4]에서 보듯이 상직곶리·중직곶리·하직곶리 등으로
나누어져 있는데 바로 물왕리에서 광석리·하상리·하중리 일대에 걸친
곳이다.11) 이 일대에 이숙번의 사패지가 있었고 강희맹의 양모이자 이
숙번의 딸 묘소가 있다.12)

강희맹은 인천지역에도 연고가 있었다. 강희맹의 외가는 청송 심씨
심온의 집안인데 심온의 외가가 인천의 관교동에 있었다. 심온은 인천
의 문씨 외손으로 세종비 소헌왕후의 친정이었다. 소헌왕후로 인하여
인천은 인천도호부로 승격하게 되는데 강희맹이 1460년 승호기를 지었
다.13) 또한 강희맹의 증조부인 강시는 영의정을 지낸 하연의 증조부 하
즙의 사위이고, 조부 강회백과 하연은 숙질이면서 동서여서 두 가문이
얽혔는데 이 하씨가 인천의 소래에 터를 잡았다. 하연의 아들 하우명의

---

10) 『私淑齋集』(이우성편) 권10, 水月菴記, 518쪽; 박경안, 「강희맹(1424~1483)의 농
　　장에 관하여」, 123쪽.
11) 『晉山世稿續集』 권2에는 "折安山職串一面爲采地(안산 직곶 일개 면을 절수
　　하여 채지로 삼도록 했다)"라고 하여 직곶을 일개 면에 해당하는 것으로 표현할
　　정도로 넓은 농장을 이숙번에게 사패지로 주었던 것으로 설명하고 있다.
12) 이숙번의 묘는 시흥시 산현동 산 71번지에 있다. 강희맹의 묘는 하상동 산 2번지,
　　하지골에 있고, 부인 순흥 안씨의 묘에 합장했다. 일대에 진주 강씨의 묘소가 많
　　고, 강순덕과 양모 이씨의 묘소도 이곳에 있다. 『시흥시사』 1, 부록 시흥시 관내
　　묘역 목록, 496쪽.
13) 『국역사숙재집』[세종대왕기념사업회, 『私淑齋集』(1805년 간행본), 1999에 수록]
　　권8, 仁川府陞號壁上記.

효행을 기리는 정려문을 소래에 세울 때 정문기(旌門記)를 강희맹이 써 주었다.[14]

이렇게 강희맹의 연고지역은 금천의 시흥리에서 안산의 직곶리, 인천의 소래와 관교리까지 하루에 도보로 주파할 수 있는 같은 생활권에 걸쳐 있었다. 강희맹의 후손들은 주로 안산군 초산면 직곶리 일대에 세거했다. 그 상징으로 남아 있는 것이 바로 하직곶리, 즉 오늘날 시흥시 하중동 208번지에 위치한 관곡지(官谷池)다. 1463년 강희맹이 명나라 남경(南京)에 사신으로 갔을 때 전당강(錢塘江)에서 연꽃 씨를 가져와 심은 연못이다. 이로부터 안산은 연성(蓮城)이라는 별명을 얻게 되었고 현재 하중동이 포함된 법정동인 연성동의 지명도 여기서 나왔다. '관곡'이라는 이름은 부근에 관둔전이 있어 붙여진 둔터골(屯垈谷)에서 유래된 것으로 보인다. 관곡지는 1986년 향토유적 8호로 지정되었다.[15] 석장둔은 바로 이 하중동 관곡지 앞쪽에서 동서 방면으로 길게 펼쳐진 넓은 갯벌을 간척하여 조성된 곳이다. 누대에 걸쳐 번성한 강희맹의 후손들을 포함하여 하중동 인근의 마을사람들은 이 석장둔의 토지소유와 농업생산에 깊이 관련되었다.[16]

---

14) 『국역사숙재집』 권8, 蘇萊河中樞旌門記.

15) 1910년 토지조사사업 당시 하중리 208번지는 198평의 池沼로 권길상(權吉相) 소유지로 신고 되어 인정받았다.

16) "안산 땅 직곶이라는 이름이 붙은 지역은 강씨 문중이 세거하면서 누대에 걸쳐 후손이 번성하여 각처의 가계가 풍요로웠다"고 한다(贈嘉善大夫戶曹參判封菁州君晉州姜公晉昌之墓碑. 박경안, 「강희맹(1424~1483)의 농장에 관하여」, 122쪽에서 재인용). 1750년경 저술된 이중환의 『擇里志』에 의하면(이익성역, 을유문화사, 1993, 107쪽), "수리산에서 나온 맥 중에 서쪽으로 간 것이 가장 짧은 맥이며, 안산 바닷가에 그쳤는데, 경성 公卿家 조상들의 무덤이 많다. 또 서울과 가깝고 생선과 소금이 풍부하므로 여러 대를 이어 사는 사대부 집도 많다"고 했다. 안동 권씨 權曼衡이 강희맹의 사위로 들어가 안동 권씨 화천군파가 세거하면서 관

1798년 현륭원으로 행차하던 정조가 안산에 들러 머물 때 유생들에게 시제(詩題)를 내기도 했는데, 이때 하중리 주민들이 권농사(勸農社)를 조직하여 왕의 행차를 맞았다. 1891년 하중리 주민은 다시 권농사를 재조직하여 동리의 경제적·재정적 문제를 공동으로 해결하고자 했다.17) 다른 지역에 비해 주민의 연대의식이 발달한 특색을 보인다.

관곡지의 강희맹 사적은 근현대에도 전승되었다. 그것은 『연성음사(蓮城吟社)』와 『연성성보(蓮城姓譜)』를 통해 나타났다.18) 연성음사는 시흥 지역의 문인들이 모여 한시 창작활동을 한 모임이다. 1920년부터 1929년까지 활동했다. 당시 시흥군의 영역이 현재와는 다르지만 모임의 이름을 '연성'이라 한 점에서 수암면 하중동이 중심이 되고 있음을 짐작할 수 있다.

곡지를 관리했다. 그래서 하중동에는 안동 권씨들이 많다[시흥시, 『고서 고문서로 보는 조선시대 시흥』, 2006, 62~85쪽, '안산군수 서목'(1845.8.13.); 權用正, 『蓮池事蹟』(1846), '완문'(1883년 8월), '蓮池浚池記'(權泰善, 1900년 5월); 허홍범, 「하중동 안동 권씨가의 蓮池 자료」, 『시흥시사』 10, 2007 참조].

17) 임용한, 「정조의 거둥과 권농사」, 『시흥시사』 2, 2007.
18) 김교성, 『연성음사(蓮城吟社)』; 연성성보수보편찬위원회, 『연성성보(蓮城姓譜)』, 1984; 김근태, 「연성음사의 활동내역」, 『시흥시사』 3, 2007.

[도판 1-5] 관곡지 전경

[도판 1-6] 관곡지 옆에 조성된 연꽃 테마파크

3. 안산지역 간척의 양상

인천·안산의 해안지역 간척은 조선전기에 이미 시작되었다. 1493년 (성종 24년) 인천의 해택지(海澤地) 간척을 둘러싸고 종실과 외척 사이에 치열한 갈등이 일어난 적이 있었다.[19] 여기서 해택지의 간척에는 10년 이라는 충분한 시간이 필요하다는 점, 개간을 위해 수령으로부터 입안 을 발급받아야 한다는 점, 이미 개간된 땅도 지방관리가 황폐한 땅으로 보고하여 소유자가 없는 것처럼 조작한 뒤 입안을 내는 경우가 있었던 점 등이 드러났다.[20] 이러한 점은 조선후기 간척의 난맥상을 이해하는 데도 시사를 준다. 석장둔이 위치한 곳은 소래포구에서 육지로 더 만입 (灣入)되어 올라온 막다른 지점의, 인천과 안산 경계에 위치했으므로 조 선전기 인천 해택지의 간척은 조선후기 석장둔 간척의 상황을 이해하는 데 도움이 된다.

일본과 청의 침략 이후 황폐해진 국토의 개간은 국가적 과제였다. 국 가재정의 안정적 유지를 위해서는 과세할 경작지의 확보가 필수적이었 다. 경작지의 복구는 물론 신전(新田)의 개간도 장려되었다. 화전을 개간 하든지 강가의 갈대밭을 개간하든지 해안 갯벌을 간척하든지 정부는 여 러 방식으로 신전을 확보하고자 했다. 조선후기 전국의 황무지를 대상 으로 한 개간의 양상에 대해서는 기왕의 연구에 미루어두고,[21] 여기서

---

19) 『성종실록』 성종 24년(1493) 1월 29일, 2월 4일, 2월 5일, 2월 14일; 이태진, 「16세 기 연해지역의 堰田 개발 - 戚臣정치의 경제적 배경 일단」, 『김철준박사화갑기 념사학논총』, 지식산업사, 1983, 434쪽.

20) 『성종실록』 성종 24년(1493) 2월 14일.

21) 이경식, 「17세기의 토지개간과 지주제의 전개」, 『한국사연구』 9, 한국사연구회, 1973; 송찬섭, 「17·18세기 신전개간의 확대와 경영형태」, 『한국사론』 12, 서울대 학교 국사학과, 1985.

는 석장둔 간척에 앞서 안산지역에서 전개된 간척의 양상을 살펴보기로 한다.

안산지역의 경우 조수간만의 큰 차이로 인해 크게 발달한 갯벌을 끼고 있고 또 그것이 내륙으로 깊숙이 만입되어 있어 간척할 수 있는 여지가 충분했다. 이런 지리적 이점을 활용한 소규모의 간척이 적극적으로 추진되었다. 경기도는 1634년 갑술양전(甲戌量田)이나 1720년 경자양전(庚子量田)의 대상이 되지 않았다. 그 두 양전 중간에 낀 1663년에 계묘양전(癸卯量田)을 시행하여 양안을 만들고 이에 의거해 과세했다. 계묘양전을 실시할 때 그 이전에 수행된 간척의 결과가 등재되는 것은 당연한 일이었다.22)

계묘양전 당시 간척의 실태를 구체적으로 확인할 자료는 없다. 그런데 그로부터 2세기가 더 지난 1866년, 용동궁에서 안산군 초산면 및 마유면 등지에서 전답을 매입했는데, 이때 첨부된 일련문기들 속에 경지의 연혁을 살필 수 있는 단서들이 있다. 이 문기들을 통해 17~18세기 안산지역 간척의 실태를 확인할 수 있다.

안산군 초산면 '직곶리 신방축(新防築)'에 있는 "구엄자답(舊嚴字畓) = 신조자답(新鳥字畓)"의 사례를 살펴보기로 한다.23) 1632년 권씨가 사노 돌미의 명의로 직곶리 엄자답 35부, 10두락지를 양인(良人) 이예신에게

---

22) 계묘양전에 의해 이전 양안에 있던 토지는 새로운 字號 地番을 부여받았고, 이전에 '양안 외의 황무지'를 개간한 것도 양전의 대상에 포함되어 새로운 자호 지번을 부여받았다. 康熙 11년(1672) 이사남이 논을 방매하면서 작성한 문기를 보면, 그는 안산군 마유면 비리수라는 곳에 있는 無主陳田을 직접 起耕했는데, 계묘양전 때 "衣字 第88 畓 正租 10斗落地 8負 8束 4夜味"로 양안에 등재되었다고 한다[『京畿道安山郡草山面所在庄土龍洞宮提出圖書文續類』(규장각 19299-10), 康熙 11년(1672) 壬子 9월 000 前明文, 답주 이사남].

23) 『京畿道安山郡草山面所在庄土龍洞宮提出圖書文續類』(규장각 19299-52).

방매했는데, 30년 뒤인 1662년에는 여동생 연옥에게 넘어갔다. 토지소재
지인 '직곶리'는 [표 1-4]에서 보듯이 오늘날 하중동과 하상동 일대로 본
서의 대상지역인 석장둔이 형성된 곳이다. '신방축'이라 한 것은 육지부
와 연접한 갯벌에 새로 제방을 쌓아 간척한 것을 의미할 것이다. 그런데
1663년 계묘양전에 의해 자호가 '엄'에서 '조'로 바뀌고 양전에 의해 토
지비옥도가 낮게 평가되어 결부가 '35부'에서 '13부 7속'으로 재조정되
었다. 이 땅은 [이연옥 → 1672년 김생원 노난립 ⋯→ 김생원댁 노순봉 →
1719년 4월 이생원댁 노송내 → 1719년 8월 이생원댁 노만이]로 소유권
이 이전되었다.24) 개간된 뒤 소유권이 안정되면서 자유로운 매매가 이
루어지고 있다. 1866년 용동궁에서 매입하기까지 계속 매매가 진행되었
고 1663년 계묘양전의 결과로서 부여된 조자(鳥字)라는 자호는 그대로
사용되었다.

초산 하직곶 감덕언축(甘德堰築) 좌측 편에 있는 구충자양후화자(舊忠
字量後火字) 518번 답 8두락, 3부 1속의 경지도 마찬가지다. 이것은 [사
노 승운 → 1675년 봉쉬 ⋯→ 권생원댁 노예립 → 1700년 봉선 ⋯→ 김칠석
→ 1792년 전주부댁 노기특]에게 계속 소유권이 넘어갔다.25) 계묘양전
이전 제방을 쌓은 것으로 보이며 그래서 '언답(堰畓)'으로 지칭되었다.26)

초산면 직곶리에서 소규모 간척에 의해 형성된 이들 경지는 19세기에
용동궁에서 매입한 땅으로 일제 통감부시기 국유지정리 과정에서 용동

---

24) '→' 표시는 소유권 이전, '⋯→' 표시는 소유권 이전을 추정한 것이다.
25) 『경기도안산군초산면소재장토용동궁제출도서문적류』(규장각 19299-41).
26) 『安山郡草山馬遊兩面所在龍洞宮買得田畓改打量案』(규장각 18194, 1875년
    3월). 용동궁이 토지를 매득한 뒤 측량하여 작성한 이 양안에 [草山面 火字 第五
    百十八 北犯 六等 直畓 長 五十四尺 廣 二十三尺 三負一束 東浦 北 西南
    元伊畓 時作 權守命]으로 등재되어 있다.

궁이 제출한 서류 속에 끼어 있는 구문서들에 의해 드러난 것이다. 그 위치는 제5장 [도판 5-2]의 토지조사사업 지적도 상에서 대략 짐작할 수 있다. 석장둔은 보통천 아래 저지대에 집중 형성되어 있는데 반해 용동궁이 매입한, 이들 소규모 간척에 의해 조성된 경지들은 지대가 좀더 높은 육지부의 국유지에 속해 있었다.

초산면 뿐 아니라 마유면에서도 축언 간척의 예를 살펴볼 수 있다. [도판 1-2]에서 보듯이 마유면은 바닷물이 초산면으로 만입해 들어오는 초입에 넓은 간석지를 보유한 지역으로 초산면보다 갯벌에 면한 곳이 훨씬 넓다. 몇 가지 예를 들어본다.

이사남은 1663년 계묘양전 이전 안산 마유면 비리수의 무주진전을 기경했다. 이는 계묘양전에서 의자(衣字) 88번 정조(正租) 10두락지 8부 8속의 필지로 양안에 편입되었다. 이 토지는 이후 [이사남 → 1672년 최씨가 → 상속 최필영 → 1732년 이이세 ┅→ 이덕창 → (다른 토지와 함께) 1757년 박지번]으로 방매되고 결국 용동궁으로 들어갔다.[27] 개인이 무주진전을 기경하고 이것이 양안에 편입되어 소유권이 확정되고 이후 자유롭게 매매되는 과정을 볼 수 있다.

마유면 초동의 굴포에서는 동리에서 공동간척에 나선 모습을 볼 수 있다.

　강희(康熙) 46년(1707) 정해(丁亥) 3월 13일 장생원댁(張生員宅) 노야금전(奴夜金前) 명문(明文)
　이 명문은 우리들이 안산 마유면 초동(初洞) 내 굴포(仇叱浦)는 개벽 이래 진황처인데 지난해 각각 약간의 물력을 내어 축언(築堰)했다. 사표(四標)는 東張淮陽宅堰 西00 南辛丑畓 北李仁興畓 언내(堰內) 정종(正

---

27) 『경기도안산군초산면소재장토용동궁제출도서문적류』(규장각 19299-10).

種) 5석락지를 분집(分執) 경식(耕食)하고자 하니 많은 사람들 사이에 시
비가 있어 위의 사람에게 180냥을 받고 방매한다. 만약 3년 전에 훼파되
면 우리들이 물력을 내어 다시 수축할 것이다. 이후에 우리들 중에 이의가
있으면 이 문기를 가지고 관에 가서 바로 잡을 것이다.

　　호주(戶主) : 박○광 임귀금 조만영 조태석 박뭉술 오업산 이이립 이인
홍 이정원 최상득 박상건 김귀선 김철주 이용원 이막선 김건이 이성기 정
득만 정차립 김귀립 김수산 박번개 이준걸 오순성 오순학 박연학 이귀석
이익선 이익이 김귀승

　　필집(筆執) : 김상룡28)

위의 문서는 마유면 초동의 주민들이 해안가 굴포에 축언하여 5석락
의 넓은 땅을 간척한 뒤 장생원에게 방매한 내용을 담고 있다. 호주로
등장하는 30호가 간척에 물력을 투입한 주민들로서 간척 후 경지를 분
할해야 마땅하지만 아마도 분할 방식에 합의하지 못했는지 방매하게 된
것이다. 마을공동체가 공동으로 간척한 뒤 이득을 분배하는 흔치 않은
사례다. 왕실이나 아문의 투자를 받지 않았지만 황무지를 간척하려면
관의 입안을 받아야 하고 그럴 경우 정부 기관의 침학을 받는 경우가 적
지 않은데 굴포에서는 재빨리 매각함으로써 그런 위험을 피하고자 했을
수도 있겠다.

1737년에도 마유면 박산 굴포 방축에서 호주(護主) 이덕상과 이만대가
축언간척하여 답 5두락지를 조성한 뒤 이를 방매한 일이 있다. 개간된
땅은 '유자신언답(有字新堰畓)' 또는 '유자 불입답(不入畓)'이라 표현하
여 새로운 양전이 진행될 때까지 양안에 올라가지 못하므로 양안상의
유자 근처에 위치했다는 표현을 쓰고 있다.29)

---

28) 『경기도안산군초산면소재장토용동궁제출도서문적류』(규장각 19299-73).
29) 『경기도안산군초산면소재장토용동궁제출도서문적류』(규장각 19299-22), '乾隆 2

또 마유면 초동의 이태경은 의자(衣字)에 소속된 해평(海坪) 무주처(無主處) 10두락지를 축방(築防)하여 간척한 후 1740년 입지를 받아 소유를 확인받았는데 뜻하지 않게 이를 분실하여 1752년 관에 소지(所志)를 내어 소유권을 확인받은 후 1753년 박지번에게 매각했다. 그 곳은 '의자'에 속하지만 양전이 되지 않아 지번을 받지 못한 상황이기 때문에 '제불입답(第不入畓)'이라고 표현되었는데 3부, 1부 4속의 두 필지였다. 이 간척지는 "자기 스스로 물력을 동원하여 경작지로 개간한 뒤 갈아먹는다(自己自當物力起耕耕食)"라고 표현되었다. 그런데 1745년 이태경의 소지를 보면, 간척을 위해 쌓은 방축 바깥에 신진사댁에서 다시 방축을 쌓아 분쟁이 되고 있다. 이럴 경우 안쪽에 쌓은 방축을 차지한 사람이 수류처(水流處)를 차지하는 것이 관례라고 하여 이를 공증하는 절차를 밟고 있다.30) 간척한 뒤 내류에서 내려오는 물줄기를 잘 확보해야 논농사가 가능했기 때문에 수류처 확보는 중요한 문제였다. 이 사례를 통해 마유면의 간석지 일대에서는 재력이 있는 민간인이 경쟁적으로 간척을 진행하고 있음을 알 수 있다. 이곳은 석장둔보다 아래쪽 갯벌에 속하는 지점으로서 상류의 석장둔 간척과 같은 시기에 간척이 이루어져 당시 간척의 실상을 이해하는데 도움이 되는 사례다.

정부기관과 연관된 간척으로는 1690년경 수진궁(壽進宮)의 차지(次知) 김몽삼이 안산 일대에서 간척하여 이득을 취하려 한 사건을 들 수 있다. 김몽삼은 김현·김석주와 결탁하여 안산 부근 4-5읍에 소재한 수진궁 소

년(1737) 丁巳 7월 초8일 박막건전명문, 호주 이덕상 이만대', '乾隆 24년(1759) 己卯 6월 초3일 고서방댁노칠월전명문, 답주 박막건'.
30) 『경기도안산군초산면소재장토용동궁제출도서문적류』(규장각 19299-10), 1752년 2월 마유면 초동내거 이태경의 所志, 1745년 4월 마유동 초동내거 이태경의 소지, 건륭 18년(1753) 계유 정월 16일 박지번 전명문(財主 이태경).

속의 궁노(宮奴) 수천 명을 '자비량(自備糧)'으로 3일간 부역시켜 무너진 제언을 쌓고 개간된 땅을 나누어 가지고자 했다. 김몽삼은 수진궁의 감관을 사칭하면서 수진궁에서 제방을 쌓는 것처럼 속였다. 그런데 왕실의 어떤 부마가 그 파언(破堰)의 본주(本主)라고 나섬으로써 김몽삼의 사기가 드러났다. 그럼에도 불구하고 김몽삼은 축언한 결과 얻은 경작지의 1/3을 원 소유주인 부마에 잘라 주고, 나머지는 자신들이 사력(私力)을 들여 축언한 것이라고 강변하면서 수진궁에 소속시키지 않고, '타인명(他人名)' 즉 가명으로 장부에 올려 분점하고자 했다. 국왕은 경기도로 하여금 축언전말과 가명으로 분점한 실태를 조사하도록 지시했다.31) 이 사건은 궁방에서 절수 개간할 경우의 절차와 토지분배 양상을 잘 보여준다. 궁노를 무상으로 동원하여 개간하는 일이 가능했다는 점, 입안받은 본주와 실제 개간한 자 사이의 분쟁해결을 위해 토지를 나누어가지는 방법이 있었다는 점, 가명 또는 차명을 등록하여 토지소유를 위장하고 있었던 점 등을 확인할 수 있다. 석장둔의 개간과정에서 나타날 수 있는 문제점들이다.

---

31) 『承政院日記』 숙종 17년(1691) 8월 3일.

제2장 조선후기 석장둔의 탄생과 토지소유권

1. 석장둔의 간척과 토지소유권

1) 간척지 석장둔의 탄생

안산과 인천 경계에 있는 석장둔 간척은 1720년 진휼청(賑恤廳) 당상 민진원(閔鎭遠)이 추진했다. 그는 강화유수로 재임할 때인 1707년 강화도 선두포(船頭浦)를 간척하여 1천석락에 이르는 넓은 농경지를 군사재정으로 확보하는데 성공한 적이 있었다.[1] 민진원은 그러한 경험을 살려 진휼청 재정의 확충을 위해 토지세 수입을 목표로 석장둔 간척에 나섰다.

진휼청은 흉년에 진휼을 위해 임시로 설치했다가 사업이 끝나면 폐지하는 임시적인 관청이었는데, 17세기 중엽 이후 계속된 흉년으로 상설화 되다시피 했다. 흉년을 당한 후 재생산을 위한 식량과 종곡(種穀)을 제공하기 위해서는 독자적인 재원을 구비하지 않으면 안 되었다. 다른 국가기관 소유의 곡물을 이관 받아 환곡운영을 통해 재정을 확보하는 것이 일반적인데,[2] 그러나 그것은 다른 기관의 재정악화를 초래하므로

---

[1] 이광린, 『李朝水利史硏究』, 한국연구도서관, 1961; 최영준, 「강화지역의 해안저습지 간척과 경관의 변화」, 『국토와 민족생활사』, 한길사, 1997, 176~227쪽; 이영호, 「강화도 船頭浦築堰始末碑의 내용과 가치」, 『박물관지』 3, 인하대학교 박물관, 2000 참조.

[2] 이 시기 진휼정책에 대해서는 김호종, 「17세기 진휼청과 진휼정책에 관한 연구」, 『국사관논총』 57, 국사편찬위원회, 1994; 문용식, 「조선후기 常賑穀의 설치」, 『사

새로운 재원을 만드는 것이 절실했다. 그래서 진휼청에서는 장기적인 수입확보를 위해 토지의 절수 개간을 모색하게 되었다.

　1718년 진휼청에서는 전주와 임피의 경계에 있는 남별제(南鼈提)를 이양 받아 개간하고자 했다.3) 감관을 별도로 정하고 물력을 다량 투입하여 '축통저수(築筒貯水)'한 뒤 저수지 아래 수천 석락의 민전이 수리의 혜택을 입도록 조치했다. 3년 뒤 개간이 완료되어 생산을 시작하자 세금을 수취하여 필요한 재정에 충당했다.4)

　이러한 경험은 1719~20년 시행된 경자양전사업을 겨냥하여 삼남의 폐제언(廢堤堰)을 모두 진휼청에 소속시키려는 계획으로 발전했다. 당시 전국적인 양전이 시행되고 있었으므로 삼남에 파견된 균전사(均田使)로 하여금 폐언을 모두 진휼청에 소속시켜 측량하고 몽리(蒙利)가 될 만한 곳은 해당 고을의 민정(民丁)을 동원해 수축할 것을 요청했다.5)

　안산·인천 석장둔 축언 개간은 이렇게 진휼청에서 전국의 황무지나 폐제언을 절수 개간하여 재정을 확충하려는 정책의 한 가운데 놓여 있었다. 진휼청에서 독자적 재원을 항구적인 토지세 수입에서 확보하기 위해 애쓰던 시기, 그러한 시도가 정부에 의해 관용되던 시기인 1720년, 민진원이 선두포 축언의 경험을 살려 간석지 간척의 방식으로 석장둔을 조성한 것이다.

　진휼당상 민진원이 1720년6) 안산과 인천의 경계에 대규모 간척사업

　총』46, 고려사학회, 1997; 정형지, 「숙종대 진휼정책의 성격」, 『역사와 현실』25, 한국역사연구회, 1997 참조.

3) 『備邊司謄錄』 숙종 44년(1718) 윤8월 24일, 9월 16일.

4) 『承政院日記』 경종 2년(1722) 9월 18일.

5) 『비변사등록』 숙종 45년(1719) 8월 15일, 숙종 46년(1720) 3월 11일.

6) 축언 시점은 당시의 자료에서 1720년 또는 1721년의 두 가지로 나뉘어 나타나는데 다음의 자료에서 1720년 경자년에 간척하고 1721·1723년에 낭청을 보내어 적

을 추진한 경과는 다음의 자료에 선명하게 나타나 있다.

이교악(李喬岳)이 진휼청의 일로 아뢰다. 진휼청의 씀씀이는 넓고 많은
데 축적은 말랐습니다. 원래 세입이 없어서 견보추이(牽補推移)할 때 궁
색하기가 이를 데 없습니다. 안산·인천 양읍의 경계에 축언작답지처(築堰
作畓之處)가 있어서 감관을 따로 정하고 고군(雇軍)하여 공사를 진행하여
이제 완성되었습니다. 서울에 가까운 곳에서 수백 석 전답을 얻게 된 것은
진실로 다행한 일입니다. 폐언방축자위주(廢堰防築者爲主)라는 원칙은
전후의 사목(事目)에 거듭 밝힌 바인데, 주민들이 새로 쌓은 제언 안의 진
황지를 혹은 양부(量付)를 칭하고 혹은 세전(世傳)을 칭하면서 여러 가지
로 핑계를 대고 진휼청에 올리고자 하지 않으니 놀라 자빠질 지경입니다.
또 경외(京外)의 원경자(願耕者)들이 분란을 일으켜 취사선택하기도 어렵
습니다. 지금 도랑을 파서 안쪽에 있는 물을 빼내는 공역이 많이 남았기
때문에 원경자로 하여금 부역(赴役)하도록 하고, 그 부역의 다소를 계산하
여 차등해서 분급하도록 하고, 인천과 안산의 향색배(鄕色輩)들이 중간에
서 농간을 부리는 폐가 없도록 하기 위해 진휼청의 낭청(郎廳)을 급히 내
려 보내 친히 적간하게 한 후 (몇자 불명), 부역형지(赴役形止)를 살펴 차
등 분급하고 영속본청(永屬本廳)하게 (몇자 불명) 수세하면 어떻겠습니
까? 하니 그렇게 하라고 하다.[7]

위의 기사를 통해 다음과 같은 점을 확인할 수 있다. 첫째 간척의 목
적은 진휼청의 재원확보에 있다는 점이다. 진휼청 재원확보를 위해 안

간했다고 명백히 시기적 진행과정을 지적했으므로 1720년으로 보는 것이 타당하
다고 본다. "柳綎 又以賑恤廳言啓曰, 仁川·安山兩邑境內 有近千石作畓處
故爲民蒙利之計 庚子年分 本廳築筒 使願耕民人作畓 永屬本廳 收稅輔用
事 草記定奪後 別定監色 已爲完築 故曾於辛丑·癸卯兩年 發遣郎廳摘奸
矣"[『승정원일기』 영조 4년(1728) 3월 11일].
7) 『승정원일기』 경종 1년(1721) 12월 6일.

산과 인천 사이에 수백석을 수확할 수 있는 경지, '축언작답지처'를 발굴했다는 것이다. 토지로부터의 수입을 목적으로 한 것인데 그것이 지세(地稅)가 될지 지대(地代)가 될지는 알 수 없는 상황이다. 민진원은 1707년 강화도 선두포에 축언하여 개간하면서 경기만 일대 간석지의 개간 가능성을 충분히 알고 있었다. 안산과 인천의 경계에 조그만 강들과 바다가 만나는, 양쪽 언덕을 막으면 천석에 가까운 수확을 얻을 수 있는 경지에 대한 정보를 얻었을 것이다.

둘째 감관이 책임을 지고 '고군(雇軍)'하여 간척사업을 수행했다는 점이다. 부역에 의존하지 않고 고군한 것은 통설적으로 논의되듯이 이 시기 부역노동이 위축되고 고용노동이 활성화되고 있음을 보여준다. 고용의 대가를 진휼청에서 제공했다면 소유에 대한 진휼청의 권리는 그만큼 커질 것이다.

셋째 토지소유권 문제가 얽혀 있다는 점이다. 원주민들은 자기들 토지가 양안에 수록되었다든지, 대대로 상속되어 왔다는 점을 들어 소유권을 주장했지만 아마도 작답처와 육지 사이에 경계를 명확하게 정하면 문제가 해결될 일이었을 것으로 판단된다. 그 보다는 비옥한 경지가 될 가능성을 보고 차지하려고 덤벼드는 '원경자(願耕者)'들이 문제였다. 진휼청에서는 이 문제를 제언 안쪽의 소금기 가득한 물을 빼내는 작업 등 작답과정에 원경자를 동원하고 그 성과에 따라 토지를 차등 분급하는 원칙을 마련함으로써 해결하려 했다. 축언한 자가 주인이 된다는 점을 강조하고 원경자에게 차등분급하면서도 이 토지를 진휼청에 '영속(永屬)'케 할 계획이라고 한 점은 차후 소유권 분배의 원칙에 영향을 미칠 언급이다.

위의 기사는 개간한지 1년 남짓밖에 되지 않은 시점에서 절수개간지가 안고 있는 모든 문제들을 드러내고 있다. 이들 문제가 바로 석장둔 탄생의 산고인 셈이다. 석장둔으로 완전히 탄생하기까지의 과제는 기술적인 측면에서 숙전(熟田)을 만드는 것, 개간에 투입할 자금을 마련하고 노동력을 동원하는 문제, 그리고 후자에서 비롯될 토지에 대한 권리 및 생산물의 분배방식을 제정하는 문제 등이다.

1722년 장마가 오자 소금기를 제거하기 위해 제방 안에 가두어둔 저수지가 범람했다. 천석에 달하는 인천과 안산의, 세금을 내야할 양안 상의 원답(元畓)이 보름간이나 침수되는 피해를 입었다. 제언 아래 토지를 가지고 있던 백성들이 들고 일어났다. 그 사이에서 이득을 챙기려는 양반권세가는 관계요로를 상대로 로비에 나섰다. 세금징수에 차질이 발생하자 정부에서도 제언을 폐지하자는 주장과 보완하자는 주장이 팽팽히 맞섰다.[8]

제언폐지론자는 긴 제언을 쌓은 뒤 이전보다 물길이 좁아져 포구에 물이 고였다가 홍수로 흘러 넘쳐, 제언 아래 1천석에 이르는 양안 상의 원답이 물에 잠겼는데, 제언을 쌓아 개간한 전답의 넓이는 원답에 비교하면 1/3 수준에 불과하고 그것도 작답하는데 수십 년은 걸릴 것이므로 축언의 피해가 크다고 주장했다. 수문을 더 뚫고 물이 차는 포구를 더 파내고 위치를 바꾸는 대책을 세워도 비용이 많이 들 것이라고 반대했다. 폐지론자는 제언 아래쪽의 지주와 이해관계를 같이했다.

반면 제언보완론자는 축언비용이 이미 너무 많이 들었고, 피해를 입은 민전은 80~90석락에 불과하다고 반박했다. 제방 아래 민전은 축언 후 더 물에 잠기게 되었지만 그 이전에도 이미 대부분 물에 잠기는 피해를 입었는데, 내수(內水)가 막힐 정도로 높이 설치된 수문을 낮추어 물길을

---

8) 『승정원일기』 경종 3년(1723) 5월 25일.

트면 제언 내의 작답처도 개간할 수 있고 제언 밖의 민전도 물에 잠길 우려가 없다고 대안을 제시했다.

1721년 말 도랑을 뚫어 소금물을 빼는 작업을 시작하고, 1723년 봄 제언 폐지 논란 속에서도 수문증설 공사가 시작되어 1723년 말에는 완성을 보았다.9) 수문의 역할은 "조수가 밀려올 때 바닷물을 뚝 안쪽으로 유도하여 조수의 힘을 약화"시키고, "많은 비로 인해 내륙 쪽에서 물이 일시에 흘러 내려올 때 유수에 의해 둑이 파괴되는 것을 막아"주는 역할을 한다. 따라서 "수문은 조수의 진퇴나 강우로 인한 수량의 증가 시에 적절하게 개폐"할 수 있도록 건설되어야 한다.10) 그렇지만 당시의 기술로는 쉽지 않았다. 특히 안산·인천지역은 상습적으로 해일의 피해를 입는 지역으로 『조선왕조실록』에 자주 등장한다.

1725년 여름에도 큰 비가 내리자 축언 근처 민답의 침수 피해가 없는지 조사하게 하는 등 정부로서도 신경을 쓰지 않을 수 없었지만,11) 포구를 준설하여 물길을 순조롭게 하는 등 침수문제가 해결되면서12) 비로소 농장으로서 성립하게 되었다. 이때 제언이 '완축(完築)'되었다고 할 정도에 달하고 기경하는 민인들의 수도 많아졌다.13) 개간작답을 위한 별도의 응행절목(應行節目)도 만들어졌다.14) 절목에 의거하여 별장 유성서(柳星瑞)가 민인들을 모집하여 작답을 진전시킴으로써 농사의 꼴을 어

---

9) 『승정원일기』 경종 3년(1723) 12월 3일.
10) 박영한·오상학, 앞의 책, 2004, 64쪽.
11) 『승정원일기』 영조 1년(1725) 6월 5일.
12) 『승정원일기』 영조 1년(1725) 8월 9일.
13) 『승정원일기』 영조 1년(1725) 6월 5일.
14) 『승정원일기』 영조 1년(1725) 8월 9일. "愼無逸 以賑恤廳言啓曰 (중략) 今則濬
其舊浦 使水道順利 聚民勸農 開墾作畓 最爲緊急之務 而必有節目 然後可
以遵行 故前頭應行節目別單 以入之意 敢啓 傳曰 知道".

느 정도 갖추었다는 평가가 내려졌다.15) 처음에는 "안산·인천 양읍의 경계에 제방을 쌓은 곳[안산인천양읍경내축언처(安山仁川兩邑境內築堰處)]"으로16) 묘사되었었는데, 이때에는 "안산·인천 경계 석장포에 쌓은 제방[안산인천경내석장포축언(安山仁川境內石場浦築堰)]"이라 하여,17) 갯벌과 간척지, 그리고 그 사이를 흐르는 냇물의 경계를 "돌로 쌓아 놓은 곳의 갯가"라는 뜻을 지니는 '석장포(石場浦)'라는 표현을 썼다. 그러나 이때에도 아직 '석장둔(石場屯)'의 표현은 나오지 않는다.

석장둔 탄생의 결정적인 관건은 자금과 노동력을 어떻게 동원할 것인가에 있었다. 제언은 진휼청에서 감관을 차정하여 노동력을 동원해서 쌓았지만, 제언 내의 소금기를 빼는 작업, 수문을 증설하고 포구를 준설하는 작업, 땅을 뒤엎는 등 개간하는 작업을 모두 진휼청의 재원으로 진행할 수는 없었다. 진휼청에는 그럴만한 재원이 없었다. 민간의 자금과 노동력을 끌어들일 수밖에 없었고, 그것이 당시 절수 개간의 일반적 방법이었다. 이미 언급한 것처럼, 처음에는 진휼청에서 "무너진 제언은 방축자를 주인으로 한다[폐언방축자위주(廢堰防築者爲主)]"라는 사목의 관행을 들어 소유권을 주장했지만, 제방을 쌓은 것으로 작답이 완료되는 것은 아니었다. 1723년 수문을 뚫어 물을 빼고 수문을 증설하는 공사가 완료되자, 진휼청에서는 "경작하기를 원하는 민인들로 하여금 들어와 작답하는 것을 허용하되 진휼청에 영원히 소속시켜 수세하여 재정에 보충"하고자 했다.18) 여기서 "민인이 들어와 작답하는 것을 허용하는 것[허입작답(許入作畓)]"과 "진휼청에 영원히 소속시켜 수세하여 재정에

---

15) 『승정원일기』 영조 2년(1726) 5월 16일.
16) 『승정원일기』 경종 3년(1723) 12월 3일.
17) 『승정원일기』 영조 1년(1725) 8월 9일.
18) 『승정원일기』 경종 3년(1723) 12월 3일.

보충하고자 한 것[영속본청 수세보용(永屬本廳 收稅補用)]"은 어떤 관계가 있는 것인가? 작답한 민인과 진휼청은 토지에 대한 권리를 어떻게 나누어 가지고 있으며 그에 따른 수세의 수준은 어느 정도일까? 이 문제를 개간의 진척과 관련지어 살펴보기로 한다.

이미 개간 이듬해에 원경자를 동원하여 작답하고, 투입된 노동력에 따라 토지를 차등 분급하는 방향은 언급된 바 있다. 1725년에는 별도의 응행절목도 마련되었으므로 여기에 작답의 기술적 과정과 토지분배의 원칙이 제시되었을 것으로 짐작할 수 있다.

1728년경 기경에 성공한 민인들이 다수 나오게 되자 잠복했던 소유권 분쟁이 다시 고개를 들었다. 사부(士夫)들이 자신들의 입안처(立案處)라고 칭하면서 개간을 진행하고 있던 경작자들이 접근하지 못하도록 막거나, 근처의 지주들이 소유지 침수를 이유로 들면서 소금기를 뺄 목적으로 설치한 저수지의 둑을 허물어 물을 빼버리는 등 갈등이 일었다.[19]

원래 『경국대전(經國大典)』에는 3년 이상 묵은 진전은 신고하여 경작할 수 있지만 본주가 나타나면 소유권은 돌려주고 경작권만 가질 수 있도록 규정되어 있었다. 그런데 17세기말 입안만 받아 놓고 3년 안에 기경하지 않으면 새로운 기경자가 소유할 수 있도록 규정을 개정했다. 그리고 1729년 입안만 받아 놓고 기경하지 않다가 개간이 된 뒤 그 민전에서 수세하는 것을 엄금하는 규정을 마련하여 개간자를 보호하는 규정을 강화했다.[20] 이러한 규정을 만든 직접적인 계기가 진휼청의 석장둔 간척이었을 개연성이 적지 않다.

---

19) 『승정원일기』 영조 4년(1728) 3월 11일.
20) 이세영, 「조선시대의 진전개간과 토지소유권」, 『한국문화』 52, 서울대학교 규장각한국학연구원, 2010, 212쪽; 염정섭, 『18~19세기 농정책의 시행과 농업개혁론』, 태학사, 2014, 76쪽.

이후 1740년 석장둔이 탄생하기까지 개간작답의 진행과 그를 둘러싼
소유권 문제는 다음의 두 기록에 잘 나타나 있다.

김정윤(金廷潤)이 진휼청의 일로 아뢰다. 진휼청에서 일찍이 신축(辛
丑)연간에 안산과 인천의 경계에 있는 경작할만한 석장포(石場浦)라는 곳
에 물력(物力)을 많이 투입하여 축통설둔(築筒設屯)하여 사람들에게 경작
을 허용하고, 기경하는데 따라 납세하게 할 일로 전하의 결재를 받은 바
있습니다. 땅은 넓고 사람은 적어 모든 토지를 다 개간하기가 어려운데,
근처의 사민(士民)은 이 땅의 경영을 이롭게 여겨 오직 광점(廣占)에만 뜻
을 두고 입안(立案)을 받은 후에는 간혹 기경하기도 하지만 기경하지 않
는 곳이 심히 많습니다. 신임(辛壬)연간의 참혹한 흉년 후에 소위 기경한
것도 대부분 폐기되었습니다. 이제 종전의 기경한 곳, 기경하지 못한 곳
모두 한꺼번에 폐기되는 지경이 되었습니다. 비록 원경지민(願耕之民)이
있다 하더라도 당초 입안받은 주인이 있어 또한 감히 임의로 갈아먹지 못
합니다. 그래서 본청에서 지난 겨울 별장을 보내어 절목을 만들어주고, 모
민입경(募民入耕)하도록 했는데 기경·불기경(起耕·不起耕), 입안 여부를
막론하고 오직 시기자(時起者)에게만 주인이 되게 했습니다. 그러자 백성
가운데 응모한 자가 100여명에 이르러 효과를 보게 되었습니다. 그런데
인천의 변황(邊槐)이라는 자가 양반을 칭하면서 응모한 백성을 쫓아내고
개간지에 접촉하지 못하게 막아 그 땅을 광점하려 한다고 합니다. 그 상황
이 진실로 놀랄 지경입니다. 절목을 제정하여 거듭 단속하고 있는데 이들
토호를 엄하게 처벌하지 않으면 모민이 흩어져 수습할 수 없을 것입니다.
변황은 본도감영에서 각별히 엄중 조사하여 엄벌하는 것이 어떻겠습니까?
하니, 그렇게 하라고 하다.[21]

원경하(元景夏)가 또 진휼청의 일로 아뢰다. 신축년에 안산 석장포를
축통설둔하자, 경외(京外) 양반 및 상한(常漢)이 광점을 획책하여 입안을

---

21) 『승정원일기』 영조 16년(1740) 4월 5일.

계속 낸 뒤, 다른 사람들이 개간하는 것을 좌시하고 있다가 병작례(竝作例)로 이익을 나누고자 합니다. 때문에 혹 어떤 사람이 기경하면 입안을 낸 자가 본주를 칭하면서 혹은 경작을 금지하고 혹은 종자를 주면서 병작할 것을 강요합니다. 이 때문에 사람들이 모두 꺼려하여 감히 입경(入耕)하지 않아 아직도 진폐되어 있으니 진실로 심히 애석합니다. 작년부터 분민권경(分民勸耕)하니 근방의 거민이 모두들 이곳은 모댁입안처(某宅立案處)이고 저곳은 모인입안처(某人立案處)라고 하면서 지금 자금을 들여 기경해도 끝내 빼앗길 것이라고 뒷걸음질 치며 들어가려 하지 않습니다. 소위 입안을 낸 자는 본래 작답의 뜻이 없으므로 부득이 구입안(舊立案)은 시행하지 않고 시집경파자위주(時執耕播者爲主)의 뜻으로 초기정탈(草記定奪)한 후 비로소 분민(分民)하니 이미 70여호에 이르렀고 기경낙종(起耕落種)한 것이 역시 200여 석락에 이르렀습니다. 수많은 기경지에 화곡(禾穀)이 무성해지면 일찍이 입안을 낸 것을 빙자하여 그 땅을 횡탈하려는 자가 즐비한 것을 사람들이 모두 보고 있습니다. 만약 규정을 엄하게 제정하지 않으면 앞에서 본 분쟁의 폐단이 없을 수 없습니다. 그래서 절목별단을 만들어 후록했으니 이로써 영구히 준행하면 어떻겠습니까?[22]

위의 두 자료에서 보듯이 개간 작답한다고 하여 넓은 땅을 입안 받아 광점해 놓고서도 기경하지 않은 곳이 아주 많은 상황이었다. 경외 양반 및 상한들이 토지를 광점하고자 계속 입안을 내고, 다른 사람이 개간하는 것을 좌시하고 있다가 작답이 되면 '본주'라고 주장하면서 빼앗거나 병작례(幷作例)로 경영하려는 부정행위는 사람들의 입경을 막는 장애였다. 더구나 1731~32년의 흉년으로 기경한 것도 모두 황폐해지는 지경이 되었다. 개간을 원하는 사람이 있어도 이미 입안을 받은 주인 때문에 들어갈 수 없었다. 그래서 진휼청에서는 1740년 초[23] 별장을 파견하여 '분

---

22) 『승정원일기』 영조 16년(1740) 10월 12일.

23) 『승정원일기』 1740년 4월 5일의 기사에서 '지난 겨울(昨冬)'이라 했는데 봄 농사

민권경(分民勸耕)'의 원칙을 담은 절목을 다시 만들게 했다.

1740년 절목은 1725년 절목과 어떻게 다를까? 그 내용을 알 수는 없지만 소유권 규정과 관련해서 볼 때 1725년 절목에는 "원경자는 부역하게 하여 그 부역의 다소에 따라 차등 분급하는[원경자 사지부역 계기부역다소 사지차등분급(願耕者 使之赴役 計其赴役多少 使之差等分給)]" 원칙(1721년 12월 6일 기사), "원경자들이 들어와 작답하는 것을 허용하여 진휼청에 영속시켜 수세하여 재정에 보충하도록 하는[사원경민인등 허입 작답 영속본청 수세보용(使願耕民人等 許入作畓 永屬本廳 收稅補用)]" 원칙(1723년 12월 3일의 기사)이 반영되었을 것으로 추측할 수 있다. 앞서 언급한 사부가의 입안이나 경외 양반 및 상한의 토지광점 및 입안발급은 그 절목에 의거했을 것이다. 그러나 사부가의 입안이 작답의 의사가 없이 토지의 광점에 목표를 두어 원경인의 개간 작답을 막고 있으므로, 1740년 절목의 내용은 위에 인용한 두 자료에서 볼 때, 모민입경 분민권경(募民入耕 分民勸耕)의 권장, 기경여부·입안유무(起耕與否 立案有無)의 무효화, 시기자를 주인으로[시기자위주(時起者爲主)] 또는 시집경파자를 주인으로[시집경파자위주(時執耕播者爲主)] 삼는 원칙을 담았을 것으로 짐작된다.

1740년 절목에 의거해 새롭게 개간이 가능해지자 많은 사람들이 참여하여 70여호 또는 100여명이 기경낙종한 경지가 200여 석락에 이른다고 했다. 1740년경 석장둔의 연혁을 설명하면서 "안산·인천 경계에 있는 석장포의 경작 가능한 곳에 비용과 물력을 많이 투자하여 제방을 쌓고 여

철을 겨냥한 많은 사람들의 응모를 감안했을 것으로 보면 그것은 '1740년 초'로 보아 무방할 것이다. 그래서 이때 만들어진 절목을 '1740년 절목'으로 표현하기로 한다.

기에 둔전을 설치하여 민인들로 하여금 경작하게 한 뒤 기경하는데 따라 납세하게 할 일[안산인천경석장포가파종처 다비물력 축동설둔 이허민경작 수기납세사(安山·仁川境石場浦可播種處 多費物力 築筒設屯 而許民耕作 隨起納稅事)]"라고 표현한 것은,24) 석장포의 설둔, 즉 석장둔의 설립이 가시권에 들어온 상황을 의미하는 것으로 해석된다.25) 1740년 절목의 성립 이후 석장둔은 재생산과 과세가 가능한 장토로서 탄생했다고 볼 수 있겠다.

1746년 제정된 『속대전(續大典)』에 "무릇 한광처에 대해서는 기경자를 주인으로 삼는다(凡閒曠處以起耕者爲主)"라는 규정이 있는데, 여기에 나오는 '기경자'를 석장둔에서는 '시기자' 또는 '시집경파자'라고 했다. 이 규정의 세주(細註)에 보면 "혹 미리 입안을 내고서도 스스로 기경하지 않고 입안을 빙자하여 남이 기경한 토지를 빼앗는 자 및 그 입안을 사사로이 매매하는 자는 침점전택률(侵占田宅律)로 논죄한다"라고 했다.26) 이러한 규정은 석장둔에서 나타난 문제점과 상통한다. 규정이 제정된 배경은 여러 가지 사유와 오랜 연원이 있을 수 있지만 당장 눈에 띄는 석장둔의 사례가 영향을 미쳤을 것으로도 생각된다.

석장둔의 위치를 도판으로 살펴보면 [도판 2-1, 2-2, 2-3]과 같다. [도판 2-1, 2-2]에 표시한 부분이 모두 석장둔이 아니고 바닷물이 넘나들던 갯벌을 막아 간척지를 이룬 곳이므로 산지와 연결된 육지부의 개간지가

---

24) 『승정원일기』 영조 16년(1740) 4월 5일.

25) '석장둔'의 명칭이 분명하게 나오는 것은 1755년 裵貴得의 토지매득문기에 "安山 草山面 石場屯 伏在"라는 표현[국사편찬위원회 고문서, 乾隆 20년 乙亥 2월 13일 裵貴得前明文(畓主 金遇迪)], 그리고 『安山郡石場屯田畓査正量案』(규장각 18918, 1827년 5월)에서 볼 수 있지만 절목이 만들어진 1740년에는 이미 개념화되었을 것으로 본다.

26) 이세영, 앞의 논문, 2010, 214쪽 ; 염정섭, 앞의 책, 2014, 76쪽 참조.

이미 어느 정도 존재했다.

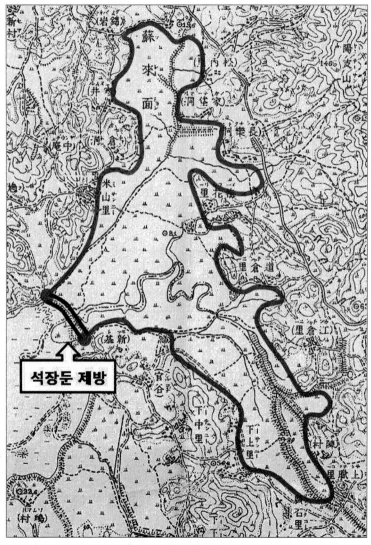

[도판 2-1] 석장둔의 위치 1

* 출처 : 조선총독부 육지측량부, 「朝鮮五万分一地形圖[14-2-8]: 仁川(京城八號)」, 1918

[도판 2-2] 석장둔의 위치 2

* 출처 : 2009년 구글 어스(http://earth.google.com/)를 토대로 그림

[도판 2-3] 석장둔 전경

* 출처 : 시흥시청 향토사료실
* 비고 : 그림 상부 X자형 도로가 걸쳐 있는 경지가 석장둔에 속한다. 하부의 주
  거 및 녹지공간이 하중동이다.

2) 사적 토지소유권의 발생과정

진휼청은 간석지를 절수하여 제방을 쌓은 뒤 작답의 완성을 위해 "시
기자 또는 시집경파자를 주인으로 삼는 원칙[시기자위주(時起者爲主) 또
는 시집경파자위주(時執耕播者爲主)]"에 따라 소유권을 분급하겠다고 약
속하고, 민인들로 하여금 들어와 경작할 것을 권유했다. 그렇게 되면 진
휼청은 토지에 대해 어떠한 권리를 행사할 것이며, 석장둔 개간에 참여
한 사람들은 토지에 대해 어떠한 권리를 얻게 될 것인가? 입안문서, 토
지매매문기을 통해 이 문제의 해답을 찾아본다.

안산의 장막창(張莫昌)이라는 사람이 스스로 개간한 토지에 대해 입
안발급을 요청한 다음의 소지(所志)를 살펴보자.[27]

安山 草山面居 職串里 張莫昌 (手決)
右謹陳所志矣段 石章浦 安山邊 作畓是白如乎 事目內許民耕(食)是乎等以
矣身遵良朝令 安山邊白男防築北邊乙 十三斗落只處 五夜未 又三夜未乙
今始作畓是乎等以 敢此仰訴爲白去乎 參商敎是後 後考次 立旨成給爲白
只爲 行下向敎是事
　　　乾隆二年 丁巳 三月 日 所志
　　　賑恤 官主 處分 立旨成給 官 (手決)

草山面居 張莫昌 (手決)
右謹陳所志矣段 矣身 石章浦 安山邊 遵良朝令 白男防築北邊 十三斗落只
處 五夜未 又三夜未乙 上年分作畓是乎等以 敢此仰訴爲白去乎 參商敎是
後 後考次 立旨成給爲白只爲 行下向敎是事
　　　戊午 五月 日 所志
　　　令監主 處分 依願立旨事 十九日 官 (手決)

---

27) 『경기도안산군초산면소재장토용동궁제출도서문적류』(규장각 19299-21).

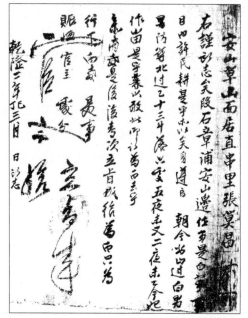

[도판 2-4] 장막창의 진휼청 입안문서

[도판 2-5] 장막창의 안산군 입안문서

안산군 초산면에 거주하는 장막창이 진휼청에 올린 소지는 1737년 3월 석장포 안산 쪽 백남방축(白男防築) 북쪽에 13두락지를 작답한 뒤 그 사실을 증명하는 입지를 발급해달라는 것이다. 진휼청에서는 어떤 경로로 확인절차를 밟았는지 알 수 없지만 입지를 성급한다는 처분을 내리고 있다. 그리고 1년여 지난 뒤인 1738년 5월 장막창은 동일한 토지에 대해 안산군에 입지의 발급을 다시 요청했고 여기서도 입지를 발급받았다. 이들 입지는 장막창이 개간했다는 사실, 따라서 그 땅에 대한 권리를 가지고 있다는 사실을 증명하는데 결정적인 자료로 활용될 것이다. 더구나 진휼청과 지방관 두 곳으로부터 발급받았으므로 증거의 효력은 배가될 것이다. 매매할 때 이 문서를 첨부 전승하여 오늘날까지 전해졌다. 장막창은 '성명' 형태로 등장하므로 입안을 미리 받아놓고 관망하던 사부가나 토호가 아닌, 일반 평민일 것으로 짐작된다. 작답에 성공한 실제 개간자일 것이다. 평민도 개간의 참여와 성공에 대한 보수로서 토지소유권을 확보할 수 있었던 사례로 보아도 좋다.

장막창은 1747년, 안산 석장포 백남방축 북변 13두락지 중 일부인 천자(天字) 제301답 6부(負) 9속(束), 302답 1부 3속, 303답 3속, 304답 1부 6속, 합하여 8두락지를 70냥의 가격으로 진휼청 및 안산군의 입지 2장과 함께 1747년 백서방댁[노덕룡(奴德龍) 명의)]에 방매했다.[28]

장막창의 예에서는 개간사실을 확인해 달라는 요청에 대해 그것을 인정한다는 처분을 하는데 그치고 있지만, 1745년 김삼창(金三昌)의 예에서는 진휼청과 둔관이 발급한, 토지소유권을 증명하는 입안문서를 확인할 수 있다.[29]

---

28) 『경기도안산군초산면소재장토용동궁제출도서문적류』(규장각 19299-21), 乾隆 12년(1747) 丁卯 2월 11일 白書房宅奴德龍前明文(畓主 張莫昌).

(屯官手決帖文)

安山 金三昌戶

賑恤廳 堰內

安山 天字 第十五畓 一卜三束

字字 八畓 三卜三束

九畓 三卜

十畓 三卜四束

玄字 六十四畓 一卜一束

已上 十二卜一束

際

屯官 (手決)

(賑恤廳堂上手決踏印立案)

安山 金三昌處 立案

右立案爲成給事 本廳堰內是在 安山 天字 第十五畓 一卜三束 字字 八畓 三卜三束 九畓 三卜 十畓 三卜四束 玄字 六十四畓 一卜一束 等庫乙 自起耕食是如乎 日後或有他人雜談之弊是去等 依節目施行爲乎㫆 任放賣傳子孫事 立案成給事

賑恤廳 (手決)

乾隆十年 乙丑 十二月 日 (踏印)

---

29) 『경기도안산군초산면소재장토용동궁제출도서문적류』(규장각 19299-52). 두 문건의 제목은 답주 金三昌이 방매한 문기인 '乾隆 17년(1752) 壬申 3월 1日 朴參判宅奴金太伊前明文'에 표현되어 있는 것을 차용하여 ( )에 넣었다.

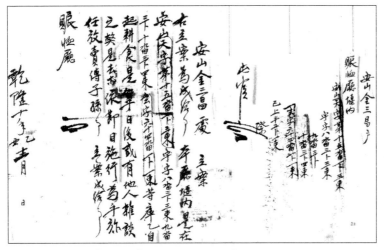

[도판 2-6] 김삼창의 둔관 및 진휼청 입안문서

첫 번째 문건은 안산의 김삼창이 진휼청 석장둔의 토지 5필지 12부 1
속을 개간했음을 확인한, 석장둔 둔관이 발급한 첩문이다. 자호(字號)와
제차(第次), 지목(地目), 그리고 토지면적(結負束)을 기재하고 이를 합계
하여 김삼창이 안산에서 개간한 토지 전체를 확인해 준 것이다. 필지별
로 발급하지 않고 개간자별로 합계하여 소유권을 일괄 발급하고 있다.

두 번째 문건은 아마도 첫 번째 문건의 둔관 확인에 의거했을 것으로
보이는데, 김삼창이 절목의 원칙에 따라 '자기경식(自起耕食)'하던 곳,
즉 개간작답에 성공한 곳에 대해 1745년 12월 진휼청 당상이 직접 수결
하고 진휼청의 도장을 찍어 발급한 입안이다. 자호·제차·지목·면적이
분명하게 확인되어 있는 점에서, 사부가에서 개간하지도 않으면서 사전
에 자기가 개간한 땅이라고 발급받던 입안과는 다른 성격의 것이다. 입
안에서는 방매와 상속의 권리 즉 완전한 처분권을 인정하고 있다. 개간
에 성공한 최초의 소유자는 스스로 개간하여 작답에 성공한 뜻을 지닌

'자기경답주(自起耕畓主)'라는 표현을 사용했다.30) 자기경답주는 자기가
최초로 개간한 토지를 자유로 매각할 수 있었다. 이것은 절목의 시기자
위주(時起者爲主) 또는 시집경파자위주(時執耕播者爲主)의 원칙이 안전
한 매매를 통해 보장되고 있음을 의미한다. 김삼창은 '자기경식(自己耕
食)'하던 이 토지 가운데 일부를 입안문서와 함께 1752년 박참판댁[노금
태이(奴金太伊) 명의]에 매각했다.31)

　석장둔 간척지에서 개간에 성공한 자기경답주는 진휼청과 지방관으
로부터 입안이라는 형식으로 토지소유권의 공증 또는 '법인'을 받음으
로써 소유권의 법적 안정성을 확보하고 이를 바탕으로 상속과 매매를
자유로 할 수 있었다. 김삼창의 1745년 입안에 자호와 제차가 부여되어
있었던 점에서 볼 때 이때 측량과 양안작성이 이루어졌음에 틀림없다.

---

30) 국사편찬위원회 고문서, 乾隆 12년(1747) 丁卯 □□ □□□ 鄭世徵前明文(自
　　起耕畓主 林次奉); 乾隆 13년(1748) 戊辰 3월 12일 鄭世徵 前明文(自起耕畓
　　主 林次奉) 참조. 후자의 원문은 다음과 같다.

　　　　　乾隆十三年戊辰三月二十日 鄭世徵前明文
　　　　右明文事段 要用所致 以仁川安山邊賑廳堰內 玄字第六十七畓 正租陸斗落只
　　　　四卜七束庫乙 價折錢文參拾陸兩 依數交易捧上是遣 本立案 貳張 幷以永永
　　　　放賣爲去乎 日後良中子孫屬中 若有雜談 持此文告官卞正事
　　　　　　自起耕畓主 林次奉 訂 奇乭伊 筆執 金樹栢

31) 『경기도안산군초산면소재장토용동궁제출도서문적류』(규장각 19299-52), 乾隆 17
　　년(1752) 壬申 3월 1일 朴參判宅奴金太伊前明文(畓主 金三昌).

　　　　　乾隆十七年壬申三月初一日 朴參判宅奴金太伊前明文
　　　　右明文事段 要用所致 以安山草山面所在 賑恤廳堰內自起耕食是在 字字第八
　　　　畓參卜參束 第九畓參卜 第十畓參卜肆束 三作 合拾參斗落只 一夜味庫乙 價
　　　　折錢文柒拾肆兩 依數交易捧上爲遣 本文記 屯官手決帖文 壹丈 及 本廳堂上
　　　　手決踏印立案 壹丈 並以右人前 永永放賣爲去乎 日後良中同生子孫族屬中
　　　　若有雜談是去等 持此文告官卞正事
　　　　　　畓主 金三昌 證 黃貴江 筆 金漢成

양안이 작성됨으로써 석장둔은 탄생을 고했고, 양안을 통해 '석장둔'의 명명이 공식화되었으며, 소유자는 이 '석장둔양안'에 등록되었다.

2. 석장둔양안의 토지정보와 소유분포

1) 석장둔양안의 작성

석장둔의 토지소유관계에 대한 정보는 규장각에 소장되어 있는 『안산석장둔양안(安山石場屯量案)』(규장각 18997)과 『인천석장둔양안(仁川石場屯量案)』(규장각 18996)의 두 책을 통해 살펴볼 수 있다.[32) 석장둔양안은 간척지 양안으로서는 매우 드물게 완벽한 모습으로 전해지고 있다. 양안 상에 별지로 붙인, 20~30장에 이르는 상지[裳紙 또는 첨지(添紙)]에는 수취내역도 기록되어 있다. 이들 정보를 통해 간척지의 소유관계와 수취관계를 파악할 수 있다. 석장둔양안이 전승된 것은 국유지정리사업을 수행하던 통감부에 이 자료가 제출되었기 때문이다.[33)

---

32) 표지의 벗겨진 부분에 '安山 石場屯'이라는 필기, 후대에 붙인 별지에 '仁川石場屯量案'이라는 필기가 있지만 작성 당시에 붙인 제목은 아니다. 내용의 첫머리에도 제목은 없고 '安山', '仁川'이라고 지역만 표시되어 있다. 따라서 원제목은 아니지만 규장각도서목록의 『안산석장둔양안』『인천석장둔양안』이라는 표제를 사용하지 않을 수 없다.

33) 두 양안 표지에 보면 안산의 경우 '財産整理局'의 도장과 '十年保存 第七□, 五四 十二 □□□'이라는 정리기록이, 인천의 경우 역시 '財産整理局'의 도장과 '十年保存 第七六, 五四 十二 二十三日'이라는 정리기록이 있다. 통감부시기 일제의 국유지정리과정에서 국유 또는 사유의 증거로 제출된 것으로 명치 54년까지 10년 기한으로 보존하도록 조치한 것이다.

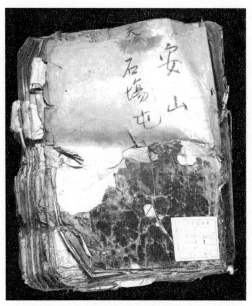

[도판 2-7] 안산석장둔양안 표지

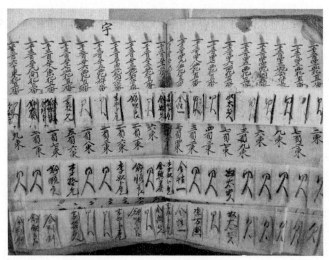

[도판 2-8] 안산석장둔양안의 상지

석장둔은 1720년 제방을 쌓으면서 조성되기 시작했지만, 토지를 측량하여 경계를 확인하고 면적을 산출하며 소유자를 확정한 뒤 이러한 정보를 순차대로 등재한 양안이 언제 작성되었는지는 확실하지 않다. 양안을 작성하려면 작답이 완료되어야 하므로 '시기자위주(時起者爲主)' 또는 '시집경파자위주(時執耕播者爲主)'한다는 토지분배의 원칙을[34] 확정한 1740년 이후에야 측량과 양안작성이 가능해졌을 것이다. 간척을 시작한지 20여년이 지난 시점이다. 관련된 입안문서, 석장둔양안, 매매문기의 대조를 통해 규장각한국학연구원에 현존하고 있는 석장둔양안의 작성시기를 추적해 본다.

저자가 확인한 최초의 입안문서는 앞서 살펴본 것처럼 안산 초산면 직곶리에 사는 장막창이 1737년 진휼청과 안산에 요청한 것이다. 입안대상 토지는 자호(字號), 재차(第次) 또는 지번(地番), 사표(四標)를 표시하지 않고 "안산변 백남방축 북변을 13두락(安山邊 白男防築 北邊乙 十三斗落)"이라고 대략적 위치만 지시했다. 양안이 작성되어 있지 않고 여기저기 작답이 진행되고 있는 과도적 상황을 반영한 것으로 해석된다.

그런데 답주 김윤태(金潤泰)라는 자가 1740년 6월에 진휼청 신언 지자답 두 필지 합하여 7부 4속, 9두락을 자기경식(賑恤廳 新堰 地字畓 二作 肆負壹束 同字畓 參負參束 合玖斗落只庫乙 自己耕食)하다가 27냥을 받고 방매한 문기가 있다.[35] 1740년에 지자라는 자호가 부과되어 있음을 알 수 있다. 그리고 앞에서 살펴본 1745년 안산의 김삼창이 진휼청으로부터 발급받은 입안문서에는 토지의 위치를 천자(天字) 제15답, 우자(字字) 제8·9·10답, 현자(玄字) 제64답으로 확인하고 면적을 결부로 제시했다. 자

34) 『승정원일기』 영조 16년(1740) 4월 5일, 10월 12일.
35) 국사편찬위원회 고문서, 乾隆 6년(1740) 辛酉 6월 □□□前明文(畓主 金潤泰).

호와 제차를 부여받은 필지가 등장한 것은 작답이 진척되어 양전이 시행되고 그래서 양안 또는 그 과도적 문서가 작성된 것을 의미한다. 여기서 최초의 양안은 1740년 이후 1745년 이전에 작성되었을 것으로 추정하게 된다.

'최초양안'이라고 표현한 것은 규장각에 소장되어 있는 '현존양안'과는 다르기 때문이다. 명백한 차이는 김삼창 입안문서는 '자호별 제차부여방식', 즉 자호단위로 1번부터 지번을 부여하는 방식을 채택하고 있지만, 현존양안은 자호와는 무관하게 '연속적 제차부여방식'을 사용하고 있는 점이다. 현존 안산 석장둔의 제차는 천(天 1-317), 지(地 318-600), 현(玄 601-779)의 자호에 걸쳐 1번에서 779번까지 붙여져 있고, 인천 석장둔도 천(天 1-304), 지(地 305-617), 현(玄 618-990), 황(黃 991-1231), 우(宇 1231-1456), 주(宙 1457-1702), 홍(洪 1703-1996), 황(荒 1997-2092)의 자호에 걸쳐 1번부터 2092번까지 일련된 번호가 붙여져 있다.[36] 이러한 제차부여방식은 1720년의 경자양안(庚子量案)이나, '최초양안'과는 다른 것이다. 즉 앞에서 추정한 '1740~1745년 최초양안'과 '현존양안'은 동일한 것일 수 없다.

양안의 작성 시기를 좀더 정확하게 짚어내기 위해 현존 『안산석장둔양안』과 매매문기를 비교해 보기로 한다. 1755년 2월 13일 김우적(金遇迪)은 '자기매득경식(自己買得耕食)'하던 "안산 초산면 석장둔 복재 지자(安山 楚山面 石場屯 伏在 地字)"의 토지를 배귀득(裵貴得)에게 방매한다.[37] 배귀득 명의의 토지는 [표 2-1]과 같이 『안산석장둔양안』에서 다

---

36) 1231번은 黃字와 宇字에 중복되어 필지수는 2093이다.

37) 국사편찬위원회 고문서, 乾隆 20년(1755) 乙亥 2월 13일 裵貴得前明文(畓主 金遇迪).

수 확인된다.

[표 2-1] 『안산석장둔양안』에 등장하는 배귀득 토지와 매매문기 비교

공통							안산석장둔양안		김우적→배귀득 매매문기		
字號	第次	地目	田形	長	廣	束	四標	主	束	斗落	四標
地	377	畓	直	58	22	33	西貴卜畓南陳北二畝畓東水道	裵貴得	33	□	東水道南陳西貴卜畓北二畝畓
地	382	畓	直	35	17	15	北陳南於屯金畓西浦東延先畓	裵貴得	15	1	東延先畓南於屯金畓西浦北陳
地	389	畓	直	78	8	16	北卜金畓南同人畓二方水道	裵貴得	16	1	南同人畓北卜金畓二方水道
地	390	畓	直	68	13	22	北同人畓南時同畓西同人畓東陳	裵貴得	22	1.5	東陳南時同畓西北同人畓
地	412	畓	直	31	8	6	二方陳東水道北時同畓	裵貴得	6		南陳東水道北時同畓
地	565	畓	直	8	4	1	東石崇畓南陳北水道西山卜畓	裵貴得	1		四方上同
地	566	畓		15	4	2	四方上同	裵貴得	2		四方上同
地	568	畓	直	14	10	4	北陳西山東石崇南同人畓	裵貴得	4		北陳西山卜畓東石峯畓南同人畓
地	569	畓	直	10	5	1	二方同人畓南陳西山卜畓	裵貴得	1		二方同人畓南陳西山卜畓
地	570	畓		51	21	27	四方上同	裵貴得	27	2	四方上同
地	572	畓	直	48	11	13	二方同人畓西山卜畓東路	裵貴得	13	1	二方同人畓西山卜畓東路
地	574	畓	直	73	24	44	東貴男畓南五壯畓西山卜陳畓北同人畓	裵貴得	44	4	東貴南畓南吾狀畓西山卜陳北同人畓

* 비고 : '공통' 부분은 안산석장둔양안과 매매문기에 공통적으로 기재된 부분이다.

현존양안에서 천자는 1-317번에 걸쳐 있고, 지자는 318-600번에 걸쳐 있는데, 김우적과 배귀득의 지자 377번 등 12필지는 모두 그 범위에 있

다. 이것은 다음과 같은 해석을 가능케 한다. 첫째 김우적의 소유토지가 자호별 제차부여방식을 따른 '최초양안'과는 다른, 연속적 제차부여방식을 따른 '제2의' 양안에 등재된 것을 의미한다. 그리고 그 시점은 1755년 매각 이전일 수밖에 없다. 둘째 1755년 김우적의 토지를 매득한 배귀득의 토지가 '현존양안'에 그 명의로 등장했다는 사실은 '현존양안'이 1755년 이후에 작성된 '제3의' 양안임을 의미한다. 그리고 양안과 문기에 등장하는 사표의 기재가 [표 2-1]에서 보듯이 565번을 제외하고 동일하게 나타나므로 김우적의 토지가 등재되었을 '제2의' 양안과, 배귀득의 토지가 등재된 '제3의' 양안, 즉 '현존양안' 사이의 시간적 거리는 매우 근접해 있다는 것을 의미한다. 『안산석장둔양안』 천자 249번 답 3부 7속 노감동(奴甘同)의 토지를 1756년 2월 상전 윤씨가 노감동에게 25냥에 방매하라는 지시를 내리고 있는 점을 증거로 인정하면,38) '현존양안'은 1756년 2월 이전에 작성된 것이다. 한겨울에 측량과 양안을 시행하지 않는 것이 일반적인 점을 고려하여 1755년에 작성된 것으로 판단한다. 다른 복잡한 가능성을 배제할 수 없지만 [1740~1745년의 최초양안 → 1755년 직전의 두 번째 양안 → 1755년의 세 번째 양안]으로 전개되고, 현존양안은 세 번째 양안이라고 정리할 수 있다.39) 배귀득의 토지는 동일한 자

---

38) 『경기도안산군초산면소재장토용동궁제출도서문적류』(규장각 19299-52), 丙子 2월 19일 奴甘同處(上典 尹) 牌子.

39) 모순되는 증거도 있다. 안산의 김삼창은 字字 8畓 3부 3속, 9畓 3부, 10畓 3부 4속의 3필지 13두락을 1752년 朴參判宅 奴金太伊에게 매각했고[『경기도안산군초산면소재장토용동궁제출도서문적류』(규장각 19299-52), 乾隆 17년 壬申 3월 1일 朴參判宅奴金太伊前明文(畓主 金三昌)], 이 토지는 세월이 흘러 1793년에는 朴參判宅 奴日福이 全主簿宅 奴奇特에게 방매한 것으로 되었는데 최초양안에 수록된 동일한 자호와 제차가 그대로 사용되었다[『경기도안산군초산면소재장토용동궁제출도서문적류』(규장각 19299-52), 乾隆 58년 癸丑 3월 28일 全主簿

호·제차의 좌표를 가지고 이후 [배귀득→배인적(裵仁迪)→조생원댁노천복(趙生員宅奴千福)→이준기(李俊起)]의 경로로40) 소유권이 상속 또는 매매에 의해 이전되어 갔다. 세 번째 양안이 오랫동안 사용된 것으로 판단할 수 있는 증거다.

이상의 논의를 종합하면 석장둔에서는 작답이 완료된 지 불과 10여년 사이에 여러 차례 양안이 작성된 것을 알 수 있다. 최초양안은 개간의 주체인 '자기경답주(自己耕畓主)'에게 입안을 발급하면서 측량 작성한 것이기 때문에 임시적인 것이고, 어느 정도 작답이 완료되어 소유자 또는 납세자를 확정할 수 있게 된 시점에서 다시 양안을 작성했다. 간척의 진전에 따라 양안이 거듭 작성된 간척지의 특성을 보인다.

宅奴奇特前明文(畓主 朴參判宅 奴日福)]. 또 1773년(혹은 1778년으로 의심) 개간한 자가 스스로 자기에게 판매하는 형식을 취한 다음과 같은 보기 드문 문서도 있다. 즉 "乾隆 三十八年 戊戌 四月 二十日 金必俊前明文 : 右明文事段 戶曹□防處 地字畓 新起自得 地字畓 三十六畓 九束 三十七畓 二卜 三斗 五刀落庫 東浦 西介不畓 北同人畓 南信男畓 此後 雜人是非之弊是去等 持此自己文書一丈 告官下呈者. 自己畓主 金必俊 證人 鄭善伊 千宗京 筆執 崔次興." 여기서 '신기자득', '자기답주', '자기문서' 등의 표현이 주목되지만, 여기에 나오는 지자답 36번과 37번은 현존 석장둔양안에서는 있을 수 없다. 현존 석장둔양안은 자호를 뛰어넘어 제차를 일련하여 부과하고 있기 때문이다. 이와 같은 현상은 양안과 대조하지 않은 채 이전 문기를 粘連 인계하는 매매관행 때문에 발생한 문제로 판단된다. 토지매매문기가 양안과의 연계성을 상실함으로써 공증의 효과가 약화되는 조선후기의 상황을 반영한다(박병호, 『韓國法制史攷』, 법문사, 1974, 45쪽).

40) 국사편찬위원회 고문서, 京居 裵仁迪 癸卯 九月日 所志; 乾隆 49년(1784) 甲辰 정월 30일 趙生員宅奴千福전명문(畓主 裵仁迪); 乾隆 51년(1786) 丁未 12월 9일 李俊起前明文(畓主 趙生員宅奴千福).

2) 석장둔양안의 기재내용

석장둔양안의 양식은 [자호(字號), 제차(第次), 양전방향(量田方向), 전형(田形), 지목(地目), '난외부기(欄外附記)', 장·광·활·고 척수(長·廣·濶·高 尺數), 결부속수(結負束數), 사표(四標), 주명(主名)]의 순서로 되어 있고 여기에 상지가 첨부되어 있다.[41] 1720년 경자양안은 [자호, 제차, 양전방향, 토지등급, 지형, 지목, 장광척수, 결부속수, 사표, 기주(起主-舊名·今名)]의 형식으로 되어 있다.[42] 이처럼 석장둔양안은 기본적으로 경자양안의 기재양식을 추종하고 있지만, 간척지 양안으로서 다른 측면도 적지 않다. 이를 위치정보와 작답정보를 중심으로 살펴보기로 한다.

석장둔의 위치정보는 양안에 등장하는 자호, 제차(지번), 양전방향, 사표, 그리고 매매문기의 지역명칭을 통해 확인할 수 있다.

자호는 안산 석장둔의 경우 천(天)·지(地)·현(字)자, 인천은 천(天)·지(地)·현(玄)·황(黃)·우(宇)·주(宙)·홍(洪)·황(荒)자에 걸쳐 있다. 조선시기의 양전은 관아 뒤편부터 시작하여 천자문(千字文)의 순서에 따라 5결(結)의 토지를 묶어 자호를 붙이는 방식을 취했다. 석장둔양안의 자호부여에서 특징적인 것은 석장둔이 안산군 또는 인천도호부에서 양전을 시

---

41) 서울대학교 규장각한국학연구원에서 온라인에 제공한 『안산석장둔양안』 해제에는, "字號·地番·量田方向·土地等級·地形·地目·夜味數·長廣尺·結負數·四標·主名 순이다. 자호는 天字~玄字, 지번은 제1~779번(연속)이다. 첨지로 작인 변동사항, 收租 여부 및 그 방법을 기록하였다. 평균 3단에 걸쳐 매단마다 12장씩 총 36장 내외의 첨지가 붙어 있다"고 했으나, 토지등급은 기재되어 있지 않고, 야미수는 난외에 간헐적으로 부기되어 있다. 또한 후술하듯이 상지의 기록은 작인이 아니고 납세자다.

42) 오인택, 「경자양전의 시행조직과 양안의 기재형식」, 「조선후기의 양안과 토지문서」, 『조선후기 경자양전 연구』, 한국역사연구회 토지대장연구반편, 혜안, 2008 참조.

작하던 관아 뒤편의 최초 지점에 위치하지 않은 데도 불구하고 천자(天字)부터 시작한 점에 있다. 양안 상의 과세지와 구별하여 석장둔을 대규모 양외가경지(量外加耕地) 또는 대규모 간척지로서, 별도의 독립된 농장으로 취급한 것을 의미한다. 화전이나 하안 개간지를 양안에 등재할 때에는 개간지가 위치한 지역명을 붙이면서 양안상의 자호에 첨기하거나, 양이 많으면 별도로 '이천(二天)' 등 새로운 자호를 붙이는데 비해,[43] 석장둔의 자호를 천자부터 부여한 것은 이 지역을 독립적인 지역으로 인식하고 배려한 모양새다. 삼남지방은 1634년 갑술양전과 1720년 경자양전을 통해 측량되었지만, 경기도는 1663년 계묘양전에서 도단위로 측량된 뒤, 1737년 양근·삭녕·적성·연천·마전·지평 등 6읍, 1757년 수원·장단, 1761년 진위·부평에서 측량되었다.[44] 1755년 작성된 것으로 추정되는 규장각한국학연구원 소장 석장둔양안은 1663년 계묘양전 이후 거의 한 세기 뒤에 작성된 것으로서 안산 계묘양안, 인천 계묘양안과는 별도로 제작되지 않을 수 없었을 것이다.

그런데 동일한 지역에 동시에 추진되어 형성된 간척지임에도 불구하고 지방행정구역이 다르다는 이유로 안산과 인천에 자호가 똑같이 천자(天字)로부터 시작된 두 개의 양안이 각각 별도로 작성된 점은 아주 특별하다. 양안 맨 뒷면에는 양안작성자로서 '겸사(兼使)'라고만 되어 있는데 이는 각각 안산군수수원진관병마동첨절제사(安山郡守水原鎭管兵馬同僉節制使), 인천도호부사수원진관병마동첨절제사(仁川都護府使水原鎭

43) 『量田謄錄』1720년 庚子慶尙左道均田使量田私節目. "量付外 海邊築堰處 及 山谷開墾處 多至三四結 則有難入錄於本字下端是去等 以二天三天等字 號別爲付錄於元字下爲齊".

44) 宮嶋博史, 『朝鮮土地調査事業史の硏究』, 東京大學 東洋文化硏究所, 1991, '이조시기양전관련연표'.

管兵馬同僉節制使)를 의미한다. 동일하게 조성된 둔전을 행정구역별로 완벽하게 구별하여 두 양안으로 작성한 것은 당시 지방행정의 경계가 매우 엄격했음을 보여준다. 그럼에도 불구하고 두 양안이 동일한 양식을 취하고 상지를 이용한 수취방법도 동일한 점에서 볼 때, 이 양안들은 관리아문인 진휼청[19세기에는 수원부 총리영(摠理營)] 또는 현장의 둔소(屯所)에 의해 통합적으로 활용되었음을 말해준다. 석장둔은 행정관청과 관리아문에서 이중적으로 관리 운영했다고 볼 수 있다.

제차의 배열에서도 장토의 독립적 성격이 드러난다. 이미 언급한 것처럼 안산은 천지현(天地玄)을 묶어 1-778번까지 붙였고, 인천은 천지현황우주홍황(天地玄黃宇宙洪荒)을 묶어 1-2092번(黃1231과 字1231은 중복)까지 번호를 일련하여 붙였다. 경자양안에서처럼 자호별 제차부여방식을 따르지 않고 연속적 제차부여방식을 취한 것은 일면 자호의 위상을 위태롭게 하는데,[45] 그 제차의 연속성은 안산과 인천을 행정구역별로 구별하면서도 동시에 행정구역을 넘어 독립된 하나의 장토로서의 동질성을 드러낸다. 그것은 안산과 인천의 바닷가 경계에 위치한 간척지로서, 당시 편찬된 『해동지도』에 '진청신언(賑廳新堰)'이라 표현되고, 후대의 읍지에 '호조방축(戶曹防築)'이라 한 바로 그것이다. 진휼청이 호조에 소속되어 있다 하더라도 '호조방축'이라한 것은 정확한 표현은 아니다.

---

45) 경자양전에서는 一字五結의 원칙에 따라 자호마다 제차를 1번부터 새로 부여하는 것이 원칙이었는데, 현존하는 경자양안의 경우 경상도에서는 이 원칙을 준수한 반면, 전라도에서는 5결을 초과한 경우가 많아 원칙을 정확하게 준수하지는 않았다(오인택, 「경자양전의 시행조직과 양안의 기재형식」, 『조선후기 경자양전 연구』, 2008, 298~301쪽). 석장둔의 경우 연속적 제차부여방식 때문에 일자오결의 원칙은 의미가 약화되었을 뿐만 아니라 각자호의 결부를 산정해볼 때 끝부분에 자투리로 남은 안산의 玄字, 인천의 荒字을 제외하고, 인천의 洪字에서 정확하게 5결이었던 것 외에는 모든 자호에서 5결을 넘어섰다.

한편 각 필지의 위치정보는 위도·경도와 연계된 지적도가 존재하지 않은 당시에는 양전방향과 사표에서 확인할 수 있을 뿐이다. 양전방향은 필지를 측량할 때 차후 측량해 나갈 필지의 방향을 지시한다. 석장둔은 지형지물이 없는 넓은 개활지에 위치하므로 양전방향의 지시가 필지의 위치정보를 규정하는 중요한 역할을 한다. 그리고 안산 741번부터 장광척의 '장(長)' 앞에 양전방향과 동일한 방향표시가 계속 붙어 있다. 즉 '741서범내이작직답 서장34척광23척(七百四十一西犯內二作直畓 西長三十四尺廣二十三尺)'에서 '서범(西犯)'은 이전 필지인 740번 필지에서 서쪽으로 741번 필지로 양전해 가는 방향을 표시하며, '서장(西長)'은 두 필지가 면(面)한 부분의 길이를 표시한 것이다. 이렇게 필지 상호간에 면한 부분을 적시한 것은 필지 사이의 분명한 연계성 부여, 장광척수 파악의 일관성과 면적산출의 신뢰성 제고의 효과를 가져다줄 것이다.

위치정보를 제공한다는 측면에서 사표의 역할은 매우 중요하다. 좌표를 설정할 수 없기 때문에 [표 2-1]에서 보듯이, 네 방위의 지형지물을 지목하게 된다. 산, 도로, 강, 황무지, 타인 소유의 토지를 지목하는 것이 일반적이다. 인접한 지형 등이 등장하므로 토지의 위치 뿐 아니라 토지상황에 대한 정보도 알 수 있다. 사표에 등장하는 인접지의 소유자는 주명란(主名欄)에서 확인된다.46) 양전 당시에는 사표와 소유자가 밀접한 연관성을 가진다. 그러나 소유자가 변동될 경우 사표와 주명란에 변동된 소유자로 수정하지 않는다면 토지의 위치정보를 제공하는 기능은 약화되지 않을 수 없다. 조선후기의 양안은 소유자의 변동을 추적하여 반영하지 못했으며 사표도 마찬가지였다. 1820년의 양전사목에서, 사표에

---

46) 이영호, 「안산·인천 석장둔양안의 토지정보와 성격」, 『규장각』 35, 서울대학교규장각한국학연구원, 2009, <부록> 참조.

가변적인 소유자명을 기재하지 말고 변함없는 자호제차를 기재하도록
한 것은47) 이러한 단점을 보완하려는 조치였다.

정리해본다면, 석장둔양안의 자호와 제차부여방식은 장토의 독립적
성격을 반영하고 있고, 제차의 전개과정에서 등장하게 되는 양전방향과
사표는 필지의 구체적인 좌표를 확인해주는 역할을 담당했다고 하겠다.
위치정보를 통해 볼 때 석장둔양안은 일반양안에 부속된 것이 아니라
독립양안으로서 작성된 것이다. 수록된 지역은 다른 기경지와 독립된,
그러면서 토지가 한군데 집중 형성된 장토의 성격을 지닌다. 자호가 바
뀌어도 지번을 일련시킨 방법은 매우 독특한데 석장둔의 독립성을 드러
낸다. 반면 안산과 인천에 연결되는 지역에 동시에 조성된 장토임에도
불구하고 자호를 안산과 인천에서 각각 별도로 천자(天字)부터 시작하
는 등 행정구역에 따라 별도의 양안을 작성한 것은 지방행정구역의 경
계가 엄격했음을 보여준다. 앞에서 언급한 것처럼 그럼에도 불구하고
두 지역의 석장둔은 동일한 관리 운영 하에 놓여 있었다.

석장둔의 매매문기를 통해 석장둔이 위치한 지역명칭도 부분적으로
확인할 수 있다. 안산의 경우에는 거의 대부분 초산면 하직곶(下職串)에
위치한다. 인천의 경우 신현면(천자·지자), 전반면 매착리(천자·지자·현
자·황자·우자·주자), 도두리(홍자), 안현리(황자), 율촌(주자), 장락동(주
자) 등으로 나온다. 동리는 행정구역의 단위가 아니고 주민이 모여 사는
마을을 가리키므로 간척지의 제차부여와 직접적인 관련은 없었다. 그래
도 안산은 초산면 하직곶에, 인천은 전반면과 신현면에 석장둔이 걸쳐
있는 것을 지명을 통해 확인할 수 있다. 동리와는 별도로 '진휼청 언답',

---

47) 최윤오, 「조선후기의 양안과 토지문서」, 『조선후기 경자양안 연구』, 2008, 317~
320쪽.

'호조평', '석장둔', '석장평', '석장포' 등은 이 지역을 부르는 보통명사로 되었다.

다음으로 작답(作畓)정보는 전형(田形), 지목(地目), 재작(裁作) 및 내작(內作), '난외부기'[야미(夜味), 수류(水流)·답중유룡(畓中有壟) 등 개간상황], 토지등급, 장광척수(長廣尺數), 결부속수(結負束數) 등에서 확인된다. 이것들은 기경지에서는 핵심적인 지적(地籍)정보가 될 것인데, 간척지인 석장둔에서는 경작지를 만들어가는 의미의 '작답'정보로서 이해될 수 있다.

석장둔의 전형은 [표 2-2]와 같은 모습을 보인다.

[표 2-2] 석장둔양안에서 田形에 따른 필지와 결부의 수

지역	方形	直形	梯形	圭形	句形	弧形	曲形	無	계
안산	4/47	703/11897	20/354		1/54		2/20	48/726	778/13098
%	0.5/0.4	90.4/90.8	2.6/2.7		0.1/0.4		0.3/0.2	6.2/5.5	100/100
인천	7/110	1838/32820	57/1547	12/188	4/41	1/5		174/3052	2093/37763
%	0.3/0.3	87.8/86.9	2.7/4.1	0.6/0.5	0.2/0.1	0.0/0.0		8.3/8.1	100/100

* 비고 : 기재방식은 筆地數/束數

조선시기 양전에서 전형(田形)은 방형(方形=정사각형), 직형(直形=직사각형), 제형(梯形=사다리꼴), 규형(圭形=마름모꼴), 구고형(句股形=직각삼각형)의 다섯 가지로 분류되고, 대한제국의 양전사업에서는 이외에 원형(圓形), 타형(橢形), 고시형(孤矢形), 삼각형(三角形), 미형(眉形)이 추가되었다.[48] 석장둔 세 필지에서 보이는 고형(弧形), 곡형(曲形)은 규정에 없는 임시적인 것으로 이와 같은 임시적인 관행들이 대한제국기에 이르러 전형이 확장되는데 영향을 미쳤다.

---

48) 度支部, 『土地調査參考書』 제1호, 1909년 10월, 4~5, 25쪽.

석장둔은 안산이 778필지에 13결 9부 8속, 인천이 2,093필지에 37결 76부 3속, 합하여 2,871필지, 50결 86부 1속에 이르는 대농장이다. 석장둔의 지형은 인천 쪽으로 은행천, 안산 쪽으로 보통천이 농수로의 역할을 했는데, 그 양쪽의 갯벌 지역을 작답한다고 할 때 화전이나 하안의 개간과는 달리 비교적 넓은 개활지가 형성되어 직전답(直田畓)이 형성될 가능성이 높다. 직형이 90% 정도의 압도적인 비율을 나타낸다. '무(無)'라는 난에는 석장둔양안에 전형이 표기되지 않은 재작(裁作)과 내작(內作)을 포함시켰다. 경자양전 절목에 보면, "5등 전형 외에 판별하기 어려운 것이 있더라도 다른 모양의 전형을 창출하기 어려우므로 사목에 따라 재직전(裁直田)·재방전(裁方田)으로 재단하여 타량하라"고 하여,[49] 면적산출에 편리한 직·방형(直·方形)으로 재작(裁作)하도록 했다. 따라서 '재작'하는 것은 직·방형으로 잘라 산정하기 위한 목적이므로 이들 토지는 모두 직·방형에 속하는 것으로 보아 지장 없다. 또 내작은 재작에 연이어 나오므로 이들 재작 및 내작의 필지를 직·방형에 합산할 수 있다. 그렇게 하면 안산은 750필지로서 96.4%, 인천은 1,971필지로서 94.2%로 늘어난다. 직방형의 필지가 95% 전후로 대부분을 이룬다. 그렇지만 당시 직형을 만드는 기술이 뛰어나지 못하여 토지조사사업 때 작성된 지적도를 보면 사각형이라고는 도저히 볼 수 없는 필지들이 너무 많다.

재작(裁作)이나 내작(內作)의 개념은 단지 토지측량 및 면적 산출의 용이함 때문에 창출된 것만은 아니다. 경자양전의 규정에, "구량(舊量) 일작(一作)이 지금 이삼작(二三作)으로 나뉘어지고 각각 주명(主名)이 있으면 이전 그대로 합록(合錄)하여 혼휘되는 폐단을 낳게 할 수 없으므로 원제차(元第次) 아래 한자를 낮추어 이작(二作) 삼작(三作)으로써 그 실

49) 『量田謄錄』 '庚子慶尙左道均田使量田私節目'.

수(實數)에 따라 열록(列錄)하여 구별하라"는 조항이 있고, 구량(舊量) 이 작이 1인의 소유로 통합되면 한 필지로 합치도록 했다.50) 그런데 경자양전에서의 경우 경상도에서는 내작의 경우 모두 새로운 필지를 부여했지만 전라도에서는 새로운 필지를 부여하지 않고 내작의 기재를 용인했다.51) 그런데 석장둔의 내작은 재작에 연이어 나오면서 동일한 소유자인 경우가 압도적으로 많은데, 이는 개간된 새로운 토지가 추가로 발생한 것을 의미하는 것으로 보인다. 석장둔에서는 이들 재작이나 내작에 모두 제차를 부여하여 새로운 필지로 만들었다. 경자양안과는 달리, 이렇게 석장둔에서는 재작·내작의 개념을 사용하면서도 새로운 필지를 부여한 점이 특징적이다. 재작 및 내작의 존재는 여러 차례 양전을 실시한 증거이고 그 빈도는 지속적인 간척의 진행을 반영한다.

지목(地目)은 간척지이기 때문에 대부분 답이다. 안산은 전이 57필지 59부 3속, 답이 721필지 12결 50부 5속이고, 인천은 전이 130필지 1결 5부 2속, 답이 1,961필지 36결 63부 1속이다. 지목에서 답의 비중이 압도적인 것도 간척지의 당연한 특징이다.

지형지물을 난외에 부기한 경우가 상당히 있다. 작은 섬을 이루거나 언덕에 연결되거나 한 것을 표현하고, 수문·수류(水統)·수도(水道)·도로·포구 등을 추기(追記)하여 위치를 지시했다. 이것은 위치정보 뿐 아니라 작답의 완성여부도 알려준다. 안산의 경우 수류(水流)·섬·언덕이52) 있는 작답미완성지가 25/778필지=3.2%, 801/13098속=6.1%, 인천은

<hr>

50) 위와 같음.
51) 오인택, 「경자양전의 시행조직과 양안의 기재형식」, 『조선후기 경자양전 연구』, 2008, 301쪽.
52) 인천 쪽에는 독도(獨島·犢島)라 부르는 물 속의 작은 섬이 존재했다. 국사편찬위원회 고문서, 광무 4년(1900) 경자 4월 초6일 임생원댁노구월쇠전명문(답주 황선

56/2093필지=2.7%, 1124/37763속=3.0%에 달했다. 무주지(작답미완성지 일부 포함)는 안산은 108/778필지=13.9%, 1227/13098속=9.4%였고, 인천은 410/2093필지=19.6%, 5149/37763속=13.6%였다. 인천 쪽이 안산 쪽보다 무주지가 더욱 많다. 인천의 무주지 필지수는 20%에 육박한다. 개간의 여지가 많이 남아 있는 상황임을 알 수 있다.

석장둔에서 토지등급을 부여하지 않은 점도 간척지 양안의 특성이다. 석장둔에서 장광척(長廣尺)의 기재는 경자양안과 유사하다. 면적은 직형·방형은 자승, 규형·구형은 자승을 둘로 나누고, 제형은 대두와 소두를 합한 것을 장으로 곱한 뒤 둘로 나누어 산출된다.[53] 곡형은 다른 예를 참조할 때 자승하면 대체로 일치한다. 그런데 석장둔양안에는 토지등급이 없다. 토지등급이 부여되어 있지 않은 점은 석장둔양안의 최대 특징이다. 일반적으로 개간지의 경우 6등급을 부여하기도 하고 그 이하는 속전(續田)으로 표현했는데, 석장둔의 경우는 예외다.

강화도 선두포 간척지(船頭屯)를 보면, 개간 직후의 규정에, "제언 내의 기경한 땅은 측량하여 결(結)을 짓되 6등의 논에 1두를 낙종(落種)할 면적을 1복(卜)으로 정하고 그에 준하여 결을 짓는다"고 하여,[54] 모두 6등으로 정했다. 10년 뒤 작답이 상당히 진행된 이후의 규정에 보면, "이번의 분전(分田)은 이미 포평(浦坪)으로 개간하지 못한 곳은 그 토품의 고하를 미리 정하기 어려우므로 모두 6등으로써 집량(執量)하고 개간이 완료되는 것을 기다려 등품을 개정하되 매년 검추(檢秋)할 때 이전의 정식에 따라 화곡(禾穀)을 보아 3등으로 나누어 수세하라", "이번의 타량

옥); 광무 5년(1901) 신축 2월일 장순녀전명문(답주 정노금대) 참조.
53) 『토지조사참고서』 제1호, 4~5쪽.
54) 『비변사등록』 숙종 33년(1707) 11월 19일 江華府船頭浦新堰節目.

(打量)은 준수책에 기록된 대로 6등척 1척으로써[55] 1파(把)로 하고, 10척을 1속, 100척을 1복, 1,000척을 10복, 10,000만척을 1결로 하고, 1복을 또한 1두락지로 삼아 합하여 계산"하라고 했다.[56] 기본적으로 간척지는 6등전으로 규정하여 측량하며, 간척이 진행되는데 따라 토지등급을 토품에 따라 차등적으로 부여하고 그에 따라 결부를 산정하도록 한 규정이다.

강화도 선두둔 사례에서 보듯이 다른 간척지에서도 개간의 진척에 따라 토지등급을 부여하여 결부를 산정하는 것이 일반적이다. 토지등급의 부여는 결부제의 핵심요소다. 조선시기 전정의 문란은 토지등급의 부당한 판정에서 비롯되었다고 하여도 과언이 아니다. 결부제는 소출을 기준으로 지적을 편성함으로써 지세부과 및 토지분급의 기준이 된, '이적동세(異積同稅)'의, 독특한 조선의 토지제도였다.[57] 결부가 이적(異積)이되는 것은 토지등급의 차이로 말미암는데 석장둔에서 그것이 결여된 것은 결부책정의 결정적 결함이다. 간척지의 균질적 성격을 반영하여 토지등급을 부여하지 않은 것이다. 따라서 석장둔에서의 결부수는 [표 2-3]에서 보듯이 절대면적과 직접적인 상관관계를 형성한다.

[표 2-3] 석장둔에서 결부와 면적의 관계

지역	필지	면적(尺數)	결부(束數)	1속당 평균 면적
안산	707	468,739	11,944	39.2
인천	1,845	1,279,100	32,930	38.8

---

55) 토지는 1등척 즉 주척 4尺7寸7分5厘로 측량하는데, 1등지 1만척을 1결로 한다고 했다. 『토지조사참고서』제1호, 14쪽.
56) 『비변사등록』 숙종 43년(1717) 6월 11일 강화선두포절목.
57) 김용섭, 「결부제의 전개과정」, 『한국중세농업사연구』, 지식산업사, 2000 ; 宮嶋博史, 앞의 책, 1991 참조.

[표 2-3]은 면적산출이 비교적 명확한, 안산의 전체 707필지 가운데 90.4%에 달하고, 인천의 전체 2,093 필지 중 87.8%에 달하는 직형과 방형 전답만을 대상으로 면적과 결부의 상관관계를 살펴본 것이다. 1속당 평균은 39속 전후인데, 필지별로 조사해보면 대부분 1속당 40척으로 수렴(收斂)된다. 이로써 산정하면 1결은 4만척이 되는데 토지등급이 부여되어 있지 않지만 이것은 곧 6등전 1결=4만척과 동일하다.58) 선두둔에서는 6등전척을 사용하여 1속을 10척으로 계산했는데, 석장둔에서 1속을 40척으로 산정한 것은 결국 1등전척을 사용한 셈이 되어, 결국 양자는 동일하다. 결국 선두둔과 석장둔의 필지는 모두 6등의 토지등급을 부여받은 셈이 된다. 그럼에도 불구하고 석장둔에 토지등급을 부여하지 않은 것은 토지 생산성을 균등하게 본 간척지 초기의 모습이라고 판단된다.

종합해보면, 석장둔양안에 기록된 전형, 지목, 재작 및 내작, '난외부기'(야미, 수류·답중유롱 등 개간상황), 장광척수, 결부속수 등은 간척지 양안의 성격을 잘 보여준다. 대부분 직형·방형의 답이 많고 내작이 많이 존재하고, 경작지 상황이 수류인 경우도 있고, 토지등급을 부여하지 않은 등에서 그러하다. 일반양안과는 달리 핵심적인 지적정보는 대부분 간척지의 특성을 보인다. 조선후기 개간이나 간척에 의해 경지가 된 토지가 적지 않지만 간척지의 실상을 파악할 수 있는 양안이 온전하게 남아 있는 것을 발견하기 어렵다.59) 간척의 과정은 수십 년 이상 걸리기 때문에 양안작성은 간척이 어느 정도 진행된 이후에 이루어졌다. 석장둔의 경우 축언한 이후 양안이 작성되기까지 20년 정도 시간이 걸렸고,

---

58) 朝鮮總督府, 『朝鮮土地調査殊二地價設定二關スル說明書』, 1918, 5쪽.

59) 대규모 개간지 양안은 『靈巖郡露兒島行審』(규장각 19000, 1690년)에서 볼 수 있지만 그것은 궁방이 기주로 등장하여 석장둔과 다르며 또 행심책에 결락된 곳이 많아 검토하기 쉽지 않다.

최초양안 작성 이후 간척의 급속한 진전에 따라 수차에 걸쳐 측량과 양
안작성이 반복되었다. 석장둔 간척의 과정은 간척지의 경지화 과정, 입
안을 통한 민전화 양상을 선명하게 보여준다. 토지소유권이 최초로 발
생하여 양안에 처음으로 소유자로서 등재되는 과정도 확인할 수 있다.
간척지 토지소유권 발생의 양상과 양안에 의해 소유권이 보장되는 과정
을 파악할 수 있다. 특별히 석장둔양안에는 토지의 비옥도를 측정하는
토지등급을 부여하지 않음으로써 결부제의 원칙에 어긋나게 절대면적
과 결부의 상관관계가 일치하게 되었는데, 이 점은 다른 양안에서는 전
혀 발견할 수 없는, 간척지 양안의 성격에서 비롯된 것이다. 미간지가
많고, 답이 많고, 직형 또는 방형의 지형을 가진 경지가 많은 점들도 간
척지의 성격을 드러낸다.

3) 소유정보와 소유분포

석장둔은 진휼청에서 재원을 획득하기 위해 간석지를 절수 받아 간척
한 농장으로 절수지에 해당되지만 간석지의 특성상 이전에 기경하거나
입안 받은 사람들과의 마찰은 적은 편이었다. 진휼청에서는 작답을 위
해 노동력과 자금을 투입한 개간자들에게 1740년 제정한 '시기자위주(時
起者爲主)' 또는 '시집경파자위주(時執耕播者爲主)'의 원칙에 따라 소유
에 대한 일정한 권리를 제공했다. 개간자들은 입안을 발급받아 개인적
으로 소유권의 근거를 확보하고 동시에 양안에 주명(主名)으로 등재함
으로써 국가로부터 소유권을 공식적으로 인정받았다. 최초의 개간자는
'자기경답주(自起耕畓主)'로 명명되었으며, 스스로 개간한 토지를 자유
의사에 따라 방매할 때 소유권을 인정받은 입안문서도 함께 넘겼다. 개
간을 통해 획득한 소유권은 매매를 통해 처분권을 명확하게 인정받은
것이다.

소유권을 획득한 사람들은 석장둔양안에 소유자로 등재되었다. 소유
자는 현존 석장둔양안 상에서 '주(主)'라고 표기된 뒤 다양한 방식으로
'성(姓)'과 '명(名)'이 기재되어 있다. 무주지, 공유지를 제외하고 주명을
유형화해보면 ①명형(名型), ②성명형(姓名型), ③노명형(奴名型), ④성노
명형(姓奴名型)으로 나눌 수 있다. 그 실태를 살펴보면 [표 2-4]와 같다.

[표 2-4] 석장둔의 주명(主名) 기재 유형

지역	유형(예)	필지수(%)	결부(束數)(%)
안산	① 名(길동)	61(9.2)	1361(11.6)
	② 姓名(홍길동)	240(36.2)	3687(31.5)
	③ 奴名(노길동)	323(48.7)	5713(48.9)
	④ 姓奴名(홍노길동)	39(5.9)	932(8.0)
	소계	663(100)	11693(100)
인천	① 名(길동)	382(22.8)	6836(21.0)
	② 姓名(홍길동)	355(21.2)	7300(22.5)
	③ 奴名(노길동)	614(36.6)	11972(36.9)
	④ 姓奴名(홍노길동)	325(19.4)	6368(19.6)
	소계	1676(100)	32476(100)

* 비고 : 婢는 별도로 구별하지 않고 奴에 포함했다.

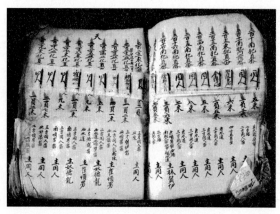

[도판 2-9] 인천석장둔양안의 주명형태

안산의 경우 주명 기재방식은 ③노명형이 가장 많아 절반에 육박하
고, ②성명형도 1/3을 상회한다. ④성노명형이 가장 적다. 인천은 ③노
명형이 가장 많기는 하지만 1/3을 상회하는 수준이고, 나머지 유형이
20% 안팎으로 비슷한 분포를 보인다. 그런데 주명의 표기방식이 곧바로
신분을 의미하는 것은 아니다. 노명으로 표기된 토지가 노비의 소유토
지라든지, 성명형을 평민으로 단정할 수 없다.

문제는 동일인이 여러 가지 방식으로 기재된 점에 있다. 명형을 기준
으로 삼아 동일인을 통합해 살펴보면 [표 2-5]와 같다.

[표 2-5] 개인별 주명기재 유형

유형		안산			인천		
		인원	필지	면적(束)	인원	필지	면적(束)
단독기재	①	3	4	121	4	7	84
	②	37	168	2414	83	275	5783
	③	21	134	2989	13	43	761
	④	6	14	371	19	70	1464
	소계	67	320	5895	119	395	8092
이중기재	①②	8	70	1616	12	80	1363
	①③	4	72	1228	9	270	5435
	①④	0	0	0	3	63	1229
	②③	1	6	27	3	9	344
	②④	1	13	177	1	7	143
	③④	7	67	1142	11	159	2667
	소계	21	161	4190	39	588	11181
삼중기재	①②③	0	0	0	3	44	548
	①②④	0	0	0	0	0	0
	①③④	3	115	1608	17	424	8024
	②③④	0	0	0	2	25	779
	소계	3	115	1608	22	493	9351
사중기재	①②③④	0	0	0	2	200	3852
	소계	0	0	0	2	200	3852
총계		91	663	11693	182	1676	32476

안산의 경우 단독기재는 총 91명 가운데 67명으로 73.6%, 이중기재는 21명 23.1%, 삼중기재 3명이다. 인천은 총 182명 가운데 단독기재 119명 65.4%, 이중기재 39명 21.4%, 삼중기재 22명 12.1%, 네 가지 유형 모두 사용한 경우도 2명이나 된다. 삼중기재에서 볼 때 ②성명형은 ③노명형 및 ④성노명형과 동시에 쓰인 경우가 아주 적다. ②성명형은 노비 이름을 사용한 노명 및 성노명과 상호 기피되고 있다고 판단된다.

이상의 분석에서 볼 때 양안 상의 소유자는 한 가지 명의로 등재된 경우가 2/3나 되지만 여러 유형으로 등재된 경우도 1/3에 달한다. 소유권의 주체가 명의상으로 확정되지 못한 것이다. 뿐만 아니라 주명의 기재 방식이 신분을 반영한 외양을 취하고 있지만 실제의 신분과는 차이가 있다. 분석의 결과를 통해 유추해보면, 노비의 독립소유지는 거의 없고, 노비 명의의 토지는 양반가의 소유지임이 분명하다. 그래서 주명에 노비의 이름을 사용한 경우를 양반가의 토지로 간주하여도 무방하다고 본다. ②성명형은 대체로 평민의 소유지로 판단된다. ①명형은 빈도수가 낮은데 ②성명형 또는 ③노명형과 공유되고 있어 양반과 평민 양쪽 신분 모두에 귀속될 수 있다.[60]

석장둔양안은 소유정보를 제공하고 있지만 같은 소유자를 다양하게 기재한 것, 실제와도 괴리된 신분을 표시한 것 등은 근대적 토지소유권 개념과는 상충된다. 그것은 소유권을 인정하면서도 소유자를 특정하기 어렵게 만든다. 양안이 소유자 변동을 추적 반영하지 않고 있는 것도 조선시기 양안이 지닌 기본적인 특징이자 한계이다.

그럼에도 불구하고 석장둔양안은 일정 부분 토지대장으로서의 기능

---

60) 時作의 기재례를 가지고 신분구성을 유추한 김용섭, 『증보판 조선후기농업사연구』(I), 지식산업사, 1995, 297~305쪽 참조.

을 수행했다. 석장둔양안이 일반 양안과 마찬가지로 매매문기와 소송의
근거가 되는 토지대장으로서의 역할을 수행한 예를 볼 수 있다. 1831년
인천의 진사 윤탁영(尹鐸泳)은 산송과정에서 '본둔양안(本屯量案)'에 등
재된 인천 석장둔 황자(黃字) 제1126답 6부 6속, 제1127답 2부 3속을 거
론했는데,61) 『인천석장둔양안』의 "黃 1226 北犯直田 長75 廣35 6負 6束
東水道西屯材路南陳北筒 (무주)", "黃 1227 西犯直田 長35 廣15 2負 3束
二方陳北筒西屯材路 主車二才"와 결부수가 일치한다. 물론 양안에 토지
소유자의 변동을 기재하지 못한 한계로 인해 토지소유권의 지속적 보증
이 가능치 않은 것은 조선시기 양안의 일반적 한계로서 석장둔양안도
마찬가지다. 언급한 것처럼 동일한 소유자의 명의가 다양한 방식으로
기재된 것도 토지소유권 보증을 제한하는 요인이다.

　이제 석장둔양안을 통해 토지소유 실태를 분석해 보기로 한다. 먼저
안산과 인천 석장둔의 전체 규모를 살펴보면 [표 2-6]과 같다.62)

[표 2-6] 석장둔의 규모

지역	字號	필지	면적 결-부-속	필지당 평균(束)	평수	정보
안산	천·지·현	778	13-09-8	16.84	171,484	57.16
인천	천·지·현·황·우·주·홍·황	2,093	37-76-3	18.04	494,408	164.80
합계		2,871	50-86-1	17.72	665,892	221.96

* 비고 : 1속=40척, 갑술양전척 1척=104.021cm로 산정하면 1만척=3,273.1평이다.63) 석장
　둔 전체규모 50,861속×40척=2,034,440척, 203.444만척×3273.1평=665,892평, 1
　정보=3,000평으로 산정하면 221.96정보가 된다.

61) 「尹鐸泳等單子(山訟), 辛卯 8월」(규장각 고문서 181020).
62) 이하 통계분석의 자료는 이영호, 앞의 논문, 2009, 부록 『安山石場屯量案』『仁
　川石場屯量案』 엑셀파일 참조.
63) 박흥수, 『度量衡과 國樂論叢』, 朴興秀先生華甲紀念論文集刊行委員會, 1980,
　187쪽.

안산 석장둔은 13결 9부 8속의 규모이고, 인천 석장둔은 37결 76부 3속의 규모로, 석장둔 전체로는 50여결에 이르는 대농장을 형성하고 있다. 안산은 17만여평, 57정보, 인천은 49만여평, 165정보, 합해서 66만여평, 222정보에 이른다.

석장둔의 토지소유관계를 파악하고자 할 때 난점은 토지소유자인 양안 상의 주명을 파악하는 문제다. 앞에서 살펴본 것처럼 주명은 명형, 성명형, 노명형, 성노명형의 네 가지 유형으로 등장하는데, 문제는 동일인이 여러 유형으로 표기된다는 점이다. 따라서 여러 유형으로 기재된 주명을 동일인으로 간주하여 통계해야 한다. 동일인을 합산하여 소유분포를 살펴보면 [표 2-7]과 같다.

[표 2-7] 1755년경 석장둔의 토지소유 분포

소유규모 (束數)	안산			인천		
	소유자 (%)	필지 (%)	면적(束) (%)	소유자 (%)	필지 (%)	면적(束) (%)
1~100	56(61.5)	175(26.4)	2243(19.2)	109(59.9)	264(15.8)	4071(12.5)
101~200	18(19.8)	143(21.6)	2556(21.9)	36(19.8)	250(14.9)	5035(15.5)
201~500	14(15.4)	219(33.0)	4266(36.5)	20(11.0)	277(16.5)	6291(19.4)
501~1000	2(2.2)	54(8.1)	1562(13.3)	13(7.1)	483(28.8)	9533(29.4)
1001 이상	1(1.1)	72(10.9)	1066(9.1)	4(2.2)	402(24.0)	7546(23.2)
합계	91(100)	663(100)	11693(100)	182(100)	1676(100)	32476(100)
공유		7	178		7	138
무주		108	1227		410	5149
총계		778	13098		2093	37763

* 비고 : 1結=100負, 1負=10束이다.

안산의 경우, 10부 이하를 소유한 60% 이상의 사람이 20% 이하의 토지를 소유하고 있고, 20부 이하를 소유한 사람은 80%를 상회한다. 20부

[표 2-8] 1755년경 안산과 인천 두 지역 소유자

번호	주명	안산		인천		합계	
		필지	면적	필지	면적	필지	면적
1	황귀남	2	37	2	40	4	77
2	김얼산	2	29	3	68	5	97
3	비춘금	8	105	2	27	10	132
4	임시동	7	129	1	4	8	133
5	권노해중, 노해중	3	62	7	78	10	140
6	차이재	3	46	7	153	10	199
7	김윤적	17	209	1	11	18	220
8	박삼단	10	191	2	38	12	229
9	임찬이	4	107	8	146	12	253
10	이노사봉, 노사봉, 사봉, 이사봉	7	102	7	151	14	253
11	문세봉	2	45	8	224	10	269
12	주노부억금, 노부억금, 부억금	8	59	8	256	16	295
13	장연선	20	321	1	8	21	329
14	김노오남, 노오남	1	12	21	326	22	338
15	권노운이, 노운이	15	380	1	38	16	418
16	여노노미	6	162	9	261	15	423
17	노백중	20	303	10	159	30	462
18	김노이산, 노이산, 이산	19	274	13	195	32	469
19	정노춘방, 노춘방, 춘방	7	137	15	363	22	500
20	김이징, 이징	18	167	12	421	30	588
21	강노석숭, 노석숭, 석숭	11	382	19	331	30	713
22	문노경남, 노경남, 경남	9	109	35	630	44	739
23	우노기축, 노기축, 기축	1	34	43	761	44	795
24	임노오장, 노오장	7	167	38	757	45	924
25	노의세, 의세	33	672	19	397	52	1069
26	노덕룡, 덕룡	14	350	56	967	70	1317
27	노변이, 변이	6	309	106	1425	112	1734
합계		260	4900	454	8215	714	13115

이상 소유한 사람은 17% 정도에 불과하지만 이들이 절반의 토지를 소유하고 있다. 인천의 경우, 10부 이하를 소유한 60% 정도의 소유자가 겨우 10여%를 소유하는데 불과하여 영세 소유자가 많다. 20부 이하 소유자를 합하면 80%에 이른다. 20부 이상 소유자는 20%에 불과하지만 이들이 70% 이상의 토지를 소유하고 있다. 50부 이상 소유자가 13명이나 되어 안산보다는 소유격차가 크다.

그런데 안산 석장둔과 인천 석장둔은 동일한 농장이므로 양 지역에 걸쳐 소유지를 가진 사람들도 없지 않다. 안산과 인천의 석장둔을 동시에 소유한 사람은 [표 2-8]과 같다.

석장둔을 소유한 사람은 안산 91명, 인천 182명, 두 지역 중복 소유자 27명, 중복소유자를 제외하면 소유자는 석장둔 전체에 246명이다. 중복소유자는 전체의 11.0%이다. 11%의 중복소유자 27명은 무주지와 공유지를 제외한 전체 2,339필지의 30.5%에 달하는 714필지, 전체 44결16부9속의 29.7%에 달하는 토지를 소유하고 있다. 전체로서 10% 정도의 소유자가 30% 정도의 면적을 두 지역에 걸쳐 소유하고 있는 것이다. 석장둔은 진휼청에서 동시에 간척하면서도 행정단위별로 별도의 양안을 작성하는 등 관리운영의 분리성을 보여주기도 했지만 두 지역 모두 소유지를 중첩하여 가진 사람들이 상당하다는 점은 전체적으로 농장의 성립과 운영이 행정구역을 넘어 유사하게 이루어졌다고 볼 수도 있겠다.

안산과 인천의 석장둔을 통합하여 토지소유실태를 조사하면 [표 2-9]와 같다.

[표 2-9] 1755년경 안산과 인천을 통합한 석장둔의 토지소유 분포

소유규모 (束數)	안산 + 인천		
	소유자(%)	필지(%)	면적(束)(%)
1~100	150(61.0)	406(17.4)	5852(13.2)
101~200	43(17.5)	303(13.0)	6015(13.6)
201~500	31(12.6)	503(21.5)	9928(22.5)
501~1000	15(6.1)	525(22.4)	11067(25.1)
1001 이상	7(2.8)	602(25.7)	11307(25.6)
합계	246(100)	2339(100)	44169(100)

10부 이하를 소유한 60% 이상의 사람이 겨우 13%의 토지를 소유하고 있고, 20부 이하를 소유한 사람은 80%에 육박한다. 50부 이상 소유한 사람은 8.9%에 불과하지만 이들이 절반 이상의 토지를 소유하고 있다. 안산과 인천을 분리하여 조사한 것과 비교하면 소유규모의 격차가 더욱 크게 벌어졌다.

안산과 인천 석장둔을 통틀어 최대의 소유자 '삭불이'의 토지소유를 조사해 보면 [표 2-10]과 같다.

[표 2-10] 인천석장둔 소유자 '삭불이' 주명 유형

유형	필지(%)	면적(束)(%)
삭불이	89(46.1)	1744(47.1)
김삭불이	3(1.6)	77(2.1)
노삭불이	66(34.2)	1418(38.3)
김노삭불이(김노삭불)	35(18.1)	462(12.5)
계	193(100)	3701(100)

인천의 삭불이는 193필지 3결 70부 1속을 소유하고 있다. 삭불이의 소유지 면적은 무주지와 공유지를 제외한 인천 석장둔 민전 1,676필지의

11.5%, 32,476속의 11.4%를 차지한다. 삭불이는 인천 석장둔에서는 1/10
을 차지한 대지주였다. 주명은 네 가지 유형 모두 등장하는데 성명형은
3필지에 불과하여 예외적인 형식이며, 나머지 명형, 노명형, 성노명형을
통해 보면 양반임을 알 수 있다.

신분별 토지소유의 실태를 살피기 위해서는 주명의 신분을 확정해야
한다. 주명의 신분확정이 여의치 않지만 일정한 전제를 두고 석장둔의
신분별 토지소유를 단순화하여 살펴보기로 한다. 어떤 형태로든지 노명
이 포함되면 양반가의 토지로 간주한다. 명형이나 성명형도 노명과 일
치하면 양반가로 인정될 수 있다. 노명으로 등장하지 않는 성명형은 평
민가의 토지로 간주한다. 노명 또는 성명형과 일치하지 않는, 남은 명형
은 노비의 토지일 수 있으나 확정하지 않고 기타로 남겨둔다. 이런 전제
를 가지고 신분별 토지소유실태를 살펴보면 [표 2-11]과 같다.

[표 2-11] 1755년경 석장둔의 신분별 토지소유실태

지역 신분	안산				인천			
	인원 (%)	필지 (%)	면적(束) (%)	1인당 면적(束)	인원 (%)	필지 (%)	면적(束) (%)	1인당 면적(束)
양반	43(47.3)	421(63.5)	7542(64.5)	175	83(45.6)	1314(78.4)	25246(77.7)	304
평민	45(49.4)	238(35.9)	4030(34.5)	90	95(52.2)	355(21.2)	7146(22.0)	75
기타	3(3.3)	4(0.6)	121(1.0)	40	4(2.2)	7(0.4)	84(0.3)	21
계	91(100)	663(100)	11693(100)	128	182(100)	1676(100)	32476(100)	178

안산의 경우, 양반가의 소유지는 421필지 7결 54부 2속, 평민가는 238
필지 4결 3부로 추정된다. 양반가는 43명이 등장하여 2/3 정도의 필지와
면적을 차지하고, 평민가는 45명이 등장하여 1/3 정도의 필지와 면적을
차지한다. 인천의 경우, 평민보다 조금 적은 양반가가 80%에 육박하는

필지와 면적을 차지하고 평민가는 20%에 불과하다. 인천 양반이 안산 양반보다 넓은 필지와 면적을 차지하고 있다. 안산의 1인당 평균면적이 12부 8속임에 비해 인천은 17부 8속으로 훨씬 높다. 인천이 더 광대한 농장을 형성하고 있고 농장의 크기에 비하여 소유자의 수는 더 적은 것이다. 그러나 신분별로 보면 다른 양상이 보인다. 인천양반은 안산양반보다 훨씬 많은 평균면적을 소유한 반면 인천평민은 안산평민보다 훨씬 적은 면적을 소유한다. 안산양반은 안산평민에 비해 1.9배 많은 평균면적을 소유하지만, 인천양반은 인천평민보다 4.1배 많은 토지를 소유한다. 신분별 토지소유의 격차는 안산보다 인천에서 훨씬 크게 나타난다.

불완전한 추론인데, 양반과 평민은 비슷한 수효의 가호(家戶)가 개간에 참여했지만 소유지 비율은 2-4배의 차이가 난다고 평가할 수 있다. 석장둔 개간에는 양반 사부가가 적극 개간에 참여하여 입안을 받아 소유지를 확보했을 뿐 아니라 평민층도 동일하게 소유지 확보 경쟁에 뛰어 들고 있지만 면적으로는 양반의 수준에 훨씬 미치지 못한다. 한편 안산의 경우 108필지 1결 22부 7속, 인천의 경우 410필지 5결 14부 9속의 무주지는 간척지 토지소유 변동의 변수로 남아 있다.

석장둔의 토지소유자는 두 지역에 걸쳐 있으며 소유규모의 격차는 크다. 주변 지역의 토지실태를 파악할 수 없으므로 주명에 등장하는 소유자의 경제능력을 완전하게 파악하는 것은 불가능하다. 간석지의 개간을 통해 비옥한 토지를 확보하려는 양반가의 개간활동이 활발했음과 동시에 평민들도 적극적으로 개간에 참여한 것을 소유규모분석에서도 확인할 수 있다. 양반으로 추정되는 사람들의 소유규모가 평민에 비하여 훨씬 많아 석장둔의 간척은 양반층이 매우 선호할 정도로 경제적 이득을 가져오는 사업이었던 것으로 판단할 수 있다.

제3장 석장둔의 소유권과 수조권

1. 소유권 매매의 활성화

1) 석장둔 소유권의 매매실태

석장둔 개간에 참여한 사람들은 토지소유권을 부여 받았다. 그 소유
권의 배타성은 근대적 토지소유권에 버금갈 정도라고 평가할 수 있다.
석장둔 소유자는 토지를 경작하여 소득을 올릴 수 있었고 자유롭게 매
매 처분할 수 있었다. 명의가 다양하게 표기되어 소유자를 확정하기 어
려운 점은 한계로 작용했다. 몇 가지 사례를 통해 석장둔이 사유지처럼
자유롭게 매매되는 실태를 살피고 이를 통해 석장둔의 소유구조를 유추
해 보기로 한다. 제2장에서 살펴본 최초 개간자 장막창, 김삼창, 임차봉,
김우적이 자기 소유지를 상속 매매하는 양상을 검토하기로 한다.

먼저 장막창의 경우 최초 1737년 진휼청에 소지를 올려 안산군 석장
포(石場浦) 백남방축(白男防築) 북변 13두락의 개간사실을 증명하는 입
지를 발급받았고 이듬해 1738년에는 안산군으로부터도 입지를 발급받아
소유권을 사실상 법인 받았다. 저자가 조사한 석장둔 소유자 중에 가장
일찍 소유권이 인정된 사례다. 그는 1747년 이 13두락 중 일부인 천자(天
字) 제301답 6부 9속, 제302답 1부 3속, 제303답 3속, 제304답 1부 6속, 합
하여 8두락을 70냥의 돈을 받고 진휼청 및 안산군의 입지 2장과 함께 백
서방댁(노덕룡 명의)에 방매했다.[1] 장막창이 매각한 토지는 『안산석장
둔양안』에 [표 3-1]과 같이 '덕룡(德龍)'의 명의로 등장한다.

[표 3-1] 안산석장둔양안의 일부 덕룡 명의 토지

자호	지번	양전방향	지형	지목	장	광	결부	사표	주
天	301	북	直	답	92	30	6부9속	東水道西同人畓北浦南田	奴德龍
天	302	남	直	답	31	16	1부3속	三方同人畓南時占水流畓	同人
天	303	서	直	답	25	5	3속	三方同人畓西民田	同人
天	304	서	直	답	40	16	1부6속	二方同人畓北浦西民田	同人

1755년경 작성된 것으로 추정되는 인천과 안산의 석장둔양안의 주명(主名)을 조사해보면 '노덕룡'과 '덕룡' 명의의 토지가 안산에는 14필지 35부, 인천에는 56필지 96부 7속, 합하여 70필지 1결 31부 7속에 달해 두 번째로 많은 토지를 소유한 것으로 나타난다. 이들 소유지는 이후 상속도 되고 또 자유롭게 타인에게 방매되었다. [표 3-1]의 백서방댁 토지는 그 후손일 것임에 틀림없는 백직강댁에서 1790년 노윤동의 명의로 전주부댁 노기특에게 매도되었다.2) 동일하게 백서방댁에서 내려온 지자답 4두락과 현자답 4두락도 1790년 백직강댁 노윤동의 명의로 전주부댁 노기특에게 매각되었다.3) 또 1792년에는 백낭청댁 노덕장의 명의로 초산면 하직곶 석장둔 인천 쪽 지자 7두락, 벌야미 6두락, 독도 4두락 등이

1) 『京畿道安山郡草山面所在庄土龍洞宮提出圖書文績類』(규장각 19299-21), 乾隆 2년(1737) 安山 草山面居 職串里 張莫昌의 소지, 戊午(1738) 5월 草山面居 張莫昌의 소지, 乾隆 12년(1747) 2월 11일 白書房宅奴德龍前明文(畓主 張莫昌).
2) 『경기도안산군초산면소재장토용동궁제출도서문적류』(규장각 19299-21), 乾隆 55년(1790) 5월 18일 全主簿宅奴奇特前明文(畓主 白直講宅 奴允同), 庚戌(1790) 정월 奴允同處 패자.
3) 『경기도안산군초산면소재장토용동궁제출도서문적류』(규장각 19299-52), 乾隆 55년(1790) 정월 18일 全主簿宅奴奇特前明文(畓主 白直講宅 奴允同), 庚戌(1790) 정월 奴允同處 패자.

하직곳에 있는 석장둔 밖 다른 토지와 함께 전주부댁 노기특에게 매각되었다.4) 최초 개간된 토지는 개간자가 소유권을 가졌고 상속과 자유로운 매매로 소유권을 이전하고 있음을 확인할 수 있다.

다음으로 김삼창의 경우, 1745년 진휼청과 안산관으로부터 천자 15번, 우자 8·9·10번, 그리고 현자 64번 등 5필지에 대해 입안문서를 발급받았다. 그는 이렇게 '자기경식(自己耕食)'하던 토지 가운데 우자 3필지 13두락을 입안문서와 함께 1752년 박참판댁(노금태이 명의)에 매각했다. 이후 중간과정이 명확치 않지만 1793년의 문기에는 박참판댁 노일복이 전주부댁 노기특에게 방매하는 것으로 나와 소유권의 매매 이전이 지속되는 것을 볼 수 있다.5)

또 임차봉의 경우, 1748년 인천 안산 쪽 진청 언내 현자 제67답 1부 5속 5두락을 '자기경답주(自起耕畓主) 임차봉'의 명의로 입안 2장과 함께 정세징에게 방매했다. 그는 석장둔을 개간한 자기경답주로서 입안문기를 발급받았고, 그 땅을 1748년 정세징에게 방매했으며, 이어서 안시욱·장오금·정막산의 공동명의로 넘어갔다가 1769년에는 또 다른 사람에게 전매되었다.6)

---

4) 『경기도안산군초산면소재장토용동궁제출도서문적류』(규장각 19299-21), 乾隆 57년(1792) 전주부댁노기특전명문(財主 백낭청댁 奴德長).

5) 『경기도안산군초산면소재장토용동궁제출도서문적류』(규장각 19299-52), 屯官의 帖文, 乾隆 10년(1745) 진휼청당상의 입안, 乾隆 17년(1752) 3월 1일 朴參判宅 奴金太伊前明文(畓主 金三昌), 乾隆 58년(1793) 3월 28일 全主簿宅奴奇特前明文(畓主 朴參判宅 奴日福).

6) 국사편찬위원회 고문서, 乾隆 12년(1747) □□ □□□ 鄭世徵前明文(自起耕畓主 林次奉), 乾隆 13년(1748) 3월 12일 鄭世徵前明文(自起耕畓主 林次奉), 乾隆 34년(1769) 3월 13일 □□萬前明文(畓主 安時郁 張五今 鄭莫山).

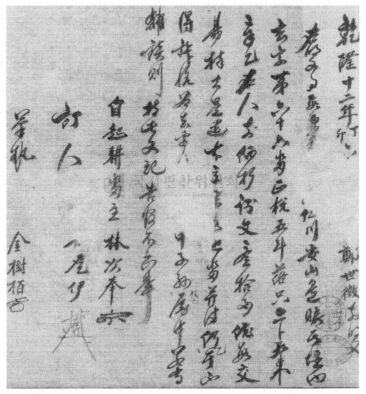

[도판 3-1] 자기경답주 임차봉의 방매문기

　그리고 김우적의 경우, 1755년 '자기매득경식(自己買得耕食)'하던 안
산 석장둔 지자의 토지를 배귀득에게 방매했다.[7] 배귀득의 토지는『안
산석장둔양안』에서 다수 확인되는데, 이후 동일한 자호·제차의 좌표를
가지고 [배귀득(배귀득) → 상속 배인적(裵仁迪) → 조생원댁노천복(趙
生員宅奴千福) → 이준기(李俊起)]의 경로로[8] 소유권이 상속 또는 매매

<hr>

7) 국사편찬위원회 고문서, 1755년 2월 13일 裵貴得前明文(畓主 金遇迪).
8) 국사편찬위원회 고문서, 1783년 京居 裵仁迪의 所志; 乾隆 51년(1786) 丁未 12

에 의해 이전되어 갔다.

이렇게 최초 개간한 사람들은 자기경답주를 칭하면서 '자기경식(自起耕食)'을 소유권의 연혁으로 제시하고 이전의 입안문서와 함께 방매했다. 이후 문기에 기록한 방매 사유는 상속의 경우 '깃득경식(衿得耕食)', 계속 가족 내에서 상속된 것은 '조상전래경식(祖上傳來耕食)', 돈을 주고 산 것은 '매득경식(買得耕食)'으로 표현되었다. 석장둔은 이처럼 사적 소유권이 확립된 일반 민전의 토지처럼 자유롭게 '전상매매(轉相賣買)' 되었다.

석장둔은 다른 지역의 토지와 마찬가지로 소유자가 스스로 자작하는 경우도 있고 다른 이에게 소작을 주는 경우도 있었을 것이다. 소작의 예를 백씨가의 사례를 통해 살펴볼 수 있다.

> 노덕장처(奴德長處)
> 상전댁이 이매(移買)하기 위해 안산 초산면 하직곶 복재 시자답(始字畓) 제851 내 분답 6두락 7복 6속곶 및 석장둔 인천변 지자답(地字畓)[작검세(作儉世)] 7두락지 복 속 동자답(同字畓) 벌야미(筏夜味)[작성대(作聖大)] 6두락지 복 속 동자 독도답(獨島畓)[작유□리(作有□里)] 4두락지 복 속 곶 및 하직곶 제자전(制字田)[작구월□(作九月□)] 10두락 복 속 동자 전[작막대(作莫大)] 2두락 복 속 합답 1석3두락지(지우고 17두락지: 저자주) 및 합전 12두락과 가사초가(家舍草家) 10간을 원매인에게 방매 (하략)
> 상전 백 (수결) 壬子(임자) 12월 일9)

월 9일 李俊起前明文(畓主 趙生員宅 奴千福).

9) 『경기도안산군초산면소재장토용동궁제출도서문적류』(규장각 19299-21), 壬子(1792) 12월 노덕장처 패자, 乾隆 57년(1792) 전주부댁노기특전명문(財主 백낭청댁 奴德長).

이 패자(牌子)는 1792년 백낙청댁에서 노덕장에게 전주부댁에 매각하라고 지시한 내용을 담고 있다. 각 필지의 작인 이름이 기재되어 있는 점이 특이하다. 작인의 경작권은 매입하는 전주부댁의 의향에 따라 결정될 것이다.

이상 처음 개간한 토지소유권자는 그 토지를 방매할 때 입안문서를 첨부했다. 즉 장막창이 받은 진휼청 및 안산군의 입지 2장과 백서방댁 노백룡에게 매각된 문기 1장 등 세 장의 문서는 백직강댁 노윤동의 명의로 전주부댁에 매각되면서 함께 넘겨졌다. 김삼창이 진휼청과 안산관으로부터 받은 입안문서도 박참판댁에 이어 전주부댁으로 방매될 때 함께 넘겨졌다. 이렇게 토지매매가 이루어질 때 관련 문서들은 일괄 전달되었다. 이들 토지가 19세기에 들어 용동궁에 매각되고 관련 문서가 통감부의 국유지정리사업 중에 제출되어 『경기도안산군초산면소재장토용동궁제출도서문적류』에 포함되어 전해지게 되었다.

토지매매는 한두 필지씩 소소하게 이루어지는 경우도 있지만 대량으로 이루어지는 경우도 보인다. 1860년 답주 이노수금(李奴水今)은 박연 일대에 인천부 전반면 매착리 석장평에 있는 천자(2필지), 지자(7), 황자(25), 우자(10), 주자(14)와 도두리 홍자(2), 안산 초산면 관리 석장평 현자(3) 등 63필지 146두락 2결 27부 2속을 1,520냥을 받고 한꺼번에 방매했다. 이것은 모두 1875년 김생원댁에 다시 방매되었다.[10]

석장둔 소유자 중에서 1888년으로 추정되는 시기에 가장 많은 토지를 소유한 자는 주명이 '노복량' 또는 '궁노복량(宮奴卜良)'인 자이다.[11] 노

---

10) 국사편찬위원회 고문서, 咸豊 10년(1860) 庚申 2월 29일 朴延日宅奴孫伊前明文(畓主 李奴水今), 光緖 원년(1875) 乙亥 2월일 金生員宅奴興哲前明文(畓主 朴延日宅 奴孫伊).

11) [표 3-11] 참조.

복량은 백노일산과 함께 1829년경부터 등장하기 시작하여 갑오개혁에 이르기까지 계속 나오므로 호명(戶名)일 것으로 판단된다. 그는 안산에 73필지 1결 78부 1속, 인천에 143필지 2결 7부 3속, 합하여 216필지에 3결 85부 4속을 소유했다. 석장둔 216필지를 집적한 대토지소유자이다. 석장 둔 각 필지의 토지가 앞에서 본 것처럼 일반민전과 마찬가지로 민간인 사이에 자유롭게 방매 이전되어 노복량과 같은 많은 소유지를 확보한 지주도 출현하였던 것이다.

2) 용동궁(龍洞宮)의 지주제 경영과 석장둔

그런데 민간에서 자유롭게 매매되던 석장둔이 용동궁에 매각되면서 궁방과 연관을 갖게 된다. 용동궁에서는 토지를 집적하여 지주제로 경 영함으로써 재정을 확보하고자 일반민전과 다름없이 자유롭게 매매되 던 석장둔을 매입했다. 19세기 전반 궁노복량(宮奴卜良 또는 奴卜良)의 명의로 석장둔을 매입하여 경영했다. 용동궁은 이러한 석장둔 경영의 경험을 바탕으로 1866년에는 안산군 초산면과 마유면 일대에서 민전을 매입하여 경영규모를 확장했다. 이때 용동궁이 매입한 토지의 규모는 [표 3-2]와 같다.

[표 3-2] 1875년 안산군 초산면과 마유면 용동궁장토의 규모

면	자호	필지	전	답	전답
초산면	16	252	4-32-4	10-44-5	14-76-9
마유면	9	59	0-86-7	2-85-9	3-72-6
합계	25	311	5-19-1	13-30-4	18-49-5

* 출처 : 『安山郡草山馬遊兩面所在龍洞宮買得田畓改打量案』(규장각 18194, 1875년 3월)
* 비고 : 전답 면적의 단위는 결-부-속이며, 합계는 원자료와 차이가 있어서 산술적 결과를
      기입했다.

이 자료는 용동궁에서 매득한 전답에서 거두어들일 수입을 정확하게 파악하기 위해 황폐한 것은 제외하고 실결만을 파악한 것이다. 지대수입이 가능한 토지를 파악하려는 것이기 때문에 반전(反田), 가전(加田), 가답(加畓), 그리고 방축답도 포함되어 있다. 뒤에서 언급할 추수기를 살펴보면 용동궁장토는 초산면 하상리와 중직동, 그리고 마유면 장종리에 걸쳐 있다. 면은 다르지만 하상리와 장종리는 인접한 곳이다. 총 25개 자호, 311필지에 걸쳐 있는데, 1자5결(一字五結) 원칙에 따르면 25개 자호는 125결에 해당하므로 용동궁에서 신규 매입한 18결 49부 5속은 25개 자호 125결에 견주면 15% 정도가 된다. 용동궁에서 매입한 토지는 여러 자호에 걸쳐 여기 저기 분산되어 있었던 것이다. 분산된 모습은 토지조사부와 지적도를 대조하여 작성한 제5장의 [도판 5-2]를 통해서도 일별할 수 있다. 조선시기 지주의 토지소유는 기본적으로 이와 같은 분산된 형태를 취했다. [표 3-2]에서 보듯이 1875년 양전한 결과 전체면적은 18결 49부 5속에 달했다.

석장둔과 일반민전에서 매득하여 형성된 안산군 용동궁장토는 세 지역으로 나뉘어 사음이 관리했다. 마유면 지역은 김동식, 초산면 하상리 지역은 안재록, 초산면 중직동 지역은 지종엽이 관리했다. 세 지역의 대체적인 규모와 경영실태를 살펴보면 [표 3-3]과 같다.

안산군 용동궁장토는 초산면 중직동, 초산면 하상리, 마유면의 세 곳으로 나뉘어 각각 사음에 의해 관리되었다. 추수기의 특징을 살펴보면 중직동의 경우 '사음사경(舍音私耕)'이 여러 필지에 걸쳐 지정되어 있다. 사음사경이라 지정된 필지의 도조는 사음사경에 충당한다는 뜻이다. '수문사경(水門私耕)'도 마찬가지다. 이들 필지의 도조는 총액에 합산되지 않았을 것이다. 결세의 경우 '작인당세경식(作人當稅耕食, 즉 작인납

[표 3-3] 1868~1870년 안산군 용동궁장토의 경영

지역	추수일	사음	타작	도지	타도합	결복	실상납
초산면 중직동	1870.9	지종엽	117석13두	27석16두4승	145석9두4승	32석1승	92석16두6승
초산면 하상리	1869.9	안재록	213석12두	46석18두4승	260석10두9승	26석14두3승 초산면원결복 19석10두4승 둔답원결복	193석15두 9승5홉
마유면	1867.10	김동식	63석18두	16석12두8승	80석10두8승	12석13두2승 7두(신방축)	59석1두6승
	1868.9	김동식	90석11두	16석1두8승	106석12두8승	12석13두2승 2석(신방축)	84석5두6승

* 출처 :『용동궁안산초산면중직동추수기』(규장각 20561, 1870년 9월, 사음 池宗燁);『용동
궁안산초산면하상리추수책』(규장각 20558, 1869년 9월, 사음 安再祿);『안산추수기』
(규장각 20564, 1867년 10월, 李東植次知);『경기도안산군잉화면소재장토용동궁제
출도서문적류』(규장각 19299-63) 수록의『안산추수기』(1868년 9월, 李東植次知)
* 비고 : 실상납은 결복을 비롯한 종자, 儲水役, 留糧 등을 제외한 것이다. 상납비용은 실상
납에 포함되어 있다.

세경식)' 또는 '결복작인당(結卜作人當)'이라 하여 역시 여러 필지가 지
정되어 있다. 도조를 걷어 결세에 충당할 것으로 예정해놓은 것이다. 또
'결복재재록차지(結卜在再祿次知)'는 하상리 농장의 사음인 안재록이 결
복 즉 결세를 책임진다는 것을 의미하는 것 같다. 이와 같이 사경이나
결세납부를 위해 별도로 필지를 지정하는 방식은 해당 필지의 지대액에
차이가 나는 것을 의미하는 것이 아니고, 지대수취와 결세납부 등을 연
계하여 농장경영의 편리함을 도모한 것이다. 계약을 맺은 소작인이 지
대와 지세, 종자, 비료 등을 계약에 따라 부담하는 근대적 지주제와는
달리, 사음이 관리하는 용동궁 농장은 공동체적으로 총체적으로 편리한
방식으로 운영하고 있는 모습을 보인다.
  여기서 검토하고 싶은 것은 석장둔 매입토지와 일반민전 매입토지를

어떻게 경영했는가 하는 점이다. 세 군데 장토 가운데 석장둔이 포함된 곳은 하상리이다. 사음 안재록(安再祿)이 관리하는 1869년 하상리 장토 추수기를 보면,12) 장토경영은 지대수취의 방식에 따라 크게 타작(打作)과 도지(賭地)로 구분되지만 양적으로는 타작지가 압도적으로 많다. 석장둔의 경우도 타작과 도지로 구분되지만 타작이 대부분이다. 이 추수기를 통해 석장둔의 어떤 부분이 용동궁의 소유가 되었는지 확인할 수 있다. 안재록의 1869년 하상리 추수기에는 '석장둔'이라 하지 않고 '안산둔답', '인천둔답'이라 표현했다. 안산의 경계를 넘어서지만 인천둔답까지 안재록이 함께 관리하는 것으로 되어 있다. 개별 궁방의 지주제적 경영에서는 결세를 해당 군현에 납부만 한다면 굳이 행정구역의 제한을 받을 필요가 없으므로 같은 지역에 걸쳐 있는 장토라면 행정구역을 넘더라도 함께 관리하는 것이 보다 합리적이다.

안산둔답과 석장둔의 관계를 살피기 위해 추수기의 기재례를 한 가지 살펴보면 [표 3-4]와 같다.

[표 3-4] 석장둔 '안산둔답'의 추수기 기재례

자호	지번	면적(부−속)	면적(두락)	도조	작인	참고 : 1888년 상지
천	43	1-9	2두락	1석	김득쇠	宮奴卜良
	44	0-6				宮奴卜良
	45	1-5				宮奴卜良
	46	0-1				宮奴卜良
	47	0-2				宮奴卜良

12) 『龍洞宮安山草山面下上里秋收册』(규장각 20558, 1869년 9월).

[표 3-4]를 통해 용동궁에서 소유하게 된 석장둔도 일반민전과 똑같이 작인에게 경작을 맡기고 도조를 받는 지주제로 경영하는 모습을 볼 수 있다. 안산둔답은 안산군 석장둔 천자 45필지에 신기답 3필지, 지자 17필지, 현자 9필지, 합하여 기경지 71필지에 신기답 3필지였다. 이곳에 작인 23명이 배치되어 평균 3필지 정도씩 경작했다. 인천둔답은 천자 120필지, 신기답 1필지, 지자 20필지, 홍자 2필지, 합하여 기경지 142필지에 신기답 1필지이다.

위의 기재례 외에도 1869년 추수기의 필지를『안산석장둔양안』에 첨부된 1888년 상지에서 찾아보면 거의 대부분 궁노복량으로 나온다.[13] 상지에 나오는 궁노복량은 후술하듯이 용동궁에서 석장둔의 세금을 납부하기 위해 사용한 호명이다. 용동궁에서는 19세기 전반에는 노복량, 19세기말에는 궁노복량이라는 호명을 사용했다.

용동궁의 석장둔 경영에서 나타난 특징 중 하나는 석장둔의 분포가 매우 집중되어 있다는 점이다. 추수기를 보면, 안산 석장둔 43번부터 73번까지 41필지를 연속적으로 소유하고 있고, 289-290, 293-298, 301-305번의 13필지도 모여 있는 곳이며, 393-395, 399-400, 402-406번의 10필지도 인접해 있다. 전체 71필지 가운데 64필지가 세 곳의 소규모 농장형태로 운영되고 있다. 인천둔답에는 훨씬 큰 규모의 농장이 있는데, 23번부터 142번까지 사이에 5필지를 제외하고 115필지가 하나의 큰 농장을 이루고 있다. 또 357번에서 377번 사이 16필지도 상호 인접해 있다. 전체 142필지 중 131필지가 두 곳의 농장을 이루고 있다. 그리고 안산과 인천의

---

13) 대부분 추수기와 상지의 기록이 일치하지만 결부에 약간의 착오가 있기도 하다. 또 궁노복량이 아닌 경우도 간혹 나오는데 그것은 1869년의 추수기와 1888년의 상지 사이 20여년 동안 변동되었을 가능성, 그리고 상지가 파손되어 발생한 착오인 것으로 판단된다.

석장둔을 동일 사음이 관리한 점에서 볼 때 두 곳의 거리가 그리 멀지 않았을 것으로 짐작된다.

이상에서 본 것처럼 용동궁의 석장둔 경영도 일반민전과 똑같은 지주제 경영이었다. 용동궁은 왕실기관을 떠나 일반 지주와 같은 존재로 토지를 매득하고 지주제적으로 경영하고 있었다. 석장둔 소유라는 사실이 명확하기 때문에 어떤 경제외적 강제가 작용할 여지도 없었다. 1888년 당시 궁노복량 명의의 석장둔은 안산에 73필지 1결 78부 1속(13.0%), 인천에 143필지 2결 7부 3속(5.2%), 합하여 216필지 3결 85부 4속(7.2%)이었다. 안산의 경우 궁노복량 명의로 용동궁이 석장둔의 13%나 차지하고 있다. 용동궁은 안산과 인천 석장둔에서 가장 많은 토지를 소유한 대지주였던 것이다. 용동궁의 대지주적 경영은 일반민전의 대지주와 다름없었다.

이렇게 용동궁의 장토는 석장둔을 매득한 부분과 초산면 및 마유면의 민전을 매득한 부분으로 구분된다. [표 3-3]의 초산면 하상리 추수기를 보면 '초산면원결복(草山面元結卜)'과 '둔답원결복(屯畓元結卜)'으로 구분되어 있는데 초산면원결복은 일반민전에서 매입한 부분, 둔답원결복은 석장둔이다. 앞에서 설명한 것처럼 둔답원결복에는 안산 석장둔만이 아니라 인천 석장둔도 포함되어 있다. 초산면 원결복의 세금이 26석 14두 3승이고, 둔답 원결복은 19석 10두 4승에 이르고 있다. 이것은 석장둔 소유자가 부담해야 할 세금에 속하는데 이에 대해서는 수조권 설정과 관련하여 후술하기로 한다.

다시 돌아가서 1869년 안산군 용동궁장토의 경영실태를 살펴보면 [표 3-5]와 같다.

[표 3-5] 안산군 용동궁장토의 경영실태

지역	타도조합	작미	태가	잔액
초산면하상리	195석12두9승5홉	180석	15석	12두9승5홉
초산면중직동	89석6두1승	81석	6석15두	1석11두1승
마유면장종리	79석6두2승	72석	6석	1석6두2승
합계	364석5두2승5홉	333석	26석15두	3석10두2승5홉

* 출처 : 『경기도안산군잉화면소재장토용동궁제출도서문적류』(규장각 19299-63)의 '안산추
　　　수기'(연도미상)

추수 결과를 보면 초산면 하상리, 초산면 중직동, 마유면 장종리의 순
으로 경영규모가 크다. 현장에서 작미(作米)한 뒤 육로를 통해 서울로
운송했다.

안산군 용동궁장토 세 곳에 대한 추수실태를 1870년부터 1873년까지
살펴보면 [표 3-6]과 같다.

[표 3-6] 1870~1873년 안산용동궁장토 추수실태

연도	타작조	도지조	기타	합조	결복	실조	작미
1870	452석2두	79석16두6승		531석18두6승	91석12두4승	400석10두7승5홉	224석9두6승
1872	436석14두	79석17두6승	11석4승9홉	527석12두9홉	93석8두4승	398석11두9승8홉	224석9두2승
1873	304석7두	74석16두8승	24석11두	403석14두8승	63석13두6승 19석11두3승 화영둔결	280석16두5승1홉	148석

* 출처 : 『경기도안산군초산면소재장토용동궁제출도서문적류』(규장각 19299-10)(1870년 추
　　　수);『경기도안산군초산면소재장토용동궁제출도서문적류』(규장각 19299-21) (1872·
　　　1873년 추수)

1870년의 경우 결세 외에 비용으로 반(半)종자, 신방축 전(全)종자, 방
축 및 저수역량(儲水役糧), 유량(留糧) 등이 있고, 실도조에서 다시 간추
인(看秋人) 서윤구의 비용, 동역(垌役)을 위한 유치(留置), 태가(駄價) 등

을 제외한 뒤 작미했다. 1872년의 경우에는 결세 외에 강화포량미의 가결(加結), 반종자, 신방축 전종자, 방축 및 저수역량을 제외하여 실도조를 산정하고 다시 실도조에서 간추인 신용주의 경비를 제외하고 작미했다. 1873년의 경우 타조와 도지의 사득조(査得租)가 24석 11두에 이르렀고, 역시 결세, 강화포량미, 저수역량, 구방축 역량, 유량 등을 제외하여 실도조를 산정했는데, 여기서 주목되는 것은 결세를 구분하여 '화영둔결(華營屯結)'로서 19석 11두 3승을 산정하고 있다는 점이다. 앞에서 [표 3-3]의 하상리 추수기에 '둔답원결복'으로 19석 10두 4승이 책정되어 있는 것과 동일한 것이다.

'화영둔결'은 후술하듯이 수원부 총리영(摠理營)으로 이속된 석장둔의 세금을 의미한다. 용동궁에서 매득한 석장둔의 소유권은 용동궁에 있지만 수원부 총리영에도 납세했다. 이 세금은 무엇을 말하는가? 그것은 장토의 기원과 관련해 논의해야 할 것인데 수조권에 해당한다. 그렇다면 '화영둔결'의 경우 소유권은 용동궁에, 수조권은 수원부 총리영에 소속되어 있었던 셈이 된다. 수조권을 국가기관이 가질 경우 민전의 소유권에 미칠 영향이 적지 않았겠지만 용동궁도 막강한 권력을 가졌으므로 소유권과 수조권은 상호 견제되었을 것이다.

2. 석장둔의 수취실태

1) 석장둔양안의 수취정보

석장둔양안에는 상·중·하 삼단에 걸쳐 여러 장씩 붙인 상지(裳紙)가 첨부되어 있다. 안산의 경우 하단 5장, 중단 11장, 상단 11장, 총 27장이고, 인천은 각단 5장씩 15장이다. 지면에 따라 상지의 숫자에 출입이 있다. 책의 중간부분은 대체로 양호하지만 앞과 뒤에는 상지가 온전하게 보존되어 있지 않다. 안산의 경우에는 상지의 첫머리에 [표 3-7]과 같이 간지(干支)가 기재되어 있다. 간지를 통해 상지의 작성시기를 추정해본다.

[표 3-7] 『안산석장둔양안』 각 페이지에 첨부된 상지의 작성시기

위치	干支	상지 수
하단	□□, □□, 경진, 병술, 戊子	5
중단	경인, 임진, □□, 계묘, 병오, 기유, 신해, 계축, □□, □□, 甲申	11
상단	기축, 기해, 신축, 갑진, 무신, 경술, □□, □□, □□, 정해, 甲午	11

* 비고 : 각단에 표시한 간지는 맨 아래 면부터 위쪽의 순서로 제시한 것이다. 상단의 맨 윗면에 무자, 중단은 갑신, 하단은 갑오로 되어 있다.

[도판 3-2] 안산석장둔양안의 '간지' 표시

　27장에 간지가 쓰여 있고, 8장의 간지는 확인하지 못했다. 일반적으로 하단의 주명란(主名欄)에 납세자 이름을 붙이는 다른 행심책(行審冊)의 관행으로 볼 때 최초에는 하단에 상지를 붙여 나가다가, 상단과 중단에 교대로 붙였을 것이다. 몇 개의 필지를 추적하여 간지의 순서를 해체 재구성해 보면 [표 3-8]과 같다.

[표 3-8] 『안산석장둔양안』 상지 상의 인물 추적

자호지번	天249	地301	地314	地365	地367	地586	玄650	地390	地566
면적	3부7속	6부9속	7부2속	9속	8속	3부7속	2부	2부2속	2속
연도＼주명	노감동	노덕룡	노덕룡	노덕룡	노덕룡	노덕룡	노덕룡	배귀득	배귀득
기축(1829)	노복량	노의대	정완철	최천산	황공이	장필삼	김광철	백노일산	편자근정
경인(1830)	이대손	〃	〃	〃	오동화	〃	〃	〃	〃
임진(1832)	윤덕중	〃	〃	〃	〃	〃	김험길	〃	〃
□□	〃	〃	〃	〃	황공이	〃	〃	〃	김판철
기해(1839)	노복량	노복량	〃	〃	〃	〃	김광철	〃	편자근정
신축(1841)	〃	〃	김판철	백노일산	〃	편감명	〃	〃	김판철
계묘(1843)	〃	〃	〃	〃	〃	장필삼	김험길	〃	〃
갑진(1844)	〃	〃	〃	〃	〃	한금근	김광철	〃	〃
병오(1846)	〃	〃	〃	〃	〃	편감명	윤덕중	〃	〃
무신(1848)	〃	〃	〃	〃	〃	한금근	김험길	〃	〃
기유(1849)	〃	〃	〃	〃	〃	편감명	윤덕중	〃	〃
경술(1850)	〃	〃	〃	〃	〃	한금근	〃	〃	〃
신해(1851)	〃	〃	〃	〃	오을이	〃	〃	〃	〃
계축(1853)	〃	〃	〃	〃	〃	〃	〃	〃	〃
□□	〃	〃	〃	〃	백노유복	〃	〃	〃	〃
□□	〃	〃	〃	〃	〃	〃	김명손	〃	〃
□□	〃	〃	김천일	〃	〃	이화춘	윤덕중	〃	〃
□□	〃	〃	〃	이성규	〃	〃	〃	〃	김유종
□□	〃	〃	민노쇠	〃	〃	〃	김명손	〃	〃
□□	궁노복량	〃	〃	〃	김춘길	〃	〃	〃	노순석
□□	〃	〃	〃	〃	노순석	〃	〃	〃	〃
경진(1880)	〃	〃	〃	〃	조노순석	〃	〃	〃	〃
갑신(1884)	〃	〃	〃	〃	〃	〃	〃	〃	조노순석
병술(1886)	〃	궁노복량	〃	〃	〃	〃	〃	〃	〃
정해(1887)	노복량	노복량	〃	〃	〃	이윤홍	〃	〃	〃
무자(1888)	궁노복량	궁노복량	〃	〃	〃	〃	〃	〃	〃
갑오(1894)									

* 비고 : '주명'은 1755년 석장둔양안에 기록된 것이고 나머지 성명은 상지 위의 것이다.

『안산석장둔양안』천자(天字) 249번 답 3부 7속 노감동 명의의 토지는 안산 초산면 하직곳의 상전 윤씨가 1756년 25냥에 처분하고 이후 [권수재(權水才) → 김천득(金天得, 1791년 매득) → 김태준(상속) → 전주부댁 노복량(全主簿宅 奴福良, 1810년 매득)]의 경로로 이전되었다.14) 상지 상에서는 1830년경 약간의 변동이 있은 뒤 노복량[奴卜良=궁노복량(宮奴卜良)]의 명의로 이전되어 지속되었다.

지자(地字) 301번의 토지는 304번까지 함께 처분되는데, 앞에서 여러 번 살펴본 바와 같이 최초 개간자인 장막창이 1737~38년 진휼청과 안산군으로부터 입안을 받은 땅으로 1747년 백서방댁 노덕룡(奴德龍)에게 방매하고 1755년 『안산석장둔양안』에 등재되었다. 백서방댁에서는 1790년 노윤동(奴允同)의 명의로 전주부댁 노기특(全主簿宅 奴奇特)에게 방매했다.15) 상지에서는 노의대를 거쳐 노복량의 토지로 되었다. 그리고 지자 314·365·367·586번, 현자 650번도 1755년 양안 상에서 노덕룡의 명의로 등장한 토지인데, 전반적으로 상지 상에서 모순 없이 전개되어 간다.

지자(地字) 390번과 566번은 배귀득에서 배인적(裵仁迪)으로 상속되는 듯하며, 이후 [조생원댁노천복(趙生員宅奴千福) → 이준기(李俊起, 1786) → 이재은(李載殷) → 이근성(李謹成, 1805년) → 백생원댁노일산(白生員宅奴日山, 1827)]으로 소유권이 넘어갔다. 상지에서 지자 390번은 백노일

---

14) 『경기도안산군초산면소재장토용동궁제출도서문적류』(규장각 19299-52), 嘉慶 15년(1810) 庚午 11월 12일 全主簿宅奴福良前明文(답주 金泰俊); 乾隆 56년(1791) 辛亥 10월 25일 金天得前明文(답주 權水才); 丙子 2월 19일 奴甘同處(上典 尹) 牌子.

15) 『경기도안산군초산면소재장토용동궁제출도서문적류』(규장각 19299-21), 乾隆 55년(1790) 庚戌 5월 18일 全主簿宅奴奇特前明文(畓主 白直講宅 奴允同); 庚戌 正月 奴允同處 牌子(上典 白).

산(白奴一山)의 명의로 1894년까지 이어지고 있다.

이렇게 하여 복잡하게 얽혀있는 상지의 연대를 밝히고, 상지 상의 인물이 매매에 의해 이전된 토지소유자임을 확인했다. 중단 상지의 맨 위쪽에는 갑신(甲申)=1884년의 기록이 있고, 하단의 무자(戊子)는 1888년, 상단의 갑오(甲午)는 1894년으로 확인되었다. 인천의 경우 각단의 가장 위쪽에만 무자·갑신·갑오의 간지가 있는데 안산과 마찬가지의 시기로 판단된다.16)

상지에는 양안의 주명(主名)과 유사한 인명을 기록했다. 지주가 지대를 수취하기 위해서는 추수기를 작성하고, 정부가 민전에서 지세를 수취하기 위해서는 행심책을 만든다. 추수기에는 경작자의 이름과 경작한 면적(두락), 그리고 납세할 도조액수가 기재되는데 반해, 행심책에는 양안의 내용이 이기된 뒤 필지별로 납세자와 납세액(결부수)이 기재되는데 상지를 붙여 여러 해 사용하는 것이 보통이다.17) 양식상으로 볼 때 석장둔양안의 상지는 추수기가 아니라 행심책의 성격을 띠고 있다. 상지의 인명은 석장둔양안의 주명과 유사하여 작인으로 볼 근거가 없다. 상지의 인물은 소유자, 곧 납세자인 것으로 판단된다.

상지의 인물이 납세자라고 할 때 납세의 성격은 무엇인가? 갑오개혁 이후 석장둔을 정리할 때의 기록을 보면, 석장둔에서는 1결에 '미 40두 = 조 100두'를 수취했고 소유자는 민전의 납세자처럼 스스로 '결민(結

---

16) 1841년 李生員宅 奴凡伊가 인천 전반면 석장포 堰內 宙字 제1588답 1부 5속, 제1589답 9속, 제1604답 2부, 합하여 4부 4속 7두락지를 매입하고 있는데[국사편찬위원회 고문서, 道光 21년(1841) 辛丑 정월 20일 李生員宅奴凡伊前明文(畓主 童蒙羅判宗)], 甲申(1884), 戊子(1888)에 해당하는 상지에 李奴凡伊가 등장하고 있는 사실에서 증거를 찾을 수 있다.

17) 최윤오, 『조선후기 토지소유권의 발달과 지주제』, 혜안, 2006, 제2장 제3절 참조.

民)'을 칭했다.[18] 민전의 결당 지세가 미 23두임을 감안하면 석장둔은 그보다 1.7배의 부담을 지는 장토인 셈이다. 진휼청에서는 석장둔의 개간에 성공한 사람들에게 입안문서를 발급하여 토지소유권을 보장했다. 개인의 사유를 인정하면서도 진휼청에서는 결세를 상회하는 수취를 행한 것이다. 그 결세수준만큼 석장둔 소유자의 소유권은 제약을 받았을 것이다. 19세기에는 석장둔이 수원부 총리영에 소속되어 수원부 호방색에서 양안과 도장절목을 보관했다.[19] 결당 미 40두의 수취를 위해 수원부에서는 행심책을 필요로 했고 그것이 석장둔양안에 첨부된 상지였던 것으로 추정된다. 사실상 석장둔양안이 존재한 현실적 의의는 바로 이 상지를 통한 과세에 있었다. 양안이 작성된 지 수십 년에서 1세기가 지나 많은 필지에서 소유자가 변동했지만 양안은 이를 반영하지 못했다. 그럼에도 불구하고 양안 위에 상지를 붙이고 거기에 소유자를 기록한 것은 결당 조 100두의 납세대상자를 파악하기 위한 조치였다.

이처럼 석장둔양안은 토지대장으로 기능할 뿐 아니라 '행심책 = 수취대장'으로서도 기능했다. 간척의 주체는 진휼청이었지만 작답, 즉 경지화 과정은 민간의 개인에 의해 이루어졌다. 개간에 참여한 사람들에게 토지소유권을 제공하면서 결당 미 23두의 지세를 부과하는 민전보다 1.7배에 달하는 결당 조 100두를 과세했다. 진휼청의 목적은 둔전경영이 아니라 재정의 보충에 있었기 때문에 소유권의 확보에 치중했던 것은 아니었다. 따라서 60여년에 걸쳐 과세대상자 즉 토지소유자를 기록한 상지를 양안에 붙여 과세를 위한 행심책과 같은 수취대장으로서 활용했던 것이다.

---

18) 『京畿道各郡訴狀』 1901년 11월 仁川安山石場屯結民.
19) 朝鮮總督府 中樞院, 『國有地調査書(抄)』 '안산', '인천'; 『華營重記』 戶房色.

2) 조100두형 둔토의 수조권과 수취실태

간척을 주도한 진휼청은 석장둔을 어떻게 운영하고자 했을까? 장토를 경영할 수 있는 조직을 갖추지 못한 중앙아문으로서 진휼청은 직접경영보다는 적절한 수준의 수세를 통해 재원을 확보하려는 소극적 입장에 있었다. 그렇기 때문에 석장둔의 작답과정에 민간인을 대거 모집하고 그들에게 토지소유권을 부여하는 방식을 취했던 것이다. 양안은 행정구역별로 안산군과 인천도호부에서 각각 작성하여 엄격하게 구분했지만, 농장의 관리는 진휼청의 지시를 받은 둔소(屯所)에서 담당했을 것으로 짐작된다.[20] 앞에서 본 바와 같이 개간의 결과를 인정한 문서를 발급한 사람 중에는 진휼청당상, 지방관과 함께 둔관이 등장했었다.

진휼청이 석장둔에서 수취하려는 것은 무엇이며 어느 정도 수준의 것이었는가? 궁장토·둔토 가운데 민결면세지·급가매득지처럼 소유권의 소재가 명확한 것을 제외하고, 소유관계가 중층성을 형성하는 절수·사여지의 경우, 지대의 양에 따라 '조200두형(租200斗型)'과 '조100두형(租100斗型)'으로 구분할 수 있다.[21] 조200두형은 1695년 을해정식(乙亥定式)에 의하면 조 200두를 납부하는 장토로서 효종조에 사여(賜與)된 창원 용동궁장토의 사례를 기준으로 한 것이다. 조200두형은 궁방이 소유권을 행사한다는 점을 강조한 영작궁둔(永作宮屯)의 개념으로 표현되기

---

20) 수원 壯勇營에서도 대유둔을 관리할 둔소를 두고 둔도감·둔감관·둔전색리·사음·사령·권농을 소속시켜 업무를 담당하도록 했다. 『華城城役儀軌』, 경기문화재단, 국역증보판(하), 권2 절목, '大有屯을 설치하는 절목' 참조.

21) 安秉珆, 『朝鮮近代經濟史研究』, 日本評論社, 1975, 64~80쪽; 박준성, 「17·18세기 궁방전의 확대와 소유형태의 변화」, 『한국사론』 11, 서울대학교 국사학과, 1984, 225~247쪽 참조.

도 했는데, 중간지주(중답주)가 끼어 있는 경우가 많았다. 반면 조100두
형은 절수·사여지의 개간과정에서 민전이 되었다고 할 수 있지만 소속
궁방과 아문의 통제를 받았다.

지대 또는 지세수납의 수준을 기준으로 궁방과 아문의 장토를 구분하
면, 결당 미 23두를 납부하는 민결면세지, 조 100두를 납부하는 장토, 조
200두를 납부하는 영작궁둔, 매득에 의해 형성된 지주적 소유지로 나눌
수 있다. 석장둔은 결당 미 40두, 즉 조 100두를 납세하는[22] '조100두형'
의 장토에 속한다. 석장둔을 소유한 개인이 토지소유권을 행사하여 자
유로 매매하면서도 일반민전의 미 23두가 아니라 미 40두에 해당하는
조 100두를 납세한다는 사실은, 최초 진휼청의 절수지였다는 탄생 연혁
과 더불어 일반민전과는 달리 소유권 행사에 모종의 제약이 초래될 가
능성을 내포한다. 그것은 장토의 소유관리체계를 개편하는 시점에서 문
제가 될 것이고 실제 갑오개혁 이후에 그런 일이 일어났다.

처음 진휼청에서 운영하던 석장둔은 정조가 수원에 장용영(壯勇營)을
설치하면서 그곳으로 이전되었다. 장용영은 환곡과 둔전의 방식으로 재
정을 조달했는데, 둔전은 다른 기관 장토을 이속하거나 절수·개간·매득
의 방법으로 획득했다. 안산과 인천의 석장둔도 이때 장용영에 이속되
었다. 정조 사후 1802년 장용영이 폐지되면서 수원부에 총리영이 설치되
고 수원부유수가 총리사를 겸하게 되는데, 이때 총리영에 소속된 둔토
명단에 안산과 인천의 석장둔이 포함되어 있었다.[23]

석장둔양안의 상지에서 파악하기 양호한 1884·1888·1894년의 기록을
통해 납세실태를 검토해 보기로 한다. 상지에 기재된 인물은 진휼청에

---

22) 『京畿道各郡訴狀』1901년 11월 仁川安山石場屯結民.
23) 朝鮮總督府 中樞院, 『國有地調査書(抄)』'摠理營屯'.

납세하던 석장둔양안의 주명과 마찬가지로 관리기관인 수원부 총리영
에 조 100두를 납부한 납세자였다. 토지의 소유자이면서 납세자인 것이
다.24) 상지의 납세기록은 곧 소유기록이 된다.

상지에 기록된 1884·1888·1894년분의 기록을 가지고 납세=소유 실태
를 살펴보면 [표 3-9] [표 3-10]과 같다.

[표 3-9] 19세기 후반 안산 석장둔의 납세=소유 규모 분포

연도 납세 규모 구분	1884년			1888년			1894년		
	인원 %	필지 %	면적(束) %	인원 %	필지 %	면적(束) %	인원 %	필지 %	면적(束) %
1~100	33 50.0	118 14.7	1689 12.3	26 43.3	89 11.1	1184 8.6	27 43.5	89 11.1	1246 9.0
101~200	19 28.8	163 20.4	2753 20.1	19 31.7	156 19.4	2786 20.3	20 32.3	190 23.6	2937 21.2
201~500	7 10.6	143 17.9	2578 18.8	7 11.7	104 13.0	2087 15.2	7 11.3	103 12.8	2084 15.1
501~1000	4 6.1	188 23.5	2540 18.6	5 8.3	264 32.9	3523 25.7	5 8.1	236 29.4	3413 24.7
1001 이상	3 4.5	188 23.5	4126 30.2	3 5.0	189 23.6	4149 30.2	3 4.8	186 23.1	4127 30.0
합계	66 100	800 100	13686 100	60 100	802 100	13729 100	62 100	804 100	13807 100
무주		1	12		1	12		1	12

---

24) 석장둔양안에 작인 및 도조에 대한 기록은 거의 없다. 다만 『인천석장둔양안』 地
字 제385-394호의 상지 위 1874·1876·1878년도에 작인과 도조가 附記되어 있다.
이것은 예외적인 기록이지만 석장둔의 납세자=토지소유자들이 소유지를 지주-작
인제로도 경영했음을 보여주는 증거가 된다.

[표 3-10] 19세기 후반 인천 석장둔의 납세=소유 규모 분포

연도 구분 납세 규모	1884년			1888년			1894년		
	인원 %	필지 %	면적(束) %	인원 %	필지 %	면적(束) %	인원 %	필지 %	면적(束) %
1~100속	75 51.4	189 8.8	3367 8.2	78 53.4	189 8.7	3554 9.0	84 56.8	207 10.4	3725 10.5
101~200	27 18.5	233 10.8	3915 9.5	22 15.1	187 8.6	3307 8.3	27 18.2	243 12.2	4217 11.9
201~500	27 18.5	471 21.9	7775 18.8	30 20.5	550 25.2	9402 23.7	21 14.2	396 19.8	6653 18.7
501~1000	10 6.8	386 18.0	8469 20.5	9 6.2	370 17.0	7517 19.0	9 6.1	344 17.2	6459 18.2
1001 이상	7 4.8	872 40.5	17774 43.0	7 4.8	881 40.5	15825 40.0	7 4.7	808 40.4	14459 40.7
합계	146 100	2151 100	41300 100	146 100	2177 100	39605 100	148 100	1998 100	35513 100
무주		29	516		29	516		28	490
자료결락		20	294		0	0		175	3837

* 비고 : 1. '납세규모'는 束數이다. 1結=100負, 1負=10束이다. 2. 상지에 부기되어 있는
분할된 필지와 新起된 필지는 각각 독립된 필지로 간주했다. 3. 인천의 경우 상지
의 결락이 많은데 1894년분은 175필지가 결락되었다.

제2장 [표 2-7]에서 보았듯이 18세기 중엽의 석장둔양안에는 다수의
무주지가 존재했지만, 19세기 후반에는 대부분 간척이 이루어져 무주지
는 크게 줄어 안산은 1필지에 불과하다. 무주지도 이미 토지등급 없이
면적만큼 결부가 주어졌으므로 특별히 면적이 많이 늘어나지는 않았다.
18세기 중엽의 양안 상에서 안산 석장둔의 소유자는 91명이었는데, 19세
기 후반에는 60여명으로 급격하게 줄었다. 인천도 182명에서 146명 정도
로 줄었다. 18세기 중엽 안산의 1인당 소유지는 128속이었는데, 1884년
에는 207속, 1888년 229속, 1894년 223속으로 계산되어 1.6-1.7배로 늘어났

다. 소유자는 줄어들고 1인당 소유지는 증가하는 추세다. 증감에도 빈부
의 차별이 나타나는데 10부 이하의 소유지는 감소한 반면 50부 이상의
소유지는 증가한다. 소유규모가 많은 지주가 토지집적을 급속히 확대한
양상을 보인다. 특히 1결 이상 소유자가 급격히 증가하여 안산은 30%,
인천은 40%의 토지를 이들이 집적하고 있다. 소유규모의 격차가 크게
확대된 것이다.

개항 이후 인천을 통한 미곡무역의 활성화가 소유의 집중을 가져왔는
지는 개항 전과 비교해야 하기 때문에 단정할 수 없지만, 갑오개혁 이전

[표 3-11] 1888년 안산과 인천 두 지역 토지소유자

번호	주명	안산		인천		합계	
		필지	면적	필지	면적	필지	면적
1	김흥선	3	70	1	26	4	86
2	노경엽	7	142	1	4	8	146
3	권노귀금	2	15	5	147	7	162
4	최순일	7	201	4	59	11	260
5	최춘만	6	117	10	158	16	275
6	김노구월	19	339	4	44	23	383
7	김치덕	3	69	22	324	25	393
8	백노명길	10	191	24	238	34	429
9	김춘쇠	48	600	5	70	53	670
10	백노일산	42	580	21	228	63	808
11	신노잉복	44	686	17	195	61	881
12	순산	6	176	58	959	64	1135
13	노오장	8	243	68	1474	76	1717
14	노영금	11	183	114	2064	125	2247
15	조노순석	79	1357	49	962	128	2319
16	宮奴卜良	73	1781	143	2073	216	3854
	합계	368	6750	546	9025	914	15765

인천 개항장의 배후지인 안산 석장둔에서 지주의 토지집적이 확대되고 있는 점은 주목해야 할 것이다. 석장둔에서는 18세기보다 19세기 후반에 지주제가 크게 강화된 모습을 보인다고 해석할 수 있다.

안산과 인천에 모두 토지를 가진 사람은 [표 3-11]과 같다.

제2장 [표 2-8] 1755년경에 비해 대토지 소유자가 늘고 그 규모도 훨씬 커졌다. 궁노복량은 안산과 인천 두 지역에 광범한 토지를 소유한 대지주로서 무려 3결 85부 4속을 소유하고 있다. 앞에서 검토한 것처럼 궁노복량은 용동궁의 호명으로서 용동궁이 석장둔의 최대지주였던 것이다.

간척 초기의 [표 2-11]과 비교하기 위해 신분별 납세실태를 살펴본다. 납세자의 표기방식은 명형, 성명형, 노명, 성노명의 네 가지 방식이 그대로 사용되고 있다. 1884년 안산과 인천의 경우를 살펴보면 [표 3-12]와 같다.

[표 3-12] 1884년 안산과 인천 석장둔의 主名기재 유형

지역	유형(예)	인원/%	필지/%	면적(束)/%
안산	① 名(길동)	0/0	0/0	0/0
	② 姓名(홍길동)	38/57.6	361/45.1	5747/42.0
	③ 奴名(노길동)	8/12.1	98/12.3	1865/13.6
	④ 姓奴名(홍노길동)	20/30.3	341/42.6	6074/44.4
	소계	66/100	800/100	13686/100
	중복	0		
인천	① 名(길동)	7/4.5	17/0.8	383/0.9
	② 姓名(홍길동)	60/38.5	658/30.6	11379/27.6
	③ 奴名(노길동)	18/11.5	358/16.6	9669/23.4
	④ 姓奴名(홍노길동)	71/45.5	1118/52.0	19869/48.1
	소계	156/100	2151/100	41300/100
	중복	10		

주명의 기재유형에서 중복기재는 [표 2-5]에서 보듯이 18세기 중엽의 양안 상에서는 1/3에 달했으나, 19세기 후반 상지의 납세기록에서는 거의 사라져가는 추세다. 1884년 안산의 경우는 사라졌고, 인천의 경우는 10건이 확인된다. 18세기 중엽 양안의 주명 기재방식과 19세기 후반 상지 상의 인물을 비교하면 양안에는 노명, 성명, 성노명의 순으로 빈도가 높은데, 상지 납세자의 인물은 명형은 거의 소멸하고, 노명형이 크게 감소한 반면, 성명형과 성노명형은 크게 증가했다.

19세기 초의 양전원칙에 보면, "종전의 전안(田案) 가운데 사대부가 자신의 이름을 쓰지 않고 노명(奴名)만 썼기 때문에 혼동되어 분변하기 어려웠다. 지금은 2품 수령·감사 이상은 성모직모노모(姓某職某奴某)라고 쓰고, 3품 이하는 모두 성명(姓名) 및 노명(奴名)을 쓰고, 양민은 성명을 갖추어 쓰고, 공노비·사노비는 이름만 쓰고, 본주인이 먼 곳에 있을 때에는 경작자가 그 노복이 아니면 별도로 주모시작모(主某時作某)라고 기록한다"고 규정했다.[25] 19세기에는 양반은 성노명을 사용하고 평민은 성명을 쓰고 노비는 이름만 쓰는 것으로 정식화되었음을 알 수 있다. 그러나 이러한 원칙이 그대로 지켜졌다고 보기는 어렵다. 석장둔의 경우 주명을 중복으로 기재하는 관행은 거의 사라졌지만, 호명을 사용하는 관행이[26] 도입된 것도 아니다. 또한 노명으로 기재된 것을 노비의 소유라고 단정하는 것도 무리다. 그래서 양반은 성노명형과 노명형, 평민은 성명형을 사용하는 것으로 간주하고, 중복된 경우 양반-평민순으로 우선권을 주어 신분별 납세자 규모를 살펴보면 [표 3-13]과 같다.

---

25) 『순조실록』 순조 20년(1820) 3월 27일 改量事目別單.
26) 김건태, 「戶名을 통해 본 19세기 職役과 率下奴婢」, 『한국사연구』144, 한국사연구회, 2009 참조.

[표 3-13] 1884년 석장둔의 신분별 납세실태

신분	안산				인천			
	인원 %	필지 %	면적(束) %	1인당 면적(束)	인원 %	필지 %	면적(束) %	1인당 면적(束)
양반	28 42.4	439 54.9	7939 58.0	284	87 59.6	1499 69.7	29913 72.4	344
평민	38 57.6	361 45.1	5747 42.0	147	57 39.0	644 29.9	11141 27.0	195
기타	0 0	0 0	0 0	0	2 1.4	8 0.4	246 0.6	123
계	66 100	800 100	13686 100	204	146 100	2151 100	41300 100	283

안산의 경우 양반가는 42.4%를 점유하는 28명이 58%의 면적을 차지하고, 반면 평민은 57.6%가 42%의 면적을 차지하고 있다. 인천 양반은 59.6%가 72.4%의 면적을 가진 반면 평민은 39%가 27%를 차지하는데 그쳤다. 1인당 면적은 인천양반이 안산양반보다 훨씬 많은 면적을 소유하고, 인천평민도 안산평민보다 넓은 면적을 소유한다. 안산양반은 안산평민에 비해 1.9배 많은 평균면적을 소유하지만, 인천양반은 인천평민보다 1.7배 많은 토지를 소유한다. 18세기에 비해 신분별 소유규모의 격차는 심화되지 않았지만 1인당 면적이 크게 증가하여 지주층이 강화된 모습을 보인다.

19세기 석장둔의 납세기록을 통해서 살펴본 토지소유실태는 지주의 토지집적이 크게 확대되고 있음을 보여준다. 그것은 개항 이후 지주제의 강화로 보아도 무방할 것이다.

3. 석장둔 수조권의 확장과 이동

1) 석장둔의 확장

석장둔이 간척되기 이전에도 안산군 해안가 갯벌은 소규모로 민간에 의해 간척되고 있었고, 왕실 또는 정부기관도 관심을 가졌다. 석장둔 간척이 진행되는 중에도, 그리고 그 이후에도 석장둔과 같은 규모는 아니지만 다양한 방식으로 간척이 진행되었다. 그 결과 여러 곳에 '석장둔' 명칭의 둔전이 등장했다. 그 실태는 1827년 5월 안산군 석장둔의 진기(陳起) 여부를 조사한 사정(査正)양안에 반영되어 있다. 이 석장둔은 이제까지 논의한 초산면의 석장둔과는 다른 곳에 간척된 것인데 똑같은 이름이 붙었다. 그 지역과 면적은 [표 3-14]와 같다.

[표 3-14] 1827년 안산군 석장둔 진기(陳起) 조사결과

지역	전		답		합계
	起田	陳田	起畓	陳畓	
군내면과 인화면의 월입피	1-55-0	0-25-4	6-06-9	1-69-1	9-56-4
마유면의 정왕리와 오이도	0-51-1	0	1-01-9	0-01-6	1-54-6
합계	2-06-1	0-25-4	7-08-8	1-70-7	11-11-0

* 출처 : 『安山郡所在石場屯田畓査正量案』(규장각 18918, 1827년 5월)

석장둔은 인천부 전반면·신현면과 안산군 초산면에 인접한 갯벌지역을 간척한 것이다. 그런데 이 사정양안은 월입피와 정왕리·오이도의 석장둔을 1827년 사정했음을 밝히고 있다. 안산군 초산면이 아닌 월입피와 정왕리에도 석장둔이라는 이름의 농장이 존재했음이 확인된다. 초산면

의 석장둔은 1720년 축언한 최초의 석장둔인데, 월입피와 정왕리는 시기
와 위치를 달리하면서도 석장둔이라는 같은 이름을 지녔다. 안산군의
해변가에는 간척지로 개간할 수 있는 갯벌이 널려 있었다. '석장(石場)'
이라는 표현은 은행천과 보통천의 물길 주변에 범람을 막기 위해 돌로
축대(담)를 쌓은 데서 유래한 것으로 짐작된다. 속전(俗傳)에는 '돌장재'
라 표현했다. 석장둔의 의미가 돌로 물길을 제어한 축대를 의미한다면
안산 해변가 어느 곳에서든 석장둔을 모방한 간척이 가능했다.

사정양안의 자호 지번을 살펴볼 때 토지의 분포는 집중성보다는 분산
성을 보이고 있다. 이것은 초산면 석장둔이 천자문 천지현(天地玄)에 걸
쳐 경작지가 집합하여 모여 있는 독립된 농장의 모습을 보이는 것과는
달리 해안가의 이곳저곳에서 소규모로 간척이 행해지고, 그것이 양안에
도 편입되어 인근 자호와 연결하여 지번을 부여받은 결과임을 의미한
다. 월입피의 석장둔은 초산군과는 전혀 다른 안산군의 남쪽 바닷가 군
내면과 인화면의 경계에 위치한다. 정왕리와 오이도는 안산군 서쪽 끝
바닷가 갯벌에 위치한다. 원래의 초산면 석장둔과 월입피, 정왕리를 연
결하면 정삼각형의 세 꼭지점을 이룰 정도로 멀리 떨어져 있는 해안가
의 지역들이다. 월입피의 석장둔은 10결에 근접할 정도로 규모가 크고,
정왕리와 오이도의 석장둔은 아주 적다.

이들 제2의 석장둔은 언제 개간된 것인지 확인하기 어렵다. 물론 초산
면 석장둔이 간척된 이후의 일일 것이라는 점은 자료의 분위기 상 분명
하다. 원래 양향청(糧餉廳)에 소속되어 있었다가 총리영에 소속되었다고
하므로,[27] 진휼청 소속으로 출발한 초산면 석장둔과 달리 월입피·정왕
리 석장둔은 양향청 소속으로 개간된 것으로 보인다.

---

27) 『국유지조사서(초)』 '총리영둔'.

안산군은 수리산 쪽 산간 지역 일부를 제외하면 광범하게 바다와 연해 있고 내륙으로도 작은 하천이 연결되어 있어 간척할만한 갯벌을 많이 가지고 있었다. 서쪽에서 시작하여 북쪽으로 깊숙이 만입한 가장 안쪽의 초산면에서 석장둔이 대대적으로 간척된 이후 서쪽 오이도 일대와 남동쪽의 월입피 일대에도 소소한 간척이 진행된 것을 양안을 통해 확인할 수 있다. 바닷가 갯벌을 간척하면서 그 경계를 돌로 쌓아 '석장'이라 부르게 되면서 석장둔은 안산 일대에서 보통명사처럼 사용되었다. 이렇게 안산군의 석장둔은 확대 간척되었다.

2) 석장둔 수조권의 이동

안산군 초산면의 석장둔은 진휼청에서 간척을 주관했지만 민간인이 물력과 노동력을 투입함으로써 토지소유권은 민간에 불하되었다. 석장둔의 각 필지는 개인의 사유지로서 안정적으로 전상매매(轉相賣買)되었다. 그렇지만 간척을 주관한 진휼청이 수조권을 확보함으로써 '둔토'로 간주되어 동원과 수탈의 대상이 될 가능성이 없지 않았다. 석장둔은 민간인에게 소유권이 귀속되어 있지만 국가기관이 수조권을 가진 상태였던 것이다. 더구나 수조권은 국가기관 사이에 이관이 가능했다. 석장둔 수조권의 이관 양상을 살피면서 소유권과 수조권의 관계를 고찰하기로 한다.

석장둔의 수조기관으로는 진휼청과 양향청이 등장한다. 그런데 정조 연간 수원에 장용외영이 설치되면서 석장둔은 다른 많은 둔토와 함께 그곳으로 수조권이 귀속되었다. 장용영(壯勇營)은 1785년 정조의 친위대로 시작한 장용위(壯勇衛)에 기원을 두고 있다. 정조는 장용위를 1787년 장용영으로 개칭하고, 1789년에는 장용내영(壯勇內營)으로 확대했다. 정조는 1793년 아버지 사도세자의 묘를 보호하기 위해 수원을 화성(華城)으로 개칭하고 유수부로 승격시켰으며 이를 통해 왕권을 강화하고자 했다. 1793년 수원에 장용영의 지방부대로서 외영을 설치하고, 1794년 1월 7일 화성 성역(城役)에 착공하여 1796년 10월 16일 준공했다.

화성 방어를 위한 재원은 환곡과 둔전에서 조달하고자 했다.28) 그중 둔전은 장용영으로 확대 발전한 1787년부터 설치되기 시작했다. 1793년 수원에 장용외영을 설치한 뒤 둔전을 더욱 확대했다. 장용영둔전은 다른 장토의 이속(移屬)·절수(折收)·개간(開墾)·매득(買得) 등 모든 방법을 동원하여 설치했다.

장용영둔 설치를 위한 매득의 예로 안산 등 5개 속읍의 둔전과 외방 둔전을 들 수 있다. 시흥·과천·안산·용인·진위 등 수원의 속읍에 장용영 내영의 자금 2만 냥을 동원하여 토지를 매득한 뒤 둔전을 설치하도록 했다. 그래서 1797년 한 읍에 4천 냥을 지급해 둔전을 설치하고 그 수입으로 향군(鄕軍)의 비용으로 삼고자 했다.29) 둔전의 설치와 발맞추어 1799년 안산을 비롯한 5읍의 군총(軍總)을 모두 화성으로 이속했다.30) 안산군수는 5위 중 화서위장(華西衛長)에 임명되었고, 다른 군현의 수령도 수성을 위한 비슷한 직책을 맡았다.

안산에서 4천 냥으로 매득한 전토는 무엇을 말하는 것일까?『안산군 소재장용둔전답사정양안』의 책표지 내피에 붙어있는 별지 수기(手記)에

---

28) 송찬섭, 「정조대 장용영곡의 설치와 운영」,『한국문화』24, 서울대학교규장각한 국학연구원, 1999;「정조대 장용영 둔전의 설치와 운영」,『한국방송통신대학교 논문집』32, 2001.

29) 송찬섭, 위의 논문, 2001, 95쪽.

30)『정조실록』정조 22년(1798) 10월 19일 장용외영오읍군병절목;『화성성역의궤』 (국역증보판)(상), 부근 다섯 읍의 군병을 합치는데 따르는 절목. 287~304쪽.

의하면, 안산군 소재 장용둔전답의 규모는 다음의 [표 3-15]와 같다.

[표 3-15] 안산군 장용둔전답의 규모

지역	결복(결-부-속)	실결(결-부-속)
초산면	0-33-0	0-18-8
대월면	0-11-0	0-11-0
마유면	146-3	1-42-9
와리면	0-93-1	0-71-2
군내면	0-11-2	0-11-2
합계	2-94-6	2-55-1

* 출처 : 『安山郡所在壯勇屯田畓査正量案』(규장각 18673, 1927년), 표지 안쪽의 수기 '結卜都摠
甲子件'(1804년 추정)

표지 안쪽의 수기 '결복도총 갑자건(結卜都摠 甲子件)'의 '갑자'는 장
용영둔이 1802년 폐지되었으므로 그 직후인 1804년을 의미할 것이다. 합
계 2결 55부 1속 가운데 2결 40부는 본영으로 돌려보내고 15부 1속이 남
았다는 기록에서 볼 때, 장용영둔을 폐지하면서 대부분은 원래의 소속
으로 돌려보내고 나머지 약간을 수원부에 소속시킨 것으로 해석된다.
표지 안쪽의 또 다른 수기에는 "화둔결복(化屯結卜) 35부 1속, 가(價) 35
냥 1전, 봉상사(捧上事). 무자(戊子=1828) 9월 21일 박□호 (수결)"이 있
다. 화(化)를 화(華)의 오기로 본다면 '화둔(華屯)'은 수원 화성에 소속된
둔토로 해석할 수 있다. 이들 수기의 내용을 명확하게 이해할 수는 없지
만 장용영의 폐지 이후 안산군에 소재한 장용둔과 수원부의 관계에 대
한 단서를 제공한다.

장용영둔은 장조 사후인 1802년 폐지된 후 각영아문으로 환속되었
다.[31] 많은 둔토가 국방과 관련된 곳에 옮겨졌지만 안산·시흥·용인의
둔토는 그대로 수원부에 남았다. 수원의 장용외영이 폐지되면서 대신

수원부에는 총리영이 설치되고 수원부유수가 총리사를 겸하는 것으로 개편되었다.[32] 수원부 소속 총리영은 갑오개혁의 군제개혁 때까지 존치되었다.[33] [표 3-16]은 갑오개혁 이후의 자료지만 장용외영이 폐지되어 일부 장용영둔의 소속이 총리영으로 변경될 때의 사정을 잘 보여준다.

[표 3-16] 총리영 소속 둔토

지역	둔명	설정방법	유래
수원	修城庫屯	매수	西北屯 포함. 1896년 선희궁 이속, 1902년 내장원 환속
	笁千庫屯	〃	〃
	紙庫屯	〃	〃
	糧餉屯	이래	원래 양향청 소속, 1896년 선희궁 이속, 1902년 내장원 환속
	柳川屯	매수	1896년 선희궁 이속, 1902년 내장원 환속
	五朶屯	〃	
	浦內屯	〃	〃
	宿城屯	미상	원래 평택 소속, 1896년 선희궁 이속, 1902년 내장원 환속
	香炭屯	매수	
	三島屯	축언	아산 소속, 1896년 선희궁 이속, 1902년 내장원 환속
용인	釜谷屯	매수	華寧殿 소속
	導村屯	〃	
	慕賢屯	〃	
	壯勇屯	이래	원래 장용영 소속, 1896년 선희궁 이속, 1902년 내장원 환속
	險川屯	〃	원래 장용영 소속, 廣州屯 포함, 1896년 선희궁 이속, 1902년 내장원 환속

31) 『순조실록』 순조 2년(1802) 9월 13일 屯土區處秩.
32) 『순조실록』 순조 2년(1802) 2월 7일 外營軍制釐正別單.
33) 『公忠道德山郡下來摠理營游擊軍兵留連時各人額納數爻及軍馬糧料區別成冊』(규장각 16494, 公忠監營)은, 1868년 3월 독일인 오페르트가 충청도 덕산의 南延君墓를 도굴하자 조정에서 摠理營의 군병을 출동시켰을 때 소요된 경비의 염출 내역을 公忠監營에서 기재하여 중앙에 올린 책이다. 당시 총리영은 수원부에 설치된 군영으로 400여명의 군병을 가졌던 것으로 나온다.

지역	둔명	설정방법	유래
안산	月入陂屯	〃	원래 양향청 소속, 1896년 선희궁 이속, 1902년 내장원 환속
	장용둔	〃	용인 장용둔과 마찬가지, 1896년 선희궁 이속, 1902년 내장원 환속
	石場屯	축언	1896년 선희궁 이속, 1902년 내장원 환속
인천	석장둔	〃	〃
과천	安養屯	매수	의친왕부에 소속
시흥	향탄둔		
진위	향탄둔	〃	
안성	향탄둔	〃	
양성	향탄둔	매수	
결성	華城屯	〃	
연산	화성둔	〃	1896년 선희궁 이속, 1902년 내장원 환속
신천	화성둔	〃	경선궁 소속
은율	화성둔	〃	〃
평산	화성둔	〃	1896년 선희궁 이속, 1902년 내장원 환속
장연	대청도둔	미간지	
	소청도둔	〃	

* 출처 : 『국유지조사서(초)』
* 비고 : 『華營重記』(규장각 古大典4259-73, 수원부, 1891년 10월)에는 장용영이 1891년 시점에서 전국에 걸쳐 둔토를 소유하거나 수조권을 행사한 둔토의 양안을 조사해 놓고 있다. 거기에는 안산둔양안도 여러 권 포함되어 있다.

　안산 석장둔, 안산 장용둔, 용인 부곡둔, 수원 내영둔, 평산 총리영전답은 모두 총리영둔에 포함되었다. 안산의 석장둔 외에 인천의 석장둔도 총리영둔으로 이속되었다. 주지하듯이 석장둔은 축언한 둔토지만 개인의 토지소유권이 형성되어 활발한 매매가 이루어지고 있었다. 진휼청은 간척을 주도하여 획득한 수조권을 장용외영에 넘기고 그것이 다시 수원부 총리영으로 옮겨간 것이다. 19세기에 들어 석장둔을 관리하게 된 수원의 총리영에서는 민간 소유자가 있는 사실상의 민전인 석장둔에서 조 100두를 수취했을 것이다.

안산의 월입피둔은 양향청 → 선희궁 → 내장원으로 옮겨간다. 『국유지조사서(초)』의 '장용둔(壯勇屯)'의 항목에 보면 용인의 장용둔과 안산의 장둔을 소개하고 있는데 모두 설정방법을 '이래(移來)'라고 표시하고, "원래 양향청에 속했지만 장용영 폐지 후는 화영에 이속하고 화영 폐지후는 선희궁에 이속했지만 광무 5년에 이르러 경리원(내장원의 오기; 저자 주)에 이속되었다"고 하여 '이래'의 기원을 양향청에 두고 있다. 월입피둔의 경우도 이와 같은 경로를 밟았을 것으로 생각된다. 그렇지만 양향청에서 어떻게 월입피의 석장둔을 개간했는지 개간자에게 어떤 권리를 주었는지 개간자는 사적 토지소유권을 확보했는지 등의 사정을 확인하기는 어렵다. 『국유지조사서(초)』의 '양향둔'란에는 전국적인 분포를 보이는 수많은 양향둔이 소개되어 있는데 설정방법은 적몰(籍沒)토지가 압도적으로 많고 절수도 적지 않지만, 매수와 개간은 거의 없다. 그러므로 월입피둔의 기원을 파악하기 어려운데, 저자는 앞에서 월입피둔을 석장둔과 같은 방식으로 간척한 것으로 간주했다.

석장둔 수조권의 이동과정을 추정해보면 [표 3-17]과 같다.

[표 3-17] 석장둔의 수조권 소속기관 이동

장토	이동 경로
안산 초산면 석장둔	진휼청 → 장용영 → 총리영 → 선희궁 → 내장원
안산 월입피둔	양향청 → 장용영 → 총리영 → 선희궁 → 내장원
안산 장용둔	장용영 → 총리영 → 선희궁 → 내장원
인천 석장둔	진휼청 → 장용영 → 총리영 → 선희궁 → 내장원

이상에서 보았듯이 안산군 석장둔은 장용영둔에 편입되어 수원 화성에서 수조권을 행사했다. 민전화되어 자유롭게 매매되던 석장둔의 수조권을 수원 화성에서 관장함으로써 석장둔의 민간인 소유자는 모종의 경제외적 압력을 받았을 가능성도 없지 않다. 호조에 납세하는 것과 달리 재정을 필요로 하는 특정 국가기관에 납세하는 것은 장토의 기원이나 수조액의 다과에 관계없이 수조권자의 강력한 집행력, 어떤 동원과 수탈에 노출될 가능성이 없지 않다. 이러한 조건은 석장둔이 근대로 접어들어 소유권의 귀속을 둘러싼 분쟁에 휘말릴 가능성을 가중시키는 일이었다.

제4장 갑오개혁 이후 정부의 둔토조사와 석장둔

1. 정부의 둔토조사와 석장둔의 수조권

1) 갑오개혁기 탁지부의 둔토(屯土)조사와 석장둔

갑오개혁에 의해 역토·둔토·궁장토에 대한 면세조치는 전면적으로 철회되었다. 이에 따라 모든 토지에 결세(結稅=結錢)가 부과되었다. 종전의 민결면세지(民結免稅地)는 민전으로 환원되어 탁지부에 결세를 납부하면 큰 문제가 없고, 급가매득지(給價買得地)도 궁방이나 아문이 지주와 같은 존재이므로 종래와 같이 토지를 소유하면서 결세를 납부하면 문제가 없지만, '조100두형'과 '조200두형'의 둔토나 궁장토는 복잡한 문제에 봉착하게 된다.

탁지부에 납부할 결세에 조 100두 또는 조 200두가 포함되어 있는가 아니면 별도로 납세해야 하는가? 별도로 납세하게 되면 당시 광범하게 문제되던 '일토양세(一土兩稅)'가 된다. 결세의 액수는 토지에 대한 권리의 크기 또는 소유권의 귀속과 밀접하게 관련되므로 과세원칙의 변경은 토지소유권에 대한 사정(査定)을 기초로 해야 하는 것이었다. 그러나 갑오개혁과 그 이후 대한제국의 역토·둔토·궁장토정책은 토지소유권 개념의 재정립 및 그에 의거한 사정을 고려하지 못했다.

조100두형인 석장둔도 출세의 문제에 봉착했다. 1895년 가을, 안산과 인천의 석장둔민이 '민결(民結)'의 예에 따라 '결전'을 내겠다고 하면서 납세를 거부하는 일이 발생했다. 석장둔민은 이제까지 조 100두를 호조가 아닌 진휼청이나 수원부에 납세했을 뿐 석장둔은 민전처럼 자유롭게 상속 및 매매해 오던 사유지라고 주장하면서 출세조치에 따라 민결면세지처럼 탁지부에 결전만 납부하겠다는 것이다. 그들은 종전 납부하던 결당 조 100두(미 40두)가 아니라 개혁의 시대를 맞아 민결처럼 결당 미 23두에서 산정된 결전을[1] 납세할 것을 주장함으로써 석장둔의 완전한 민전화를 꾀했던 것이다. 이에 대해 석장둔을 관리하던 둔감은 이전처럼 조 100두의 조 100등의 '세미(稅米)'조차 거두겠다는 입장을 취했다.[2] 한편 탁지부에서는, 민유지에 비견하면 수원부(華營)는 전주(田主)인 셈이므로 탁지부에 결세를 내더라도 전주에게도 '도조(賭租)'를 납부해야 하는데 하물며 조100두의 '세미(稅米)'조차 납부하지 않으려 한다고 비판했다.[3]

조 100두를 어떻게 해석할 것인가? 17세기말 절수지를 대거 폐지 정리하면서 남은 일부 절수지는 창원 용동궁장토의 예에 따라 결당 조 200두를 납부하게 하고 이를 영작궁둔(永作宮屯)이라 했다. 영작궁둔은

---

1) 이영호, 『한국근대 지세제도와 농민운동』, 서울대학교출판부, 2001, 79~91쪽.

2) 1896년에 석장둔이 선희궁으로 이속되므로(朝鮮總督府 中樞院, 『國有地調査書(抄)』, '摠理營屯') 둔감은 석장둔이 그동안 소속되어 있던 수원부 총리영의 둔감일 것이다.

3) 『公文編案』(규장각 18154-9책) 1895년 11월 13일 훈령.
前華營石場屯屯監의 訴狀을 接見한즉 廢止한 各營屯土를 今年만 久勤派定하여 屯監擧行事로 伏蒙處分하여 本屯에 卽往하여 稅米를 督納하온즉 屯民 等이 依民結例하여 結錢으로 捧納하기를 親覩하고 于今一包穀도 不納하오니 仁川安山兩郡에 訓令하여 如前收捧케함을 請함이라. 査한즉 廢止한 各營屯土를 今年만 久勤派定할 意로 裁可를 經하여 屯監擧行케 함이온바 該屯民의 民結例를 親覩함은 實是愚蠢所致니 若以私庄論之면 華營은 田主也라 雖已陞總出稅나 豈可使田主로 不收其賭하야 事甚不當하기로 玆에 訓令하니 該屯民處에 曉喩하여 稅米를 如前來納할 意로 仁川安山兩郡에 訓飭함이 可함.

궁방의 완전한 소유지라는 수사(修辭)로 사용되기도 하지만, 절수지를 폐지한 대신 설치한 급가매득지와는 기원을 달리하는, 조200두형의 장토라는 점에 주목해야 한다.4) 한편 그때 새로 설치한 민결면세지는 전세, 대동, 각종 잡비를 합해 결당 미 23두를 납세하는 것으로 되었다. 이러한 조200두형과는 달리 조100두형 장토의 기원은 분명치 않다. 기왕의 연구에 의하면 영작궁둔인 창원 용동궁장토의 조 200두 가운데 조 100두를 '면세조(免稅條)'라고 한 점, 결세를 정규세와 부가세를 모두 합해 조 100두에 해당한다고 해석한 다산 정약용의 견해에서 볼 때 조100두형은 사실상 민전이라는 것이다.5) 그러나 조100두형이 사실상 민전이라 하더라도 미 23두를 납세하는 민결면세지와는 분명 차이가 있다는 점을 염두에 두지 않으면 안 된다고 생각한다.

석장둔의 경우 앞의 공문에서 보았듯이 역시 탁지부에서는 조 100두의 '세미'와 무토면세지 미 23두에서 산정된 '결세'를 구별 짓고 있다. 오히려 '결세'는 고사하고 조 100두의 '세미'가 아니라 지대수준의 '도조'를 납부해야 하는 것 아니냐고 위협하고 있다. 새로운 결세인 결전을 내는가, 조 100두로 현상 유지하는가, 지대인 도조를 내는가는 후에 근대적 토지소유권 개념에 의거하여 사정하게 될 때 석장둔이 민유로 될 것인가, 사정을 통해 해결할 것인가, 국유로 될 것인가를 가늠하게 될 증거가 될 것이다. 이상과 같은 상황은 조 100두를 내는 모든 장토에서 발생할 수 있는 구조적인 문제였다. 정책적인 조치를 위해 조사가 필요

4) 이영호, 「조선후기 '永作宮屯' 궁장토의 구조와 창원 모델」, 『지역과 역사』 30, 부경역사연구소, 2012.
5) 박준성, 「17·18세기 궁방전의 확대와 소유형태의 변화」, 『한국사론』 11, 서울대학교 국사학과, 1984; 이영훈, 『조선후기 사회경제사』, 한길사, 1988, 제3장 「궁방전과 아문둔전의 전개과정과 소유구조」 참조.

한 상황이었다.

농상공부에서는 1895년 9월부터 전국의 관찰부에 사판위원(查辦委員)을 파견하여 역토(驛土)를 조사하는 '을미사판(乙未查辦)'을 실시했다. 탁지부와 궁내부에서는 1896년 2월 소관 둔토의 조사를 농상공부에 의뢰했다. 을미사판은 실결(實結)을 파악하고 경지의 작인(作人)을 조사하고 금납지대의 성격을 지닌 도전(賭錢)을 책정하여 국가에 의한 지주제적 경영을 지향한 것으로 평가된다.6) 과연 석장둔은 이 위기를 어떻게 넘기고 있는가?

안산 을미사판의 경우 1896년 4월 인천부사판위원 이태래의 주관 하에 사음 이희덕이 실무를 담당하고 안산군수 서민순이 확인하는 작업을 진행했다. 안산군 을미사판 중 석장둔 조사의 결과는 [표 4-1]과 같다.

[표 4-1]은 납세자 단위로 도조를 책정한 것을 상·중·하의 품등별로 합산한 것이다.7) 주목할 것은 초산면의 석장둔과 마유면·군내면 등지에 분포한 소위 월입피둔을 통합하여 모두 석장둔으로 조사했다는 점이다. 월입피둔을 석장둔으로 부르기도 했으므로 자연스러운 것처럼 보이지

---

6) 배영순, 「한말 역둔토조사에 있어서의 소유권분쟁」, 『한국사연구』 25, 한국사연구회, 1979, 72~76쪽; 박진태, 「갑오개혁기 국유지조사의 성격」, 『성대사림』 12·13, 성대사학회, 1997, 258~265쪽; 김양식, 『근대권력과 토지 - 역둔토 조사에서 불하까지』, 해남, 2000, 66~71쪽.

7) 18세기 중엽 개간 당시 안산 초산면 석장둔의 규모는 13결 9부 8속이었다. [표 4-1]의 초산면 상직동·중직동·하상리·하중리 토지를 합계하면 29석 1두락이 되는데 1결=40두락으로 계산하면 14결 52부 5속으로 되어 대체로 유사하다. 나머지 간촌·월피·정왕의 토지는 제3장 [표 3-14]에서 보듯이 1827년의 조사에 의하면 진기 합하여 11결 11부의 규모였다. 대한제국기에는 [표 4-2]에서 보듯이 수원부 서리청둔으로 불리기도 했고 9결 71부 4속의 규모를 보인다. 간촌·월피·정왕을 합한 면적 23석 6두 2승락을 1결=40두락으로 계산하면 11결 65부 5속으로 되어 역시 대체로 비슷하다.

[표 4-1] 1896년 을미사판에서 안산군 석장둔의 도조책정

면	동리	전답	납세자수	품등	필지수	면적(斗落)	도조(斗)	도조책정비율
초산면	상직동	답	1	하	1	2	5	면적×2.5
(초산면)	중직동	답	6	상	6	37	148	면적×4
(초산면)	하상리	답	26	상	26	117	468	면적×4
				중	15	85	255	면적×3
				하	2	16	40	면적×2.5
(초산면)	하중리	답	27	중	13	76	228	면적×3
				하	25	248	620.05*	면적×2.5
(마유면)	간촌	답	24	상	1	6	24	면적×4
				중	16	108	324	면적×3
				하	17	144	360	면적×2.5
(군내면 인화면)	월피	답	24	상	10	37	186**	면적×5
				중	14	53.2	212.8	면적×4
		전	5	상	3	14	28	면적×2
				중	1	1	2	면적×2
				하	1	2	2	면적×1
(마유면)	정왕	답	19	상	9	27	135	면적×5
				중	10	42	168	면적×4
		전	11	중	10	30	70.1	면적×2-5
				하	1	2	3	면적×1.5
합계			143			1,047.2	3,278.95	

* 출처 :『安山郡石場屯田畓賭租區別成册』[인천부 사판위원, 1896년 4월,『各郡驛土成册』(규장각 21030)에 수록]
* 비고 : 1. 1石落=20斗落. 2. 원자료의 합계에 착오가 있어 계산상의 결과를 활용했다. 3. ( )의 면명은 필자가 삽입한 것이다. 4. 필지수는 납세자별로 품등이 달라진 경우를 계산한 것으로 납세자가 여러 필지를 경작할 것이기 때문에 실제의 필지는 이보다 훨씬 많다. 5. 하중리 하답(*)은 반올림에 의해 0.05두 가산되고, 월피 상답(**)은 이대복의 3두락이 15두가 아닌 16두로 기록되어 있어 도조책정비율에 의거한 계산상의 결과와 비교하여 1두가 가산되어 있다.

만, 두 둔토는 성립기원이 다를 뿐 아니라 석장둔은 조100두형이고, 월입피둔은 뒤의 [표 4-2] [표 4-3] 분석에서 확인되듯이 그보다 훨씬 많은 납세를 하고 있어서 경영내용에도 차이가 있다. 성립기원과 경영내용이 상이한 두 둔토를 동일하게 취급한 것은 석장둔의 납세액을 인상하기 위한 조치가 아닌가 의심된다.

안산 석장둔 사판의 목적은 '도조구별(賭租區別)'이라는 책제목의 표현에서 드러나듯이 기왕의 도조를 조사하기보다는 새롭게 책정하여 부과하는데 있었다. 새로운 도조는 어떻게 책정되는가? 을미사판의 지침 가운데 "매 100두락의 도전(賭錢)은 상·중·하 3등으로 토지비옥도에 따라 가감균배(加減均排)하되 해당 사음(舍音)과 동두민(洞頭民)과 작인이 협의하여 결정하는 것이 가함"이라는 조항이 있다.8) 금납화의 추세에 따라 '도전'을 책정하되9) [도판 4-1]에서 보듯이 기왕의 두락을 그대로 둔 채 토지비옥도를 상·중·하 3등급으로 판정한 뒤 도조액을 책정했다. 나아가 지역별로 상·중·하의 두락당 도조액에도 차이를 두었다. 초산면 지역과 간촌의 경우 상답은 두락당 4두, 중답은 3두, 하답은 2.5두의 도조를 필지별로 책정했고, 월피와 정왕은 상답은 5두, 중답은 4두를 책정했다. 지역단위로 가감하여 책정한 점, 상·중·하 품등을 구분하여 차별적으로 책정한 점에서 안산 석장둔은 을미사판의 지침을 잘 준수하고 있다. 전은 대상이 적고 같은 지역, 같은 품등에서도 편차가 있어 도식화하기 어렵고 또 당연히 답에 비해 절반 정도로 낮은 수준이다.

답의 경우 전체 998.2두락 가운데 두락당 5두를 도조로 책정한 면적은

---

8) 『驛土所關文牒去案』 1895년 9월 28일 훈령 각부관찰부, '農商工部驛畓査辦規例'.

9) 도조는 상납시에 금납화되므로 도전이라 한 것이지 경작자들이 도전을 직접 납부한 것은 아니었다.

64두락(6.4%), 4두는 255.2두락(25.6%), 3두는 269두락(26.9%), 2.5두는 410
두락(41.1%)이었다. 초산면 석장둔만을 조사하면 전체 581두락 가운데
두락당 4두의 도조를 책정한 상답은 154두락(26.5%), 3두를 책정한 중답
은 161두락(27.7%), 2.5두를 책정한 하답은 266두락(45.8%)이 된다. 1결
=40두락으로 산정할 때 두락당 5두는 결당 조 200두, 두락당 4두는 160
두, 두락당 3두는 120두, 두락당 2.5두는 100두로 된다. 석장둔에서 조
100두를 거두던 점을 고려하면 절반 이상의 면적에서 도조를 인상 책정
한 결과가 초래되었다.

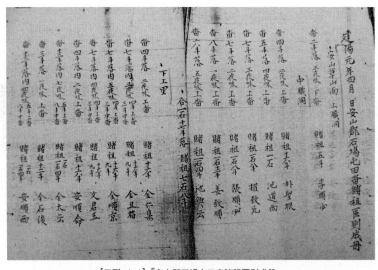

[도판 4-1] 『安山郡石場屯田畓賭租區別成冊』

이전에는 결당으로 부과했지만 새삼 비옥도에 따라 상·중·하로 구분
하여 작인별로 두락을 매긴 것은 지주적 관점을 반영한 것이다. 대체로
결에 대한 부과는 조세부과의 기준이며, 두락에 대한 부과는 지대와 관

련된다. 석장둔민의 주장으로는 풍년에도 1두락의 소출이 7-8두에 불과한데,[10] 상답에 4두를 책정한다면 그것은 타작할 때의 지대에 육박한다. 토지에 대한 처분이 자유로우면서 조 100두를 납세하던 석장둔에서 도조로 인식될 만큼 납세액이 상승한다면, 그것은 국가소유지와 민간소유지의 갈림길에서 일단 국가소유지로 기울어질 위기에 직면했음을 의미한다. 장토의 성립기원이나 소유구조를 면밀하게 확인하지 않고, 장토를 통합하고 획일화하는 방식으로 일원적 관리를 지향한 을미사판의 문제점이 여기서 드러난다. 그러나 석장둔의 경우 을미사판에서 책정된 도조가 실제로 수취된 것은 아니었다. 또한 갑오개혁과 을미사판을 거치면서 조 100두의 납세를 미 23두에서 산정된 결세(결전) 수준으로 낮춤으로써 민전으로 전환되지도 않았다. 종래의 조 100두 납세수준을 유지하면서 다음 단계의 소유권 사정을 기다리는 상황에 놓여 있었다.

2) 대한제국기 내장원의 둔토조사와 석장둔

황제권을 강화하려는 대한제국과 민권의 신장을 추구한 독립협회의 갈등은 결국 1898년 말 대한제국의 독립협회 탄압으로 결말이 났다. 1899년 8월 대한제국은 대한국국제(大韓國國制)를 제정하여 황제의 전제군주권을 강화하고 법제화했다. 이때 궁내부의 재정기관인 내장사(內藏司)를 내장원(內藏院)으로 승격하여 황실의 각종 재원을 모두 여기에 결집시키고, 이 재원을 황실의 운영 및 황제 중심의 개혁에 필요한 자금으로 활용하려 했다. 궁내부 각궁에 소속된 궁장토도 내장원이 통제했고, 역토와 둔토·목장토는 모두 내장원으로 귀속된 후 '광무사검(光武査檢)'

---

10) 『京畿道各郡訴狀』 1901년 11월 仁川安山石場屯結民等冤訴(국사편찬위원회 편, 『各司謄錄』 2, 576쪽).

을 받았다.[11]

1899년 9월 둔토와 역토가 대거 내장원으로 귀속될 당시 궁내부사검
위원 강봉헌·이태하, 안산군수 남계술이 조사한 안산군의 둔토는 [표
4-2]와 같다.

[표 4-2] 1899년 내장원 소관 안산군 둔토와 궁장토

둔명	지역	전답	結稅 賭地	비고
수원서리청둔 (일명 훈둔)	장종, 초산면, 군 내면, 월입피, 정 왕, 대월면 선부	답 11석2승락 전 11일경	9결71부4속 賭租中納稅 賭租 102석13두8승	결전은 조 44석으 로 마련(수원석장 둔은 면세로 제외 된 듯)
수원석장둔	초산면	답 55석15두7승6 홉락	17결33부9속 免稅 賭米 46석3두5승6홉 (賭地每負米4升式已例)	
수원장교청둔	4개면 소재	답 9석12두2승락 전 5석11두5승락	2결77부3속 賭租中納稅 打賭租 85석2두6승	
관둔	군내면, 잉화면, 대월면, 마유면, 와리면	답 2석15두락 전 10두9승락	1결30부9속 作人納稅 賭錢 100냥8전6푼	
금위영둔 (운현궁소속)	대월면	답 15석락 전 약간	결가 34석 납세 賭租 107석	
용동궁둔	초산면, 마유면	답 52석락 전 약간	14결 打租中納稅 賭租 450석	申錫孝 동생 收去
수진궁둔	잉화면	답 23석락	14결	典洞 閔泳瓚 買得
	와리면	전답 작인 57인. 각 7두락씩 두락 당 正米 3두씩	賭米 1197두	이전 昭陵內 지금 殯殿收去

* 출처 : 『宮內府所管京畿安山郡各屯土査檢案』(궁내부 사검위원, 1899년 9월)
* 비고 : 1석=15두(수원석장둔 賭米액수와 '賭地每負米4升式已例' 원칙에서 도출)

―――――――

11) 배영순, 앞의 논문, 1979, 76~78쪽; 박진태, 「대한제국 초기의 국유지 조사」 『대한
   제국의 토지조사사업』, 한국역사연구회 토지대장연구반편, 혜안, 1995; 김양식,
   앞의 책, 2000, 71~80쪽.

이때 수원서리청둔(월피둔), 수원석장둔, 수원장교청둔(장용영둔)은 아직 내장원으로 소속되지 않고 선희궁에 소속되어 있어서 이들의 세액은 선희궁에서 수취했다.[12] 선희궁은 사도세자의 모친 영빈(暎嬪) 이씨의 제사를 봉향하는 곳으로 1870년 육상궁에 합했다가 1896년 회복되고 1897년 선희궁으로 중건되면서 여러 장토를 확보하게 되었다.[13]

그런데 수원석장둔 17결 33부 9속이 면세(免稅)되고 있는 점이 주목된다. 면세 받는 대신 "도지매부사승식이례(賭地每負四升式已例)"라고 하여 결당 미 40두(조 100두)를 납부하고 있다. 이것은 갑오개혁 이전 석장둔에서 수원부 총리영에 납세하던 수준 그대로다. '도지'라는 표현은 액수가 고정되어 있다는 점을 의미할 뿐 온전한 지대를 뜻한다고 볼 수 없다. 갑오개혁 이후 국가의 모든 토지에 대한 면세를 폐지하여 결세(결전)를 부과했음에도 불구하고, 대한제국기의 석장둔에 결세인 미 23두에서 비롯된 결전을 부과하지 않고, 갑오개혁 이전 부과하던 결당 조 100두인 미 40두를 그대로 부과하고 있다. 조 100두 외에 별도의 결전을 부과해야 '일토양세(一土兩稅)'가 되는 것인데 석장둔에서는 결당 미 40두만을 부과했다. [표 4-2]에서 결세(결전)를 면세했다는 것은 그 결세가 도지 미 40두에 포함되어 있다고 보았기 때문일 것이다.

---

12) 『宮內府所管京畿安山郡各屯土査檢案』[궁내부 사검위원, 1899년 9월, 『經理院驛屯土成冊』(규장각 21046)에 수록]
13) 荒井賢太郞, 『臨時財産整理局事務要綱』, 朝鮮總督府, 1911, 22쪽; 박성준, 「대한제국기 내장원의 역둔토 경영의 성격」, 『조선시대사학보』 6, 조선시대사학회, 1998; 심재우, 「조선후기 선희궁의 연혁과 소속 장토의 변화」, 『조선시대사학보』 50, 2009. 수원부에 소속되어 있던 석장둔 등의 둔토는 갑오개혁 때 폐지된 후 1896년 선희궁으로 이속되었다가 1902년 내장원으로 귀속되었다[조선총독부 중추원, 『국유지조사서(抄)』, '摠理營屯'; 『京畿道各郡所在各屯土調查成冊』(규장각 19550, 수원지방대본영, 1897년 10월)].

을미사판에서 석장둔의 각 필지를 상·중·하 3등으로 구분하여 도조를 책정하면서 인상을 시도한 것과는 달리, 광무사검에서는 갑오개혁 이전처럼 미 40두를 그대로 납세하게 했는데 이 점을 주목할 필요가 있다. 대한제국 광무사검의 기본 방침 중 하나는, "이전 위원이 아주 낮게 도조를 책정한 곳은 둔민을 초치 설득하여 다시 협의하여 도조를 인상할 것(前委員所定賭額至歇處는 招致該屯民하여 布諭訓辭하고 更爲參量加定事)"이었다.[14] 이것은 장토의 성립기원이나 거기서 비롯된 납세관행을 무시하고 지대의 수준으로 인상하도록 강제한 것이다. 기왕의 연구에 의거하면 이러한 광무사검의 방침은 '공토(公土)' 확대정책이라고 평가되었다. 공토로 일단 편입되면 민유지로 환급될 기회는 거의 없게 된다. 대한제국은 중답주도 인정하지 않는 방침을 취함으로써 궁장토·공토의 소유권이 일방적으로 궁방·국가기관에 귀속되어 갔고, 중답주를 배제한 지주-작인의 경영방식이 강화된 것으로 이해되어 왔다. 그러나 석장둔의 사례는 이와는 다른 결과를 보여준다. 대한제국기에도 [표 4-2]에서 보듯이 갑오개혁 이전과 동일한 수준의 부담을 지고 있다. 여전히 근대적 토지소유권의 개념에 입각한 사정이 이루어질 때를 기다리고 있는 모습이다.

1905년분 수취를 위해 1906년 조사한 안산군 둔토의 상황을 살피면 [표 4-3]과 같다.

---

14) 배영순, 앞의 논문, 1979, 76~77쪽.

[표 4-3] 1906년 안산군 둔토의 상황

둔명	전답	면적(結-負-束)	賭地	舍音料費
월입피둔	전 4일경 답 8석6두2승락	元結 7-15-5	賭租 54석7두1승	5석7두1승
장용둔	전 16일반식경(2식경 舊陳) 답 9석18두8승락(8두락 成川)	元結 2-77-3	賭租 79석17두	7석17두
석장둔	답 15-84-9속	屯結 15-84-9	賭米 42석3두9승6홉	4석3두9승6홉

* 출처 : 『京畿各郡驛屯田畓日耕斗落結卜定賭實數都案』(규장각 19178, 經理院, 1906년 3월)
* 비고 : 楊上驛과 관둔은 제외했다.

결부로 산정된 면적은 결세를 납부할 면적을 의미한다. 그런데 유독 석장둔만은 '둔결(屯結)'로 표시되었다. 결세를 납부한다는 점에서 '원결'이라 하든 '둔결'이라 하든 상관이 없을 수 있다. 그렇지만 원결은 장토의 경영방식과는 무관하게 납부해야 할 결세를 의미하고, 둔결은 조 100두에 해당하는 세금을 낸다는 의미의 개념이다. 석장둔의 둔결은 15결 84부 9속이다. 석장둔의 둔결에서는 이제까지와 마찬가지로 1부에 4승씩, 1결에 미 40두를 수취했다.[15] 1902년과 1906년 공문서 기록에는 석장둔의 도미가 38석으로 나오는데,[16] 이는 [표 4-3]의 도미에서 사음료를 제외한 액수다. 주목할 점은 을미사판의 도조책정 시도와 대한제국의 공토확대정책에도 불구하고 석장둔의 납세수준은 18세기 장토의 성립 시기에 책정된 액수에서 변화가 없다는 점이다. 통감부시기 왕실재정 정리를 위해 신설한 경리원에서 조사한 [표 4-3]에서도 변함이 없게 나타난 것이다. 문제는 결세 수준의 미 40두를 납세하는 데도 불구하고 선

---

15) 결당 미 40두, 1석=15두로 계산하면 [표 4-3]의 賭米 액수와 일치한다.

16) 『訓令照會存案』(규장각 19143) 1902년 11월 6일 내장원경의 안산군수에 대한 훈령 제6호;『京畿道各郡報告』1906년 10월 안산군수의 경리원경에 대한 보고 서(『각사등록』 2, 337쪽).

희궁 또는 내장원에 납세하게 됨으로써 그 기관의 관할 하에 놓여 각종 강제에 시달릴 가능성이 여전히 높다는 점이다.

석장둔의 납세액은 기본적으로 결당 미 40두로 변화가 없었지만 석장둔민과 내장원 사이에 세납을 둘러싸고 갈등이 없었던 것은 아니었다. 1901년에 전국적으로 큰 흉년이 들었을 때 내장원의 파원이 안산과 인천 석장둔을 간심집재(看審執災)하여 각 결호의 입재성책(入災成冊)에 따라 결수를 줄여 주었는데, 내장원에서는 "도지를 정한 본 뜻은 원래 풍흉에 관계없이 고정한다는 것(定賭本意 元無豊儉之別)"이라고 하면서 허용하지 않았다.[17] 석장둔민은 일반민전에서처럼 농사 안 된 곳을 감면받고자 한 것이지만, 내장원에서는 도미(賭米)로 고정되어 있는 것이라고 압박한 것이다. 반면에 석장둔민이 흉년이 들어 재감을 기대한 것은 석장둔을 민전과 다름없이 인식하고 있었음을 의미한다.

광무사검의 처리 결과를 놓고 일어난 내장원과 석장둔민의 갈등은 세미의 운반비에서도 보인다.

이 둔토는 본래 민결(民結)로 화성에 이속하여 매부(每負) 미(米) 관승(官升) 4승씩 마련하여 15두 곡자(斛子)로 봉상하여 37부 5속으로 일곡(一斛)을 응납한지 200여년에 갑오 이후 결가를 화폐로 마련할 때 홀로 국은(國恩)을 입지 못하고 다시 선희궁에 소속되어 이전처럼 상납하여 지금까지 억울한데 불의에 최근 내장원 사검위원이 내려와 구곡(舊斛)을 사용하지 않고 신대두(新大斗)로 15두씩 상납하고 서울까지 운반비까지 담당하

---

17) 『京畿道各郡訴狀』1901년 11월 仁川安山石場屯民等報(『각사등록』 2, 580쪽). 내장원은 결당 미 40두를 '도조(賭租)', 석장둔민을 '본둔작인' 또는 '작민(作民)'으로 부르며 압박했다[『경기도각군소장』 1903년 10월 仁川석장둔두민 丁聖教의 내장원경에 대한 소장 (『각사등록』 3, 108쪽); 1903년 11월 仁川新峴面二里居 丁成鳳의 인천감리에 대한 所志 (『각사등록』 3, 121쪽)].

라 하오니 이전에 비하여 가봉(加捧)이 5~6두나 많은데 이르렀습니다.[18]

이 기록에는 석장둔의 연혁이 잘 소개되어 있다. 석장둔은 본래 조 100두를 납부하는 '민결(民結)'로 수원부에 이속되어 1석=15두로 납세했는데, 갑오개혁 때 불행이도 '민결'로 승총되지 못하고 선희궁으로 넘어가 이전처럼 납세하다가, 내장원으로 귀속된 뒤 도량형이 바뀌면서 운반비가 추가되어 실질적으로 부담액이 늘었다는 것이다. 석장둔민은 석장둔을 민결로 인식하여 갑오개혁 때 민결로 승총되었어야 한다는 인식을 가지고 있다. 민결이 되지 못했지만 선희궁·내장원으로 이속되어서도 결당 미 40두 납세에는 변함이 없었다.

한편 석장둔으로 불리기도 했던 월입피둔에서는 내장원의 둔결이 민결에 편입된 드문 사례가 나타난다. 1900년 광무사검 때, 둔결 7결 15부 5속과 민결 2결 55부 9속으로 합쳐 있던 월입피둔을 구별하여 둔결은 둔토로 만들고 민결은 안산군에 귀속시켰다. 그런데 안산군에서 민결이 부족하다고 둔결에서 보충하려 들었다. 이에 내장원에서는 "둔결은 작민에게서 수취하고 민결은 결호에서 수취하는 것(屯結은 責納於各作民하고 民結은 責捧於該結戶)"이라고 비판했다.[19] 광무사검이 민결을 억지로 둔결에 편입한 것이 아니라 반대로 둔결이 민결에 침탈될 뻔한 사건이다. 이 기록에서 월입피둔의 일부가 민결화된 사실을 발견할 수 있는데 그 내막을 알지는 못한다.

대한제국이 광무사검 등 공격적 공토확장정책을 추진하면서 내장원

18)『경기도각군소장』1901년 11월 仁川安山石場屯結民等冤訴(『각사등록』 2, 576쪽).
19)『경기도각군보고』1904년 12월 7일 경기봉세관이태하의 내장원경에 대한 보고 제48호 (『각사등록』 2, 276쪽);『훈령조회존안』1904년 12월 10일 안산군수에 대한 훈령.

의 지주경영을 강화했다는 기왕의 연구들과는 달리, 석장둔 사례에서는 그러한 양상을 찾을 수 없었다.

2. 안산군 광무양안과 석장둔의 소유권

1) 안산 석장둔 지역의 광무양안 분석

대한제국은 1899년 4월부터 양전사업을 개시하여 시기전답(時起田畓)의 결총, 즉 실결을 파악하여 지세수입의 안정화를 꾀하려 했다. 당시 역토·둔토·궁장토를 조사하는 광무사검이 병행되었지만 양전사업에서도 이들에 대한 조사를 배제하지 않았다. 갑오개혁의 출세조치에 의해 이들 장토도 모두 과세지로 되었기 때문이다. 양지아문(量地衙門)에서 시행한 양전사업의 원칙에 "역토·둔토 및 각종 공토도 한가지로 입록(入錄)하되 표제(標題)을 구별할 것"이라는 규정이 있다.[20] 이 원칙에 따라 광무양안에는 과세대상이 된 역토·둔토 및 각종 공토가 민전과 마찬가지로 똑같이 측량·조사·등재되었다. 양전사업을 뒤이어 1901년 시작된 지계(地契)발급사업의 원칙에는 "각 공토 중에 오래도록 화매(禾賣)하여 계속 사토(私土)로 만든 것은 낱낱이 조사하여 사실대로 기록할 것", "각 공토도 사토(私土)의 예에 의해 정등집결(定等執結)할 것"이라는 항목이 있다.[21] 역토·둔토·궁장토, 그리고 기타 공유지도 민유지와 똑같이 취급하여 양전하고, 소유자인 해당기관에 관계(官契)를 발급하도록 한 것이다. 여기에 공토를 사토로 만든 것, 즉 중답주(中畓主)가 있는

---

20) 『時事叢報』 1899년 5월 11,13일 量地發訓, '量地衙門應行條例' 제8조.
21) 『完北隨錄』 1903년 2월 27일 地契監理應行事目.

경우에는 그 소유권을 인정하지 않는 원칙을 정한 것이 눈에 띈다. 안산
군의 광무양안에는 이러한 점이 어떻게 반영되어 있으며 석장둔의 위상
은 어떻게 파악되어 있을까?

광무양전사업의 진행과정에 대해서는 기왕의 연구에서 충분히 밝혀
졌으므로 자세한 소개는 생략한다.[22] 안산군에서의 양전은 양지아문에
서 1900년 8월부터 시작되었다. 양전은 들에 나가 측량하여 기록하는
'야초(野草)'의 단계, 각군에서 야초를 모아 면별로 편집하는 '중초(中
草)'의 단계, 양지아문에서 중초를 정리하는 '정서(正書)'의 단계로 진행
된다. 여기서 검토의 대상으로 삼은 안산군 양안은 수세(收稅)를 위해
안산군에 내려 보낸 정서책 완성본이 아니라 정서책을 작성하기 위해
중초책 위에 재점검 수정한 것이다. 즉 중초책이지만 정서책에 수록될
내용이 수정의 형식으로 담겨 있다.[23]

안산군양안을 보면 난외 상단에 지심인(指尋人)과 지심지역이 기록되
어 있는데 이를 통해 양전이 진행된 지역의 순서를 추정할 수 있다. 광
무양전 당시의 초산면 동리명을 중심으로 양전순서를 살펴보면, [조남
리 → 제청리 → 목감리 → 율포리 → 논곡리 → 산현리 → 궤곡리 →
물왕리 → 상직리 → 광석리 → 중직리 → 하상리 → 하중리 → 하하
리]의 순이었다. 이를 1914년 동리가 통폐합된 뒤에 나온 지형도를 통해

---

22) 김홍식 외, 『대한제국기의 토지제도』, 민음사, 1990; 한국역사연구회 토지대장연
  구반, 『대한제국의 토지조사사업』, 민음사, 1995; 한국역사연구회 토지대장연구
  반, 『대한제국의 토지제도와 근대』, 혜안, 2010; 왕현종, 『한국근대 토지제도의 형
  성과 양안』, 혜안, 2016; 왕현종, 『대한제국의 토지조사와 토지법제』, 혜안, 2017;
  이영호, 『근대전환기 토지정책과 토지조사』, 서울대학교출판문화원, 2018; 김건
  태, 『대한제국의 양전』, 경인문화사, 2018 참조.
23) 『京畿安山郡量案』(규장각 17654).

살펴보면 [도판 4-2]와 같다.

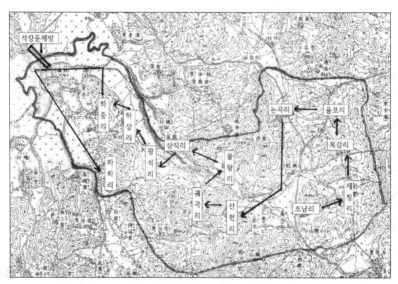

[도판 4-2] 안산군 초산면 양전순서

석장둔이 설치된 안산군 광무양안 초산면(하)을 자세히 살펴보면, [상
직 전평 → 광석리 전평 → 광석리 동중(洞中) → 광석리 전(前) → 중직
리 → <하상리 전평 → 내평(內坪) → 걱지방축 외평(外坪) 제언답 →
고평(高坪) → 걱지방축 → 동산우평(東山隅坪) → 벼실고지 전평 호조
방축 → 호조방축 → 호조방축평 → 춘대(春臺)방축 → 선위(善爲)방축>
→ 간촌(間村) → 간촌 전평 → 유축평(柳築坪) → 간촌 전평 능계수(能
溪水)방축 → 채나물평 → 하하리 전평 → 석교평(石橋坪) → 축곡(築谷)
→ 감재평(甘材坪)]의 순이었다. 석장둔은 하중리와 하상리 두 동리에
포함되어 있는데 지심지역에서 살펴본다면 하상리 전평부터 간촌 이전
까지(< > 표시)에 분포된 것으로 보인다. 간촌·하하리 등지는 석장둔 제

언 아래쪽에 해당되어 석장둔 간척 이후 확장된 간척지로 추정된다.

여기서 먼저 지심인의 역할과 지위에 대해 살펴보기로 한다. 지심인은 필지별로 기록된 양안 상에서 상단 난외에 기록되어 참고로 삼는 것에 불과하다. 지심인이 일정한 영역이나 필지에 규칙적으로 배당되어 있는 것도 아니다. 넓은 면적을 담당한 지심인도 있고, 좁은 면적을 담당한 경우도 있고, 지심인 기록이 부실한 경우도 있다. 그렇지만 지심인의 역할은 상당히 중요하다.

한성우체사 오병일 주사는 양전의 필요성을 정부에 헌의하면서 양전조례를 작성한 바 있다. 14개 항목 가운데 각군마다 "공근능서자(公勤能書者)와 오해산법자(悟解算法者)" 3~5인의 서기를 차출하고, 각면에는 "공정하고 근면하며 업무에 조예가 있고 계산에 익숙한 자" 1인을 감관으로 차정하고, "각리에 노농(老農) 몇사람을 선택하여 토품(土品)을 지심(指審)하게 할 것"이라는 조항을 설정했다.[24] 이러한 주장은 실제에 반영되었는데, 지계아문의 사목에는 "양전을 시행하는 지방에 해당 각동 대소민인 중에서 공정하고 농리(農理) 숙련된 한 사람을 공천(公薦)하여 유사(有司)로 별도로 정하여 수사지심(隨事指審)하여 토품을 평론케 할 것", "전답의 등급은 토질과 수근(水根)과 좌지(坐地)를 상세히 살펴 본가(本價)와 곡출(穀出)을 조사하고 지심인(指審人)의 평론을 참착하고 구양안의 본등(本等)을 방조(傍照)하여 고하를 정할 것"이라 했다.[25] 지심인의 역할은 필지의 결부 및 결세에 절대적인 영향을 미치는 토지의 비옥도, 즉 토지등급에 대한 의견을 내는데 있었다. 공명정대하고 농

---

24) 『田案式』(국사편찬위원회); 왕현종, 「대한제국기 양전·지계사업의 추진과정과 성격」, 『대한제국의 토지조사사업』, 한국역사연구회 토지대장연구반편, 1995, 59~60쪽 참조.
25) 『完北隨錄』 1904년 2월 27일 지계감리응행사목.

리에 밝은 노농을 임명할 것을 주문했다. 대체로 동리장들이 담당했을
것이다. 동리는 행정단위가 아니었기 때문에 동리장도 정식 관리는 아
니었다.

　석장둔 지역에서 지심인은 어떤 사람인지 안산군 광무양에서 소유실
태를 조사해보면 [표 4-4]와 같다.

[표 4-4] 지심인의 토지소유 수준

지심인	거주지	지심처	소유지			소작지			계	
			필지	속수	소유처	필지	속수	소작처	속수	경영면적
김사인		광석리 前坪								
김순교	초산면 借家	광석리 洞中	1	22	군내면	3	644	하중리	4	344
장윤행		광석리 前, 중직리								
안덕현	중직리 용동궁 차가	하상리 전평	6	460	광석리, 하상리	8	1301	중직리 용동궁	14	1111
안순서		내평	8	523	마유면, 광석리, 하상리	5	650	내평, 걱지방축	13	848
지성범	중직리 차가	걱지방축 外坪 제언답, 高坪	1	18	중직리	9	1575	중직리, 하상리	10	806
지윤만	중직리 용동궁 차가	걱지방축, 間村 전평, 柳築坪	15	1536	초산면	1	22	중직리 용동궁	16	1547
김홍겸		東山隅坪, 春臺방축	8	939	호조방축				8	939
이도원		벼실고지 전평 호조방축, 호조방축, 善爲방축								
이유근	동산우평 용동궁 차가	호조방축평	3	175	호조방축	9	1014	동산우평, 호조방축	12	682

지심인	거주지	지심처	소유지			소작지			계	
			필지	속수	소유처	필지	속수	소작처	속수	경영면적
장치보	능계수방축 자가	間村	3	35	하중리	4	336	간촌, 간촌전평	7	203
권봉수		간촌전평 能溪 水방축								
전치근	이기탁 차가	채나물평	1	18	채나물평	10	939	간촌전평, 채나물평	11	488
김원보		하하리 전평, 石橋坪, 築谷	5	232	와리면	6	941	와리면 수진궁	11	703
권문도		甘材坪								

* 비고 : 공동소유 또는 공동소작일 경우 균등하게 나누었다. '경영면적'에서 소작지는 1/2
　로 산정했다.

　　지심인 중 자기 집을 가진 자는 장치보 뿐이며 차가한 자가 6명 확인
된다. 지심인은 동리인을 원칙으로 하기 때문에 '거주지'가 나오지 않는
경우는 부모와 함께 사는 등 다른 이유가 있을 것이다. 지윤만·김흥겸의
소유지가 많고 지성범·안덕현·이유근은 소작지가 많다. 지윤만·안덕
현·이유근 등은 용동궁에서 차가하였으므로 궁의 영향권 하에 있을 가
능성이 높다. 소유와 소작기록이 전혀 없는 자를 제외하고 보면 지심인
은 전반적으로 중농 정도의 경제수준을 보인다고 할 수 있겠다.

　　안산군 광무양안 '초산면(하)'에 포함된 동리는 일제시기에 들어가 상
직리는 물왕리에, 중직리와 하하리는 광석리에, 그리고 나머지는 하중리
와 하상리로 재편되었다. 광무양안은 동리단위로 작성되지 않아 명확하
게 구분하기 어려우므로 석장둔이 분포되어 있는 하상리와 하중리를 중
심으로 하고 광석리를 포함하여 토지소유 양상을 살펴보기로 한다. 즉
『광무양안』 안산군 초산면(하)에서 27필지밖에 되지 않는 상직리 부분

은 제외하고 나머지를 '석장둔포괄구역'이라 명명하여 분석한다.26)

석장둔포괄구역과 제2장에서 분석한 1755년의 안산석장둔양안을 비교하여 보면 [표 4-5]와 같다.

[표 4-5] 1755년 안산석장둔양안과 1900년 광무양안 석장둔포괄구역의 비교

양안	필지	결-부-속	척수	평수	정보
광무양안(A)	1,526	140-52-7	2,967,733	971,369	324
석장둔양안(B)	778	13-09-8	523,920	171,484	57
(B)/(A)×100	51.0%	9.3%	17.7%	17.7%	17.6%

* 비고 : 안산석장둔은 778필지, 13결 9부 8속, 인천석장둔은 2,093필지, 37결 76부 3속의 규모를 보인다. 석장둔은 간척지로서 모두 6등전이기 때문에 1결당 면적은 갑술 양전척으로 40,000척이다. 안산의 경우 13.098결×40,000척=523,920척이고, 인천의 경우 37.763결×40,000척=1,510,520척이다. 갑술양전척 1척=104.021cm으로 산정하면 10,000척은 3,273.1평이 된다.27) 이로써 환산하면 안산은 171,484평=약 57정보가 되고, 인천은 494,408평=약 165정보가 된다. 석장둔 전체를 합하여 계산하면 2,034,440척, 665,893평=약 222정보가 된다.

석장둔포괄구역은 광무양안 안산군 초산면(하)에서 천자문 하(河)자에서 우(虞)자까지 28자에 걸쳐 있다. 석장둔은 광무양안의 해당 동리에서 필지수로는 51.0%인 반면 면적으로는 17.7%를 차지한다. 석장둔은 간척지로서 6등전으로 토지등급이 낮게 평가되었기 때문에 결부로 산정한 면적이 필지수보다 훨씬 적게 잡힌다.

간척지 석장둔에는 답이 압도적으로 많다. 안산의 경우 전이 57필지,

---

26) 엄밀하게 하려면 하중리·하상리로 추정되는 <하상리 전평~선위방축>까지의 지역만 대상으로 해야 하지만 그 부분을 산정하니 657필지, 67결 81부 7속, 1,440,111척, 471,363평, 157정보로 된다. 제6장의 [표 6-5]에서 하중리·하상리 면적은 전·답·대만 합해도 944,443평이 되어 지나치게 차이가 커서 비교가 안 된다. 그래서 광석리 일대를 포함했다.

27) 박흥수, 『도량형과 국악논총』, 박흥수선생화갑기념논문집간행위원회, 1980, 187쪽.

59부 3속이고 답이 721필지, 12결 50부 5속이다. 인천은 전이 130필지 1
결 5부 2속, 답이 1,961필지 36결 63부 1속이다. 전은 경작지로서 완성되
지 못하여 무주지인 경우가 많았다. 광무양안 단계에 와서는 개간이 완
료되었을 것으로 판단할 수 있다. 그래서 석장둔포괄구역과 광무양안에
서 지목별 규모를 비교해보면 [표 4-6]과 같이 된다.

[표 4-6] 안산석장둔양안과 석장둔포괄구역의 답 규모 비교

양안	필지	결부속	척수	평수	정보
석장둔양안(A)	721	12-50-5	500,200	163,720	55
(A)/(B)×100	84.4%	11.2%	22.0%	22.0%	22.2%
광무양안(B)	854	111-62-4	2,275,934	744,936	248

　안산 석장둔 답의 필지수는 광무양안 초산면(하)와 비교하여 84%로
상당히 근접한다. 그러나 절대면적은 22% 수준에 머물고 있다. 더욱이
결부가 11%로 절대면적 절반에 머문다. 간척지 석장둔은 생산력이 낮아
서 결부가 낮게 평가되어 있는 것은 앞에서 언급했다. 석장둔의 필지당
평균 면적이 안산은 16.8속, 인천은 18.0속으로 평균하면 17.7속이었다.
이에 비해 광무양안 석장둔포괄구역은 답의 경우 854필지, 111결 62부 4
속이므로 필지당 평균 130.7속이어서 석장둔에 비해 7배나 많다. 일제의
조선토지조사사업에서는 지목이 같고 소유자가 같을 경우 하나의 필지
로 통합하여 한 필지의 면적이 이전보다 크게 넓어진 경향을 보인다. 그
런데 석장둔양안과 광무양안의 비교를 통해 볼 때 광무양안에서도 지목
과 소유자가 같으면 필지가 통합되는 동일한 양전원칙이 나타나고 있
다. 새롭게 토지를 조사할 경우 필지통합의 양상은 전통시기에도 일반
적으로 나타나는 현상이었다.
　다음으로 광무양안의 토지비옥도를 살펴보면 [표 4-7]과 같다.

[표 4-7] 광무양안 석장둔포괄구역에서 답의 토지등급별 토지규모

토지등급	필지/%	척수/%	면적(속)/%
2등급	3/0.3	4270/0.2	363/0.3
3등급	138/16.2	380950/16.7	26673/23.9
4등급	316/37.0	871152/38.3	47844/42.9
5등급	284/33.3	767150/33.7	30428/27.3
6등급	113/13.2	252412/11.1	6316/5.6
계	854/100	2,275,934/100	111,624/100

답의 토지등급은 4등급이 가장 많아 40% 정도에 이르고 5등급 30%, 3등급 20%, 나머지는 6등급과 2등급이다. 최초 개간 당시 6등급이었던 석장둔의 답이 광무양안 단계에서는 작답화의 완성도가 매우 높아진 것으로 해석할 수 있다. 답의 경우 전보다는 토지등급이 높은 것이 보통이지만, 광무양전사업에서 과세지의 확대를 위해 토지등급을 상향조정한 측면도 토지등급의 상승에 영향을 미쳤다고 본다. 그렇다 하더라도 용인군 이동면의 경우 결부의 경우만 살펴볼 때 3등급의 토지가 양지아문양안에서 3%, 지계아문양안에서 4%이고, 4등급은 각각 53%, 32%, 5등급은 36%, 50%, 6등급은 7%, 15%인 것과[28] 비교할 때 석장둔포괄지역은 3등급이 압도적으로 많아 차이가 있다. 3,4등급이 67%로 2/3를 차지하여 용인군의 57%, 35%인 것과 비교하여 매우 높은 편이다. 석장둔포괄지역의 토지등급은 작답 완성도의 고도화와 과도한 산정의 두 효과가 맞물려 토지등급이 높게 책정되어 비옥한 것으로 간주된 셈이다.

지목별 토지소유분포를 살펴보면 [표 4-8]과 같다.

---

28) 이영호, 「대한제국시기의 토지제도와 농민층분화의 양상 - 경기도 용인군 이동면 광무양안과 토지조사부의 비교분석」, 『한국사연구』 69, 1990, 85쪽.

[표 4-8] 석장둔포괄구역의 지목별 분포

지목	필지수	결부속	척수	평수	정보
전	500	25-63-3	650,548	212,931	71
답	854	111-62-4	2,275,934	744,936	248
대	172	3-27-0	41,251	13,502	5
계	1,526	140-52-7	2,967,733	971,369	324

* 비고 : 1. 평수와 정보는 추산한 것이다.
2. 작인이나 가주를 분석할 경우 공동경작지의 필지수 조정이 필요하다. 공동경작의 경우 균등하게 면적을 나누되 소수점은 기재된 순서대로 올림하는 방식으로 소멸시킨 결과 59필지 증가했다. 전은 3필지 증가하여 503필지, 답은 41필지 증가하여 895필지, 대는 15필지 증가하여 187필지에 이르렀다.
3. 대 9개 필지는 이기탁이 빌려준 땅으로 부재지주 이기탁의 농장경영과 관련되는 듯하다.
4. 용동궁과 관련되는 필지는 24필지에 달한다.

대지 172필지에 초가는 736간으로 계산되어 호당 평균 4.3간이다. 기와집은 없었다. 답이 전에 비해 4배 정도 더 많다.

2) 광무양안 상의 석장둔과 공토

이제 안산군 광무양안 초산면(하)에서 석장둔을 보다 분명하게 지목하여 분석해 보기로 한다. 양안에는 '석장둔'이라는 표기가 [표 4-9]와 같이 여러 가지 방식으로 나오는데 이들 석장둔을 모아 분석한다.

[표 4-9] 안산군 초산면 광무양안 상의 '석장둔' 표기

석장둔 관련 표기	필지수	면적(結−負−束)
① 시주란에 '석장둔' 표기	3	0-26-3
② 시주란의 '석장둔' 표기 삭제	69	9-63-8
③ 시주란의 '석장둔' 표기를 삭제하고 '용동궁'으로 표기	6	1-04-1
합 계	78	10-94-2

* 출전 : 『경기안산군양안』 초산면(하)
* 비고 : 지목은 모두 답이다.

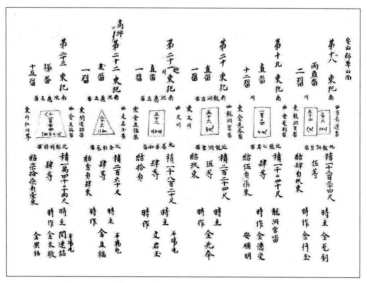

[도판 4-3] 『경기안산군양안』 초산면(하)의 석장둔 표기

석장둔을 시주란에 표기한 것은 3필지에 불과하며, 삭제한 것은 69필지, 삭제하면서 용동궁으로 교체한 것은 6필지로 모두 78필지가 석장둔과 연관되어 있다. 석장둔을 표기했다가 삭제한 것은 75필지로 대부분을 차지하는 것을 보면 안산군 광무양안을 수정하는 과정에서 석장둔은 모두 삭제된 것으로 판단된다. 석장둔을 정부기관이 관장하는 둔토의 목록, 즉 공토에서 제외한 것이라고 해석된다. 시주 석장둔을 삭제하고 시주 용동궁을 표기한 6필지 1결 4부 1속은 1839년경 용동궁에서 매득한 안산 석장둔 1결 93부 2속과 관련될 것이다.29) 용동궁에서 매득하여 소

---

29) 1869년 추수기[『龍洞宮安山草山面下上里秋收冊』(규장각 20558, 1869년 9월, 舍音 安再祿)]에 등장한 '안산둔답', 즉 안산 석장둔전답 81필지 1결 93부 2속을 말한다. 용동궁에서는 1839년경 안산과 인천의 석장둔 일부를 매입했는데 그에 해당하는 필지의 자호지번이 위의 추수기와 『안산석장둔양안』『인천석장둔양안』

유한 석장둔에서도 석장둔 표기는 삭제된 것이다. 용동궁은 다른 석장
둔민과 다를 바 없이 시주로 인정받은 것이다. 다시 말하면 용동궁을 비
롯하여 석장둔을 상속 또는 매득한 경우, 소유권을 인정 받았고 따라서
거기에는 시주-시작의 지주제적 경영이 가능했다.

이렇게 안산군 광무양안의 중초책에서는 석장둔을 시주로 표시했지
만 정서책을 만들기 위해 중초책을 수정하면서 석장둔을 모두 삭제했
다. 광무양전사업에서는 처음 석장둔을 시주로 삼았다가 곧 이를 부인
한 것이다. 결과적으로 석장둔은 결당 조 100두(미 40두)를 납부해야 하
는, 일종의 수조권으로 존재할 뿐 석장둔의 관할기관에서 소유를 주장
할 수는 없게 되었다. 오히려 정부기관에서 별도의 납세장부를 마련하
여 그 수조권을 보장받지 못한다면 석장둔은 광무양안을 통해 완전히
민전화 될 수도 있어 보인다. 적어도 광무양안 상에서 석장둔은 민전의
지위를 인정받았다.

이로써 광무양안 상에서 소유의 유무는 분명하게 가려졌다. 중간적
소유, 중답주는 존재하지 않는다. 소유에 영향을 미칠 수 있는 수조의
권리가 있다면 그것은 광무양안 상에서가 아니라 생산물의 분배과정에

의 해당 필지에서 확인된다. 위의 추수기에는 모두 222필지 4결 24부 6속이 등재
되어 있다. 용동궁에서는 매입한 석장둔에서 결당 조 100두를 奴卜良(또는 宮奴
卜良)이라는 결호명으로 수원부 총리영에 납세했고, 1888년의 경우 216필지 3결
85부 4속을 납세했다(이영호, 「안산·인천 石場屯量案의 토지정보와 성격」, 『규
장각』 35, 서울대학교 규장각한국학연구원, 55쪽, [표 7]; 「조선후기 간척지의 소
유와 운영」, 『한국문화』 48, 서울대학교 규장각한국학연구원, 63쪽, [표 9]). 석장
둔이 1896년 선희궁으로 이속될 때에도 용동궁 소유의 3결 59부 1속이 포함되었
음이 확인된다(『龍洞宮公事冊』 1898년 2월 安山首書記處). 용동궁은 사적 지
주로서 석장둔을 소유하고 있었기 때문에 용동궁도 마땅히 석장둔의 조 100두를
납부하지 않으면 안 되는 것이었다.

서 나타날 것이다. 그 지점에서 내장원과 양지아문의 입장은 충돌할 수
밖에 없다. 양지아문은 내장원의 석장둔 소유를 인정하지 않았지만, 앞
에서 본 것처럼 내장원은 석장둔에서 결당 미 40두의 수조권을 행사함
으로써 토지에 대한 권리를 일정 부분 확보하려 했던 것이다. 물론 그것
은 18세기 전반 간척이 이루어진 석장둔의 성립 단계에서부터 전승되어
온 것으로서 내장원에서도 그 이상의 권리를 주장하지는 않았다. 처음
시주를 석장둔으로 표시했다가 삭제한 것은 두 기관 사이의 역학관계의
변화를 나타낸다고도 볼 수 있다. 내장원에서 공토확대정책이나 지주경
영의 강화를 추진했더라도 그것은 양전을 주관한 탁지부 및 양지아문의
견제를 받았다고 해석할 수도 있을 것이다.

  광무양안 상의 석장둔 표기 필지의 소유분포를 1755년 석장둔양안과
비교하면 [표 4-10]과 같다.

[표 4-10] 안산 광무양안과 석장둔양안의 석장둔 소유분포 비교

소유규모 (束數)	1900년 광무양안의 석장둔			1755년 석장둔양안		
	소유자(%)	필지(%)	면적(%)	소유자(%)	필지(%)	면적(%)
1~100	19/50.0	20/25.6	942/8.6	56/61.5	175/26.4	2243/19.2
101~200	9/23.7	14/17.9	1298/11.9	18/19.8	143/21.6	2556/21.9
201~500	4/10.5	6/7.7	1170/10.7	14/15.4	219/33.0	4266/36.5
501~1000	2/5.3	8/10.3	1586/14.5	2/2.2	54/8.1	1562/13.3
1001 이상	4/10.5	30/38.5	5946/54.3	1/1.1	72/10.9	1066/9.1
계	38/100	78/100	10942/100	91/100	663/100	11693/100

* 비고 : 1結=100負, 1負=10束

  1755년 안산 석장둔은 모두 778필지, 13결 9부 8속이었다. 이중 공유와
무주지를 제외하면 663필지, 11결 69부 3속이 된다. 그런데 을미사판의
결과 1896년 안산군 석장둔의 상황을 살펴보면, 초산면 상직동, 중직동,

하상리, 하중리의 석장둔 답은 88필지, 581두락(29석 1두락)이고 1결=40두락으로 계산하면 14결 52부 5속이 된다.[30] 1899년 광무사검의 결과 석장둔은 17결 33부 9속으로 확인된다.[31] [표 4-10]의 광무양안 상에서 확인된 석장둔은 이에 못 미치는 10결 94부 2속으로 집계되었다. 나머지는 어디로 갔는지 제외되었는지 확인이 안 된다.

[표 4-10]에서 볼 때 1755년 안산 지역의 석장둔은 소유자 1인이 평균 7.3필지, 12부 8속을 가지고 있는데 비해, 광무양안에서는 소유자 38명이 78필지를 소유하므로 평균 2.1필지, 28부 8속을 소유하는 것으로 된다. 총 결수에서는 큰 차이가 나지 않으므로 거의 같은 지역이라고 간주하고 비교할 때, 필지수는 줄었지만 소유면적 평균은 크게 증가했다.

이러한 결과는 다음과 같은 양상을 유추하게 한다. 첫째 간척할 당시 경지를 매우 잘게 쪼개었는데 그것은 경지개간이 그만큼 힘든 사정을 반영한 것으로 해석할 수 있다. 둘째 광무양전을 시행할 때 인접한 필지들이 같은 소유자, 같은 지목일 경우 통합되어 측량이 이루어진 것으로 해석할 수 있다. 이 점은 일제의 조선토지조사사업에서 채용된 필지 책정의 원칙으로 알려져 있지만, 광무양안에서도 이미 그러한 원칙을 세웠음을 여기서 확인할 수 있다. 셋째 광무양전 단계에서 소유지의 집적이 크게 진전된 것으로 해석할 수 있다. 이에 따라 1인의 소유지는 2배 이상 넓은 면적으로 확장되었다. 토지소유의 불균형이 심화되고 있고 그만큼 지주-작인관계도 강화된 것으로 해석 가능하다.

석장둔 78필지, 10결 94부 2속의 내역을 살펴보면, 자작지는 30필지, 2

---

30) 『安山郡石場屯田畓賭租區別成冊』[인천부 사판위원, 1896년 4월, 『各郡驛土成冊』(규장각 21030)에 수록].

31) 『宮內府所管京畿安山郡各屯土査檢案』[궁내부 사검위원, 1899년 9월, 『經理院驛屯土成冊』(규장각 21046)에 수록].

결 27부 3속, 시주-시작관계가 형성된 것은 용동궁의 토지를 포함하여 48필지, 8결 66부 9속이다. 79.2%의 면적에서 지주경영이 이루어진 것이다. 그렇지만 석장둔에 형성된 지주-작인관계를 중층적 소유관계로 해석할 수는 없다. '석장둔' 표기를 양안 상에서 삭제한 데서 볼 수 있듯이 석장둔은 명백히 사유지였다.

그러면 석장둔 소유자는 어떠한 존재였을까? 석장둔 자체를 분석해서는 그들의 경제적 수준이나 농업경영 양상을 확인할 수 없다. 그래서 석장둔 소유자가 안산군 전체에 소유한 면적을 안산군 광무양안에서 조사했다. 그 결과는 [표 4-11]과 같다.

[표 4-11] 석장둔 소유자의 안산군 지역 토지소유 실태

번호	소유자	석장둔 소유		안산군 전체 소유	
		필지	면적(결-부-속)	필지	면적(결-부-속)
1	강선화	1	0-12-5	20	1-01-6
2	권원오	1	0-04-1	1	0-04-1
3	권칠쇠	1	0-04-8	9	0-52-1
4	권팔월	1	0-05-4	1	0-05-4
5	김돌석	1	0-02-6	18	0-72-4
6	김백원	1	0-09-8	3	0-56-9
7	김삼월	4	0-17-5	32	2-86-0
8	김선봉	1	0-07-6	24	1-46-8
9	김순명	1	0-16-0	19	2-04-4
10	김순석	8	1-13-5	50	4-27-6
11	김윤쇠	1	0-06-1	26	1-95-4
12	김차복	1	0-01-4	1	0-01-4
13	김치운	1	0-01-6	3	0-18-4
14	김홍겸	1	0-01-9	8	0-93-9
15	문군옥	1	0-10-0	1	1-00-0

번호	소유자	석장둔 소유		안산군 전체 소유	
		필지	면적(결-부-속)	필지	면적(결-부-속)
16	민연철	7	2-23-8	8	2-50-1
17	신내복	1	0-05-5	14	1-02-3
18	안득금	1	0-14-2	1	0-14-2
19	안득쇠	1	0-23-0	8	1-33-3
20	안명완	2	0-23-1	2	0-23-1
21	안순명	1	0-09-9	1	0-09-9
22	염명실	2	0-48-9	6	0-76-8
23	**용동궁**	**6**	**1-04-1**	**352**	**32-86-3**
24	유성철	1	0-13-4	1	0-13-4
25	이만삼	2	0-14-9	2	0-14-9
26	이상준	1	0-00-8	3	0-02-7
27	이쇠	9	1-53-2	14	1-63-1
28	이순경	1	0-04-3	3	0-26-2
29	이순일	1	0-10-7	2	0-12-2
30	이원명	1	0-22-0	1	0-22-0
31	장치화	1	0-18-5	1	0-18-5
32	정순명	4	0-90-5	20	2-61-1
33	정순석	4	0-68-1	10	1-13-7
34	최금보	1	0-02-0	2	0-12-2
35	최사필	1	0-02-9	8	0-32-8
36	최순근	1	0-09-2	4	0-24-5
37	최치백	2	0-12-1	5	0-21-9
38	함순일	2	0-04-3	6	0-43-0
계		78	10-94-2	690	64-44-6

당연하지만 석장둔의 소유분포는 석장둔 소유자가 안산군 전체에서 소유하고 있는 규모와는 전혀 상관관계가 없다. 석장둔은 적게 가졌지만 안산군 곳곳에 많은 토지를 소유한 대지주도 있고 석장둔은 많이 가졌지만 다른 곳에는 그다지 소유하지 않은 소유자도 있다. 석장둔을 가

장 많이 소유한 사람은 민연철·이쇠·김순석 순인데 대부분 작인에게 경작시켜 지주제적으로 경영했다. 김순석은 석장둔 8필지 뿐 아니라 다른 민전도 가지고 있어 모두 50필지, 4결 27부 6속을 소유한 중지주로서의 위상을 지닌다. 용동궁 다음으로 많은 토지를 소유했다. 김순명은 석장둔 1필지, 16부밖에 소유하지 못했지만 안산군 전체를 합하면 19필지, 2결 4부 4속의 많은 토지를 소유하고 있다. 민연철과 이쇠는 석장둔에서 1결 이상 꽤 많은 토지를 소유했는데 안산군 전체로 확대해도 큰 차이가 없다.

　이러한 사실로부터 다음과 같은 사정을 유추할 수 있다. 첫째 석장둔은 특정한 주민을 모집하여 개간에 착수한 측면보다는 안산군 인근 주민들이 여러 가지 방식으로 참여한 것으로 보는 추론이 가능하다. 물론 처음 개간한 시점에서 150여년이 지났기 때문에 석장둔의 토지를 주변 주민들이 사들인 경우도 예상할 수 있다. 어찌되었든 석장둔은 한곳에 모여 있음에도 불구하고 별도의 둔토 농장으로서 지주 - 작인제로 경영된 것은 아니라는 점이 더 설득력 있어 보인다. 둘째 광무양안 상에서 석장둔은 다른 민전과 다름없이 일지일주(一地一主)의 소유권 개념에 부합한 대우를 받고 있다. 불완전하지만 근대적 소유권 개념을 전제로 사정한 것 같은 모양새다. 광무양안 상에서 석장둔은 내장원에 납부하는 세금의 양과 관계없이 민전으로 취급되었다는 결론을 내릴 수 있다.

　이처럼 광무양안 상에서 석장둔은 공토의 목록에서 제외되었다. 그렇지만 석장둔의 타이틀이 계속 따라 다니고 있었으므로 석장둔은 언제나 공토로 편입될 위기에 처해 있었다. 실제로 통감부의 국유지 정리과정에서 다시 문제가 된다. 이를 염두에 두면서 안산군의 광무양안 상에서 역토·둔토·궁장토는 어떻게 정리되고 있는지 살펴보면 [표 4-12]와 같다.

[표 4-12] 광무양안 상의 안산군 소재 공토

공토구분	장토명	필지	면적(결-부-속)
역토	석곡역전답	152	15-43-5
	소계	152	15-43-5
둔토	관둔전답	68	2-12-3
	관청기지전답 기타	36	2-61-5
	금위영둔	30	2-51-1
	훈둔	8	0-39-9
	양향둔	1	0-08-6
	원수부둔답	5	1-39-8
	소계	148	9-13-2
궁장토	내수사	23	0-72-0
	명례궁	30	1-35-2
	선희궁	119	13-45-3
	수진궁	76	27-81-1
	완평궁	40	1-85-9
	완화궁	19	1-56-3
	운현궁	190	19-36-4
	용동궁	352	32-86-3
	창녕위궁답	10	1-31-8
	소계	859	100-30-3
계		1,159	124-87-0

공토는 전체적으로 1,159필지에 124결 87부에 달한다. 역토가 152필지, 15결 43부 5속, 둔토가 148필지, 9결 13부 2속이고, 궁장토가 훨씬 많아 859필지, 100결 30부 3속에 이르렀다. 석장둔은 표기했다가 지웠기 때문에 둔토의 영역에 넣지 않았다. 궁장토 중 본서에서 계속 논의해오고 있는 용동궁장토는 1839년경 석장둔 중에서 매입한 것이 앞에서 언급한 것처럼 1869년의 추수기에 1결 93부 2속으로 계상되고, 1866년 안산군 각면에서 매득한 면적이 18결 49부 5속이므로 합하여도 20결 42부 7속인

데, 광무양안에서는 32결 86부 3속으로 훨씬 늘어난 것으로 나타난다. 수행된 광무양전지계사업 전체로서 23% 정도 증결된 것을 반영하더라도 더 늘어난 것으로 된다. 추가로 더 매입한 것인지 여부는 명확히 알기 어렵다. 용동궁장토는 초산면에 286필지, 26결 92부 5속, 마유면에 66필지, 5결 93부 8속으로 초산면에 가장 많이 분포해 있고, 그 가운데 소량의 석장둔도 포함되어 있었던 것이다.

한편 일제가 조사한 기록에 의하면 안산군의 궁장토는 [표 4-13]과 같다.

[표 4-13] 안산군의 궁장토

소속	위치	면적 (두락·일경)	면적 (결-부-속)	납입액	감관 도장	연혁
내수사	오이도	전 1석16두락 답 10두5승락	0-70-4	금 1.500	도장 정용섭	대빈궁에서 이래
		전답	2-36-0	금 3.000		귀인방에서 이래 1894년 이후 수취 하지 않음
수진궁	와리면 능내리	전 21석15두락 답 21석5두락	21-76-6	백목 80.000 태 10.000	감관 최상학	400년전 매수
	와리면 능내리	新垌 답 10석락	4-08-4	금 0.650	도장 길영수	유래 불명
	와리면 능내리	水家 답 2석락	1-85-3	금 0.650	도장 박평서	유래 불명
	옹암면 동장리	전3석6두5승락 답 29석15두락	12-02-5	금 17.350	도장 민영찬	유래 불명
명례궁	마유면	전답	4-37-3	태 10.000 점미 1.000	도장 김문환	명례궁의 오래된 장토
	마유면	洑稅		금 2.015		명례궁의 오래된 장토
용동궁	초산면 마유면	전 21일5식경 대전 35일경 답56석5두9승락	2-68-0	백미 80.000	도장 신석효	병인년(1866) 매수
	잉화면	전 3식경 답 19두락	0-63-8	금 2.500		용동궁의 오래된 장토

* 출처 : 조선총독부 중추원, 『국유지조사서』(抄)

이 가운데 용동궁만을 살펴보면 광무양안 상의 32결 86부 3속에서 이제 겨우 3결 31부 8속밖에 남지 않은 것으로 되었다. 일제 통감부의 국유지조사사업을 통과하면서 처분된 결과다. 남아 있는 것은 석장들과 관련될 것으로 보이는데, 용동궁 소유지 속에 남아 있는 이 소량의 석장둔은 일제의 국유-민유 판정의 의미를 평가할 수 있는 시금석과 같은 존재가 될 것이다.

제5장 일제의 토지조사와 석장둔

1. 통감부의 국유지조사와 석장둔

1) 통감부의 궁장토(宮庄土)정리와 안산 용동궁장토

대한제국을 보호국(保護國)으로 만든 일본은 부동산 관습조사(慣習調查)를 통해 토지의 국유와 민유를 구분하는 작업을 진행한 후, 국유지조사(1908~1910)와 민유지조사(1909~1918)를 실시하여 토지소유권을 법인하는 작업을 완결했다. 이 과정에서 석장둔은 어떻게 정리되어 가는지, 국유-민유의 갈림길에서 소유권의 향방을 추적해 보기로 한다. 먼저 석장둔도 포함하여 안산군에서 경지를 매득하여 지주제적으로 경영하던 용동궁장토의 운명에 대해 살펴보기로 한다.

통감부를 설치하여 대한제국의 내정을 장악한 일본은 황실재산과 국유재산에 대한 정리에 착수했다. 1907년 2월 궁내부 각궁사무정리소(各宮事務整理所)를 설치하여 궁장토 정리에 들어갔다. 원래 궁장토를 경영하는 방법은 직할경영(直轄經營)과 도장경영(導掌經營)의 두 가지가 있었다. 궁방에서 사음(舍音)·감관(監官)을 동원해 농업경영을 직접 통제하고 궁감을 파견해 추수하는 직접경영을 하지 못할 경우에는 도장에게 경영을 맡기는 간접경영을 하게 된다. 일제 통감부는 궁장토정리를 위해 간접경영을 폐지해야 한다고 보고 1907년 6월부터 궁장토의 도장을 정리하기 시작했다.

간접경영의 경우 도장은 농장의 성립 또는 운영에 결정적인 기여를

한 존재로서 농장경영을 전적으로 책임졌다. 도장은 "궁방에 대해 일정한 세미를 납부하고 궁장토를 관리하여 그 수익권(受益權)을 가지는 자"였다. 궁방에 대한 상납의 의무는 대단히 적고 작인들로부터 수취하는 것은 지대라고 볼만큼 막대한 것이어서 도장은 사실상 지주적 성격을 지니고 있었던 것으로 평가된다. 그래서 일제 통감부도 도장이 장토형성에 기여한 부분, 예를 들면 도장이 되기 위해 지불한 납가액(納價額)이나 농장의 형성에 기여한 출자액(出資額) 등을 되돌려주거나 그에 해당하는 토지를 제공할 것을 검토했다. 그렇지만 그렇게 되면 한국인 대지주가 탄생하고 국유지의 면적은 줄어들게 되어 일본의 식민지 토지정책에 장애가 될 수 있었다. 일본은 도장의 토지소유권을 인정하지 않고 채권으로 간주하여 보상하는 방법을 선택했다.

1907년 6월 현재의 도장에 대해 도서문적(圖書文蹟)이나 도장매매문기 또는 투탁문기로 증명하도록 했다. 서류조사 후 실지조사를 시행하여 작도장(作導掌), 납가도장(納價導掌), 역가도장(役價導掌)의 토지는 제실유(帝室有)로 인정하고 1907년 수확고에 의거해 순이익 3개년 분을 도장 교부금으로 산정하여 증권으로 지불했다. 투탁도장(投托導掌)으로 인정받을 경우에는 그 토지를 되돌려주었다. 이렇게 하여 236명의 도장권을 소멸시켰다. 도장이 소멸하면서 궁장토의 소유는 모두 궁방의 직할경영 하에 놓이게 되었다. 이들 모든 궁장토는 1908년 6월 역둔토에 포함되어 국유화되었다.[1]

도장권 처분의 방법은 일본이 지조개정(地租改正)을 통해 영주권(領主權)을 처분한 것이나, 일본의 식민지 대만에서 공채를 발행하여 대조권

---

1) 배영순, 「한말 司宮庄土에 있어서의 導掌의 존재형태」, 『한국사연구』 30, 한국사연구회, 1980; 荒井賢太郎, 『臨時財産整理局事務要綱』, 朝鮮總督府, 1911.

(大租權)을 유상으로 처분한 것과 유사한 것이었다. 그러나 유상처분의
결과, 일본에서는 그 토지를 농민에게 귀속시키고 대만에서는 소조호(小
租戶)의 토지소유권을 인정함으로써 지세수입의 안정화를 꾀할 수 있었
던 반면,[2] 한국에서는 국유화한 뒤 국가가 지주가 되어 소작제로 운영
하여 정부수익으로 삼은 특징을 보인다.

도장의 폐지과정에서 안산 용동궁장토는 어떻게 되었을까? 1866년 용
동궁에서 안산군 초산면·마유면 일대의 토지를 매입하여 장토를 설치
했지만, 그 이전에 이미 초산면 하상리의 석장둔을 매입하여 지주제적
으로 경영하고 '궁노복량(宮奴卜良)'의 결호명(結戶名)으로 납세하고 있
었던 것은 제3장에서 확인한 바 있다. 석장둔을 소유한 용동궁은 노복량
혹은 궁노복량이라는 결호명에서 보듯이 다른 사적 소유자와 동일한 지
위를 지녔다. 갑오개혁에 의해 궁장토도 출세하게 되었을 때 일반민전
을 매득한 장토는 안산군을 통해 탁지부에 결세를 납세했지만, 석장둔
을 매입한 부분은 수원부 총리영에서 선희궁을 거쳐 내장원으로 이속되
면서 그곳에 조 100두 = 미 40두를 납부하지 않으면 안 되었다. 용동궁이
똑같이 안산군 초산면에 소재한 장토지만, 일반민전에서 매득한 장토와
석장둔에서 매입한 장토는 납세의 명목과 액수, 납세처가 각각 달랐다.
갑오개혁 이후 궁내부와 내장원에서 궁장토를 일원적으로 관리하는 경
향이 강화되면서 용동궁도 장토의 소유과 경영도 영향을 받게 되는데,
용동궁 소유의 석장둔은 이중적 관리대상이 되는 상황에 놓였던 것으로
볼 수 있다.

2) 江丙坤, 『臺灣地租改正の研究 - 日本領有初期土地調査事業の本質』, 東京
大學出版會, 1974, 225~227쪽; Lee, Youngho, "Colonial Modernity and the Inves-
tigation of Land Customs - A Comparison of Japan, Taiwan, and Korea", *Korea
Journal* Vol.44-2, Korean National Commission for UNESCO, Summer 2004.

먼저 용동궁장토에 도장이 존재했는지 여부를 확인해 보기로 한다. 1839년경 매득한 초산면 석장둔의 장토, 1866년 매득한 초산면·마유면의 장토는 지주제적으로 경영되었다. 제4장에서 검토한 추수기를 볼 때 도장을 설정한 흔적을 찾을 수 없다. 그런데 광무사검 과정에서 안산군 용동궁장토의 도조는 신석효(申錫孝)의 동생이 수거(收去)해 갔다고 조사되었다.3) 신석효의 동생은 누구이며 이것은 용동궁 지주제 경영에 어떤 변화가 생긴 것을 의미하는가? 1903년 안산군 초산면 하상리 용동궁장토의 추수책에4) 붙은 쪽지에서 단서를 얻을 수 있다. 이 쪽지에 "안산 타량(安山打量) 37년, 양안성출(量案成出) 34년, 도장작정(導掌作定) 30년"이라고 씌어 있다. 이것은 국유지정리 과정에서 첨부한 것이 분명하며 그래서 연도표기도 명치(明治)로 보아야 한다. "안산의 타량은 명치 37년 즉 1904년에 시행되고 양안이 성출된 것은 명치 34년(1901년)이며 도장을 작정한 것은 명치 30년(1897년)"이라고 해석해야 한다. 1897년 도장을 설정하고 1901년 양안을 만들고 1904년 다시 측량한 것이다. 1904년 측량의 목적은 사득전답(査得田畓)을 파악하는데 있고 그것을 양안에 병록(幷錄)했다는 기록도 함께 있다. 이 추수기는 1903년 8월에 작성된 것으로 여기에 이미 사득한 토지가 파악되어 있다. 이를 토대로 이듬해 타량이 이루어진 것으로 해석이 가능하다.

이렇게 장토가 성립된 19세기 중반이 아니라 갑오개혁 이후 공토정리

---

3) 『宮內府所管京畿安山郡各屯土査檢案』[궁내부 사검위원, 1899년 9월, 『經理院驛屯土成冊』(규장각 21046)에 수록].

4) 『龍洞宮安山草山面下上里秋收冊』(규장각 20807, 1903년 8월). 석장둔이 수원부 총리영에 소속되어 있을 때인 1881년 도장이 창설되고 『석장둔도장절목』이 존재했다는 기록도 있는데[『華營重記』(규장각 古大4259-73, 1891년 10월, 수원부), '戶房色' - '外帑庫'], 무엇을 의미하는지 확인하기 어렵다.

과정에서 안산 용동궁장토에 새삼스레 도장이 설정되었다. 어떤 위기를 느꼈는지 어떤 불편함을 해소하려 했는지 알 수 없다. 용동궁에서 1897년 6월 신인기(申麟基)에게 안산군 초산면·마유면 전답에 대해 1,000냥을 납가(納價)하고 작도장(作導掌)을 주었던 것이 기록에서 확인된다.[5] 이 작도장의 의무는 매년 10월내로 백미 80석씩을 용동궁에 상납하는 것이었다. 이 사실은 사음에 의해 지주제적으로 운영되던 '직할경영'의 용동궁장토가 '도장경영'의 장토로 변경된 것을 의미한다. 안산 용동궁 장토의 작도장 신인기의 상속자로 보이는 신석현은, 실제 상납미 80석의 상납과 관련하여 활동하고 있음이 드러난다.[6] 상납미 80석 이외의 장토수입은 모두 도장의 차지였다. 그래서 광무사검 때 신석효 동생이 수거했다는 것은 곧 신인기가 용동궁 장토를 '도장경영'하고 있음을 의미하는 것이다.

　안산군 궁장토에서 도장을 인정하여 처리한 결과는 [표 5-1]과 같다.[7]

[표 5-1] 안산군 도장의 처분

궁방	위치	답	전	배상(사금)	도장
수진궁	안산군 와리면 능내동	2석락		77.934엔	朴平瑞
수진궁	안산군 인화면 범하리	24석2두락	8일2식경	684.804엔	閔泳贊
명례궁	안산군 마유면·대월면	6두5승락	29일1식경	15.102엔	金在元
용동궁	안산군 마유면·초산면, 인천군 신현면	50석7두9승락	110일반식경	1477.551엔	申錫賢

* 출처 : 荒井賢太郎, 『임시재산정리국사무요강』, 1911, '도장배상금산출표', 77~94쪽

---

5) 『京畿道安山郡馬遊面庄土申錫賢提出圖書文績類』(규장각 19299-84).
6) 『龍洞宮公事冊』(규장각 19574), 1904년 12월 安山導掌 申錫賢 所訴題音, 1905년 2월 24일 안산도장 신석현 訴狀題音.
7) 『임시재산정리국사무요강』, '賜金交付導掌一覽表', 94~118쪽.

안산군의 경우 민영찬과 박평서가 수진궁 도장으로, 김재원이 명례궁 도장으로, 신석현이 용동궁 도장으로 인정받았다. 도장에 대한 배상금은 [표 5-2]와 같다.[8]

[표 5-2] 안산군 궁장토 도장배상금 산출결과

도장	총수익	총지출	순수익	단가 (엔)	총액 (엔)	공제액 (엔)	순수익 (엔)	3년분 (엔)
박평서	조15석	종자 조2석	조13석	조1석 3.200	41.600	궁납 0.950 결세 14.672 계 15.622	25.978	77.934
민영찬	조117석 15두	종조 12석1두	조105석 14두	조1석 3.200	338.240	궁납 17.240 결세 92.632 계 109.972	228.268	684.804
김재원	조2석 태10석 19두	궁상납 粘米 1석 태 10석	조2석 태19두	조1석 3.200 태1석 2.400	8.680	궁납 점미 1석 8.000 결세 1.110 계 9.110	-0.430	15.102
신석현	조316석 17두	조27석12두4 승5흡	조289석 4두5승 5흡	조1석 3.200	925.528	궁납 백미 80석(1석 3.675엔) 327.075 결세 105.936 계 433.011	492.517	1477.551

* 출처 : 荒井賢太郎, 『임시재산정리국사무요강』, 1911, '도장배상금산출표', 161~174쪽

수진궁 안산 서면 능내동의 전답은 물력을 준비하여 방축을 쌓아 작답한 것으로서 도장 박평서가 제출한 문서에 "안산 수가동 전 수진궁장토 작도장 박평서 ; 이는 서류에 의해 작도장이 명확함"이라는 쪽지가 붙어 있어서 작도장으로서 인정 받았음을 알 수 있다.[9] 민영찬의 장토

---

8) 『임시재산정리국사무요강』, '도장배상금산출표', 77~94쪽.

는 옹암면 동장리에 있는데 추수기 상에 선부동이라는 지명이 나오므로
대월면 선부리 인근으로 추정된다.[10) 김재원은 안산군 월곶·대월면 소
재의 명례궁 전도지태(田賭地太) 도장으로 인정받았다.[11)

안산군 용동궁장토에서 신인기의 상속인 신석현에게 도장을 인정하
여 처리한 결과는 [표 5-3] [표 5-4]와 같다.

[표 5-3] 안산군 용동궁장토 도장의 처분

위치	답	전	배상(사금)	도장
안산군 마유면·초산면, 인천군 신현면	50석7두9승락	110일반식경	1477.551엔	申錫賢

* 출처 : 荒井賢太郎, 『임시재산정리국사무요강』, '도장배상금산출표', 103쪽

[표 5-4] 안산군 용동궁장토 도장배상금 산출결과

총수익	총지출	순수익	단가(엔)	총액(엔)	공제액(엔)	순수익(엔)	3년분(엔)
조316석 17두	조27석12 두4승5홉	조289석 4두5승5홉	조1석 3.200	925.528	궁납 백미89석 (1석 3.675엔) 327.075엔 결세 105.936엔 계 433.011엔	492.517	1477.551

* 출처 : 荒井賢太郎, 『임시재산정리국사무요강』, '도장배상금산출표', 83쪽

신석현은 안산군 초산면·마유면 소재 전답에 대해 1천냥을 내고 작도
장을 허급받은 것으로서 납가도장을 인정받았다.[12) 도장이 설정된 것이

---

9) 『京畿道安山郡陵內洞所在庄土朴平瑞提出圖書文績類』(규장각 19299-49).

10) 『安山郡甕岩面洞長里秋收記』(규장각 20844, 1904년 10월, 민협판댁); 『안산군
   옹암면동장리추수기』(규장각 20843, 1905년 9월, 민참판댁); 『안산동장리추수기』
   (규장각 20845).

11) 『京畿道安山郡月串所在庄土金在元提出圖書文績類』(규장각 19299-17).

12) 『京畿道安山郡馬遊面所在申錫賢提出圖書文績類』(규장각 19299-84). 이때

1897년으로 증거자료가 분명했다. 신석현은 "황해도 봉산군 서호면 대
소성포 수진궁 답노전(畓蘆田) 16석 14두 5승락"의 도장으로서 사금으로
718.023엔을 받은 인물이기도 하다.13) 도장을 폐지함으로써 안산 용동궁
장토의 소유권은 다시 완전히 용동궁으로 귀속되고 1908년 6월 궁장토
의 국유화 조치에 포함되었을 것이다. 모든 궁장토와 경선궁(慶善宮) 소
유지는 1908년 6월 역둔토에 편입되어 탁지부가 도조 징수권을 갖는 국
유지로 되었다.

용동궁이 소유한 석장둔이 1908년 6월 역둔토 국유지가 되기 이전 어
떤 방식으로 존재하고 있었을지 대한제국기의 추수기를 통해 살펴보기
로 한다. 1903년 안산군 초산면 하상리 추수책을 보면 1869년의 추수기
와 마찬가지로 안산과 인천의 석장둔이 포함되어 있다. 석장둔이라 표
현하지 않고, '수원둔답(안산)'에는 천·지·현자의 땅이 기록되어 있으며,
'인천 수문남월(水門南越)'에는 천·지·홍자의 땅이 포함되어 있다. 1903
년의 추수기와 1907년 하중리 추수기의 내용은 [표 5-5]와 같다.

1903년 하상리의 결복 항목에는 '답결'과 '둔결'이 구분되어 있는데
둔결이 석장둔을 의미한다. 둔결 3결 59부 1속은 용동궁에서 매입한 석
장둔 부분이다. 1869년에는 4결 24부 6속이었지만 웬일인지 줄어들어 3
결 59부 1속으로 되어 있다.14) 용동궁 소유의 이 석장둔 3결 59부 1속은

추수기 2책을 제출했는데 『龍洞宮安山草山面下上里秋收冊』(규장각 20807,
1903년 8월), 『安山草山面中職洞秋收冊』(규장각 20807에 합본, 1903년 8월); 『前
龍洞宮坪安山草山面下中里秋收記』(규장각 21976의 제3책, 1907년 10월)와 관
련될 것으로 판단된다.

13) 『임시재산정리국사무요강』, 87쪽.

14) 『용동궁안산초산면하상리추수책』(규장각 20558, 1869년 9월, 사음 安再祿); 『용
동궁안산초산면하상리추수책』(규장각 20807, 1903년 8월).

[표 5-5] 대한제국기 안산군 용동궁장토의 추수

연도	지역	타조	도지	타도합	결복 (결-부-속) 세미	실상납
1903	하상리	타조 80석12두 수원둔답 21석18두 인천둔답 28석13두	40석2두	171석5두	'답결' 4-65-2 23석5두2승 '둔결' 3-59-1 17석19두1승	113석17두 9승5흡
1903	중직동 (하중리)	81석7두	29석18두7승	113석1두7승	'답결' 5-78-4 28석18두7승	73석14두 4승5흡
1907	하중리	72석5두	29석1두3승	101석6두3승	'결복' 5-83-4	91석12두 2승

* 출처 : 『龍洞宮安山草山面下上里秋收冊』(규장각 20807, 1903년 8월), 『安山草山面中職洞秋收冊』(규20807에 합본, 1903년 8월); 『前龍洞宮坪安山草山面下中里秋收記』(규장각 21976의 제3책, 1907년 10월)
* 비고 : 하상리 추수기는 1903년분, 하중리 추수기는 1903년과 1907년분이 있다.

1896년 선희궁으로 이속될 때의 면적 그대로다.[15] 석장둔이 수원부 총리영에서 1896년 선희궁으로 이속될 때 그 가운데 용동궁 소유지 3결 59부 1속 포함되어 있었던 것이다. [표 5-5]에서 볼 때 '둔결'로 표시된 것은 용동궁에서 내장원에 결당 미 40두를 납부해야 할 면적으로 석장둔을 의미하며, 나머지 '답결', '결복'은 용동궁 소유지로서 안산군을 통해 탁지부에 납부해야 할 결세를 의미한다. 용동궁 소유지 중 일반소유지에서는 결세, 석장둔 소유지에서는 둔결을 납부했던 것이다. 용동궁 소유지 가운데 일부에 석장둔 타이틀이 붙어 있음으로써 납세과정이 이중적이며 따라서 국유-민유 판정 과정에서도 복잡성을 드러낼 가능성이

15) 『龍洞宮公事冊』 1898년 2월 安山首書記處. "無他 本宮庄土 在於本郡草山面與水原兩處之地 而就中水原屯結 3結59負1束 自移屬宣禧宮以後 元結外 28負2束加錄出秩云 (하략)." '수원둔결'이라 함은 초산면에 있던 용동궁 소유지 가운데 수원부 총리영에 조 100두를 납부하던 석장둔을 가리킨다.

높다. 1903년의 추수기를 통해 볼 때 용동궁에서는 두 가지 종류의 장토에서 결세와 둔세를 각각 다른 기관에 납부하면서도 장토는 지주제적으로 경영하고 있었던 것을 알 수 있다.

용동궁의 소유지는 1908년 6월 역둔토에 포함되고 석장둔도 그 자체로 역둔토 통합의 대상으로 올라갔는데, 이중적 상황에 놓여 있던 용동궁의 석장둔은 어떻게 되었을까?

2) 통감부의 역둔토(驛屯土)정리와 석장둔

일제 통감부는 역토·둔토·목장토·궁장토를 '역둔토'로 통합하고 이를 '국유지' 개념으로 묶었다. 지금은 익숙한 국유지의 개념이 그 이전에는 존재하지 않았다. 대한제국은 역토·둔토·목장토를 '공토(公土)'라고 명명했었다.[16] 왕실과 정부를 구분하여 왕실의 토지는 궁장토, 정부가 관리하는 토지는 공토로 구분되었다고 볼 수 있다. 그러나 지계아문 규정 중에 "각 공토 가운데 오래도록 화매(禾賣)하여 계속 사토(私土)로 만든 것은 낱낱이 조사하여 사실대로 등록할 것", "각 공토도 사토의 예에 의하여 정등집결(定等執結)할 것"이라고 한 데서 보면,[17] 공토는 사토에 대비되어 궁장토까지 포함한 국가기관 전체의 토지를 의미하는 것으로도 사용되었다. 실제로 '공토성책'이라는 표현이 들어간 책에는 역토·둔토 뿐 아니라 궁장토도 포함되어 있었다. 대한제국기에 이렇게 공토라는 개념은 사용되었지만 국유지의 개념은 성립되어 있지 않았다.

대한제국의 내정을 장악한 통감부는 토지법 제정을 위해 부동산법조사회를 조직하고 부동산 관습조사를 실시했다. 이를 위해 마련한 9개의

---

16) 『內藏院各道公土案』(규장각 19164, 1899년 7월).
17) 『完北隨錄』 1903년 2월 27일 지계감리응행사목.

조사문항 중에 '관민유 구분의 증거', '국유와 제실과의 구별 여하'라는 항목이 있다.[18] 토지를 관유지(官有地)와 민유지(民有地)로 구분하고 관유지를 다시 국유(國有)와 제실유(帝室有)로 나누는데 지금으로서는 매우 생소한 개념이고 구분이다. 이러한 조사지침에 따라 부동산법조사회에서는 1906~1907년 전국 각지에서 그 구분의 근거에 대해 조사했다. 각 지방에서 조사한 원기록을 종합 정리한 결과, 관유와 민유의 구분은 문기의 유무와 납세의 유무로 구분할 수 있는 것으로 보았다. 그렇지만 이 기준은 절대적인 기준이 되지 못하므로 실지조사(實地調査)할 수밖에 없다는 단서를 달았다. 관유 가운데 국유와 제실유의 구분에도 확실한 표준이 없고, 단지 탁지부에서 관장하는 것은 국유이고 궁내부에서 관장하는 것은 제실유로 볼 수밖에 없다고 해석했다.[19] 대한제국기 정부 관할의 공토와 왕실 관할의 궁장토로 구분되던 것을, 국유와 제실유로 개념화하고 이를 관유지로 묶은 것이다. 아직 국유지 개념은 자리 잡지 못했지만 정부 관할의 공토는 국유로 향하고 있다.

1906년 9월 농상공부에서 마련한 개간규칙에 국유지·관유지·공유지·민유지의 개념이 등장한다.[20] 국유지는 공유지·관유지를 포함한 개념이 아니라 병립된 개념으로서 산악·하안·해안·임야 등을 지칭하고 있다. 이러한 개념으로부터 '국유미간지(國有未墾地)'의 개념이 도출되어 1907년 7월 국유미간지이용법이 제정되었다. 국유미간지는 "민유 이외의 원

18) 不動産法調査會(梅謙次郎), 『調査事項說明書』, 1906년 9월.
19) 法典調査局, 『不動産法調査報告要錄』, 1908.
20) 『大韓自強會月報』 제3호(1906년 9월), 65~66쪽. "國有 官有 公有 民有地에 開墾起業하되 국유지는 山岳 邱陵 林藪 原野 陂澤 河岸 海浦 등지요, 관유지는 각관청관할에 속한 토지요, 공유지는 寺院 村里社 등에 속한 공중이 관리사용하는 地요, 민유지는 인민이 사유로 契券이 有하여 互相賣買하는 者를 謂함이니".

야·황무지·초생지·소택지 및 간석지"로 규정되었다.[21] 그렇지만 '국유
지'의 명확한 개념은 아직 확정되지 않았다.

일제는 1907년 7월 설치된 임시제실유급국유재산조사국(臨時帝室有及
國有財産調査局)에서 궁내부 소관의 각종 전답과 경리원 소속의 역토·
둔토·목장토 등을 조사하기 시작했다. 기구의 이름에 '제실유'와 '국유'
가 구분되어 있다. 부동산법조사회에서 조사한 결과인 제실유와 국유의
구분법을 사용한 것이다. 1908년 3월 탁지부에 설치된 토지조사위원회
내규에 의하면, 토지는 국유토지·제실유토지·공유토지·민유지로 구분
되는데, 국유토지는 역토·둔토·목장토를 포함하게 되며 궁장토는 제실
유토지에 포함되었다.[22] 이때에도 국유토지와 제실유토지는 구분되었다.

그런데 1908년 6월 이후 궁내부 소유의 부동산을 국유로 이속함으로
써 궁장토는 역둔토와 함께 국유지가 되었다. 즉 제실유를 폐지하고 그
것을 국유에 포함함으로써 '국유지'의 개념이 도출되었다. 내장원과 이
를 이은 경리원(經理院)에 소속된 모든 역토·둔토·목장토, 궁내부에 속
했던 왕실의 모든 궁장토는 '역둔토'로 통합된 '국유지'가 되었다. 국유
지는 탁지부 임시재산정리국에서 관장하며 탁지부 산하의 각 지방 재무
감독국에서 지세는 면제하고 역둔도(驛屯賭)를 수취하는 것으로 되었다.
갑오개혁의 출세조치 이후 지세를 수취하던 탁지부에서 이제 지대까지
수취하게 되었으니 지세는 필요 없게 되어 제외한 것이다. 역둔토를 경
작하기 위해 소작인은 탁지부에 신청하여 5년 이내의 소작계약을 맺었
다. 계약을 맺은 소작인은 역둔토대장에 소작료의 종류·수량 및 금액을

---

21) 이영호, 「일제의 식민지 토지정책과 미간지 문제」, 『역사와 현실』 37, 한국역사연
구회, 2000, 310~312쪽.
22) 『財務週報』 제46호(1908년 3월16일) 휘보, '토지조사위원회'.

함께 등재하며 이를 타인에게 양도 매매할 수 없도록 되었다.[23] 1908년
가을 경상도에서 시작된 '민유지'에서의 결수신고서는 이후 결수연명부
(結數連名簿)로 발전하는데 민유지는 자연스럽게 국유지와 구별되었다.

중요한 점은 역둔토 국유지에서 소작계약을 강요받았을 때 석장둔민
이 어떠한 태도를 취하였을까 하는 점이다. 석장둔민은 석장둔을 사유
지로 인식하고 있었지만 석장둔은 내장원에서 결당 미 40두의 도미(賭
米)를 수취하고 있어서 내장원의 관리목록에 수록되어 있었다. 따라서
자연히 석장둔도 역둔토에 포함되었을 것이다. 국유화된 석장둔 필지는
역둔토실지조사를 받고, 지금 그것을 확인할 수 없지만 역둔토대장에도
올라갔을 것이다. 석장둔 필지를 용동궁이 소유한 경우에는 문제없었을
것이다. 석장둔이 국유-민유 분쟁에 빠지더라도 용동궁이 폐지되고 그
소유지가 국유화되었으므로 용동궁의 석장둔 필지는 석장둔 전체의 국
유-민유 판정과 관련 없이 국유지가 될 수밖에 없는 것이다.

그런데 석장둔민이 석장둔을 역둔토로 인정하고 소작신고서를 제출
하여 소작계약을 맺는다면 그것은 토지소유에 대한 권리를 포기하는 것
을 의미한다. 1911년 2월의 보도에 안산 석장둔민이 "연래로 소관관청에
청원 환추" 활동을 벌인 것으로 나오는데,[24] 석장둔이 역둔토에 통합되
어 국유화된 것을 반증한다. 소약계약을 맺었는지 여부는 확인할 수 없
으나 1911년의 보도에 '연래(年來)'라 했으니 1908년 역둔토 소작신고서
제출시기부터, 어쩔 수 없이 소작계약을 맺었다 하더라도 저항하며 반
환운동을 펼치기 시작했다고 보아도 무방할 것이다.

다양한 성립기원에 의해 형성된 장토가 일괄적으로 국유지에 편입됨

---

23) 大丘財務監督局, 『隆熙二年大邱財務監督局財務一斑』, 1908, 131~136쪽.
24) 『매일신보』 1911년 2월 17일 '안산 석장둔토 환급'.

으로써 토지소유에 대한 다양한 권리는 무시되었다. 스스로 소유권을 가지고 있었던 것으로 생각하던 사람들은 이에 반발했다. 일제 통감부는 명확한 방침을 정하지 못하고 혼선을 빚었다. 통감부의 입장을 정리하면, 첫째 인민의 소유지인 확실한 증거가 있는 토지를 억지로 국유에 이속하는 가혹한 조치를 취하지 않을 방침이라는 것, 둘째 국유지에 편입된 것을 재론하여 혼란을 초래할 필요가 없다는 것, 셋째 그럼에도 불구하고 사유지인 정확한 증빙이 있으면 신중하게 조사하여 탁지부의 지휘를 받도록 한다는 것이었다.[25] 오락가락하지만 초점은 현상유지에 있는 것으로 보인다.

1909년 7월 한성재무감독국장과 탁지부차관 사이에도 의견의 차이가 노정되었다. 한성재무감독국장은, 이용익이 내장원경일 때 사유지를 강탈했기 때문에 환급청원이 일어난다고 진단하고, 실제로 민유지라 하더라도 관유에 편입되어 10여년 수조했기 때문에 지금 환급하면 70~80%를 환급해야 할 것이고, 그것은 국고수입에 큰 영향을 미치므로 연혁의 여하를 불문하고 환급하지 않겠다고 했다. 이에 대해 차관은 정확한 증빙이 있으면 환급할 수도 있다는 입장이었다.[26]

안산군의 경우에서 환급의 사례를 찾아보면, 안산군 하중리 김치덕에게는 용동궁에 혼입된 하중리 전 약 15평, 답 1두락을 혼탈입지(混奪入地)로 인정해 환급했다.[27] 용동궁에 혼입되었다고 청원한 이연직에 대해서는 조금 애매하다.

---

25) 『度支部公報』 제47호 국·민유토지에 관한 건, 1909년 1월 25일 사세국장의 전주 재무감독국장에 대한 통첩.
26) 『탁지부공보』 제87호, 1909년 7월28일 국토환급에 관한 건(한성국장이 탁지부차관에게) ; 1909년 8월7일 국토환급에 관한 건(탁지부차관이 한성재무감독국장에게)
27) 『임시재산정리국사무요강』, 130쪽.

안산군 초산면 하중리 답 8두락 이연직(李淵稷)
지난 임신년(壬申年)에 용동궁 도장 신영조(申永祚)가 해당 궁장토 부
근에 있는 민유토지를 빙공늑탈(憑公勒奪)했다는 당사자의 청원서에 대
하여 조사한즉 궁양안과 추수기에 들어가지 않았고 서류를 소고(溯考)한
즉 융희 원년(1907) 9월에 해당 군수와 각궁사무정리소에 청구서를 제출
했고 또 그 이장이 증서를 첨부한 바 위의 여러 서류와 사실에 증거하여
도 사유됨이 명확하기에 이를 하급함이 가함으로 인정함[28]

이연직은 하중리 답 8두락이 용동궁에 탈입되었던 것을 돌려받을 수
있도록 인정받았다. 그러나 자료에 의하면 아직 돌려받지는 못한 상태
였다. 이후 어떻게 진행되었는지 알 수 없으나 뒤집어져서 이연직은 최
종적으로 이 땅을 돌려받지 못했다.[29] 과연 토지조사부에 보면 1910년
현재 이연직은 하중리에 대지 260평에 거주하고 있으며 전 5필지 1,345
평을 소유하고 있지만, 답은 전혀 소유하고 있지 않다. 토지조사부의 기
록은 1910년이지만 1914년 공시를 거쳤기 때문에 거기에 수록되어 있지
않다면 토지조사사업에서 인정받지 못한 것을 의미한다. 이렇게 개인의
소유지도 증명하려면 아주 어려운 과정을 거치지 않으면 안 되었다.[30]
역둔토 국유지에는 역토·둔토·목장토·궁장토가 모두 포함되어 있었
다. 그런데 각 장토는 조선시기 장토형성 과정에 따라 매우 다양한 소유
구조를 보이고 있었기 때문에 장토별·개별필지별로 근대적 토지소유권
의 개념에 의거한 개혁적 사정이 필요한 상황이었다. 그래서 탁지부에

28) 『各郡各穀時價表』(규장각 21043-제2책), '認定을 經하고 姑未下給件' - '自宮
司院에 奪入되었던 田畓下給件'.
29) 『임시재산정리국사무요강』, 137쪽.
30) 이연직은 1891년 하중리 주민들이 조직한 勸農社의 간부로서 掌務를 지냈다. 동
리의 주도층에 속해 있었던 인물이다. 임용한, 「정조의 거둥과 권농사」, 『시흥시
사』 2, 시흥시사편찬위원회, 2007, 362쪽.

서는 임시재산정리국을 통해 1909년 6월부터 1910년 9월까지 '역둔토실
지조사(驛屯土實地調査)'를 통해 역둔토대장과 지도를 작성했다. 1909년
5월 '탁지부소관국유지실지조사절차'를 발표했는데, 여기서 국유지는
"역둔토, 각궁장토, 능원묘 부속토지 및 기타 국유지"로 규정됨으로써
역둔토와 궁장토는 '국유지'로 확정되었다.[31]

　역둔토실지조사, 즉 국유지조사의 핵심은 국가의 소유여부를 가리는
데 있었다. 국유-민유의 여부를 가릴 수 있도록 역둔토를 종류별·필지별
로 사정하는 것이 국유지 조사의 핵심이어야 했다. 그러나 일제는 민유
가 아닌 것은 국유라는 관점에 서는 한편 민유와 국유의 중간적 처지에
있던 중답주(中畓主) 또는 중간소작인을 제거하고 은토(隱土)의 발견에
중점을 두었다. 개별 필지에 대한 국유-민유 사정을 목적으로 하지 않고,
잘못 편입된 국유지를 가려 민유화하는 조치를 취하지도 않았다.

　역둔토실지조사는 소유에 관련된 사람들의 저항과 국유-민유 분쟁으
로 인해 마무리되지 못한 채 1910년 8월 토지조사법의 제정에 의해 토지
조사사업의 대상으로 넘겨졌다.[32] 일제의 역둔토관리 및 국유지조사에
의해, 대한제국 정부의 공토 및 궁장토 목록에 올랐던 각종 역토·둔토·
목장토·궁장토는 모두 국유지의 목록으로 이관되었다. 일지일주(一地一
主)의 근대적 토지소유권에 의한 사정없이 이루어진 국유지 편입은 조
선시기 개간과정에서 형성된 토지소유권의 중층적 분할이나, 사적 소유
권에 근접한 권리를 배제하는 결과를 초래했다. 역둔토조사에서 중답주
를 배제한다는 명목으로 실제의 소유자를 배제함으로써 역둔토목록에

31) 『탁지부공보』 제65호, 탁훈령 제59호 1909년 5월 26일 度支部所管國有地實地
　　調査節次.
32) 朝鮮總督府, 『驛屯土實地調査槪要』, 1911.

올라간 장토는 모두 국유지화 되었다. 이 과정에 안산 석장둔도 휩쓸려 들어갔다. 결당 미 23두의 민결면세지와는 다르지만 결당 미 40두의 결세수준을 납세하던 조100두형의 장토는 갑오개혁 이후 민결로 인정받지 못하고 현상유지 되다가, 일제 통감부의 역둔토 통합과 새로운 국유지 개념의 설정에 의해 조선총독부 관할의 역둔토 국유지에 통합되었다. 민결로 인식되는 조100두형조차 근대적 토지소유권 개념에 입각한 민유지로 판정받기는 쉽지 않았다. 이제 토지조사사업을 기다려 석장둔이 민유지임을 증명하는 길밖에 남지 않았다.

2. 일제의 민유지조사와 석장둔의 소유권

1) 석장둔의 국유-민유 분쟁

토지조사사업에 직면하여 석장둔민은 어떻게 행동했을까? 석장둔민이 석장둔을 자기의 소유지로 토지신고서에 기록하여 제출했을 것임은 말할 필요도 없는 당연한 일이다. 토지신고서는 시흥군 수암면은 1910년 9월 중순부터 1911년 3월까지, 시흥군 군자면은 10월 하순부터 11월 하순까지, 부천군 소래면은 1910년 11월 중순부터 1911년 1월까지 접수되었다. 『토지조사부』에서 보면 안산군 초산면 지역은 물왕리(1910년 9월 15일), 목감리(9.17), 조남리(9.19), 논곡리(9.20), 하중리(9.21), 하상리(9.22), 산현리(9.22), 광석리(9.30)에 걸쳐 토지신고가 이루어졌다. 9월 15일 토지신고 고시가 내려지자 곧바로 동리별로 같은 날 일제히 토지신고서가 제출된 것이다. 석장둔도 동리의 신고일정에 따라 신고되었다.

국가가 국유지의 소유임을 확인하는 절차인 국유지 통지는 민유지신고가 끝난 뒤에 이루어졌다. 수암면은 1911년 4~8월, 군자면은 1911년

4~6월, 소래면은 1911년 1월에 통지되었다. 석장둔이 위치한 수암면 하상리는 1911년 6월 26일, 하중리는 7월 9일로 가장 늦게 국유지 통지가 이루어졌다. 석장둔의 경우 이미 개인이 토지신고서를 제출했는데 석장둔이 둔토로서 역둔토에 편입되어 있었으므로 안산군에서도 절차를 밟아 국유지통지서를 제출함으로써 당연히 국유-민유 분쟁이 되었다. 『토지조사부』의 석장둔 분쟁지 각 필지에는 석장둔민의 신고일자와 국유지 통지일자가 나란히 기재되어 있다.

안산군에서 발생한 국유-민유 분쟁의 상황을 살펴보면 [표 5-6]과 같다.

[표 5-6] 안산군 분쟁지 실태

분쟁번호	지역	지목	필지수	면적(평수)
분쟁 183	하상리	답	39	49,083
분쟁 184	하중리	답	148	155,201
		산림	2	1,993
		소계	150	157,194
분쟁 182	월피리	전	18	7,966
		답	22	11,543
		대	3	543
		소계	43	20,052
분쟁 185	와리	전	1	319
		답	1	1,684
		소계	2	2,003
분쟁 제乙29	와리	답	2	1596
		산림	1	1754
		소계	3	3350

* 출처 : 『토지조사부』, 시흥시 수암면

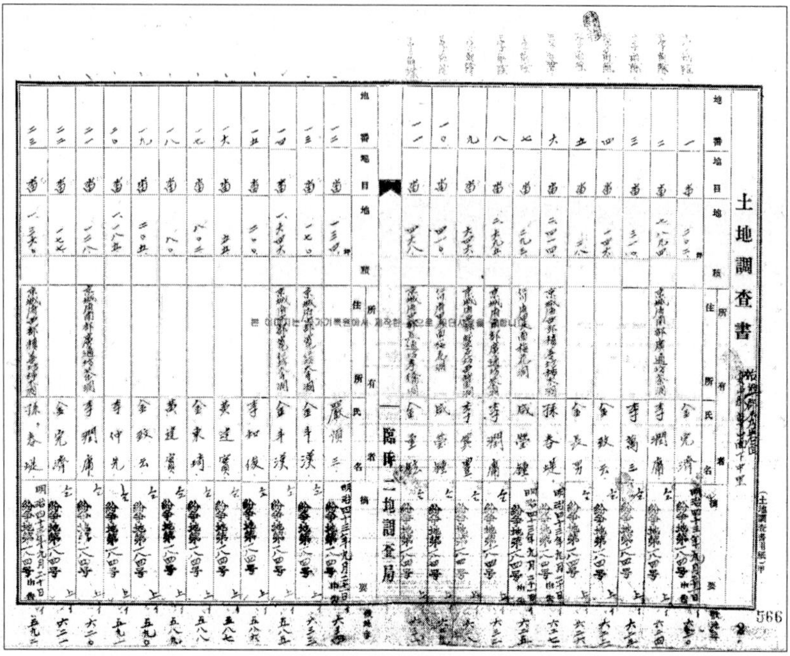

土地調査書

臨時土地調査局

[도판 5-1] 『토지조사부』의 석장둔 분쟁

분쟁의 번호는 동리별로 나뉘어져 있지만 실제로는 종래 안산군 초산면 하중리와 하상리에 걸쳐 있는 석장둔의 분쟁, 월피리와 와리에 걸쳐 있는 월피둔(석장둔) 분쟁이다. 초산면 석장둔은 189필지에 206,277평이나 되고, 월피둔은 45필지 20,052평이다. 분쟁 제을29는 민영찬 소유지의 분쟁이다.

『토지조사부』를 조사해보면 '국'으로 표시된 국유지는 하중리에 85필지 192,512평, 하상리에 60필지 58,312평이 분포되어 있다. 석장둔 분쟁지와 국유지의 위치를 지적도에 표시하면 [도판 5-2]와 같다.

[도판 5-2] 하중리·하상리의 석장둔 분쟁지와 국유지의 위치
* 출처 : 「지적도」, 1910

　도판 상단의 옅게 칠한 부분이 석장둔이다. 상단 경계부분이 보통천
인데 그 건너편 소래면에도 석장둔이 집중적으로 분포해 있다. 용동궁
소유지에서 유래한 국유지는 까맣게 칠한 부분인데 하중리와 하상리 일

대에 드문드문 분포되어 있다. 가운데 왼쪽 넓은 부분은 초평이다. 표시
한 경계선의 왼쪽이 하중리, 오른쪽이 하상리이다. 하중리와 하상리 경
계의 중간에 높은 산이 있다. 제3장에서 용동궁 소유지는 농장별로 운영
되었다고 언급했지만 실상을 보면 민유지를 매입하여 조성했기 때문에
한곳에 집중된 농장을 형성하기 어려웠음을 확인할 수 있다.

　그런데 의문이 되는 것은 용동궁이 소유했다고 본 하상리의 석장둔은
어디에 있는 것일까? 석장둔은 보통천 주변에 집중되어 있고 용동궁장
토는 기경지에 산재되어 있다. [도판 5-2]에서 용동궁이 소유한 하상리의
석장둔을 특정하기 어렵다. 그런데 1907년 10월 하중리 추수기의 책 표
지에 '전용동궁평(前龍洞宮坪)', '방매(放賣)'라는 표시를 했다가 '방매'
부분을 삭제한 기록이 있다.[33] 그곳은 용동궁의 석장둔이 위치한 하상
리가 아니지만 용동궁에서 소유한 토지도 방매가 가능했다는 단서를 얻
을 수 있다. 하상리의 석장둔이 분쟁되고 있었으므로 토지조사사업 이
전에 용동궁에서 그것을 작인에게 매각했을 것으로 추론할 수 있다.

　석장둔의 분쟁에 관한 자료는 확인되지 않는다. 다른 분쟁지의 분쟁
절차를 참조할 수밖에 없다.[34] 분쟁의 결과에 대한 신문의 보도는 다음
과 같다.

　　이용익이 내장원경으로 재임하던 때 인천 급 안산 등지의 민유전답을
　　국유지로 편입하여 석장둔토라 하고 몇 년간 도조를 징출하였다. 그 땅 인

---

33) 『前龍洞宮坪安山草山面下中里秋收記』(규장각 21976의 제3책, 1907년 10월).
　　하중리의 용동궁장토는 일반민전에서 매입한 것이고 용동궁이 매입한 석장둔은
　　하상리에 있었다.
34) 창원의 경우 분쟁의 진행절차를 확인할 수 있는 사례가 자료로 남아 있다. 최원
　　규, 「일제의 토지조사사업에서 경남 창원지역의 토지소유권 분쟁 - 自如驛 倉屯
　　사례」, 『지역과 역사』 21, 부경역사연구소, 2007 참조.

민들은 그 원억함을 인하여 연래로 소관 관청에 청원 환추하고자 한다더
니 경기도 재무부에서는 그 실지를 조사하고 인민에게 다시 출급하기로
협의 중[35]

대한제국기에 석장둔이 내장원에 편입되어 도조를 납부함으로써 국
유지화 되었다는 보도지만, 앞에서 분석해 본 바와 같이 석장둔이 내장
원에 편입되었다고 해도 도조를 납부한 것이 아니라 갑오개혁 이전과
마찬가지로 결당 미 40두를 도미(賭米)로 납부하고 있었을 뿐이었다. 대
한제국의 공격적 공토정책이라는 통설과는 달리 석장둔의 사례를 통해
서 볼 때 내장원은 둔토의 기원과 관행을 무시하고 일방적으로 도조를
인상한 것은 아니었다. 내장원이 관장하고 있다는 점에서 공토목록에
오르고 궁내부에서 관장함으로써 궁장토목록에 올라갔을 뿐이었다. 대
한제국 정부는 공토목록에 올라온 역토·둔토를 어떤 방식으로 사정하
여 일지일주의 근대적 토지소유권을 확정할 것인지 법률적 준비와 행정
적 조치를 마련하지 못하고 있었다. 그러한 상황에서 공토목록에 등록
된 장토를 원칙을 정해 사정하지 않고 일방적으로 국유지화 한 것은 일
제의 역둔토조사사업에서였다. 도장에 대해서는 보상한 반면 중답주는
제거한다는 원칙을 고집하면서 성립기원을 달리하는 토지를 역둔토로
통합하고 소작신고서의 제출을 강제했던 것이다. 그때부터 분쟁은 시작
되었는데, 석장둔의 경우 장토의 연원과 세미 납부가 너무 분명했고 석
장둔민들도 적극 항의했을 것인데 그 때에는 환급되지 않았다. 토지조사
사업을 통해서 비로소 분쟁의 절차를 거친 뒤 민유지로 환원된 것이다.
토지조사사업의 분쟁처리를 통해 석장둔이 민유지임이 확인되어 석

---

35) 『매일신보』 1911년 2월 17일 '안산 석장둔토 환급'.

장둔의 각 필지는 안산군 수암면『토지조사부』에 등재되었고, 비고란에
분쟁이 있었음도 기재되었다. 석장둔의 소유자들은『토지조사부』상에
서 볼 수 있듯이 토지신고일 기준으로 소유권을 인정받았다. 민결 수준
의 조100두형 둔토조차도 갑오개혁 이후 세미를 궁방이나 내장원에 납
부했다는 이유만으로 별도의 사정(査定)없이 역둔토 국유지로 편입되었
고, 어려운 분쟁과정을 넘어선 이후에야 겨우 소유권을 회복할 수 있었
다. 다만 인천 쪽의 석장둔은 어떤 분쟁 절차를 거쳤는지 확인이 되지
않고『토지조사부』에도 흔적이 없이 모두 민유지로 되어 있다.

이제 석장둔은 원래의 이름과 함께 공토·역둔토의 이름을 벗어던지
고 민전으로 편입되어 다른 연혁을 지닌 토지들과 함께 민유지로서의
권리가 인정되고 그에 합당한 의무도 부과되었다. 석장둔의 국유-민유
분쟁이 종결되어 민유지가 된 이후에는 인근지역의 다른 토지와 전혀
구별되지 않는 일반 민전으로 변신했다.

2) 민유의 근거

석장둔민은 어떻게 소유권을 회복할 수 있었을까? 어떤 증빙자료를
제출했을까? 도장권 사정과정에서는 양안·추수기·매매문기 등을 제출
하여 궁방의 소유임을 증명하고 도장차정 첩문(帖文)과 도조기(賭租記)
등을 통해 도장의 역할을 증명했다. 그렇지만 석장둔민 개개인이 17세
기 전반 간척이 되던 시절부터의 각종 자료를 어떻게 가지고 있을 수 있
겠는가? 유일한 증거는 사적으로 매매한 문기뿐이었다.

석장둔이 진휼청·장용영·수원부 총리영 등에 소속되어 조 100두를
납부하고 있었을 때에도 자유롭게 매매되고 있었음은 제3장에서 살펴보
았다. 토지매매문기에 토지의 소재를 표현하는 '진휼청 언답', '석장둔

답' 등의 표현은 있었지만 양향청이나 장용영 또는 수원부 총리영에 소속되어 있다는 표현은 없었다. 최초의 연혁만 소개되었을 뿐 수조권을 행사하게 된 관청은 표현하지 않았다. 문기상으로 민전임을 부인할 수 있는 제한조항은 없었다. 그런데 민전으로서 손색이 없는 이들 석장둔 문기들이 어떤 연유인지 현재 국사편찬위원회에 100건 가까이 소장되어 있다. 안산보다는 인천 쪽 석장둔 매매문기들이 더욱 많다.

그 가운데 19세기 내내 그리고 갑오개혁 이후에까지 매매가 순조롭게 이루어진 사례를 하나 들어본다. 인천 쪽 석장둔 주자(宙字) 제1588번(답 1부 5속), 제1789번(답 9속), 제1604번(답 2부 3속), 합하여 4부 4속을 최초 김몽치가 자기 스스로 간척하여 경식했다고 하면서 방매를 시작해 다음과 같이 이어졌다. [김몽치(金夢致) → 1808년 김암외(金岩外) 20냥 ⋯ (故閑良 金岩外 妻 李召史) → 1814년 한량(閑良) 김취만(金就萬) 40냥 → 1815년 나잉손(羅芿孫) 40냥 ⋯ (童蒙 羅判宗) → 1841년 이생원댁(李生員宅) 노범이(奴凡伊) 41냥 ⋯ (李生員 奴凡伊) → 1898년 김굉(金宏) 2100냥].36) 『인천석장둔양안』에서 찾아보면, 주자 제1588번의 경우 답 1부 5속에 소유자는 임인창인데 1884년과 1888년에 해당하는 상지(常紙)에는 이노범이(李奴凡伊)가 등장한다. 제1604번의 경우 답 2부이고 소유자는 임인창, 1884년·1888·1894년에 모두 이노범이가 등장한다. 제1789번은 답 9속인 점은 확인되는데 소유자의 변동은 일치하지 않는다.37) 이

---

36) 국사편찬위원회 고문서, 嘉慶 13년(1808) 戊辰 5월 초7일 金岩外前明文(畓主 金夢致); 嘉慶 19년(1814) 甲戌 11월 18일 閑良 金就萬前明文(畓主 故閑良 金岩外妻 李召史); 嘉慶 20년(1815) 乙亥 정월초9일 羅芿孫前明文(畓主 金就 萬); 道光 21년(1841) 辛丑 정월20일 李生員宅奴凡伊前明文(畓主 童蒙 羅判 宗).

37) 이영호, 「안산·인천 석장둔양안의 토지정보와 성격」, 『규장각』 35, 서울대학교

렇게 볼 때 이생원댁 노범이의 이름으로 소유권이 행사되고 수원부 총
리영에 대한 납세도 이루어졌다는 사실을 확인할 수 있다. 갑오개혁 이
후 을미사판을 거친 이후 1898년에 거래가 이루어져 이생원가에서는 구
문기 4장을 신문기와 함께 넘겨주었고, 아마도 석장둔 분쟁 때 소유자가
이 문건들을 제시했을 것으로 추정할 수 있다. 신문기에는 이땅을 "인천
(仁川) 전반면(田反面) 석장둔포(石場屯浦) 언내(堰內) 복재(伏在)"라고
표현했다.[38]

대한제국기에 이루어진 석장둔 방매 양상을 소개하면 [표 5-7]과 같다.

[표 5-7] 갑오개혁 이후 석장둔 매매 실태

번호	날짜	위치	면적 및 사표	방매자	매득자	가격(냥)
1	1896년 2월13일	인천 전반면 장락동	宙자 8두락 결복 3부 西점복답東일천답南奉信畓北小浦	崔治連	申明甫	2250
2	1897년 (?)	인천 전반면 每着里	宙자 32답 3두락, 결 4부	朴奴福歹	金順交	390
3	1897년 4월	인천 전반면 매착리 海畓	宙자 32답 3두락	金順交	金光文	1000
4	1898년 3월8일	인천 전반면 석장둔포 언내	宙字 1588답 1부5속, 1589답 9속, 1604답 2부, 합 2야미 4부4속 7두락지	李生員 奴凡伊	金宏	2100
5	1898년 11월	인천 전반면 장락동	宙자 답 8두락 3부 동일천답서점복답남봉신답북小浦	申明甫	金興德	2500
6	1900년 4월6일	인천 신현二里 獨島	地字畓 7두락 결복 8부	黃善玉	任生員 宅 奴九 月釗	1400
7	1901년 정월	인천 전반면 매착리 海畓	宙字 32답 3두락 결부 4부	金光文	咸順一	2100

규장각한국학연구원, 2009, 부록에 수록.

38) 국사편찬위원회 고문서, 光武 2년(1898) 戊戌 3월초8일 □□□前明文(답주 李
生員奴戶用).

번호	날짜	위치	면적 및 사표	방매자	매득자	가격 (냥)
8	1901년 2월	인천 석장둔 島下	地字 498답 2부7속, 306답 2부5속, 308답 3부7속, 天字 363답 1속, 302답 4속 결복 9부4속 正租 7두락	鄭奴金大	梁自星	2450
9	1901년 2월	인천 석장둔 犢島下	地字 309답 8속, 311답 3속 天字 261답 2속, 289답 6속, 290답 1부1속, 291답 4속, 296답 2속, 298답 6속, 299답 2부1속, 300답 9속, 301답 5속, 303답 2부6속, 304답 4부2속 합 결부 14부5속 정조 11두락	鄭奴金大	張順汝	3850
10	1901년 2월8일	인천 석장평	玄字 729답 1부1속, 30답 1부3속 3두락 地字 708답 2부7속, 81답 9속 5두락 地字 475답 3부, 476답 5속 4두락 결복 합 9부5속 합정조 12두락	李生員宅 凡釗	鄭進敎	5000
11	1902년 5월	인천 전반면 2리 매착리 해답	宙字 32답 3두락 결복 4부	咸順一	李泰興	
12	1902년 5월	인천邊 석장둔	地字 79답 2속, 34답 1부2속, 35답 1부1속, 36답 1부5속, 46답 7속, 49답 5속, 53답 7속, 종자 5두락 결복 합 5부9속	姜京判宅 奴丈三	金順元	1600
13	1905년 3월4일	인천 신현면二里 獨島	地字 105답 2부5속, 106답 1부, 107답 1부, 4두락 결복 4부5속	任生員宅 奴九月釗	梁子成	2280
14	1907년 2월3일	인천 전반면 이리 매착리 石場坪	宙字 32답 4부 3두락지 東咸聖天畓西咸致西畓南李元榮畓北水道	李亨植	咸洙轍	1050
15	1909년 2월15일	인천 新峴面 戶曹坪 伏在 石場屯	天字 266답 4속, 71답 5속, 73답 7속, 74답 2부, 합 3부6속 4두락 4야미 同字 加耕畓 1부3속 1두락 1야미	金景弼	張順汝	1750

* 출처 : 국사편찬위원회 고문서

갑오개혁 이후 을미사판과 광무사검을 통해 둔토와 궁장토에 대한 일원적 관리를 꾀하는 과정에서도 석장둔은 필지마다 소유자에 의해 자유롭게 방매되고 있었던 것을 볼 수 있다. 연속해서 매매되는 모습도 있다. 2번·3번·7번 인천군 전반면 매착리의 주자 제32답 4부는 다음과 같

은 순서로 연속적으로 매매되었다. [박노복돌 → 1897년 김순교 390냥(2
번) → 1897년 김광문 1000냥(3번) → 1901년 함순일 2100냥(7번) → 1902
년 이태홍(11번) ⋯ (이형식) → 1907년 함수철 1050냥(14번)]. 1번과 5번
문서도 서로 연결된 거래이다. 8번과 13번은 양자성이, 9번과 15번은 장
순녀가 석장둔을 거듭 매입하고 있는 모습을 보인다. 석장둔을 매입하
는 것이 토지소유권에 영향을 미칠 것이라는 점에 주의한다면 자유로운
매매가 불가능했을 것이다. 더구나 1909년은 이미 모든 둔토와 궁장토가
역둔토로 통합되어 국유화가 진행된 상황인데, 이때 거래가 성사된다는
것은 석장둔에서 토지소유권 확보에 문제가 없을 것이라고 보았기 때문
일 것이다. 이들 문서들은 모두 인천석장둔이어서 안산석장둔이 분쟁이
된 것과는 달리 인천석장둔에서 분쟁의 흔적을 찾을 수 없는 증거일지
도 모르겠다.

한 가지 주목할 점이 있다. 1902년 5월 함순일이 이태홍에게 방매한
문기를 살펴보면, 애초에 인천 전반면 2리 장락동 복재 백자(伯字) 제7답
7부 6속 5두락과 제8답 4부 8속 2두락 합 7두락과, 매착리 해답(海畓) 주
자(宙字) 제32답 3두락 결복 4부를 합하여 거래가 이루어졌다. 그런데 문
기의 여백에 부기하기를, "백자 7두락은 면증명부(面證明簿)에 기재함"
이라고 했다. 그리고 본 문기에 그 부분을 원으로 둘러싼 표시를 해두었
다. 이 문기가 토지소유의 증거로 활용되었다는 사실을 보여준다고 생
각된다. 석장둔인 주자 제32답도 이런 방식으로 면증명부에 올라갈 수
있었을 것이다. 석장둔 매매문기가 국사편찬위원회에 소장되게 된 경위
를 알 수 없으나 이렇게 묶여서 남았다는 것은 석장둔 소유권을 증명하
는 역할을 수행했을 가능성을 보여주는 것이라고 판단된다.

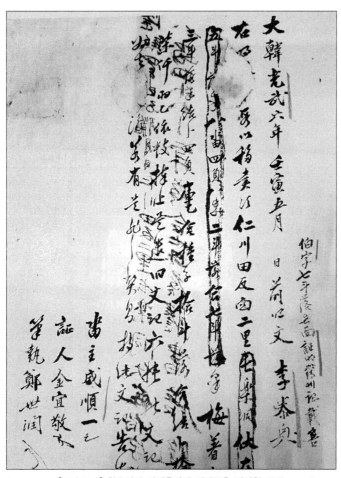

[도판 5-3] 함순일이 이태흥에게 석장둔을 방매한 문기

토지매매문기에 등장하는 인물을 소래면 『토지조사부』에서 조사해보
면 [표 5-8]과 같다.

[표 5-8] 석장둔 매득자의 토지조사부 등재 전답 소유 실태

소유자	매매문기			토지조사부				계
	위치	필지	면적 (부-속)	거주지	토지위치	필지	면적(평)	
양자성	島下 天字, 地字	5	9-4	미산리	매화리	6	2,503	13필지 7,981평
					미산리	4	1,675	
	신현면2리 獨島 地字	3	4-5		은행리	2	1,781	
					방산리	1	2,022	
장순녀	犢島下 天字, 地字	13	14-5	미산리	매화리	4	2759	9필지 4,884평
	신현면 天字	4	3-6		미산리	5	2125	
정진교	석장평 地字, 玄字	6	9-5	미산리	매화리	4	2,413	16필지 11,458평
					미산리	12	9,045	
함수철	전반면 2리 매착리 宙字	1	4-0	매화리	매화리	12	13090	13필지 13,570평
					도창리	1	480	

    매매문기와 『토지조사부』를 직접 일치시킬 수 없지만 매매문기 상의 석장둔 소유자가 『토지조사부』에 등장하고 있는 점이 주목된다. 석장둔 소유자는 매매문기 외의 다른 토지도 다수 소유하고 있는 것으로 나타난다. 이러한 석장둔 매매문기는 토지조사사업에서 특히 분쟁과정에서는 증거능력을 발휘했을 것으로 판단된다.[39]

    그런데 석장둔이 소재했던 부천군 소래면 『토지조사부』에는 전혀 분쟁사실이 기록되어 있지 않고 [표 5-8]과 같이 석장둔 소유자가 자기의 소유권을 인정받은 결과만을 알 수 있다. 안산군 수암면의 석장둔과 기원이 동일함에도 불구하고 토지조사사업에서 다른 처분을 받은 이유는 현재까지의 자료상황에서는 설명하기 어렵다.

---

39) 창원군의 경우, 최원규, 앞의 논문, 2007; 최원규, 「창원군 토지조사사업에서 소유권 분쟁의 유형과 성격」, 『한국학연구』 24, 인하대학교 한국학연구소, 2011 참조.

제2부

석장둔 지역의 식민지지주제와 농지개혁

제6장 석장둔 지역의 토지소유와 식민지지주제

1. 석장둔민의 토지소유와 그 특징

석장둔 국유-민유 분쟁의 결과 수조권에 근거한 국유 판정은 취소되고 석장둔민의 소유권이 인정되었다. 그것은 『토지조사부』에서 확인할 수 있는데, 안산(시흥)과 인천의 경계에 위치한 석장둔 가운데 시흥 쪽 하중리·하상리의 석장둔은 『토지조사부』에 분쟁 사실이 기록되어 있지만 인천 쪽, 즉 부천군 소래면 『토지조사부』에서는 분쟁 사실을 확인할 수 없다. 하중리·하상리에 위치한 석장둔은 제5장 [도판 5-2]에서 확인했었다. 여기서는 『토지조사부』를 통해 하중리·하상리 석장둔민의 토지소유 실태를 살펴보고 식민지지주제의 존재 방식을 유추해 보고자 한다. 제1부에서는 1755년의 안산군 석장둔양안, 1900년의 안산군 광무양안의 필지 기록을 통계 처리하여 석장둔에서의 소유 실태를 분석했는데, 여기서는 1910년 『토지조사부』를 분석하여 제1부의 통계와도 비교해 보기로 한다.

하중리·하상리의 석장둔민이 구 안산군, 즉 시흥군 수암면 및 군자면에서 차지하는 토지소유의 실태를 살펴보면 [표 6-1]과 같다.

[표 6-1] 석장둔민의 토지소유 실태

번호	석장둔 소유자	거주지	하중리·하상리의 석장둔		수암면·군자면 (구 안산군) 전체	
			필지	면적(평)	필지	면적(평)
1	강만수	경성	1	734	22	17993
2	강원성	하상리	2	599	8	4915
3	권종규	하중리	1	102	1	102
4	권치선	하상리	1	494	28	22511
5	김건제	하상리	1	1096	11	5953
6	김동기	하중리	12	17206	31	49257
7	김동옥	하중리	2	342	3	434
8	김두한	경성	19	27341	57	59622
9	김수복1	하상리	3	3446	4	4012
10	김순제1	하중리	2	1308	3	1882
11	김영완1	경성	1	1962	1	1962
12	김완제	하중리	4	2397	11	8087
13	김장남	하중리	1	28	1	28
14	김종현	경성	1	1872	1	1872
15	김중현	경성	11	10087	22	22250
16	김창석	하중리	2	1896	29	17154
17	김치운	하중리	6	1316	8	2492
18	류인도	수암면 산현리	1	1688	37	23673
19	문명석	하상리	2	909	15	10407
20	문명식	하상리	1	549	1	549
21	민대식	경성	2	1589	55	60034
22	민범식	경성	1	6262	165	213127
23	박근서	하중리	1	309	3	1163
24	박영용	경성	5	17796	5	17796
25	박의순	수암면 물왕리	1	860	35	26005
26	박일양	하상리	1	944	6	4286
27	백낙운	하중리	1	368	11	7126
28	백찬수	하중리	2	3050	4	3543

번호	석장둔 소유자	거주지	하중리·하상리의 석장둔		수암면·군자면 (구 안산군) 전체	
			필지	면적(평)	필지	면적(평)
29	백창수	하중리	3	376	3	376
30	손춘제	경성	11	15994	33	42754
31	신태동1	소래면 금이리	11	11106	53	56324
32	안계환	하상리	2	823	4	2295
33	안덕봉	하상리	2	2654	16	16044
34	안세환	하상리	3	1625	6	2151
35	안순범	하상리	1	51	1	51
36	안순회	하상리	1	270	1	270
37	안정희	하상리	1	1042	1	1042
38	엄순삼	하중리	3	1194	5	2514
39	염호준	소래면 도창리	3	3776	6	5973
40	윤규섭	경성	1	2299	1	2299
41	이기풍	경성	2	2958	13	11538
42	이도원	하중리	2	183	3	253
43	이만삼	하중리	2	1087	8	4690
44	이만엽	하중리	2	1108	2	1108
45	이순경	하중리	5	4902	13	13601
46	이윤용	경성	7	18264	8	20115
47	이율영	하중리	1	122	2	526
48	이재순	하상리	1	344	4	1134
49	이정경	하중리	1	144	1	144
50	이준명	하중리	1	182	5	2491
51	이준배	하중리	2	1703	4	2373
52	이준영	소래면 금이리	1	1682	16	12449
53	이중선	하중리	3	4288	10	8345
54	이화준	하중리	3	410	3	410
55	장경식	하상리	1	152	4	3694
56	전명기	경성	2	3694	2	3694

번호	석장둔 소유자	거주지	하중리·하상리의 석장둔		수암면·군자면 (구 안산군) 전체	
			필지	면적(평)	필지	면적(평)
57	지덕순	하중리	1	1196	2	1900
58	지진성	하상리	2	2743	9	15380
59	최두연	하중리	1	1701	14	11104
60	최사심	하중리	1	263	8	3984
61	최수봉	하중리	1	1708	3	3321
62	최순근2	하중리	2	2299	3	2505
63	최순만	하중리	2	1633	8	3825
64	최준규	하중리	2	3190	9	7537
65	함영종	소래면 매화리	7	4538	7	4538
66	황율실	하중리	3	195	4	3731
계			188	208,449	873	864,718

* 출처 : 『토지조사부』, 시흥군 수암면 및 군자면
* 비고 : 군자면에는 구 안산군 외의 지역이 약간 포함되어 있다.

제4장에서 광무양안 상의 석장둔 소유자가 안산군 전체에서 차지하는 토지소유 실태를 살펴본 바 있는데, 그것과 비교하기 위해 구 안산군 지역, 즉 시흥군 수암면·군자면의 『토지조사부』을 가지고 [표 6-1]을 작성했다. 제4장의 [표 4-11]에서 보듯이 광무양안 상에서는 석장둔민 38명이 78필지, 10결 94부 2속의 토지를 소유한 것으로 산정되지만, 위의 『토지조사부』에서는 66명이 188필지, 208,449평을 소유한 것으로 나온다. 조선 후기 간척 당시 안산 쪽 석장둔은 778필지에 13결 9부 8속으로 평수로 환산하면 약 17만평 정도 되므로 간척 이후 작답화가 진전된 점을 감안하면 『토지조사부』의 208,449평과 크게 차이나는 것은 아니라고 판단된다. 광무양안 상에 '석장둔'이라 표기했다가 삭제된 필지를 원래의 석장둔인 것으로 간주한 것이므로 더 많은 석장둔이 은폐되어 있을 수도 있

다. 광무양안과 『토지조사부』의 성명을 비교하면 유사한 인물로 추정되는 경우가 적지 않지만 실제 성명이 일치하는 경우는 없다. 실명이 아님에도 불구하고 광무양안 상의 석장둔민은 소유권을 행사하고 유지함으로써 『토지조사부』에도 등재될 수 있었던 것이다.

하중리와 하상리 석장둔민은 [표 6-1]에서 보듯이 전체 66명으로서 간척 당시 91명에 비해서는 줄어들었다. 분쟁지가 1필지인 경우가 28명, 2필지인 경우가 18명, 3필지인 경우가 8명으로 대부분 1-3필지의 분쟁을 겪고 있다. 분쟁을 많이 겪고 있는 경우는 11필지가 3명, 12필지 1명, 19필지 1명이다.

분쟁지와 안산군 전체 소유지와의 관계를 살펴보면 11필지 이상 분쟁지를 가진 소유자는 다른 지역에도 많은 토지를 소유하고 있는 것으로 나온다. 경성의 김두한은 57필지 59,622평의 소유지 가운데 19필지 27,341평의 분쟁을 겪어 이 분쟁지가 이 지역 재산의 46%에 이르러 재산운영의 결정적인 문제로 되어 있다. 반면 경성의 민범식은 213,127평의 대토지를 소유했는데 분쟁지는 1필지에 불과하다. 민대식·박의순·류인도·권치선도 유사하다. 한편 이윤용·김치운·박영용처럼 거의 전 재산이 분쟁에 묶인 경우도 있는데 한두 필지를 소유한 소규모 소유자 중에서 더욱 그러하다.

이런 현상을 통해 17세기 간척 당시의 상황에 대한 유추도 가능하다. 간척에 나선 사람들은 일률적으로 분배받은 것은 아니고 경향의 유력자도 포함되어 있으며 이후 토지매매를 통한 집적의 가능성도 열려 있었던 것으로 해석할 수 있다. 조선후기 농장형 간척지인 석장둔의 소유자들은 석장둔에서만 생계를 유지한 것은 아니었다. 인근에 토지를 소유할 수 있었고, 서울의 자산가들도 투자하고 있었다. 조선시기 이래 분산성을 본질로 하는 지주제의 특성이 이런 부분에서도 나타나 있다.

소유자의 거주지를 기준으로 석장둔 소유실태를 살펴보면 [표 6-2]와 같다.

[표 6-2] 거주지에 따른 석장둔 소유실태

거주지	소유자/ 비율	필지/ 비율	면적/ 비율
하중리·하상리	47/ 71.2	101/ 53.7	73947/ 35.5
타리 또는 타면	6/ 9.1	24/ 12.8	23650/ 11.3
경성	13/ 19.7	63/ 33.5	110852/ 53.2
계	66/ 100	188/ 100	208449/100

'타리 또는 타면'의 거주자는 하중리 또는 하상리와 인접한 곳이므로 사실상 '하중리·하상리'에 포함시켜 '재지소유자'라고 해도 무방할 것이다. 그렇다면 경성에 거주한 20%의 부재지주 13명이 절반이 넘는 110,852평을 차지한 반면, 80%의 재지소유자 53명(47명+6명)이 절반에 못 미치는 토지를 소유하고 있는 셈이다. 소수의 경성 부재지주가 다수의 재지 거주자보다 더 많은 석장둔을 소유하고 있다. 경성의 부재지주가 경기도에 많은 토지를 소유하고 있던 일반적인 보고와[1] 크게 어긋나지 않는다.

석장둔 소유자 중 안산군 일대에서 대토지를 경영하는 소유자를 조사

---

1) 1937년 30정보 이상 경기도 개인지주 가운데 조선인의 경우 경성지주 305명 (43.4%)이 25,380정보(45.3%), 386명(54.9%)의 경기도내 지주가 29,681정보(52.95), 경기도외 지주 12명(1.7%)이 1,014정보(1.8%), 합해서 703명이 56,085정보를 소유한 것으로 나온다(한국농촌경제연구원, 『농지개혁시 피분배지주 및 일제하 대지주 명부』, '경기도 지주명부'(1938년 5월), 농지개혁사편찬자료 10, 1985, 83쪽). 하중리 및 하상리의 경성지주는 숫자는 적지만 훨씬 많은 토지를 소유하고 있는 셈이다.

해 보면 [표 6-3]과 같다.

[표 6-3] 석장둔 소유자 중 구 안산군에 10정보 이상 대토지를 소유한 인물

번호	소유자	거주지	석장둔 필지/평	안산군 필지/평수
1	민범식	경성	1/6262	수암면 하중리·광석리·산현리 30/47443 군자면 장현리·장곡리·월곳리·죽률리·군자리· 거모리·선부리·정왕리 135/165684 계 165/213127
2	민대식	경성	2/1589	수암면 하상리·하중리·광석리·물왕리·산현리· 조남리··장상리·장하리·수암리 55/60034
3	김두한	경성	19/27341	수암면 하중리·광석리 57/59622
4	신태동	금이리	11/11106	수암면 하중리·조남리·목감리·물왕리·장상리· 부곡리·성포리 53/56324
5	김동기	하중리	12/17206	수암면 하중리 31/49257
6	손춘제	경성	11/15994	수암면 하중리·하상리 24/35979 군자면 장현리·장곡리·월곳리 9/6775 계 33/42754

* 출처 : 『토지조사부』, 시흥군 수암면 및 군자면

석장둔 대토지소유자 중에는 경성에 거주하며 부재지주로서 소작제 경영을 할 수밖에 없는 지주들이 다수 나타난다. 그들이 소유한 토지는 비단 구 안산군에 한정되지 않을 것이지만 이곳에서만 보더라도 여러 면에 걸쳐 있고 면내에서도 여러 리에 조금씩 분산되어 있는 점이 특징적으로 나타난다. 대토지를 소유한 재지지주도 농장형으로 경영할 수 있을 정도로 한곳에 토지를 집중 소유한 양상은 잘 나타나지 않는다. 석장둔 지역에 부재지주가 많아 소작제로 경영하지만 농장형의 특성은 보이지 않는다고 평가할 수 있다. 이 점은 동양척식주식회사의 농장이나 전북의 일본인 대지주 농장과는 상이한 특징이다.

다음으로 하중리·하상리에 석장둔을 소유하고 있는 석장둔민만을 뽑아 두 동리에 소유한 토지의 분포를 살펴보면 [표 6-4]와 같다.

[표 6-4] 하중리·하상리 석장둔민의 토지소유 분포

구분	소유자수/%	면적합계(평)	평균면적(평)
0~1500평	33/50.0	19100/9.2	579
1501~3000	17/25.8	34409/16.5	2024
3001~6000	8/12.1	30884/14.8	3861
6001~15000	3/4.5	27455/13.2	9152
15001~30000	5/7.6	96601/46.3	19320
계	66/100	208449/100	3158

* 출처 : 『토지조사부』, 시흥군 수암면 하중리·하상리

[표 6-1]에서 본 것처럼 석장둔민은 석장둔만을 소유한 것이 아니므로 석장둔민의 소유분포가 큰 의미를 갖는 것은 아니지만 이전 석장둔양안과의 비교를 위해 통계를 작성했다. 석장둔 1,500평=0.5정보 이하 소유자는 꼭 절반이며 이들은 평균 579평의 영세한 면적을 소유했다. 그리고 0.5-1정보 소유자가 1/4, 1정보 이상 소유자가 1/4이다. 제4장 [표 4-10]에서 1755년 석장둔양안, 1900년 광무양안의 소유분포를 비교해 보았는데, 위의 『토지조사부』 분포는 1755년 석장둔양안 보다 광무양안과 더 유사한 분포양상을 보여준다. 10년간의 차이를 보이는 광무양안과 토지조사부 두 대장 사이에 완만한 유사성이 나타나고 당초의 석장둔양안과는 상당한 차이를 보이고 있다고 평가할 수 있다. 조선후기 간척 당시보다는 한말 일제초 석장둔 소유자의 분포에 많은 변화가 발생했다.

2. 석장둔 지역의 토지소유와 지주제

1) 석장둔 소재 동리의 토지소유 양상

석장둔은 수암면 하중리·하상리에서만 확인되기 때문에 하중리와 하상리를 합해 토지소유의 실태를 확인해 보기로 한다. 조선시대에는 면 단위를 기준으로 양안이 만들어지므로 면의 경계는 분명하지만 가호를 중심으로 설정된 동리의 경계는 불투명하다. 하중리와 하상리 사이에도 거주지와 소유지 사이에 약간의 괴리가 나타난다. 지적도를 살펴보면 두 동리의 경계부분에는 상호 경계를 넘어 토지를 소유하는 경우가 많이 나타난다. 석장둔이 두 동리에 걸쳐 있으므로 두 동리를 합해 토지소유의 실태를 살펴보면 [표 6-5]와 같다.

하중리와 하상리의 공유지는 많지 않고 국유지는 22.3%나 많다. 석장둔의 국유-민유 분쟁을 제외하고도 국유지가 많아 두 동리의 대표적 지주는 조선총독부였다고 할 수 있다. 제5장에서 논증한 것처럼 이들 국유지는 모두 용동궁(龍洞宮)의 소유로서 지주-작인제로 경영되던 땅이었다.

토지소유자를 재지소유자와 부재지주로 나누어 살펴보자. '하중리·하상리' 재지에 거주하는 자들은 36.5%의 토지를 소유했다. 그런데 '타리'나 '타면'의 경우 안산군의 행정구역을 넘어서지만 지형 상에서 볼 때 석장둔 분지를 향한 산줄기의 사면에 위치하여 하중리·하상리에서 대체로 경작가능한 거리에 있다. 그 거리를 넘어서면 분묘지·산림을 소유한 경우가 아니면 직접 경작할 수 없어 소작 주게 되지만 그 면적은 아주 적다. '부천군'은 개항장이 아니라 석장둔 주변의 구 인천부 전반면과 신현면에 거주하는 주민으로서 역시 경작 가능한 거리에 있다. 전반면과 신현면은 인천 쪽 석장둔을 품고 있다. 부천군 소래면이 된 구 전

[표 6-5] 수암면 하중리·하상리의 토지소유 실태

거주지	소유자	전		답		대		기타		합		소유형태
		필지	면적	필지	면적	필지	면적	필지	면적	필지	면적/%	
국유지	1	42	25115	77	124882	26	11936	7	95618	152	257551/22.3	조선총독부
공유지	2	-	-	4	2553	-	-	2	333	6	2886/0.2	동리유
하중리하상리	**126**	230	111313	262	211222	**42**	10802	58	88374	592	**421711/36.5**	재지지주
동면타리	11	7	5849	22	27357	-	-	4	5883	33	39089/3.4	
동군타면	12	1	268	32	41945	-	-	2	242	35	42455/3.7	
부천군	13	4	1114	50	54468	1	102	5	1635	60	57319/5.0	
타군	7	10	2965	22	12883	1	104	7	6641	40	22593/1.9	부재지주
경성부	**30**	56	41014	165	253489	14	5062	4	12165	239	**311730/27.0**	
계	**202**	350	187,638	634	728,799	**84**	28,006	89	210,891	1,157	1,155,334/100	

* 출처 : 『토지조사부』, 시흥군 수암면 하중리·하상리
* 비고 : 1. 거주지의 기준은 구 안산군이다. 2. '동면 타리'는 초산면의 광석리·물왕리·산현리·조남리 등지다. 3. '동군 타면'은 초산군 외의 안산군 마유면·인화면 등지이다. 4. '부천군'은 구 인천부 전반면 금이리·매화리·도창리·무지리, 신현면의 신천리·미산리, 조동면 운연리 등지다. 5. '타군'은 부평·시흥·과천·남양·진천·청풍군이다.

반면의 금이리·도창리·매화리는 하상리·하중리와 보통천 및 농수로를 사이에 두고 바로 건너편에 위치하여 행정구역은 달라도 동일한 농업생산권이다. 이들 '타리'·'타면'·'부천군'에 거주하는 사람들을 재지소유자

의 범주에 넣을 수 있다. 이들이 12.1%의 면적을 소유하므로 '하중리·하상리' 소유면적과 합하면 '재지소유자'의 토지는 48.6%에 이르게 된다. 절반 정도는 재지소유자의 토지인 것이다.

'타군'에 거주하는 자들의 소유지는 1.9%로 아주 적고 부재지주로는 '경성부' 거주자가 27.0%로 아주 많은 토지를 소유하고 있다. 부재지주는 '경성부'와 '타군'을 합해 28.9% 정도의 토지를 소유했다.

그런데 국공유지를 제외하고 부재지주는 199명 가운데 37명으로 18.6%에 불과하고 재지지주는 162명으로 81.4%에 달한다. 18.6%의 부재지주가 28.9%의 토지를 소유하고 있고, 81.4%의 재지지주가 48.6%의 토지를 소유하고 있는 것이다. 재지지주의 평균 소유면적 3,460평은 부재지주의 소유면적 9,036평보다 훨씬 적지만 부재지주 중에 대지주가 없어 그 격차는 크지 않다. 반면 재지지주라고 해보아야 소유규모가 작아 자작농 수준에 불과하다. 물론 어디까지나 이것은 하중리·하상리 토지에 한정한 것이다.

종합해보면 석장둔이 위치한 하중리와 하상리의 토지는 국공유지 22.5%, 재지소유지 48.6%, 부재소유지 28.9%로 분할되어 있다. 이 지역이 경성부와 인천부의 배후지인 부평평야와 인접해 있지만 배후지로서의 의미는 약하고, 경성부의 부호들이 수도권에서 토지를 확보하고자 할 때 그 대상이 되었던 것으로 해석할 수 있다.

[표 6-5]에 의하면 '하중리·하상리'에 거주하는 소유자는 126명으로 나오고 대지는 84필지다. 한 필지에 두셋의 가옥이 건축되어 있거나 한 가옥에 두세 집이 함께 거주하는 경우가 많은 것을 말해준다. 재지의 대지가 절반, 부재지주 및 국유의 임대 대지가 절반을 차지한다. 수암면 제적부(除籍簿)에 나타난 민적(民籍) 호수는 하중리 77호, 하상리 72호, 합

하여 149호로,[2] 토지소유자 126호보다 15호 많은데 이는 토지를 소유하지 않은 거주자의 존재를 의미할 것이다. 1941년 『홍부수리조합사업계획서』에 의하면 하중리 111호, 하상리 83호, 합하여 194호로 가구 수가 증가하는데 하중리의 증가가 뚜렷하며 분가·유입 등의 원인이 있었을 것이다.

석장둔을 품고 있는 하중리·하상리의 소유분포를 살펴보면 [표 6-6]과 같다.

[표 6-6] 하중리·하상리의 토지소유 분포

구분	소유자수/%	필지수/%	1인당 평균필지수	면적/%	면적 평균
0~1500평	85/42.1	136/11.7	1.6	51864/4.5	610
1501~3000	48/23.7	151/13.1	3.1	100895/8.7	2102
3001~6000	24/11.9	128/11.1	5.3	103886/9.0	4329
6001~15000	33/16.3	343/29.6	10.4	311923/27.0	9452
15001~30000	6/3.0	95/8.2	15.8	114494/9.9	19082
30000평 이상	6/3.0	304/26.3	50.7	472272/40.9	78712
계	202/100	1,157/100	5.8	1,155,334/100	5748

* 출처 : 『토지조사부』, 시흥군 수암면 하중리·하상리
* 비고 : 토지는 모든 지목을 다 포함했다.

3,000평=1정보 이하 소유자가 65.8%로서 이들의 소유지는 겨우 13.2%에 불과하다. 반면 5정보 이상 대토지소유자 6%는 66.5%의 토지를 차지하여 대조를 이룬다. 그렇지만 하중리와 하상리의 제한된 범위에서 일어난 분화현상이기 때문에 일반화하기 어렵고 실제의 경제상태를 반영

---

2) 조석곤, 「제적부를 이용한 통계자료 분석의 일례」, 『시흥시사』 10, 시흥시사편찬위원회, 2007, 17쪽.

하는 것도 아니고 다만 전반적인 추세를 나타낼 뿐이다.

하중리·하상리의 5정보 이상 대토지소유자를 살펴보면 [표 6-7]과 같다.

[표 6-7] 하중리·하상리의 5정보 이상 대토지소유자

번호	소유자	거주지	전	답	대	기타	합
1	조선총독부		42/25115	77/124882	26/11936	7/95618	152/257551
2	김두한	경성부	18/ 13397	36/ 45461	2/ 311	-	56/ 59169
3	김동기	하중리	7/ 4710	15/ 25259	4/ 643	5/ 18645	31/ 49257
4	권호	하중리	13/ 6892	1/ 1281	1/ 953	8/ 27986	23/ 37112
5	손춘제	경성부	4/ 3122	19/ 32451	1/ 406	-	24/ 35979
6	민범식	경성부	3/ 554	14/ 32428	1/ 222	-	18/ 33204
7	신태동	금이리	-	19/ 22003	1/ 102	-	20/ 22105
8	민대식	경성부	-	10/ 21164	-	-	10/ 21164
9	김중현	경성부	1/ 592	20/ 19680	-	-	21/ 20272
10	이윤용	경성부	-	8/ 20115	-	-	8/ 20115
11	강만수	경성부	12/ 11788	5/ 3709	3/ 764	2/ 1732	22/ 17993
12	박영용	경성부		5/ 17796	-		5/ 17796
13	김창석	하중리	12/ 6418	13/ 9702	1/ 112	3/ 922	29/ 17154

* 출처 : 『토지조사부』, 시흥군 수암면 하중리·하상리
* 비고 : 기재방식은 필지/면적(평)의 방식이다.

용동궁의 토지를 국유지화 하여 소작제로 경영하던 조선총독부가 최대의 지주로서 25만여 평을 소유하고 있다. 역둔토 소작자는 5년 이내의 계약에 의해 토지를 임대하여 농사를 짓고 소작료를 관청에 납부했다. 부재지주도 역둔토 소작제의 방식을 모방하면서 더욱 강력한 지대수취에 집중하게 됨으로써 식민지 기생지주제가 확대 강화되었다. 조선총독부의 국유 역둔토는 1920년대 역둔토불하정책에 의해 모두 민간에 불하되어 제8장에서 볼 수 있는 것처럼 농지개혁 단계에서는 거의 찾아 볼

수 없다. [표 6-7]에서 볼 때 5정보 이상 소유한 개인지주 12명 가운데 재지지주가 4명, 부재지주가 8명에 이르러 대토지소유자는 부재지주가 재지지주보다 2배나 많다. 그러나 전반적으로 개인지주의 소유면적은 20정보를 넘지 않아 대지주의 범주에 속하지 않는다.

2) 석장둔 포용구역의 토지소유와 지주제

안산 쪽 시흥군 수암면의 석장둔은 토지조사부의 분쟁기록과 지적도를 대조하여 그 윤곽을 [도판 5-2]에서 확인할 수 있었지만, 인천 쪽 부천군 소래면의 석장둔은 분쟁여부나 그 기록이 없어 필지별 상황을 확인하기 어렵다. 그래서 석장둔 및 이를 둘러싸고 있는 주변 동리를 모아 토지소유의 양상을 살펴봄으로써 석장둔 일대 토지소유의 실태를 살피고 지주제가 어떤 방식으로 존재했는지 유추해 보기로 한다.

조선후기 안산군은 일제시기에 수암면과 군자면이 되었고, 인천부의 신현면·전반면·황등천면은 부천군 소래면이 되었는데, 오늘날 이 세 개 면은 시흥시와 안산시로 나뉘어져 있다. 수암면과 군자면이 시흥시와 안산시로 절반씩 나뉘고 시흥시에 소래면이 합해진 형국이다. 석장둔은 수암면과 소래면에 펼쳐져 있다. 오늘날의 시흥시가 석장둔 평야지대를 중심에 품고 있다.

석장둔은 식민도시 경성부와 개항도시 인천부의 배후지인 부평평야와 인접한 곳에 위치하고 있다. 그렇지만 경인철도가 통과하여 교통 상으로 유리한 부평평야와는 달리 그곳에서 남동쪽으로 고개 하나 넘은 데 불과하지만 소래면과 수암면의 석장둔 지역은 전형적인 농촌지역에 속했다. 항구와 수도의 배후지인 부평평야의 토지는 일본인들이 선호했다. 경성과 인천의 일본인 부재지주들이 농장을 개설하기 위해 그 지역에서 집중적으로 토지를 확보했다. 부평군 군내면·동면·서면의 『토지조사부』(1910년)를 조사해본 결과 9명의 일본인이 등장하는데 그 가운데 10정보 이상의 토지를 소유한 일본인이 이미 4명이나 포진했다.[3] 반면 석장둔과 그 주변에는 일본인의 소유가 전혀 없다고 해도 과언이 아니다. 수도권 배후지 인근의 전형적인 농촌인 석장둔 인근지역의 토지소유 분포는 어떤 모습을 보이고 있을까?

지형적으로 보면 석장둔은 바닷물이 밀려들어온 갯벌의 끝부분, 육지와 연결된 부분에 위치하고 있다. 육지부는 꽤 높은 산지와 낮은 구릉지대로 둘러싸여 있다. 석장둔 지역은 작은 분지 형태라고 할 수 있다. 하중리·하상리의 사례에서 보듯이 석장둔을 경작하던 사람들의 생활권은 이들 산지와 구릉지역의 능선을 따라 형성된 분지 안이다. 고개 너머의 군자면 거주자가 석장둔을 소유한 경우는 극히 드물다. 그래서 수암면·소래면·군자면을 합한 행정구역을 중심으로 분석하기보다는 생활권을 중심으로 검토하는 것이 실효성이 있을 것이라고 판단했다. 대상 동리는 석장둔을 걸치고 있는 시흥군 수암면의 하중리·하상리·광석리, 군자면의 장곡리·장현리, 부천군 소래면의 금이리·도창리·매화리·안현리·은행리·미산리·포리이다. 장현리·장곡리·포리는 석장둔 제방 하류 쪽에 간척된 곳이므로 포함했다. 이렇게 산지와 구릉을 경계로 석장둔의 평야지대를 품고 있는 지역을 '석장둔 포용구역'이라 표현하기로 한다.

석장둔 포용구역의 토지소유 실태를 분석해보면 [표 6-8]과 같다.

---

3) 이영호, 「일제의 조선식민지 토지조사의 기원, 부평군 토지시험조사」, 『한국학연구』 18, 인하대학교 한국학연구소, 2008, 35~36쪽.

[표 6-8] 석장둔 포용구역의 토지소유 실태

거주지	소유자	전		답		대		기타		합		소유 형태
		필지	면적	필지	면적	필지	면적	필지	면적	필지	면적	
국유지	1	97	65799	117	249063	33	13727	20	146775	267	475364 /7.9	조선 총독부
공유지	4	-	-	4	2553	-	-	4	3167	8	5720 /0.1	동리유
확대 구역	686	1805	924384	1295	1040754	1562	86522	323	475548	3699	2523640 /41.6	재지 지주
타면리	138	185	121918	291	274516	13	7596	31	57460	517	461260 /7.6	
주변군	43	66	44561	83	80754	8	3554	33	79201	190	208070 /3.4	부재 지주
원격군	40	89	38471	104	75152	18	6079	22	42177	233	161879 /2.7	
인천부	13	18	11293	32	32721	4	507	2	4612	56	49133 /0.8	
경성부	129	544	364131	1364	1699829	110	47230	39	67492	2057	2178682 /35.9	
합	1054	2804	1570557	3290	3455342	1748	165215	474	876432	7027	6063748 /100	

* 출처 : 『토지조사부』, 시흥군 수암면과 군자면, 부천군 소래면
* 비고 : 1. '타면리'는 포용구역을 둘러싼 지역으로 석장둔 경작이 가능한 거리에 있다.
  2. '타군'은 소래면을 제외한 부천, 수암면과 군자면을 제외한 시흥 및 구 안산지역의 주변군과, 그 외곽 경기도와 충청도의 각군이다. 3. '인천부'는 개항장 신도시만을 의미한다. 4. '동리유'는 매화리·하상리·하중리·장현리에만 있다.

국유지의 면적은 7.9%에 불과하여 많지 않다. [표 6-5] 하중리·하상리의 경우 국유지가 22.3%를 차지한 것과 크게 차이가 나는데 그곳에서는 용동궁이 많은 토지를 소유했었다. 표를 작성할 때 소유자의 거주지가 수암면·소래면 일대를 벗어나 군을 달리하는 곳은 모두 부재지주로 간주했는데 경성의 부재지주가 소유한 토지면적이 35.9%로 압도적으로 많

으며 수도권과 충청지역의 부재지주는 6.9%를 소유한데 불과하다. 부재지주는 합하여 42.8%의 토지를 소유했다. 석장둔 포용구역의 경성 부재지주 비율은 [표 6-5] 하중리·하상리에서보다 더 많은 것으로 나온다. 경성의 부호들이 수도권 배후지의 토지에 관심이 많았던 것을 알 수 있다. 재지지주는 49.2%의 면적을 차지하여 절반에 육박한다.[4)]

석장둔 포용구역의 토지소유 분포를 살펴보면 [표 6-9]와 같다.

[표 6-9] 석장둔 포용구역의 토지소유 분포

구분	소유자수/%	필지수/%	1인당 평균필지수	면적/%	면적 평균
0~1500평	495/47.0	845/12.0	1.7	316204/5.2	639
1501~3000	180/17.1	648/9.2	3.6	391203/6.4	2173
3001~6000	153/14.5	1014/14.4	6.6	645519/10.6	4219
6001~15000	137/13.0	1490/21.2	10.9	1274828/21.0	9305
15001~30000	58/5.5	1325/18.9	22.8	1222899/20.2	21884
30001~60000	19/1.8	656/9.3	34.5	803901/13.3	42311
60001~90000	9/0.8	556/7.9	61.8	676161/11.1	75129
90001평 이상	3/0.3	500/7.1	166.7	737696/12.2	245899
계	1,054/100	7,034/100	6.7	6,068,411/100	5,758

* 출처 : 『토지조사부』, 시흥군 수암면과 군자면, 부천군 소래면

47.0%의 0.5정보(1,500평) 이하 영세소유자가 겨우 5.2%의 토지밖에 소유하고 있지 않다. 64.1%의 1정보 이하 소유자가 11.6%의 토지밖에 소유

---

4) 1937년 6월말 현재, 전답 30정보 이상 경기도의 조선인 지주는 총 703명에 56,085 정보인데, 경성지주 305명(43.4%)이 25,380정보(45.3%)의 토지를 소유하고, 도내 지주 386명(54.9%)이 29,681정보(52.9%)를 차지하여 1910년의 석장둔 지역보다 훨씬 많다. 한국농촌경제연구원, 『農地改革時 被分配地主 및 日帝下 大地主 名簿』, '경기도 지주명부'(1938년 5월), 농지개혁사편찬자료 10, 1985, 83쪽.

하고 있지 않다. 반면 2.9%의 10정보(30,000평) 이상 대토지소유자가 36.6%의 토지를 소유하고 있는 양극의 소유분해를 나타낸다. 5정보 이상의 소유자 8.4%가 56.8%의 토지를 소유하는 것으로도 된다. 이것은 [표 6-6]의 하중리·하상리를 대상으로 한 소유분포보다 훨씬 더 심화된 모습이다.5) 다만 이것은 어디까지나 '석장둔 포용구역'이라는 범위 안에서 나타난 현상일 뿐이며 이곳 소유자가 다른 지역에도 많은 토지를 소유

---

5) 일제시기 면리의 토지소유 분포에 대해서는 다음의 논문을 참조할 수 있다. 이종범, 「1915~45년 농지소유구조의 변동」, 『전남 무안군 망운지역 농촌사회구조 변동 연구』, 전남대학교 호남문화연구소, 1988; 이종범, 「1915~50년대 농지소유구조의 변동 - 광산군 하남면 사례」, 『이재룡박사환력기념한국사학논총』, 1990; 宮嶋博史, 「朝鮮における植民地地主制の展開」, 『近代日本と植民地』 3, 岩波書店, 1993; 정승진, 「일제시기 식민지지주제의 기본추이 - 충남 서천 수리조합지구의 사례」, 『역사와 현실』 26, 한국역사연구회, 1997; 조석곤, 「토지대장에 나타난 토지소유구조의 변화 - 예천군 용문면 사례의 예비 분석」, 『맛질의 농민들 - 한국근세촌락생활사』, 안병직·이영훈편저, 일조각, 2001; 정승진, 「20세기 전반 전통농총지역의 사회변동 양상 - 전남 나주군 다시면의 사례」, 『대동문화연구』 48, 성균관대학교 대동문화연구원, 2004; 정승진, 「식민지지주제의 동향(1914~1945) - 전북 『익산군춘포면토지대장』의 분석」, 『한국경제연구』 12, 한국경제연구학회, 2004; 김현숙, 「식민지 시대 종족마을의 토지소유관계와 지주경영 - 충남 연기군 동면 송룡리 장기황가를 중심으로」, 『사회와 역사』 70, 한국사회사학회, 2006; 김건태, 「20세기 전반 동성촌락의 경제적 변화 - 장흥군 용산면 칠리안속 마을을 중심으로」, 『대동문화연구』 67, 2009; 김현숙, 「1910~1945년 충남지역 마을의 농지소유구모의 변화 - 향한리, 한천리, 합덕리, 송룡리를 중심으로」, 『이화사학연구』 41, 이화사학연구소, 2010; 이세영, 「1913~1945년 경상남도 창원군 내서면의 농지소유분화」, 『한국학연구』 24, 인하대학교 한국학연구소, 2011; 임혜영, 『근현대 익산 함라면의 토지소유변동 연구』, 전북대학교 사학과 박사학위논문, 2013. 이 가운데 이종범의 앞의 논문(1988, 38쪽)에서 무안군 망운지역 5개리의 토지소유분포를 살펴보면, 1915년의 경우 0-1500평은 소유자가 49.9%, 3000평까지 19.5%, 6000평까지 23.2%, 9000평까지 4.4%, 15000평까지 1.7%, 15000평 이상 1.2%의 비율을 보인다. 이후 양극분해는 심화되어 간다.

한 대지주가 될지는 알 수 없다. 이 점과 관련해서는 제7장에서 신안 주
씨 지주가의 사례를 통해 짐작해 볼 수 있다.

토지조사사업의 결과 작성된『토지조사부』는 식민지시기 초입의 시
점을 반영할 뿐이다. 그런데 식민지시기 수암면과 소래면의 토지대장은
6·25전쟁에서 소실되어 존재하지 않는다. 그래서 석장둔 포용구역의 토
지소유 분포양상과 비교해 보기 위해 1920~30년대 토지소유자의 전국
분포를 [표 6-10]으로 살펴보았다.

[표 6-10] 1920~30년대 토지소유자의 규모별 분포

구간 연도	0~0.5 %	0.5~1 %	1~2 %	2~5 %	5~10 %	10~50 %	50~100 %	100~ %	계 %
1921	1640880 47.38	678374 19.59	530838 15.33	448810 12.96	113883 3.29	47048 1.36	2169 0.06	916 0.03	3,462,918 100
1926	1836870 48.18	716686 18.80	559582 14.68	515233 13.51	127920 3.36	53158 1.39	2365 0.06	934 0.02	3,812,748 100
1931	2146467 52.02	770800 18.68	562378 13.63	472595 11.45	119677 2.90	51360 1.25	2246 0.05	918 0.02	4,126,441 100
1936	1944721 51.49	716718 18.98	503639 13.33	446010 11.81	113125 2.99	49583 1.31	2330 0.06	950 0.03	3,777,076 100

* 출처 : 小早川九郎 編著,『朝鮮農業發達史』(資料編), 友邦協會, 1960, 제4표 '지세납세의
무자 면적별 인원'(1921~1936년)
* 비고 : 1. 매년도의 통계 중 4개 연도만 샘플로 선정했다. 2. 구간은 이상과 미만이다.
단위는 町步이며, 1정보 = 3,000평이다.

[표 6-10]은 조선인과 일본인으로 구분하여 지세납세자를 조사한 통계
를 합산한 것이다. 지세납세자를 민유지의 소유자로 간주했다. 통계는
1910년대 토지조사사업이 진행되던 시기는 빠져 있지만 1920년대 이후
지주제가 발달한 양상을 잘 보여준다. 다만 면별 단위의 통계를 기초로
한 것이기 때문에 지주가 여러 면에 토지를 소유한 경우는 반영되어 있

지 않다.[6] 석장둔 지역과 마찬가지로 지주제의 발달이 축소 반영된 것이다. [표 6-10]에는 매년도 자료를 제시하지 않았지만, 원자료에서 보면 납세자 즉 토지소유자의 인원은 1921년 340만 명대에서 시작하여 1933년 420만 명대까지 지속적으로 증가하다가 1934년 이후 370만 명 수준으로 하락한다. 0.5정보 이하 영세소유자는 계속 증가하는 추세를 보이고, 나머지도 1931년까지는 전반적으로 감소세를 보인다. 1931년 이후에는 농가경제 안정화 정책의 영향을 받았는지 0.5정보 이하는 감소하는 대신 나머지는 증가하는 경향을 보인다. 1931년도를 기준으로 소유분화의 분포를 살펴보면, 0.5정보 이하의 영세소유자가 절반 이상이며, 1정보 이하는 70%를 상회한다. 반면 5정보 이상 소유자는 5%가 되지 않는다. 원자료에서 보면 100정보 이하 소유자는 조선인이 많지만 100~200정보 이상의 지주는 일본인이 더 많고 200정보 이상 지주는 일본인이 조선인보다 3배 이상 많다.

석장둔 포용구역의 토지소유분화는 전국적인 통계 중 1921년도와 유사한 모습을 보여준다. 석장둔 포용구역의 분화는 식민지 토지소유분포의 보편성을 어느 정도 담지하고 있다고 평가할 수 있겠다.

지주제의 존재 가능성을 살펴보기 위해 석장둔 포용구역의 대토지소유자를 살펴보면 [표 6-11]과 같다.

---

6) 장시원, 『일제하 대지주의 존재형태에 관한 연구』, 서울대학교 경제학과 박사학위 논문, 1989, 53~57쪽.

[표 6-11] 석장둔 포용구역의 대토지소유자

번호	소유자	거주지	전	답	대	기타	합
1	조선총독부		97/65799	117/249063	33/13727	20/146775	267/475364
2	엄비	경성	7/1882	125/144753	1/396	-	133/147031
3	민범식	경성	28/10779	59/97940	12/6264	1/318	100/115301
4	윤규섭	경성	8/7796	59/78610	-	-	67/86406
5	전명기	경성	1/170	62/85653	-	-	63/85823
6	김영완	경성	37/28549	38/49220	9/5152	1/2175	85/85096
7	신철균	소래	13/9683	45/64035	4/3723	1/49	63/77490
8	김두한	경성	21/16078	48/60577	2/311	1/29	72/76995
9	이관규	경성	11/9261	52/62696	-	-	63/71957
10	성필용	부천	14/19215	23/20872	3/2406	6/22428	46/64921
11	이위	경성	2/647	34/63768	1/100	-	37/64515
12	임종상	경성	30/36584	26/25339	3/831	1/204	60/62958

* 출처 : 『토지조사부』, 시흥군 수암면과 군자면, 부천군 소래면

10정보 이상의 대토지소유자가 31명에 이르는데 편의상 20정보 이상의 대토지소유자만 제시했다. 조선총독부가 최대의 지주로 나타나는 것은 [표 6-7] 하중리·하상리의 경우와 마찬가지인데, 무려 47만여 평을 소유하고 있다. 이전에 궁장토·둔토가 존재하여 국유화된 역둔토가 곳곳에 존재하므로 조선총독부가 최대의 지주로 등장한 것이다. 하중리·하상리의 분쟁에서 석장둔이 민유로 인정된 점을 감안할 때 소래면 일대의 석장둔도 민유로 인정되었다고 보아야 하므로 석장둔을 제외하고서도 국유지의 규모가 이만큼 큰 것으로 보아야 할 것이다.

다음으로 고종의 왕비인 엄비의 토지가 많다. 1908년 6월 모든 궁장토와 둔토가 국유화될 때 소유권 발생의 원인을 심사하여 620.54정보의 전답을 국유로 이속하고 1380.91정보를 사유로 인정했다.[7] 석장둔 포용구

역의 엄비 토지는 147,031평인데, 수암면·군자면·소래면 전체에서 확인
해보면 205필지 242,018평으로 80정보가 넘는 면적이 된다. 엄비의 토지
는 수익성이 높은 답의 면적이 압도적으로 많은 점이 특징이다. 애초에
엄비를 위해 창립한 경선궁(慶善宮)의 토지는 전국 각지에 분포되어 있
었고 인천의 경우 부내면·주안면·영종면에 있었다.[8] 소래면의 토지가
목록에 없는 것으로 보아 [표 6-11]에 나타난 엄비의 토지는 사유로 인정
되었을 것으로 판단된다. 『토지조사부』를 살펴보면 소유자란에 처음에
는 '경선궁'으로 기록했다가 삭제한 뒤 '엄비'로 기록한 것이 76필지
70,006평에 이르고 처음부터 엄비로 기록된 것이 129필지 172,012평이다.
'경선궁'으로 사정했다면 그 소유권은 엄비에게서 배제되었을 것이지만
그것을 삭제했으므로 모두 엄비의 사유로 인정된 것으로 보아야 할 것
이다. 엄비의 토지는 매화리·무지리·과림리·안현리·미산리·금이리의
순으로 분포되어 있는데,[9] 매화리·안현리·미산리·금이리에는 석장둔이
다수 존재했으므로 엄비가 석장둔을 사유지로 매득하는 것은 가능했을
것이다. 그러나 엄비의 토지가 없는 동리에 석장둔이 있는 경우도 있는
것으로 보아 석장둔이 엄비와 직접적인 관련이 있는 것으로는 보이지
않는다.

　[표 6-11]을 보면 경성에 거주하는 부재지주가 9명에 이르고 재지에는
1명밖에 없다. 대토지소유자는 대부분 부재지주인 셈이다. 10정보 이상
소유한 사람으로 확대해도 경성부의 부재지주가 훨씬 더 많다.

　이들 부재지주들이 지주-소작제로 경영했을 것임은 말할 필요도 없

---

7) 荒井賢太郎, 『臨時財産整理局事務要綱』, 朝鮮總督府, 1911, 39쪽.
8) 朝鮮總督府 中樞院, 『國有地調査書(抄)』, '慶善宮'.
9) 조석곤, 「토지조사사업의 실시」, 『시흥시사』 3. 2007, 147쪽.

다. 역둔토지주제는 물론이요 엄비의 토지도 지주제로 경영되었다. 그런데 마침 경성부 서부 자암동에 사는 오동근(吳東根)이라는 인물이 인천부 전반면에 소유한 전답의 깃기를 작성해 놓은 것이 있어 소개하면 [표 6-12]와 같다.

[표 6-12] 오동근의 토지소유

깃기				토지조사부			
소재지	전	답	계	소재지	전	답	합
梅着里·道頭里·船隅坪 등	15두락, 22부 6속	6석7두락, 2결17부4속	2결 40부	도창리	7/4056	14/16479	21/20535
				매화리	-	2/4311	2/4311
				금이리	-	1/1036	1/1036
				계	7/4056	17/21826	24/25882
				계수리·옥길리	2/1170	10/13546	12/14716

* 출처 : 『仁川府田反面所在畓衿記』(규장각 27237, 1911년 9월 14일); 『토지조사부』, 부천군 소래면
* 비고 : 토지조사부의 표기 방식은 필지/면적(평)이다.

'소유주' 오동근은 경성 남부 자암 41통 5호에 주소를 두고 있으며 사음은 김영신이고 작성자는 도두리 이장 백선기였다. 『토지조사부』를 살펴보면 백선기 이장은 도창리에 거주하며 일대에 24필지 20,018평을 소유한 중소지주이며, 사음 김영신은 도창리에 거주하며 8필지 7,204평을 소유했다. 깃기에 나오는 전답 소재지는 매착리전평(梅着里前坪)·도두리전평(道頭里前坪)·군량리(軍粮里)·오목리(五木里)·오리(五里)·선우평(船隅坪)·상방축(上防築) 등이다. 이들 지역은 도창리·매화리·금이리 등으로 재편되었다. 깃기에는 필지마다 작인이 기록되어 있다. 지주 오동근은 24필지 25,000여 평의 전답을 사음을 두고 지주-소작제로 경영했던 것이다.

[표 6-10]에 제시한 전국적인 토지소유 분포에서 볼 때 대략 2정보 이하는 자작할 수 있는 면적이 될 수 있지만 그 이상의 경우 고용노동을 써서 직접경영을 하든지 아니면 소작경영을 하지 않을 수 없다. 2정보 이하의 토지소유자 수는 84%에 달하고 그 이상은 16%이다. 적어도 16% 정도의 토지소유자는 지주경영을 수행하지 않을 수 없었다고 볼 수 있다.

지주의 직접경영과 소작경영의 실태에 대한 전국적인 통계를 살펴보면 [표 6-13]과 같다.

[표 6-13] 1920~30년대 농업별 종사자의 규모

연도	지주(%)	자작(%)	자작 겸 소작(%)	소작(%)	(화전민·피용자)(%)	계(%)
1921	97(3.6)	533(19.6)	995(36.6)	1092(40.2)	-	2717(100)
1926	105(3.8)	526(19.1)	896(32.5)	1193(43.3)	34(1.3)	2754(100)
1931	105(3.7)	489(17.0)	854(29.6)	1393(48.3)	41(1.4)	2882(100)
1936	-	546(17.8)	738(24.1)	1584(51.8)	192(6.3)	3060(100)

* 출처 : 『朝鮮農業發達史』(資料編), 제3표 '지주·자작·소작별 농가호수'
* 비고 : 1. 단위는 千戶다. 2. 지주는 갑(전부 소작)과 을(대부분 소작)로 구분되어 있으나 합쳐서 산정했으며, 1933년 이후부터는 갑이 사라지고 을은 자작농에 포함되었다. 3. 비율은 직접 산정했다.

원자료에서 보면 농업에 관계하는 호수는 1920년대 전반의 소강상태를 제외하고는 전반적으로 확대되어 간다. 지주는 1910년대부터 증가하기 시작하여 1920~30년대에 전반적으로 3.6~3.8%의 수준을 유지하지만 1927년을 고점으로 한 뒤 축소 정체되는 편이다. 자작농과 자작겸소작농은 지속적으로 조금씩 줄어들어 식민지시기에 자작농의 경영이 계속 악화되어 갔음을 짐작케 한다. 반면 소작농은 30% 중반에서 시작하여 50%를 넘어서기까지 지속적으로 증가했다. 1930년대 중반 경 소작농의 증가세가 중지된 것은 1930년대 이후 농가경제의 불균등을 해소하고자 추진한 자작농창정정책에 힘입은 것으로 보인다.10) 그러나 소작농의 축소에

성공했다고 보기는 어렵다. 통계를 통해 확인되는 식민지지주제의 특징
은 자작 및 자소작농의 약화와 소작농의 증가로 요약된다. 반면 지주의
완만한 증가세는 식민지지주제의 활성화와 농가경제 불균형의 심화를
의미하는 것으로 해석할 수 있다.

한편 1937년 이후의 통계는 일관된 것이 없어 지주제의 변동을 확인
하기 어려운데 1943년 이후 자소작이 증가하고 소작이 감소하여 지주제
가 위기 또는 쇠퇴한다는 주장과 여전히 강고한 체제를 유지한다는 주
장이 맞서 있다.11) 아직은 논쟁중이고 실증적 검토가 더 필요한데, 제7
장에서 신안 주씨 지주가의 사례에서 볼 때 1934년 이후 상속세법의 시
행으로 인해 지주가에서 대대적인 상속이 실시되어 통계상에서 지주제
가 완화되는 착시현상이 일어난 것은 아닐까 의문을 제기하고 싶다.

일제시기 자작지와 소작지의 경지면적에 대한 전국적인 통계를 살펴
보면 [표 6-14]와 같다.

[표 6-14] 자작지와 소작지의 면적

연도	자작지/%	소작지/%	전 자작지/소작지(%)	답 자작지/소작지(%)
1921	2150/49.7	2173/50.3	57.3/42.7	36.1/63.9
1926	2157/49.3	2222/50.7	57.3/42.7	34.9/65.1
1931	1954/43.9	2501/56.1	50.4/49.6	32.7/67.3
1936	1919/42.6	2585/57.4	49.2/50.8	31.9/68.1

* 출처 : 『朝鮮農業發達史』(資料編), 제9표 '자작·소작별 경지면적'
* 비고 : 면적단위는 정보다.

---

10) 정연태,『식민권력과 한국농업 - 일제 식민농정의 동역학』, 서울대학교출판문화
    원, 2014, 제4부 참조.
11) 이종범, 앞의 논문, 1988; 장시원, 앞의 논문, 1989; 宮嶋博史,「朝鮮における植
    民地地主制の展開」,『近代日本と植民地』3, 岩波書店, 1993; 박섭,「식민지
    후기의 지주제 - 실태와 정책」,『경제사학』18, 경제사학회, 1994; 조석곤, 앞의
    논문, 2001; 정승진, 앞의 논문, 2004; 정연태, 위의 책, 2014 참조.

원자료를 보면 토지조사사업이 끝난 1918년부터 10년 정도 소작지의 면적이 자작지보다 근소하게 많은 절반 수준에서 머문다. 1927년 이후 소작지가 증가하기 시작하는데 산미증식계획과 수리조합이 지주제의 확대에 기여한 것으로 해석할 수 있을 것이다. 1936년에 이르면 자작지 42.6%, 소작지 57.4%로 격차는 더 벌어졌다. 전의 소작지율은 1926년 42% 수준에서 1936년에는 절반 수준으로 올라가고, 답의 경우는 64%대에서 68%대까지 올라간다.

[표 6-10] [표 6-13] [표 6-14]의 전국적인 통계에서 볼 때 토지소유자 가운데 약 16%에 해당하는 2정보 이상의 지주가 소작경영을 수행하며 이들의 소작지는 경지면적의 절반을 상회하여 60%에 육박하고 있으며, 농업에 관여하는 자 중에서 소작인이 절반을 상회하는 것으로 된다. 이것이 조선 식민지지주제의 구체적 상황이다. 지주제가 식민지 생산관계의 한 축을 형성하고 있었다. 이것은 다른 많은 사례연구에서 한결같이 지적한 결론이기도 하다.

3. 석장둔 수리조합 몽리구역의 토지소유

1) 석장둔 지역 수리조합의 설립

수리조합을 검토하는 이유는 본서의 주제인 석장둔 간척의 출발이 바로 제방을 쌓고 수리관개를 통해 작답하는 과정이었기 때문이다. 석장둔이 간척된 이후에도 수리문제는 농경 상 해결해야할 매우 중요한 과제였다. 대부분 답으로 구성된 석장둔이 비옥한 농경지가 되기 위해서는 근본적으로 수리관개(水利灌漑) 문제를 해결해야 했다. 석장둔 주변에 소래산·수리산·수암산이 있지만 산이 깊지 못해 보통천과 은행천(무명천)의 작은 시내가 있을 뿐 수원이 풍부하지 못했다. "해안에 면한 간석지 평야로서 매년 용수의 부족과 우기 하천의 범람으로 거의 무수확에 가까운 상태"였다고 할 정도였다.12) "방조시설도 극히 미약하고 용수원이 거의 없는 한수지(旱水地)로 이름난 곳"이었다는 지적도 있었다.13)

석장둔 지역에 창설된 수리조합은 일본인 대지주가 중심이 된 대규모 수리조합이 아니고 조선인 중심의 소규모 수리조합이다. 또 1920년대 산미증식계획의 정책적 효과를 위해 정력적으로 추진한 것은 아니고 지역의 실용에 맞추어 창설된 특징을 지닌다. 4개의 수리조합이 창설되었는데, 소래(蘇來)수리조합은 산미증식계획의 막바지이자 세계적인 공황이 시작되던 1929년에 설립되었다. 칠리제(七里堤)수리조합과 매화(梅花)수리조합은 1937~39년에 장려된 200정보 미만의 소규모 공려(共勵)수리조합의 일환으로 1939년 설립되었다. 그리고 중단되었던 미곡증산정책이 1940년 조선증미계획으로 추진되던 1942년에 흥부(興富)수리조합이 설립되었다.

석장둔 지역 수리조합의 개요를 제시하면 [표 6-15]와 같다.

[도판 6-1]은 1954년 인안수리조합에서 석장둔 제방 아래쪽에 새로운 간척을 시도할 때 작성된 도면인데 수리조합의 상황을 이해하기 좋다. 북쪽에 소래저수지, 오른쪽에 매화저수지, 그리고 아래 오른쪽에 흥부저수지가 있다. 세 저수지와 석장둔 제방을 연결하면 반월형이 되는데 그곳에 석장둔이 위치했다.

[표 6-15]를 보면 석장둔 지역에 설립된 수리조합은 모두 저수지를 설치함으로써 생산량의 증수를 예상했다. 흥부수리조합이 제일 규모도 크

---

12) 인안수리조합, 『사업개요』, 1952(국사편찬위원회 DKI009-05-01c0007).
13) 인안수리조합, 『사업개요』, 1957.

[표 6-15] 석장둔 지역 수리조합 상황

수리조합	설치시기	몽리지역	몽리면적(정보)	반보당 생산량(석)	조합 후 반보당 생산량	반보당 증수량(석)	석당 곡가(엔)	반보당 증수액(엔)	반보당 지주수익(엔)	반보당 조합비(엔)
소래	1929. 05. 30	소래면	186	1.08	2.73	1.65	11.00	18.15	7.42	6.05
칠리제	1939. 09. 02	소래면	35	1.75	2.67	0.92	9.52	8.76	3.02	2.55
매화	1939. 11. 16	소래면 수암면	150	1.74	3.04	1.30	11.00	14.30	4.80	3.98
홍부	1942. 09. 07	소래면 수암면	277	1.70	3.60	1.90	14.25	-	0.93	-

* 출처 : 조선총독부, 『조선토지개량조합사업』, 1940, 14~15, 64, 68~69쪽; 이송순, 「농업정책과 농촌경제의 변화」, 『시흥시사』 3, 2007, 198쪽; 이경란, 「수리조합 자료」, 『시흥시사』 10, 2007, 225쪽

고 가장 높은 증수량을 예상했다. 칠리제공려수리조합은 칠리제를 수원으로 하여 소래면 무지리·금이리의 35정보를 몽리구역으로 하는데 석장둔 지역과는 무관하므로 제외한다.

제일 먼저 설립된 소래수리조합은 소래저수지(이전 계수저수지)를 수원으로 하여 부천군 소래면의 미산리·안현리·은행리·계수리의 186정보를 몽리구역으로 삼았다. 소래수리조합은 소사역에서 동남으로 약 20리 거리에 위치했다. 계수리에서 흘러내리는 은행천을 경계로 건너편에 매화리의 경지가 연이어 있고 지구의 남방은 점차 좁아지다가 바다로 빠져나간다. 그동안 용수원이 없어 은행천의 가언(假堰)과 논에 빗물을 저류해 사용했었다. 부족한 물은 지구 밖에 있는 매화리천에서 보급했다. 그렇지만 용수를 공급하기 어려워 모내기의 어려움을 겪었다. 은행천의 배수가 불량하여 홍수가 나면 내수(內水)가 정체해 큰 피해를 입었다. 또 만조 시에는 밀려들어오는 바닷물 때문에 배수에 어려움을 겪었다.

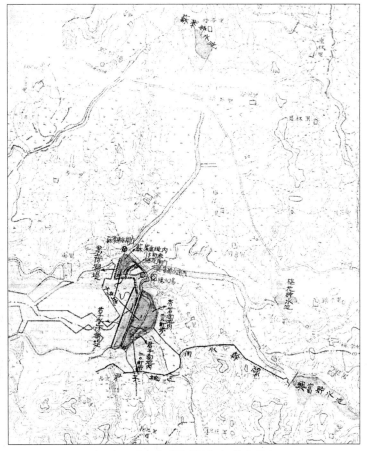

[도판 6-1] 소래·매화·흥부수리조합의 위치
* 출처 : 『협의회에 관한 서류』(인안수리조합, 1954), '공유수면매립면허원(안)' -
첨부도면; 『공유수면매립에 관한 서류』(인안수리조합, 1954년 이후)

그래서 수리조합에서는 저수지를 조성하고 간선(幹線) 1조, 지선(支線) 2
조의 용수로(用水路)와 배수로(排水路)를 만들고 조절수문과 배수갑문을
설치했다.[14]

다음으로 매화공려수리조합은 매화저수지(이전 도창저수지)를 수원

으로 하여 소래면 매화리·도창리와 수암면 하중리에 걸쳐 있는 150정보
의 논을 몽리구역으로 삼았다. 이곳도 인접한 지역과 마찬가지로 천수
답이 대부분이어서 해마다 한해를 입었다. 또 배수로의 바닥은 높고 제
방이 갖추어지지 않아 홍수가 나고 특히 만조가 되면 상당한 피해를 입
었다. 용수원으로서는 종래의 관행에 따라 관개기간이 아닐 때 논이나
하천에 저류(瀦溜)한 것을 식부수(植付水)로 사용했다. 그렇지만 식부 후
의 보급수는 조달할 수 없었다. 그래서 150정보에 대한 보급수를 공급할
목적으로 상류의 금이리 계곡에 흙으로 뚝을 막아 저수지를 만들었다.
용수간선은 북방 산록을 끼고 도창리·매화리 일대를 관개하도록 하고,
도중에 지선을 분기하여 수암면 하중리 일대를 관개하고자 했다. 이들
지역은 [도판 6-1]에서 보듯이 제방 바로 안쪽 예전 석장둔의 핵심지역
으로 모두 답 1등급으로 동등하게 평가된 곳이다.15)

  홍부수리조합은 홍부저수지(물왕저수지)를 새로 만들어 소래면 매화
리·도창리·금이리와 수암면 광석리·물왕리·하상리·하중리의 277정보
를 몽리구역으로 삼았다. 규모가 큰 홍부수리조합은 조선증미계획(朝鮮
增米計劃)에 의해 추진되어 1942년 9월 설립되었고 그 수원인 물왕저수
지는 근로보국대가 작업하여 1944년 3월 준공되었다.16) 그동안 농업용
수로 식부수는 저류한 것을 사용하고 보급수는 보통천을 사용했지만 수
량이 부족했다. 홍수가 나면 보통천의 하상이 높고 폭이 좁아 범람하기
일쑤여서 관개한 논이 잠겼다. 보통천의 제방이 붕괴되어 인접한 매화
공려수리조합 지구까지 덮쳐 부근 일대 사백수십 정보가 피해를 입을

14) 『소래수리조합설치인가서』, 1929.
15) 『매화공려수리조합사업계획서』, 1939.
16) 이송순, 「농업정책과 농촌경제의 변화」, 『시흥시사』 3, 2007, 197~203쪽 참조.

지경이었다. 이에 상류에 대규모의 물왕저수지를 축조하여 수리산에서
내려오는 물을 담아 하류 277정보에 이르는 대규모 경지를 관개하고자
했던 것이다.

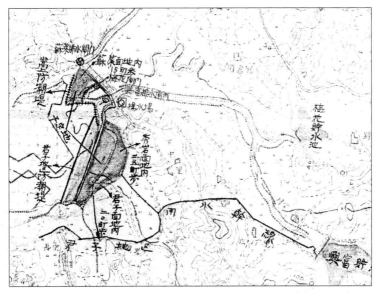

[도판 6-2] 소래·매화·흥부수리조합의 배수로와 갑문

[도판 6-2]는 [도판 6-1]을 확대한 것인데 배수로와 갑문의 모습을 볼
수 있다. 1954년 간척을 위한 계획도면에 나온 것이지만 이미 설치되어
있는 설비이다. 배수로는 '소래배수갑문', '매화갑문', '흥부배수갑문' 등
에서 보듯이 각각 별도로 설치되어 있었다. 소래배수로는 은행천을 따
라 내려오지만 수리조합을 설치하면서 별도로 파서 정비한 모습이 그려
져 있다. 매화배수로는 원래의 매화리천이 보통천과 함께 합쳐 자연적
으로 흘러 석장둔 제방에 매화갑문이 설치되어 있는데, 수리조합을 설

치하면서 매화저수지로부터 배수로를 정비해두고 있고, 그것은 흥부저
수지로부터 내려오는 배수로와 만나 흥부배수갑문으로 내려간다. 보통천
을 경계로 동북쪽은 부천군 소래면, 서남쪽은 시흥군 수암면에 속한다.

　종합해보면, 석장둔은 대부분 천수답으로 간척되었고 특별한 수리관
개 시설도 갖추지 못해 농업생산력은 저조한 편이었다. 수리산·수암산·
소래산 일대에서 흘러내린 수계에 의존한 천수답지역이었다. 따라서 강
수량의 차이에 따른 생산량의 불균형은 이 지역 농업생산의 큰 문제였
다. 결국 소래·매화·흥부수리조합이 창립되어 저수지를 수원으로 하여
수리관개를 하고 용수로와 배수로, 조절수문과 배수갑문을 설치함으로
써 석장둔 지역은 모두 수리안전답이 될 수 있었다. 석장둔을 포함한 넓
은 지역을 몽리구역으로 한 시흥지역의 수리조합은 주변에 구릉지역을
끼고 반달형으로 바다를 향해 형성된 간척평야이므로 하나의 물줄기로
관개하기는 어려운 지형조건을 지녔다. 실개천 상류의 구릉지역에 저수
지를 조성하여 관개할 수밖에 없었으므로 소규모 수리조합이 여러 개
창설되었던 것이다.

　수리조합에 대한 기왕의 연구에서는 설립과정의 양상과 특성, 수리조
합의 결과 일제와 지주의 미곡수탈 강화, 일본인 대지주의 진출과 수리
조합 주도, 조선인의 수리조합반대운동, 그리고 일본과 비교하여 지주
조합비 부담의 과중함 등이 지적되었다.[17] 기왕의 연구에서 지적된 수

---

17) 전강수, 「일제하 수리조합사업이 지주제 전개에 미친 영향」, 『경제사학』 8, 1984;
　　이애숙, 「일제하 수리조합의 설립과 운영」, 『한국사연구』 50·51, 한국사연구회,
　　1985; 河合和男, 『朝鮮における産米增殖計劃』, 未來社, 1986; 松本武祝, 『植
　　民地期朝鮮の水利組合事業』, 未來社, 1991; 李榮薰·張矢遠·宮嶋博史·松本
　　武祝, 『근대조선 수리조합연구』, 일조각, 1992; 라창호, 「일제하 수리조합에서 조
　　합비 전가에 관한 연구」, 『경기사론』 1, 경기대학교 사학과, 1997; 박수현, 「1920·

리조합의 특징은 시흥지역의 수리조합에도 전반적으로 반영되었을 것
이다. 그렇지만 다른 점도 있다. 같은 부천군 소속임에도 부평수리조합
과 소래수리조합은 사정이 크게 다르다. 부평수리조합은 1923년 4월 결
성되었는데 경기도에서 최초였다. 3,601정보를 몽리면적으로 한 초 대규
모 수리조합이었다. 개항장 인천과 수도 서울의 중간 배후지에 위치하
여 양 도시에 사는 일본인 부재지주와 현지에 거주하는 조선인 중소지
주들이 결합하여 수리조합을 결성했다.[18]

　시흥군 수암면과 부천군 소래면의 석장둔 지역에 설립된 수리조합들
은 고개 하나 사이에도 불구하고 부평과는 아주 달랐다. 석장둔 지역에
는 일본인 소유지가 거의 없어 민족 간 분쟁은 거론할 필요도 없다. 서
울의 부재지주가 있으나 현지의 중소지주·자작농들이 주도해 창설했으
므로 부재지주와의 갈등도 보고된 바 없다. 칠리제수리조합과 매화수리
조합은 국고보조 없이 도비 보조만을 가지고 추진된 몽리구역 200정보
이하의 소규모 공려수리조합으로서 수리관개가 절실한 농업경영상의
필요성이 반영되어 설립되었다. 277정보를 몽리구역으로 한 흥부수리조
합의 경우 근로보국대를 동원하여 물왕저수지를 수축했을 뿐 역시 규모

30년대 수리조합 반대운동의 일양상 - 지주·소작농의 연대투쟁을 중심으로」,『명
지사론』10, 명지대학교 사학과, 1999; 주익종, 「일제하 수리조합사업 재고 - 거래
비용론적 접근」,『경제사학』28, 2000; 박수현, 「1930년대 초반의 수리조합비 항
쟁」,『국사관논총』96, 국사편찬위원회, 2001; 정승진, 「수리조합사업의 전개 - 영
광수리조합의 사례」,『한국근세지역경제사』, 경인문화사, 2003; 우대형, 「일제하
만경강 유역 수리조합 연구」,『일제하 만경강 유역의 사회사』, 혜안, 2006; 손경
희, 「한국 근현대 낙동강 유역의 수리조합 연구」,『대구사학』111, 대구사학회,
2013; 박성섭, 「일제강점기 임천수리조합 설립과 토지소유권 변동」,『한국독립운
동사연구』51, 독립기념관 한국독립운동사연구소, 2015; 손경희,『한국근대 수리
조합 연구 - 경상북도 경주군 서면 수리조합을 중심으로』, 선인, 2015.
18) 장시원, 「부평수리조합의 창설과정」,『근대조선 수리조합 연구』, 일조각, 1992 참조.

는 작은 편이고 조선인 중심이었다. 산미증식계획기에 일본인 대지주가 중심이 되어 추진되었던 부평수리조합과 같은 대규모 수리조합과는 다를 수밖에 없다. 시기적으로도 시흥지역의 수리조합은 산미증식계획 이후에 설립되었다.

수리조합 지구에서는 수리조합과 지주 및 작인 사이에 생산물 분배를 둘러싼 갈등이 많이 일어났다. 대지주가 있는 곳에서는 소작쟁의가, 일본인 지주가 있는 곳에서는 조선인과의 갈등이 일어났다. 조합의 수익과 지주의 수익 사이에도 충돌이 생겼다. 석장둔 지역 수리조합과 비교하기 위해 부평수리조합의 경우를 살펴보자. 부평수리조합에서는 양수기로 한강물을 끌어올리는 공사비가 많이 들어 조합비 수준이 높았다. 당연히 조합비를 부담하는 조합원 지주의 불만이 많을 수밖에 없었다. 여기에 수세(水稅) 부담도 추가되었다. 이러한 부담을 지주는 소작인에게 전가하고 싶어 소작료 인상을 꾀했다. 생계를 유지하기 어려운 소작인들은 이에 저항하는 것 외에 달리 방법이 없었다. 부평수리조합 몽리구역에서 소작인으로 생계를 유지하는 농민들은 1927년 부평농민조합을 결성하고 소작료 인상에 대해 집단적으로 저항했다. 부평농민조합은 경기도에서는 최초로 조직된 농민조합이었다. 이에 맞서 지주측도 서둘러 지주회를 조직해 조합비의 경감을 요구하며 조합 측과 대립했다. 소작료와 수세·조합비를 놓고 [조합-지주-소작인] 사이에 이해관계가 충돌했다. 소작쟁의가 일어나고 조합 간부가 자결을 시도하는 불상사도 일어나면서, 수도권의 배후지에서 일어난 소작쟁의가 사회문제로 비화될 것을 우려한 조선총독부 농무부와 경기도지사가 개입하여 중재하기에 이르렀다.[19]

---

19) 이영호, 「부평의 수리조합과 지주소작관계」, 『박물관지』 16, 인하대학교 박물관,

고개 하나를 사이에 둔 같은 군의 소래면과 시흥군 수암면에서는 이러한 사태가 일어나지 않았다. 소래면 일대는 경성과 인천에서는 교통상 매우 불편한 곳이었다. 생산물을 경인선 소사역까지 운반해야 하고, 수인선이 개통된 뒤에도 소래역까지 운반해야 하는 부담은 여전했다. 주변의 국도 수준도 낮고 수리조합 구역 내에서의 이동도 수월하지 않았다. 수도권의 배후지지만 교통이 불편한 점에서 일본인의 토지집적 대상에서 비껴나 있었다. 토지소유와 경영을 둘러싼 민족 간 분쟁이 없을 뿐 아니라 수리조합 몽리구역도 소규모여서 수리조합 설립과 운영을 둘러싼 갈등도 일어나지 않았다.

2) 몽리구역의 토지소유

시흥지역 수리조합은 석장둔을 주된 몽리구역으로 삼았다. 소래수리조합의 몽리구역에 속하는 미산리와 안현리의 일부, 매화공려수리조합의 몽리구역인 도창리·매화리·하중리, 홍부수리조합의 몽리구역인 도창리·매화리·하중리·하상리에 석장둔이 포진했다. 수리조합 몽리구역의 토지소유 상황을 통해 석장둔 지역 토지소유의 실태에 대해 살펴하기로 한다. 소래수리조합의 경우 적절한 자료가 없으므로 매화·홍부수리조합의 몽리구역을 살펴보기로 한다.

[도판 6-3]의 빗금친 부분이 매화수리조합 몽리구역이고 나머지 실선으로 둘러싸인 부분이 홍부수리조합 몽리구역이다. 소래수리조합은 이 구역 위쪽 미산리·안현리·은행리·계수리를 몽리구역으로 했다. 도판을 보면 매화공려수리조합은 바다와 연한 간척지에 주로 관개하고, 홍부수리조합은 그 상류의 간척지에 관개한다. 홍부수리조합은 매화수리조합

2013.

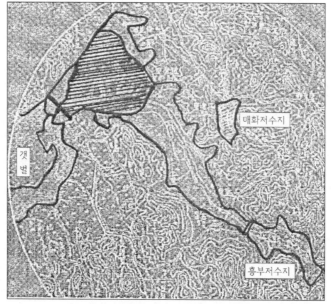

[도판 6-3] 매화·흥부수리조합의 몽리구역
* 출처 : 『흥부수리조합사업계획서』

[도판 6-4] 오늘날의 물왕저수지

몽리구역 아래쪽 구역도 포함하고 있다. 풍부한 수원을 갖춘 홍부저수
지로부터 지선 용수로를 뽑아 매화간선에 연결하여 매화수리조합의 부
족한 용수를 보충해주기도 했다.[20]

먼저 매화공려수리조합의 몽리구역을 살펴보면 [표 6-16]과 같다.

[표 6-16] 매화공려수리조합 몽리구역의 동리별 면적

동리	필지수	면적	지번
매화리	288	252,956	473~816
도창리	60	63,855	348~351, 434~492
하중리	145	139,447	1~131
계	493	456,258	

* 출처 : 『토지원부』, 매화공려수리조합
* 비고 : 1. '지번'의 범위 안에 빠진 것도 있고 토지분할로 내번(內番)이 있는 것도 있다.
      2. 『토지원부』에 집계된 것과 계산상 결과에 약간의 오차가 있는데 계산상 결과
      를 채용했다.

제2장에서 인천과 안산의 석장둔을 합하여 약 222정보=66만평으로 추
정한 바 있는데, [도판 6-3]의 매화공려수리조합 몽리구역의 위치로 볼
때 매화공려수리조합 몽리구역 45만여평은 대부분 석장둔에 포함될 것
으로 판단된다. 매화리에 가장 많고 하중리·도창리 순이다.

홍부수리조합의 경우는 좀 더 구체적으로 살필 수 있다. 전체적인 상
황은 [표 6-17]과 같다.

[도판 6-5]에서 볼 때 그 몽리구역인 소래면의 매화리·도창리와 수암
면의 하상리·하중리 부분에 상당수의 석장둔이 포함되었음을 알 수 있
다. 하중리·매화리·금이리에 많은 사람들이 촌락을 이루어 살고 있고
광석리에는 주민이 아주 적다. 7개리 전체 농가 611호 가운데 소작이

20) 『홍부수리조합사업계획서』, 경기도, 1942.

[표 6-17] 흥부수리조합 몽리구역에 속한 동리의 농업자별 호수

군면	동리	호수	인구	순지주	지주겸소작	자작	자작겸소작	소작
부천군 소래면	매화리	111	630		5	1	18	87
	도창리	75	409		1	2	24	48
	금이리	102	633		6	3	43	50
	계	288	1672		12	6	85	185
시흥군 수암면	물왕리	88	534		-	-	29	59
	광석리	41	259		-	-	11	30
	하상리	83	489		2	-	35	46
	하중리	111	764		1	6	44	60
	계	323	2046		3	6	119	195
합계		611	3718		15	12	204	380

* 출처 : 『흥부수리조합사업계획서』, 1942, 제2장 지구의 현황, 제6절 농업상황

[도판 6-5] 흥부수리조합의 몽리구역 계획
* 출처 : 『흥부수리조합사업계획서』, 1942, '興富水利組合現形竝計劃平面圖'

62.2%, 자소작이 33.4%로 소작에 관여하는 농가가 압도적으로 많다. 이
가운데 부재지주는 소래면 75호에 30.4정보, 수암면은 129호에 35.0정보

라고 한다.[21] 평균해보면 소래면은 1인당 0.4정보, 수암면은 1인당 0.3정
보에 불과해 부재지주의 소유규모는 작은 편이다. 그렇지만 부재지주는
이곳에만 토지를 소유하는 것이 아니기 때문에 여기서의 소유규모를 가
지고 부재지주의 규모를 논할 수는 없다. 소래면 부재지주 75호는 288호
의 26.0%, 수암면 부재지주 129호는 323호의 39.9%로 상당하다.

　이어서 흥부수리조합 몽리구역 7개리 전답의 경영관계를 살펴보면
[표 6-18]과 같다.

[표 6-18] 흥부수리조합 몽리구역의 전답규모와 자소작 면적

군면	동리	전	답	계	자작			소작		
					전	답	계	전	답	계
부천군 소래면	매화리	42.5	190.4	232.9	26.8	83.1	109.9	15.7	107.3	123.0
	도창리	51.8	88.6	140.4	24.5	28.5	53.0	27.3	60.1	87.4
	금이리	63.2	96.3	159.5	30.3	42.4	72.7	32.9	53.9	86.8
시흥군 수암면	물왕리	33.2	52.1	85.3	15.1	5.8	20.9	18.1	46.3	64.4
	광석리	17.4	29.2	46.6	7.6	3.1	10.7	9.8	26.1	35.9
	하상리	34.3	80.3	114.6	5.6	17.0	22.6	28.7	63.3	92.0
	하중리	42.7	163.3	206.0	23.3	24.7	48.0	19.4	138.6	158.0
계 /%		285.1 /28.9	700.2 /71.1	985.3 /100	133.2	204.6	337.8 /34.3	151.9	495.6	647.5 /65.7

* 출처 : 『흥부수리조합사업계획서』, 제2장 지구의 현황, 제6절 농업상황
* 비고 : 단위는 정보다.

　전답의 비율을 보면 답이 71.1%로 압도적으로 많아 이 지역이 논농사
지역이라는 점을 다시 확인할 수 있다. 애초에 석장둔 간척의 결과는 대
부분 답이었으니 육지부의 전답을 합쳐도 답이 절대적으로 많다는 것은

---

21) 『흥부수리조합사업계획서』, 1942, 제2장 지구의 현황, 제6절 농업상황.

충분히 짐작할 수 있다. 그렇지만 석장둔은 간척 당시 96.7%가 답이었으니 답 71.1%의 통계는 간척지 윗부분 육지부에 상당한 양의 전이 있었음을 의미한다. 자소작의 비율은 자작지가 34.3%로 약 1/3 정도, 소작지가 65.7%, 약 2/3 정도로 소작지의 비율이 압도적으로 높다. 대지주의 토지집적이나 부재지주의 비율이 다른 지역보다 높다고 볼 수 없는데도 불구하고 소작지 비율이 높은 것은 지주소작관계가 농업생산의 밑바닥까지 광범하게 형성되어 있는 상황을 나타내는 것이다. 영세소작농이 농민의 절대다수를 점하고 있는 상황이다.

[표 6-14]에서 살펴본 전국의 자작지·소작지 비율과 비교할 때 석장둔 지역의 소작지의 수준도 이와 큰 차이가 없다. [표 6-17] [표 6-18]에서 보면, 소작호의 비율은 절반을 넘는 곳이 대부분이고 매화리는 78%에 달한다. 석장둔의 중심지인 하중리·하상리는 소작호가 절반을 넘긴다. 자소작까지 합하면 소작지의 비율은 80%에까지 이르러 소작의 비율이 매우 높았다. 소작호와 소작지의 비율은 반드시 일치하는 것은 아니다. 하중리와 하상리는 소작호는 적지만 소작지의 비율이 높고 매화리는 소작호는 비율이 높지만 소작지는 비율이 떨어진다.

전국적으로 보면 토지소유자 가운데 약 16%에 해당하는 2정보 이상의 지주가 소작경영을 수행하며 이들의 소작지는 경지면적의 절반을 상회하여 60%에 육박하고 있으며, 농업에 관여하는 자 중에서 소작인이 절반을 상회하는 것으로 된다.22) 1937년 경기도의 경우 자작농 7.7%, 자소작농 22.5%, 소작농 67.8%, 피용자 2%로 집계된다.23) 이것은 1936년 전

---

22) 小早川九郎, 『朝鮮農業發達史』(資料編), 友邦協會, 1960, 제3표 '지주·자작·소작별 농가호수', 제4표 '지세납세의무자 면적별 인원'(1921~1936년), 제9표 '자작·소작별 경지면적'.

23) 경기도, 『경기도농사통계』(1937년판), 1938(임대식, 「1930년대 말 경기지역 조선

국통계가 자작농 17.9%, 자소작농 24.1%, 소작농 51.8%, 화전민·피용자 3.8%인 점과24) 비교하면 소작농이 무려 16%나 더 많아 경기도에 지주제 적 경영이 다른 지역에 비해 압도적으로 많은 것으로 나타난다. 농업에 종사하는 경기도 주민의 3분의 2가 소작농인 것이다. 이것이 조선 식민 지지주제의 구체적 상황이다. 지주제가 식민지 경제의 기본적인 생산관 계를 형성하고 있다. 따라서 식민지지주제의 개혁이 토지제도 개혁의 과제로 되지 않을 수 없는 것이었다.

이제 1942년 창립 당시 흥부수리조합의 조합원명부를 분석하여 수리 조합 몽리구역의 소유분포를 살펴보기로 한다.25) 조합원명부에는 조합 원의 소유토지가 필지별로 자세히 소개되어 있다. 먼저 동리별 몽리면 적을 살펴보면 [표 6-19]와 같다.

[표 6-19] 흥부수리조합의 동리별 몽리면적

군면	동리	필지	면적
부천군 소래면	매화리	221	206,848
	도창리	86	94,699
	금이리	84	123,479
시흥군 수암면	물왕리	68	50,958
	광석리	51	36,730
	하상리	264	248,742
	하중리	121	101,086
계		895	862,542

* 출처 : 『조합원명부』, 흥부수리조합, 1942

인 대지주의 농외투자와 지방의회 참여」, 『한국사론』 34, 서울대학교 국사학과, 1995, 150쪽에서 재인용).
24) 小早川九郎, 『朝鮮農業發達史』(資料編), 제3표 '지주·자작·소작별 농가호수'.
25) 흥부수리조합의 토지원부는 『흥부수리조합사업계획서』 부록에 첨부되어 있다.

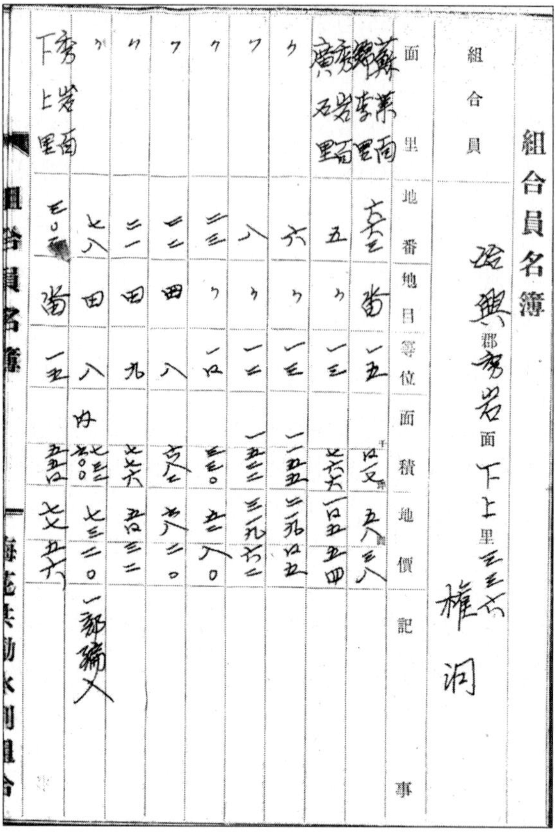

[도판 6-6] 홍부수리조합의 『조합원명부』

　　[표 6-17]에서 홍부수리조합 몽리구역의 동리에 거주하는 가구는 하중리와 매화리가 가장 많게 나타났지만, [표 6-19]의 몽리면적은 하상리가 가장 많고 매화리도 많다. 하상리는 경지가 많고 하중리는 거주호가 많은 것이다. 매화리는 거주호도 많고 경지도 넓다.

　　홍부수리조합의 거주지별 소유규모를 살펴보면 [표 6-20]과 같다.

[표 6-20] 흥부수리조합 조합원의 거주지별 소유규모

거주지	지주수/%	필지수/%	면적(평수)/%
경성부	68/25.8	270/30.2	313,314/36.2
인천부	32/12.1	139/15.5	139,992/16.2
경기도(시흥군 포함)	23/8.7	121/13.5	135,428/15.7
지방 및 일본	3/1.1	6/0.7	4,836/0.6
인근 군면리	26/9.9	64/7.1	54,148/6.2
몽리구역	112/42.4	295/33.0	216,650/25.1
합계	264/100	895/100	864,368/100

* 출처 : 『조합원명부』, 흥부수리조합, 1942

몽리구역과 인근 군면리 거주자를 재지지주로 본다면 52.3%의 지주가 40.1%의 필지에 31.3%의 토지를 소유하고 있는 것으로 된다. 부재지주는 47.7%인데 그중 경성의 지주가 25.8%에 이르고 대부분 수도권에 위치하고 있다. 흥부수리조합이 위치한 수암면·소래면은 수도권의 배후지에 위치하고 있어 수도권 자산가들의 투자대상이 되었던 것을 다시 한번 확인할 수 있다. 재지지주와 부재지주는 절반 정도씩 되는데 소유지는 부재지주가 2/3 이상을 차지하고 있다.

흥부수리조합 몽리구역의 소유분포를 살펴보면 [표 6-21]과 같다.

[표 6-21] 흥부수리조합 몽리구역의 소유분포

구분(평수)	소유자수/%	필지수/%	1인당 평균필지수	면적(평수)/%	면적평균 (평수)
0~1500	136/51.5	180/20.1	1.3	99,129/11.5	729
1501~3000	60/22.7	148/16.5	2.5	130,922/15.1	2,182
3001~6000	35/13.3	157/17.6	4.5	140,044/16.2	4,001
6001~15000	25/9.5	233/26.0	9.3	224,031/25.9	8,961
15001~30000	5/1.9	76/8.5	15.2	104,660/12.1	20,932
30001 이상	3/1.1	101/11.3	33.7	165,582/19.2	55,194
계	264/100	895/100	3,274	864,368/100	3,274

* 출처 : 『조합원명부』, 흥부수리조합, 1942

1정보(3,000평) 이하 소유자가 74.2%에 달하여 영세소유자가 아주 많은 편이다. 이들은 평균 소유 필지수가 2필지 정도에 불과하고 소유한 면적은 26.6%에 불과하다. 반면 3%, 8명에 불과한 5정보 이상 소유자는 31.3%의 토지를 소유하고 있다. 식민지시기에 접어든 초기에 작성된 토지조사부의 토지소유분화 보다 훨씬 분화의 폭이 확대되었다. 소유의 불균형이 심해지고 지주의 토지소유, 특히 부재지주의 토지소유가 확대된 것으로 볼 수 있다.[26]

5정보 이상 대토지소유자의 실태를 살펴보면 [표 6-22]와 같다.

[표 6-22] 몽리면적 5정보 이상 대토지소유자

성명	거주지	소유지	필지수	면적(평)
임호상	고양	하상 하중 광석 물왕 금이리	62	75810
박순이	인천부	하상 하중 광석 물왕 금이리	27	44897
高島圭成	경성부	금이리	12	44875
김창환	경성부	하중 도창리	11	28194
이풍렬	경성부	매화리	17	24213
조선신탁주식회사	경성부	물왕 하상 하중리	15	19516
권형	수암면 하상리	금이 광석 하상리	21	17375
최영준	경성부	물왕 하상 금이리	12	15362

몽리면적이 넓은 소유자는 대부분 부재지주였다. 경성부의 부재지주가 가장 많고 모두 수도권에 거주하고 있다. 고양의 임호상이 62필지, 75,810평을 소유하여 가장 많은 토지를 소유한 조합원이고, 재지지주는

26) 수리조합 구역의 토지소유 분포에 대해서는 다음의 논문을 참조할 수 있다. 정승진, 「일제시기 식민지지주제의 기본추이 - 충남 서천 수리조합지구의 사례」,『역사와 현실』 26, 한국역사연구회, 1997; 정승진, 「1930년대 나주 영산강 유역의 농업변동 - 다시수리조합 구역을 중심으로」,『대동문화연구』 44, 2003.

하상리의 권형 한사람이 있을 뿐이다. '高島圭成'는 창씨명일 것으로 추측되지만 확인이 되지 않는다. 서울과 인천의 배후지에 위치한 석장둔 지역은 부재지주가 투자하여 지주제적으로 경영하기 적합한 토지로 여겨졌다. 지주 토지소유의 구체적인 사례는 제7장에서 신안 주씨가를 통해 살펴볼 것이다.

제7장 신안 주씨 지주가의 토지소유 사례

1. 토지소유의 확장과 지세부담

1) 토지조사사업의 소유권 법인과 이에 대한 대응

석장둔 지역에 대토지소유자가 다수 존재했지만 한군데 집중적인 농장형태로 발달한 것은 아니었다. 대토지소유자의 토지는 여러 동리와 면에 걸쳐 분산되어 있었다. 그런 상황에서 지주제는 어떤 방식으로 운영되었을까? 석장둔 지역에서는 구체적인 자료를 찾기 어렵다. 마침 석장둔에 아주 바로 인접한 부천군 소래면에서 한말 일제시기 소유토지를 크게 확장해가면서 대지주로 성장한 신안(新安) 주씨가(朱氏家)의 자료가 발굴되어 있다.[1] 그동안 지주제 사례연구는 주로 경영 측면에 초점이 맞추어져 왔는데,[2] 여기서는 신안 주씨가의 사례를 가지고 토지소유

---

[1] 신안 주씨가의 문헌은 시흥시에서 수집 정리했는데, 형 주인식 문헌을 '신안주씨가(II)', 동생 주영식 문헌을 '신안주씨가(I)'로 분류하고 있다. 시흥시사편찬위원회 개인·문중소장자료조사연구팀,『시흥 과림동 신안주씨가(I, II) 소장자료 상세목록 및 해제 조사보고서』(2006. 5. 18) 참조.

[2] 지주가 사례연구로는 다음의 논저를 참조할 수 있다. 김용섭,『한국근현대농업사 연구 - 한말·일제하의 지주제와 농업문제』, 일조각, 1992; 홍성찬,「한말·일제하 의 지주제 연구 - 강화 홍씨가의 추수기와 장책분석을 중심으로」,『한국사연구』 33, 한국사연구회, 1981; 홍성찬,「한말·일제하의 지주제 연구 - 곡성 조씨가의 지주로의 성장과 그 변화」,『동방학지』39, 연세대학교 국학연구원, 1985; 최원규, 「한말·일제하의 농업경영에 관한 연구 - 해남 윤씨가의 사례」,『한국사연구』50· 51, 1985; 홍성찬,「한말·일제하의 지주제 연구 - 50정보 지주 보성 이씨가의 지주

의 측면에 초점을 맞추어 살펴보기로 한다.[3] 즉 토지집적의 구체적인
방법은 무엇이며 소유토지를 어떻게 유지했는지 그 실태와 특징을 살펴
식민지시기 토지소유 불균형이 심화되는 양상을 구체적으로 확인함으
로써 석장둔 지역의 지주제를 유추하는 한편 해방 후 토지개혁·농지개
혁의 전사(前史)로 삼고자 한다. 신안 주씨가는 일제가 시행한 토지조사
사업의 법인과정을 어떻게 통과하는가, 지세부담이 토지집적에 미친 영
향은 어떠한가, 1920년대 역둔토불하정책을 토지집적에 어떻게 활용하
는가, 소유토지의 유지를 위해 상속방법을 어떻게 활용하는가 등의 문
제를 살펴보기로 한다.

신안 주씨는 17세기 전반 인천도호부 황등천면 계수리에 입향한 후
인근 과림리 중림마을에 세거했다. 인천부 황등천면은 일제시기에 부천
군 소래면이 되고, 현재 시흥시에 속한다. 소래면은 인천도호부의 전반
면·신현면·황등천면이 합쳐진 것인데 전반면의 매화리·도창리·금이
리·안현리 일대와 신현면 미산리 일부에 인천 쪽 석장둔이 있었다. 이
석장둔에 인접한 신현면 은행리, 황등천면 계수리·과림리·옥길리 등지
에서 신안 주씨 고공리파 31세 주인식(1862~1945)과 주영식(1867~1952)
형제가 한말 일제시기 토지소유를 확대하여 지주제 경영에 나섰다.

경영 사례」,『동방학지』53, 1986; 홍성찬,『한국근대 농촌사회의 변동과 지주층
- 20세기 전반기 전남 화순군 동복면 일대의 사례』, 지식산업사, 1992; 정승진,『한
국근세지역경제사 - 전라도 영광군 일대의 사례』, 경인문화사, 2003; 김현숙,「식
민지 시대 종족마을의 토지소유관계와 지주경영 - 충남 연기군 동면 송룡리 장기
황가를 중심으로」,『사회와 역사』70, 한국사회사학회, 2006; 최원규,「일제하 수
원 들목 조씨가의 경제생활과 사회활동」,『수원시사』5, 수원시사편찬위원회,
2014.
3) 신안 주씨가에도 추수기가 많이 남아 있어 지주경영의 실상을 살펴볼 수 있지만
본서에서는 생략한다.

주인식·영식 형제는 어린 나이에 부친을 여의고 조부를 따라 상경해 만리현에 거주했다. 가문에서 소장한 대한제국 호적표에 의하면 1898년경부터 주인식은 한성 반석방(盤石坊) 과전계(科田契) 만리현동(萬里峴洞) 121통 3호, 주영식은 만리현동 141통 6호에 거주한 것으로 되어 있다. 형제는 기름장사·종이장사 등 상업에 종사하여 상당한 부를 축적하고 이를 토지에 투자하여 지주로 성장하기 시작했다.4) 경제력을 바탕으로 주인식은 정치권에 기웃거리기도 했으나 성공하지 못했다. 오히려 국망의 위기 속에서 계몽운동에 관심을 가져 1906년 만리현에 균명학교가 설립될 때 지역유지로서 교감을 맡기도 했다.5) 이때는 이미 상당한 수준의 경제력을 확보한 단계에 있었다.

주씨 형제는 상업에 종사했지만 벌어들인 수입을 부지런히 토지를 매집하는데 투자했다. 그들이 어떻게 토지를 확보하여 지주가 되었는지 그 과정을 살펴보기로 한다. 동생인 주영식은 30세가 되던 1892년 이미 인천부 신현면 3리 한천동에서 상자(常字)·거자(去字)·감자(甘字)의 토지들을 소유했다. 서울에 거주하면서 고향마을의 전답을 매입했기 때문에 당연히 당시의 관행대로 작인에게 경작을 맡기고 지대를 수취하는 지주제 방식으로 경영했다. 그런데 흥미로운 것은 정부의 결세 부과에 대처하기 위해 사적으로 '결안(結案)'을 준비해놓고 있었다는 점이다.6)

---

4) 기왕의 지주제 사례연구를 살펴보면 양반으로서 토지를 상속하는 외에 조세청부업, 고리대활동, 상업활동 등을 통해 토지를 집적하여 19~20세기에 지주로 성장하는 모습을 볼 수 있다. 주씨가는 순수하게 상업활동에서 원초적인 부를 축적하기 시작했다.

5) 이승렬, 「서울·경기지역 상인의 일기(1899~1910)에 나타난 일상체험과 근대적 공공성 - 油商 주인식의 민족의식 형성을 중심으로」, 『한국사연구』 146, 한국사연구회, 2009 참조.

6) 신안주씨가(I) 문서번호 033번의 「壬辰 五月日 新古介面倉洞朱奴三卜結案」

이 '결안'은 '깃기(衿記)'와 유사한 성격의 문서로서 기본적으로 납세에 대응하기 위한 것이었지만 토지제도가 급변하는 외부적인 충격에 대처하기 위해 자기의 소유지를 분명히 하고자 한 측면도 있었던 것으로 판단된다.

주영식은 이후에도 비슷한 문건을 계속 작성했다. 일제는 1909년 결수연명부(結數連名簿) 제도를 도입하여 개인별로 과세지 명부를 작성했다. 결수연명부는 토지조사사업 때 토지소유자의 토지신고서를 대조하여 그 소유권을 확인하는 권원(權原)으로서 사용되었다. 주영식은 이를 예견이나 한 듯 결수연명부와 유사한 성격의 '지적(地籍)'이라는 문건을 작성해 두었다. 1909년의 이 '지적'이 앞서 작성된 1892년의 '결안'보다 자세하므로 [표 7-1]로 정리해 보았다.

[표 7-1] 한말 신현면 3리 지적의 내용

字號	별칭	필지수	지목	면적(부-속)	두락 일경	작인
常	冷井畓	2	답	8-9	6두락	이원일
	小接沙內畓	4	답	6-8	7두락	정기인
甘	池哥畓	11	답	9-7	10두락	정기인
	順和畓	2	답	12-2	7두락	정기인
	張丞畓	1	답	7-0	4두락	이영준
	X	2	답	6-5	4두락	주영돌
去	高佩畓	2	답	8-9	6두락	주영돌
	冷井畓	1	전	2-7	1식경	이사빈
		3	답	7-8	6두락	이사빈
		28		70-5	답 50두락 전 1식경	

* 출처 : 신안주씨가(I) 문서 033번, 「新峴面三里地籍」, 1909
* 비고 : 삼리는 일제시기에 은행리로 들어갔다.

(1892년 5월). 이 결안에는 필지마다 소작인 성명을 기재하여 부재지주로서 지주제로 경영했음을 보여준다. 구체적인 내용은 생략한다. 창동은 일제시기에 미산리로 들어갔다.

'지적(地籍)'이라는 표현은 일본에서 온 것이므로 이 문건은 토지조사 사업과 관련하여 기록해 놓은 것으로 보인다. 필지 수는 28필지에 이르 지만 결부는 70부 5속에 불과하여 많다고 볼 수 없다.[7] 소유지는 여러 곳에 분산되어 있으므로 지형지물이나 방매한 사람을 지칭하는 별칭을 붙여 구분하고 있다. 당시 지주가에서 구역별로 전답에 별명을 붙여 경 영에 편의를 도모하는 방식은 일반적인 일이었다.

주영식은 이외에 더 많은 토지를 소유하고 있었다. '황등천면 중림리 결수신고서'를 보면 답 9필지에 18두락, 29부 1속, 전 11필지에 11두 6승 락, 27부, 합하여 20필지 29두 6승락, 56부 1속이 있었다. 또 '황등천면 내 동 7리 결수신고서'에서는 답 7필지에 12두 5승락, 23부 3속이 확인된다. 결수신고서는 통감부시기 지세납부를 위해 신고한 토지를 등재한 문서 다. 토지조사사업을 위해 토지신고서를 제출하게 되었을 때 중림리의 결수신고서 토지는 1910년 11월 과림리 토지신고서에, 내동 7리 결수신 고서 토지는 1910년 11월 계수리 토지신고서에 반영되어 있다.[8]

이상의 토지를 주영식은 토지조사사업을 실시하기 이전, 종래의 깃기 방식인 '결안'의 형식으로 다시 정리해 놓았는데 그 내용은 [표 7-2]와 같다.

---

7) 이러한 문건들을 근거로 작성된 신안 주씨가의 토지신고서 가운데 '인천부 신현 면 은행리 토지신고서'에는 이중 12필지, 27두락 1식경, 36부 6속이 반영되어 있 다. 신안주씨가(I) 문서번호 074번의 「주영식토지신고서」, 1910.
8) 신안주씨가(I) 문서번호 074번의 「주영식결수신고서」, 1910.

[표 7-2] 1910년경 주영식의 토지소유 실태

동리	별칭	자호	전			답			유래
			필지	결부	일경	필지	결부	두락	
은행리	새우개三里찬우물논	常	-	-	-	2	8-9	7	자생
	웃방죽겹살의논	常	-	-	-	4	6-8	7	자생
	새우개웃방죽 장싱뱀이	甘	-	-	-	1	5-7	4	자생
	웃방죽 고패뱀이	甘	-	-	-	2	8-9	6	자생
	웃방죽 지가벌논	甘	-	-	-	13	12-0	11	자생
	웃방	甘	-	-	-	1	7-0	4	자생
	웃방죽 슈아의논	甘	-	-	-	1	10-7	7	자생
	찬우물위논	去	1	2-7	1식경	3	7-8	6	자생
	소계		1	2-7	1식경	27	67-8	52	
계수리	안골만아뜰	二	-	-	-	3	9-0	6	조상
	알골방아알이일의	西	-	-	-	2	11-0	6	자생
		二	-	-	-	1	2-8		자생
	소계		-	-	-	6	22-8	12	
과림리	숮돌이군논	物	1	0-9	?	4	5-9	4	조상
	굴의보십논	滿	-	-	-	1	3-0	3	자생
	重林뒤동산밋밧	滿	2	8-1	1일경	-	-	-	자생
	重林中동뒤밧	志	1	5-2	반일경	-	-	-	자생
	중임뒤뜰	逐	-	-	-	2	11-7	6	자생
	방골	逐	-	-	-	3	10-6	5	자생
	갈고개	神	3	6-2	반일경	-	-	-	자생
	소계		7	20-4	2일경+	10	31-2	18	
	합계		8	23-1	3일경	43	1-21-8	82	

* 출처 : 신안주씨가(I) 문서 033번, 「仁川黃等川二里朱奴三福結案」
* 비고 : 이외에 시흥군 남면 노온사리('시흥논살이'로 별칭) 이자(李字) 답 3필지, 8부 7속,
10두락도 자생답으로 되어 있으나 비교를 위해 소래면 부분만 제시했다.

신안 주씨가에서 소유토지를 지세납세 문건으로 여러 차례 작성하여
두고 토지조사사업에서 이를 토지신고서에 반영한 행위는, 일제가 토지

조사사업에서 지세납부 문건, 즉 결수신고서 및 결수연명부에 의거하여 토지소유권을 사정한 방향과 정확히 일치한다. 미리 예견했는지 정보를 입수했는지 알 수 없으나 토지의 소유권을 안정적으로 법인받기 위한 준비로서는 충분했다.

[표 7-2]를 보면 주영식은 소래면 지역에 전 23부 1속, 답 1결 21부 8속, 합하여 1결 44부 9속을 소유하고 있는 것으로 나타난다. 흥미로운 점은 주영식은 상속받은 땅을 '조상답(祖上畓)'이라고 표시하여 구분했는데, 조상답은 계수리의 안골만아뜰과 과림리의 숯돌이군논의 전답으로 15부 8속에 불과했다. 스스로 일군 '자생답(自生畓)'은 전 22부 2속, 답 1결 6부 9속, 합하여 1결 29부 1속으로 압도적으로 많다. 주영식이 형 주인식과 함께 서울에서 각종 상업활동을 하며 부를 축적하고 이를 고향 마을의 전답을 사들이는데 투자한 것으로 볼 수 있다.

이 '결안(結案)'이라는 문건은 '결수신고서'와 함께 묶여 있다. 결수신고서는 곧 결수연명부 작성의 시작단계이며 이렇게 작성된 결수연명부는 토지조사사업에서 토지소유권의 권원장부로서 활용되었다. 신안 주씨가의 이들 결수신고서나 결수연명부는 곧바로 토지신고서에 반영되어 토지조사사업 때 제출되었다. 또한 주영식은 이들 토지를 작인 단위로 구분하여 결부와 두락을 확인한 뒤 '문서분명'이라고 모두 표시했는데, 가지고 있는 문서에 분명하게 나와 있는 본인의 소유라고 못 박는 의미에서 역시 토지조사사업의 소유권 조사에 대응하는 모양새를 취한 것이라고 하겠다.

한편 1908년 5월 3일 주영식은 인천군 황등천면 7리 내곡에 부친 주순희(1869년 사망)와 모친 안동 김씨(1886년 사망)를 합묘했다. 주영식은 이들 토지의 소유권을 확인받고자 부동산증명제도를 활용했다. 측량사

를 동원하여 '민유산야실측평면도'를 작성하고 이를 첨부하여 1910년 6
월 6일 인천부에 증명신청서를 제출했다. 산지는 162평 4홉, 15원의 가격
으로 산정되었다. 인천부윤은 병합된 이후인 1910년 9월 10일부로 이에
대한 증명을 내주었다.[9] 이 산지는 토지조사사업이 시작되자 1910년 11
월 10일 신고 되었고, 후에 136평으로 측량되어 『토지조사부』 부천군 소
래면 계수리 제229번에 분묘지로 등록되었다. 주영식 형제는 대한제국
기를 거치면서 상당한 부를 축적하고 산소를 사들여 흩어져 있던 부모
의 묘를 합장하는 집안의 큰일을 치른 것이다. 가계형편이 확실히 제 궤
도에 올랐음을 조상에게 고한 것이다. 아울러 통감부가 일본인 소유지
의 소유권 증명을 위해 마련한 제도들을 활용하여 재산보전에 적극 나
선 모습도 보인다. 측량을 하고 소유권 증명을 받아두는 행위는 국망의
위기 속에서도 재산을 지키려는 지주들의 의지의 표현으로서 특별한 일
은 아니었다.

신안 주씨가에서 확보한 토지는 토지조사사업에서 어떻게 사정되어
소유권을 인정받았을까? 부천군 소래면의 『토지조사부』에서 조사해 보
면 [표 7-3]과 같다.

형 주인식은 계수리와 과림리에 61필지, 73,930평(24.6정보)에 이르는
상당한 토지의 소유권을 토지조사사업에서 법인 받았다. 동생 주영식은
24필지, 21,905평(7.3정보)를 확보했다.[10] 형제의 토지를 합하면 대지주의
기준선인 30정보를 넘어서고 있다. 부친을 일찍 여의고 객지로 나가 어
려운 환경에서 부를 일군 사람의 금의환향이나 다름없다. 주인식은 집

---

9) 신안주씨가(I) 문서 031번, 「내곡산소임야문서」.
10) 현재의 시흥시에 속하고 당시에는 부천군 소래면, 시흥군 수암면·군자면에 속하
    는 『토지조사부』를 조사해본 결과, 주영식은 수암면 부곡리·양상리·장상리·장하
    리·월피리 일대에서 답 29필지 26,372평도 동시에 소유하고 있었다.

[표 7-3] 신안 주씨가의 소래면 토지소유 실태

이름	동리	전		답		대		기타		계		신고일
		필지	면적	필지	면적	필지	면적	필지	면적	필지	면적	
주인식	계수리	6	6323	8	24303	1	95	0	0	15	30721	1910.11.10
	과림리	26	29073	11	11712	7	4527	2	897	46	46209	1910.11.18
	계	32	35396	19	36015	8	4622	2	897	61	73930	
주영식	은행리	1	469	6	8348	0	0	0	0	7	8817	1910.11.29
	계수리	0	0	3	2948	0	0	1	136	4	3084	1910.11.10
	과림리	7	4652	5	4525	0	0	1	826	13	10004	1910.11.18
	계	8	5121	14	15821	0	0	2	962	24	21905	
주홍식	과림리	3	2733	4	4681	0	0	0	0	7	7414	1910.11.18

안의 장남으로서 강한 책임의식 하에 동생을 데리고 적극적으로 상업활
동에 나서고 축적한 경제력을 고향마을에 전답을 마련하는데 투자한 것
이다. 한편 무지리에 살다가 과림리 고향마을로 옮긴 사촌 동생 주홍식
의 소유지는 많지 않다. 주홍식은 서울에서 주인식·영식 형제가 사업할
때 고향마을을 지켰다.

주영식의 경우 앞에서 살펴본 '결안'의 내역과 『토지조사부』의 결과
를 비교해보면 [표 7-4]와 같다.

[표 7-4] 주영식의 토지소유

동리	장부	전			답			기타		계		
		필지	면적	결당 면적	필지	면적	결당 면적	필지	면적	필지	면적	결당 면적
은행리	결안	1	2-7		27	67-8				28	70-5	
	토지조사부	1	469	17370	6	8348	12313			7	8817	12506
계수리	결안				6	22-8				6	22-8	
	토지조사부				3	2948	12930	1	136	4	3084	13526
과림리	결안	7	20-4		10	31-2				17	51-6	
	토지조사부	7	4652	22804	5	4525	14503	1	826	13	10004	19388

* 비고 : '결안'의 면적은 부속, '토지조사부'의 면적과 결당면적은 평이다.

결안의 내용이 『토지조사부』에 그대로 올라갔다고 가정할 때, 거의 그러리라고 예상되지만, 답의 경우 『토지조사부』에서는 대거 필지가 통합된 모습을 보인다. 같은 지목, 같은 소유자의 토지는 논배미에 관계없이 대거 통합하는 것이 토지조사사업의 원칙이었다. 결부와 평수를 대비하여 결당 면적을 산정해보니 결당면적은 답보다 전이 더 넓었다. 전이 답보다 토지가 비옥하지 못한 것을 의미하며 일반적인 현상이다. 전답 모두 평균적인 결당 면적에 비해 더 낮게 평가되어 결세를 적게 납부할 수 있었지만 토지조사사업에서는 실면적이 산정되었다.

이런 방식으로 지주가에서 소유한 토지는 결수연명부·토지신고서를 거쳐 『토지조사부』와 『토지대장』에 오르고 등기되어 소유권을 법인 받았다. 개인의 소유권을 보장해주던 사문기는 법적 보장이 불안정했지만 토지조사사업을 통한 법인과 등기는 소유권의 배타성을 절대적으로 보장해 주었다. 이렇게 지주는 토지의 다과를 막론하고 토지소유권을 법인 받았다. 토지의 과다한 소유는 문제되지 않았다. 토지조사사업은 토지소유의 불균형을 시정할 목적을 설정하지 않았다. 막 지주로 발돋움하려는 주씨가에게는 지세 및 토지제도의 격변기에 적극적으로 대처하면서 토지소유권의 안정화를 도모하는 것이 중요했다. 사적으로 결수연명부·토지신고서에 대처하는 문건을 만들어두고, 국가적 위기와 제도적 변화 한가운데서도 토지매입에 적극 나섰다.[11] 국망의 위기에 토지를

---

11) 안산군 북방면에서는 1912년 9월 1일 『見取圖考結草案』(속달3리), 『속달리見取圖整理地押番號及合倂申告次』라는 자료를 작성했는데, 이때 중소지주 동래정씨가도 토지조사사업에 대응하기 위해 결수연명부와 토지대장을 비교한 문서를 작성해 두었다(허원영, 「해제 : 동래정씨 동래부원군 정난종종택의 고문서」, 『고문서집성』 97, 동래정씨 동래부원군 鄭蘭宗종택편, 한국학중앙연구원, 2010 참조). 이렇게 지주가에서는 토지조사사업에 적극 대응했던 것으로 보인다.

팔아 망명하거나 실의에 빠져 토지소유권을 챙기는 일에 소홀한 모습을 전혀 찾을 수 없다. 오히려 축적된 금융자산을 적극적으로 고향마을의 토지매입에 투자하여 지주로 성장해 나갔다.

2) 토지소유의 확대와 지세부담의 관계

식민지가 되자 주씨 형제는 일체 정치에 관여하지 않기로 결심하고 본격적으로 경제활동에 매진하여 경제력을 상승시켜 갔다. 끊임없이 토지에 투자하여 소유규모를 확장하고 지주제적으로 경영했다. 얻어진 소득은 다시 토지 매입에 투자했다. 그들은 지주일 뿐 아니라 소작료로 수취한 미곡을 곡가의 동향을 보면서 매각하여 이윤을 확대하는 상업활동도 병행했다. 서울에서 장사를 오래 하여 상업활동으로 부를 축적하는 방법을 충분히 알고 있었다. 지가의 동향도 고려하여 토지를 저렴하게 매입하는 수완도 발휘했다. 경제력을 바탕으로 금융활동에도 관여했고, 주택도 여러 곳에 두고 집집마다 치부책(致富冊)을 별도로 작성할 정도로 치산에 밝았다.[12]

주씨 형제가 일제시기에 들어가서도 지속적으로 토지소유를 확대한 실태를 살펴보자. 토지조사사업이 끝난 직후인 1918년 주영식이 소유한 토지와 거기에 매겨진 지세의 내역을 지역 및 지목별로 합산하여 살펴보면 [표 7-5]와 같다.

---

12) 이승렬, 「주인식의 생활기와 치부기록」, 『시흥시사』 10, 시흥시사편찬위원회, 2007 참조.

[표 7-5] 1918년 이후 주영식의 토지소유와 결세-지세의 비교

군	동리	전답	필지	평수	지가	지세(A)	세율(%)	결-부-속	결세(B)	결당세액	A/B
부천군 소래면	은행리	전	1	469	32.83	0.426	1.30	0-02-7	0.297	11.0	1.4
		답	6	8,348	1238.89	16.104	1.30	0-67-6	7.315	10.8	2.2
		계	7	8,817	1271.72	16.53	1.30	0-70-3	7.612	10.8	2.2
	계수리	답	4	4,001	463.68	6.026	1.30	0-34-7	3.817	11.0	1.6
	과림리	전	7	4,652	160.99	2.039	1.26	0-27-1	2.981	11.0	0.7
		답	5	4,526	466.43	6.061	1.30	0-35-3	3.883	11.0	1.9
		계	12	9,178	627.42	8.1	1.30	0-62-4	6.864	11.0	1.2
	옥길리	전	7	6,357	443.49	5.761	1.30	0-66-3	7.293	11.0	0.8
		답	20	28,959	3751.25	48.798	1.30	2-33-5	25.658	11.0	1.9
		대	2	1,655	173.1	2.249	1.30	0-14-6	1.596	10.9	1.4
		계	29	36,971	4367.84	56.808	1.30	3-14-4	34.547	11.0	1.6
합계			52	58,967	(6730.65) 6730.66	(87.506) 87.464	1.30	(4-81-9) 4-81-8	(52.96) 52.84	11.0	1.7
시흥군 서면	노온사리	답	18	22,695	2238.64	29.089	1.30	1-44-4	15.088	10.4	1.9
	광명리	전	10	5,466	436.98	5.676	1.30	0-48-5	5.356	11.0	1.1
		답	3	1,769	147.73	1.919	1.30	0-09-9	1.089	11.0	1.8
		대	2	1,075	129	1.666	1.30	0-06-7	0.737	11.0	2.3
		잡	2	2,209	6.62	0.085	1.28	27-4	2.987	10.9	0.03
		계	17	10,519	720.33	9.346	1.30	92-5	10.169	11.0	0.9
광주군	초평	전	7	4,300	249.23	-	-	-	-	-	-
		답	2	4,008	610.84	-	-	-	-	-	-
		계	7	8,308	860.07	14.62	1.70	-	-	-	-

* 출처 : 신안주씨가(I) 문서 004번, 『富川始興兩郡土地臺帳抄本』, 1918년 11월 현재
* 비고 : 1. 지가·지세·결세·결당세액의 단위는 원(円)이다. 지목의 '잡'은 잡종지다. 2. 계
　　　　수리의 분묘지 1필지 136평, 과림리 275번지 산림 826평은 지세부과대상이 아니
　　　　므로 제외했다. 3. 소래면 합계는 산술적인 결과와 근소한 차이를 보이는데 자료
　　　　상의 합계는 (　)에 넣었다.

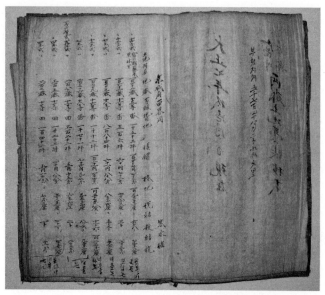

[도판 7-1] 『富川始興兩郡土地臺帳抄本』(1918년 11월)

1918년 당시 주영식의 토지소유는 소래면 은행리에 8,817평, 계수리에 4,001평, 과림리에 9,178평, 옥길리에 36,971평 등 58,967평에 달했다. 소래 면 과림리에 인접한 시흥군 서면 노온사리 22,695평, 광명리 10,519평 등 33,214평을 더하면 92,181평에 이른다. 소래면만 보더라도 『토지조사 부』(1910)에서는 [표 7-3]에서 보듯이 은행리·계수리·과림리에 24필지, 21,905평이었는데, 그 사이 1918년에는 [표 7-5]에서 보듯이 옥길리에서 대거 토지를 매입하여 52필지 58,967평(19.7정보)으로 증가했다.

시흥군 남면 노온사리의 땅은 원래 '시흥논살이'라는 별칭으로 이자 (李字) 답 3필지 8부 7속, 10두락으로 일찍이 소유했었다.13) 그런데 주영 식은 1910년 6월 20일 경성 서부 포동 95통 3호의 손석기(孫錫基)로부터

---

13) 「仁川黃等川二里朱奴三福結案」.

12건의 계약을 통해 시흥군 남면 아방리의 토지 41필지, 1결 36부 6속, 98두락(1석=20두로 계산)을 800원에 일괄 매입했다. 이는 후에 21,469평으로 측량되었다.[14] 토지조사사업을 앞둔 시점에서 소유권 보장에 대한 의구심이 일고 있었던 상황이었음에도 불구하고 주영식은 오히려 적극적으로 토지를 매입하고 있다. 일본인의 토지소유를 보장하기 위해 1906년 이래 시행된 증명제도를 활용하여 적극적으로 토지소유를 확대하는 데 힘썼다. 이렇게 매입한 토지의 결수신고서를 그는 다른 토지와 함께 1910년 9월 29일 토지조사국에 제출했다.[15] 이렇게 하여 주영식이 발췌해놓은 시흥군 서면 노온사리의 답은 [표 7-5]에서 보듯이 18필지, 22,695평, 지가 2238.64원, 지가의 1.3%(13/1000)가 부과된 지세는 29.089원, 결수 1결 44부 4속, 결세 15.088원으로 산정되어 있다.

시흥군 광명리의 토지는 여러 지목에 걸쳐 있는데 모두 17필지, 10,519평, 지가 720.33원, 지세 9.346원, 지세율 1.3%이고, 92부 5속이었다. 이들 토지는 언제 누구로부터 매입했는지 확인이 안 된다. 노온사리의 경우를 염두에 둔다면 이들 토지도 토지조사사업 직전 매입한 것이 아닐까 추정할 수 있다. 노온사리와 똑같은 방식으로 결세와 지세를 비교하고 있기 때문이다. 주영식은 이후에도 고향마을에 인접한 광명리에서 토지를 계속 확장해 나갔다. 주영식은 안종국에게서 2필지 740평, 이승경 1필지 708평, 이종순 1필지 494평, 안효국 9필지 7,587평(임야 4,504평, 잡종지 3,083평), 이순오 3필지 1,339평 등을 매입하고 있다.[16]

광주군 초평전답은 7필지, 8,308평, 지가 860.07원, 지세 14.62원이었다.

---

14) 신안주씨가(I) 문서 075번, 1910년 6월 20일 주영식이 매입한 토지매매계약서 12건.
15) 신안주씨가(I) 문서 004번, 『부천시흥양군토지대장초본』.
16) 신안주씨가(I) 문서 030번, 「이순오처 買入田 舊文記」.

세율을 1.7%라고 명기해 놓았으므로 지세령이 개정되어 세율이 인상된 1922년 이후 매입한 것이다. 자료가 1918년 11월 작성되었으므로 이 기록은 거기에 추가된 것으로 보인다.

주영식은 누구에게서 토지를 사들였을까? 인근의 소래면 『토지조사부』에서 조사해 보기로 한다. 주영식이 소유하고 있는 [표 7-5]의 옥길리 토지 지번을 추적해보니 『토지조사부』에는 모두 경성부 남부 대평방 여동에 사는 이진구의 토지로 나온다. 주영식이 이진구에게서 일괄 매입한 것이다. 주영식이 토지조사사업 당시 소유한 소래면의 토지가 21,996평인데 반해 새로 매입한 옥길리 토지는 36,971평으로 기왕의 소유를 크게 상회했다. 『토지조사부』에 올라간 것은 토지신고일과는 관계없이 1914년 공시가 확정된 이후이므로 이진구의 토지를 주영식이 매입한 것은 1914년 이후 [표 7-5]의 자료가 작성된 1918년 사이의 일이다. 토지조사사업이 진행되고 소유권이 사정되는 과정에서 주영식은 일제하의 새로운 토지제도가 재산상에 불이익을 가져올 것으로는 추호도 의구심을 갖지 않고 더욱 확장에 몰두하고 있었던 것이다. 서울에서 상업에 종사하면서 근대적인 거래에 이미 충분히 익숙해 있는 '근대적 경제인'으로 성장한 일면을 보여준다.

주영식이 [표 7-5]와 같은 내용을 담은 문서책을 작성한 이유는 토지조사사업이 끝난 1918년 지세령 제정에 의해 지세가 지가의 1.3%로 확정 공포되자 지세가 토지소유에 미치는 영향을 구체적으로 판단해 보고 싶었기 때문일 것이다. 그 이전에는 결가제(結價制)였고 1918년에 지가제(地價制)가 시행되었기 때문에 새로운 제도에 의해 어떤 변동이 있는지 확인해 보고자 했다. [표 7-5]에서 보면 광주군을 제외하고 지가에 대한 지세의 세율은 모두 지가의 1.3%로 계산된다. 지세와 이전의 결세를

비교해보면('A/B'), 전체적으로 은행리는 2.2배, 계수리는 1.6배, 과림리
는 1.2배, 옥길리는 1.6배 증가했다. 지세가 결세보다 상당히 인상되었음
을 확인할 수 있다. 지목별로 보면 좀 다른 특징이 나타나는데 답의 경
우 1.8배 이상 2.2배까지 지세부담이 증가한 데 비해, 전은 오히려 감소
한 경우까지 나타난다. 결가제를 폐지하고 대신 지가에 의거해 부과한
지세는, 답의 경우 2배 가까운 증가라는 결과로 나타났다. 대지도 증가
한 편이며 전은 등락이 심하고 잡종지 등은 오히려 훨씬 저렴하다. 전이
나 잡종지 등에 대한 대한제국의 지세부과가 토지조사사업 이후와 비교
할 때 과도했다고 평가할 수 있겠다. 그런데 '결당 세액'이 결당 11원으
로 산정되어 나오는데 이것은 1914년 지세령 제정 때 결가를 8원에서 11
원으로 인상한 결과를 나타낸다. 주영식이 지세와 비교한 '결세'는 한말
의 결세가 아니라 1914년 이후 1918년까지 적용된 결세를 의미한다.
1914년에 이미 8원에서 11원으로 결세를 인상했고 1918년 지가제를 실
시하면서 다시 지세를 인상했던 것이다.[17]

　주영식이 그러한 장부를 작성한 이유는 보다 구체적으로 필지별로 새
로운 지세가 어떤 부담이 되는지 알고 싶었기 때문이다. 그래서 토지대
장으로부터 지가와 지세를 확인하고 이전의 결부와 결세를 필지별로 대
조하여 장부를 작성했다. 주영식이 토지조사사업 당시부터 소유했던 은
행리·계수리·과림리의 필지들만 살펴보면 [표 7-6]과 같다.

　『토지조사부』의 필지는 동일한 지목, 동일한 소유자의 경우 필지를
통합하는 경향을 보여 결수신고서나 토지신고서도 필지별 통합이 시도
된 양상을 볼 수 있는데, 이렇게 토지조사사업의 결과 확정된 필지와,
결부를 비교한다는 것은 세심하게 이전의 장부를 조사하여 확인하지 않

---

17) 이영호, 『한국근대의 지세제도와 농민운동』, 서울대학교출판부, 2001, 413~416쪽.

[표 7-6] 주영식의 소래면 토지의 지세와 결세 비교

번호	동리	지번	地目	等級	坪當價	坪數	地價	地稅	負-束	結稅	별칭
1	은행리	316	답	15	14	795	111.30	1.446	8-9	0.858	-
2	〃	375	답	15	14	861	120.54	1.567	7-8	0.858	-
3	〃	376	전	9	7	469	32.83	0.426	2-7	0.297	-
4	〃	476	답	17	9.5	380	36.10	0.469	1-5	0.165	-
5	〃	479	답	17	9.5	1014	96.33	1.252	8-9	0.979	-
6	〃	484	답	13	19	898	170.62	2.218	6-8	0.748	-
7	〃	487	답	14	16	4400	704.00	9.152	33-7	3.707	-
8	계수리	184	답	16	12	1270	152.40	1.981	13-8	1.518	방아달이
9	〃	188	답	15	14	1053	147.42	1.916	11-4	1.254	중시논
10	〃	207	답	16	12	178	21.36	0.277	0-5	0.055	장성밑논
11	〃	232	답	17	9.5	1500	142.50	1.852	9-0	0.990	
12	과림리	142	답	15	14	1053	147.42	1.916	6-8	0.748	숯돌이군논
13	〃	166	답	16	12	506	60.72	0.789	3-0	0.330	보십논
14	〃	173	답	18	7	884	61.88	0.804	5-3	0.583	너푼논
15	〃	179	답	16	12	1012	121.44	1.578	11-6	1.276	너으궁하논
16	〃	276	답	18	7	1071	74.97	0.974	8-6	0.946	망골논
17	〃	280	전	11	1.6	322	5.15	**0.066**	2-0	**0.220**	망골논
18	〃	305	전	10	4	1022	40.88	0.531	4-1	0.451	중림중동우7전
19	〃	307	전	10	4	142	5.68	**0.073**	1-0	**0.110**	중림중동우7전
20	〃	313	전	11	1.6	723	11.56	**0.150**	4-2	**0.462**	중림중동우7전
21	〃	315	전	10	4	891	35.64	**0.413**	4-0	**0.440**	중림중동우7전
22	〃	436	전	10	4	792	31.68	**0.411**	6-2	**0.682**	-
23	〃	446	전	10	4	760	30.40	**0.395**	5-6	**0.616**	-

* 출처 : 신안주씨가(I) 004, 『부천·시흥양군토지대장초본』, 1918년 11월 현재

으면 안 되는 일이었다. 이전에 결안을 작성한 것처럼 주영식은 장부류
를 꼼꼼하게 작성해 두었을 것이고, 이전의 장부와 대조하여 토지조사
사업의 결과에 따라 설정된 새로운 필지에 적합하게 결부와 결세를 비
교해 보았던 것이다. 경작지의 별칭을 붙여 놓은 것도 이 대조를 위한

것이다. 지목과 토지등급별로 책정된 평당 지세액을 필지마다 상단에 일일이 붙이고 그것을 짚어가며 지세를 산정했던 모습을 문서책에서 읽을 수 있다. 이를 통해 필지별로 지세가 인상된 실태를 명확하게 비교할 수 있다. '지세액'과 '결세액'을 비교해보면, 과림리 전에서는 결세보다 지세가 내린 결과가 되었지만 나머지 대부분의 답에서는 결세에 비하여 지세가 모두 큰 폭으로 인상된 결과를 낳았다.

1922년 지세령 개정에 의해 지세율은 다시 지가의 1.7%로 인상되었다. 주영식은 이에 따라 부담하게 된 지세를 [표 7-7]과 같이 산정해 놓기도 했다.

[표 7-7] 1922년 주영식의 토지소유와 지세

지역	지가(냥)	원세금(냥)	지가×17/1000	비고
부천군 중림 내곡	54,555	927.775	927.435	
부천군 미산	63,586	1080.368	1080.962	
부천군 옥련동	218,392	3712.653	3712.664	
시흥군 아방리(노온사리)	111,932	1903	1902.844	
시흥군 광화대(광명리)	50,258	855	854.386	원결 73원31전
광주군 월곡면 초평전답	43,003.5	731	731.060	
합계	541,726.5	9,209.796	9,209.351	

* 출처 : 신안주씨가(I) 문서 004번, 『부천시흥양군토지대장초본』, 내표지 기록
* 비고 : '합계'와 '지가×17/1000'는 필자가 산정한 것이다. '옥련동'은 '옥길리'의 오기로 보인다.

지세액을 산정하기 위해 각 지역의 전답을 지가로 산정하고 여기에 세율 1.7%를 적용하여 내야할 세금을 산정해 놓은 것이다. 필지별로 지세 증가액이 조사되어 있지는 않다. '시흥군 광화대'의 경우 결세 73원 31전은 733.1냥으로 환산되므로 이것과 새로 부담하게 된 지세 854.386냥과 비교하면 16.5%의 세액 증가를 보게 된 것으로 평가할 수 있다. 전과 잡종지가 많이 포함된 광화대의 경우도 이와 같이 지세부담이 증가한

것을 볼 때 답의 지세부담은 훨씬 커졌을 것으로 판단된다. 그렇지만 지세부담의 증가가 지주경영에 타격을 주지는 않았을 것이다. 작인에 대한 전가도 일정 부분 가능하겠지만, 무엇보다 주씨 형제는 상업적 역량을 지니고 있어 곡물의 매각과정에서 꽤 유리한 수익을 낼 수 있었다.

2. 토지의 매입방식과 상속

1) 역둔토 불하토지의 확보 방법

신안 주씨가는 얻어진 수익을 토지를 사들이는데 대부분 투자했다. 사들인 토지는 소작제로 경영하여 이익을 극대화했다. 뿐만 아니라 시장상황을 살펴 미곡의 시세차익도 챙겼다. 자본주의적 경영방법을 도입한 '동태적' 지주의 성격을 지녔다기보다는 그야말로 '상인+지주'로서의 성격을 지닌다고 볼 수 있다. 이렇게 획득한 금융자산은 다시 토지매입에 투자된다. 이런 방식으로 수십 년 동안 토지소유규모를 크게 확장했다.

그런데 여기서 토지매득의 독특한 하나의 방식이 발견된다. 바로 역둔토를 불하받은 소작농으로부터 선도 매입하는 방법이다. 일제의 역둔토불하정책에 대해서는 상반된 평가가 나와 있다. 소작농들이 불하받은 토지가 다시 전매되어 결국 지주나 부호에게 넘어갔다는 주장이 일찍이 나왔다.[18] 이에 대해 토지조사사업에서 국유화된 역둔토를 소작제로 경

18) 배영순은 불하된 역둔토가 주로 지주층·자본가층에 귀속되었다고 보았고(배영순, 「일제하 역둔토 불하와 그 귀결」, 『사회과학연구』 2-2, 영남대학교 사회과학연구소, 1982), 김양식도 역둔토는 일단 소작농민에게 불하되었지만 최종적으로는 일본인 또는 조선인 부호층이나 지주에게 넘어갔다고 보았으며, 특히 소작하지는 않지만 명의상 소작권을 소지하던 중답주가 불하받은 점을 역둔토 문제의 최종적인 귀결로서 주목했다(김양식, 『근대권력과 토지 - 역둔토 조사에서 불하까지』,

영한 조선총독부가 크게 재정에 이득을 보지 못해 1920년대에 들어가서 소작농들에게 매각하는 정책을 시행했는데 그 결과 소작농들에게 이득이 돌아갔다는 반론이 나왔다.[19] 논쟁의 결론은 명확하게 내려지지 않았지만 통계나 보도자료에 의거한 것이 많아 앞으로 사례연구를 확인하는 것이 필요하다고 생각된다.[20] 신안 주씨가의 사례는 역둔토가 소작농의 명의만을 거쳐 곧바로 지주에게 귀결된 실례를 보여준다. 신안 주씨가에서 역둔토 불하토지를 어떻게 매득하게 되는지 검토해 보기로 한다.

역둔토 국유지는 1920년 8월 역둔토특별처분령이 내리면서 소작연고자(小作緣故者)에게 불하되었다. 불하는 신속하게 진행되어 1923년 말에는 약 12만 정보에 이르는 역둔토의 90% 이상이 불하되었다. 물론 불하는 되었지만 연부로 상환되는 과정에 놓여 있었으므로 소유권이 이전 등기된 것은 아니었다.

해남, 2000, 제9장 「일제하 역둔토 불하」).

19) 이영훈은 일본이주민이나 일제자본에 대한 불하는 없고 당초부터 소작농민들의 희망에 따라 이루어졌다고 추정했다(이영훈, 「토지조사사업의 수탈성 재검토」, 『역사비평』 22, 역사문제연구소, 1993년 가을, 326~327쪽). 조석곤도 엄격한 조건에도 불구하고 소작농들이 역둔토를 상당 부분 불하받았다고 주장했다(조석곤, 「일제하 역둔토불하에 관한 연구」, 『경제사학』 31, 경제사학회, 2001). 정연태는 1928년 조선총독부의 통계를 검토하여 불하토지의 21.1%만이 전매 양도되고 나머지는 불하받은 농민에 의해 자작경영 되어 자작화가 훨씬 많다고 주장했다(정연태, 『식민권력과 한국농업』, 서울대학교출판문화원, 2014, 295~296쪽).

20) 통계를 중심으로 상반된 평가가 나온데 반해, 구체적인 지주가 연구에서는 대지주층이 경제적으로 열악한 소작농들로부터 그들이 불하받은 역둔토를 매입한 경우가 많았던 것으로 확인된다. 홍성찬은 전라도 화순군 동복면 한천리의 경우 동복면 내 10정보 이상의 농지를 소유한 7명, 7.2%의 대토지소유자가 40.7%에 달하는 역둔토를 매입했다고 분석했다(홍성찬, 『한국근대농촌사회의 변동과 지주층 - 20세기 전반기 전남 화순군 동복면 일대의 사례』, 지식산업사, 1992, 149~150쪽).

그런데 신안 주씨가에서는 불하받은 소작인으로부터 곧바로 선도 매입하는 방식으로 역둔토를 확보하고자 했다. 역둔토는 과림리에 67필지 146,386평이 있었고, 계수리에 43필지 56,025평, 옥길리에 7필지 8,411평이 있었다. 이 지역에 있던 중림역(重林驛) 소속의 역토에 연원을 둔 역둔토이다.

주씨가에서 국유지를 매입한 사례를 살펴보기로 한다. 경성부 봉래정 4정목 76번지 주인식의 아들 주G환이 계수리 151번지의 김재옥(金在玉)으로부터 계수리 땅 2필지를 매입한 실태는 [표 7-8]과 같다.

[표 7-8] 김재옥의 역둔토 賣拂허가(1921년 2월 28일)

동리	지번	지목	단가	지적		가격	
				허가	수정	허가	수정
계수리	255-2	답	34.7	430	429	149.21	148.863
	246-3	답	26.6	1027	1041	273.182	276.906
	103	답	17.6	629		110.104	
	계			2086		532.496	

* 출처 : 신안주씨가(I) 문서 097번, 「역둔토매매계약서」
* 비고 : 표의 '허가' 및 '수정'은 1921년 2월 28일 나온 「역둔토賣拂허가서」가 이후 매각과정에서 재측량되어 1922년 11월 29일의 「매불을 허가한 역둔토의 면적 및 매불가격 更正통지서」에 수정 기록된 것을 제시한 것이다.

김재옥이 역둔토 불하를 허가받은 것은 1921년이었는데, 그 중 255-2번지의 430평 3두락, 246-3번지 1,027평 5두락을 1927년 3월 9일, 주G환이 422원 39전을 주고 매입했다. 역둔토 소작인 김재옥은 그에게 다음과 같은 역둔토매도계약서를 써주었다.

다음은 역둔토 매불대금을 10년도에 나누어 매년부 10분의 1씩 관청에 납상(納上)하는 바 1920년에서 1926년까지 본인이 이미 납부하고 1927년부터 1929년까지 귀하가 분납하면 본인은 위의 토지에 대하여 자래(自來) 민유지 예로 매년 가을에 소작 일반조(一半租)를 귀하에게 납상하다가 1929년에는 위의 토지를 귀하의 명의로 매도 등기를 제출하여 귀하의 소유로 완성할 터이니 본인이 이미 관청에 납상한 대금과 현 매도대금으로 810원을 본인에게 지불하기로 성약함.

역둔토는 10년 기한으로 분할납부하는 조건으로 불하되었다. 김재옥은 역둔토를 불하받기 위해 1920~1926년 이미 매년 관청에 분납했다. 앞으로 1927~1929년까지 납부하면 소유권을 등기할 수 있다. 그런데 중간에 주G환이 이를 매입하기로 한 것이다. 그래서 주G환은 김재옥에게 1920~1926년 납부한 분납금 외에 토지대금 810원을 지불하고 1927~1929년까지 분납금을 떠안아 납부한 뒤 김재옥이 소유권을 확보하게 되면 매도하는 형식으로 소유권을 넘겨 받는다는 것이다. 이런 방식으로 국유지를 불하받은 소작인의 땅을 주씨가에서 매입했다. 매매계약서를 넣어 보관하던 봉투의 표지에 "매년분 불하대금 42.57원씩 3년분 합계 127.71원 미불, 현실가 810원 지불"이라[21] 되어 있어 저간의 사정을 알 수 있다. 이 사례는 역둔토를 불하받은 소작농이 이를 전매하면서 과거 상환금과 미래 상환금, 상환 완료까지의 대부료, 그리고 별도의 토지대금을 매입자에게 부담시키는 모습을 보여준다.[22]

---

21) 신안주씨가(I) 문서 097번, 「역둔토매매계약서」.
22) 참고로 「역둔토매불허가서」 용지 뒷면에 기록되어 있는 역둔토 불하의 조건을 제시한다.
  1. 매불대금(賣拂代金)은 매불계약 체결의 연도 이후 □연도간에 매년도 그 □분의 1에 상당하는 액수를 그해 12월 28일까지 납부할 것
  2. 재해 또는 천후 불순으로 인하여 토지의 수익이 현저히 감소한 때에는 분납연수를 연장할 수 있음
  3. 매불지의 소유권은 매불대금을 완납한 때에 불수자(拂受者)에게 이전할 것

김재옥은 역둔토 불하 권리를 주G환에게 넘기기로 계약한 뒤부터 주씨가의 소작농이 되었다. 그는 계수리 255-2 답 430평, 246-3 답 1,027평, 합해서 8두락을 경작한 뒤 타조 5석 19두를 주씨가에 납부했다.23) 즉 소작농민이 역둔토를 불하받은 뒤 지주가에 방매하고는 다시 그 땅의 소작농이 된 것이다. 결과적으로는 국유지 역둔토 소작농이 신안 주씨가의 소작농으로 변경되었다.

또 하나의 사례를 보자. 주영식이 1925년 12월 26일, 320번지에 사는 이순오(李順吾)로부터 과림리 380-4번지 답 446평, 376-7번지 전 603평, 376-12번지 전 388평을 160원에 매입했다. 이순오의 역둔토 불하문서를 보면 [표 7-9]와 같다.

[표 7-9] 이순오의 역둔토 賣拂허가서

동리	지번	지목	등급	지적	단가	가격	토지조사부
과림리	380-4	답	16상	446	24.3	108.378	국유
	374-1	답	15하	778	26.6	206.948	국유
	376-12	전	10하	388	6.5	25.22	국유
	376-7	전	10하	603	6.5	39.195	국유
	440-8	전	10하	603	6.5	39.195	국유
				2818		418.93	

이순오가 역둔토 불하를 허가받은 것은 1921년 2월 28일이었다. 이순

---

4. 매불계약의 면적은 토지대장 등록지에 있어서는 토지대장 등록의 면적에 의할 것. 단 토지대장 등록지를 차수인별(借受人別)로 분할정리 전의 토지에 있어서는 □□□ 역둔토대장 등록 면적에 의할 것

5. 매불대금을 완납하는 연도까지는 소정의 대부료를 납부할 것

6. 다음의 각호의 하나에 해당하는 경우는 매불계약을 해제할 것 (이하 8개 단서 조항 생략)

23) 신안주씨가(Ⅱ) 문서 4-14번, 『부천군소래면계수리역토추수기』, 1929년 음력 10월.

오는 이중 3필지를 1925년 주영식에게 매각했다. 이에 주영식은 다음과
같은 계약조건을 붙여 '역둔토매도계약서'를 작성했다.

1. 종전 불하대금 및 대부료는 매수인이 담당하기로 계약함
2. 불하대금을 완납한 후 명의 이동(異動)시에 등기에 관한 서류는 매
   도인이 다시 작성하여 주기로 계약함
3. 명의 이동시 비용금은 매수인이 담당하기로 계약함
4. 이 계약 유효기간은 만 6개년으로 계약함[24]

신안 주씨가는 1920년대 이후 더 이상 고향마을에서 살 땅이 없게 되
었을 때 역둔토 불하정책을 활용하여 이와 같이 소유지를 확대해 나갔
다. 일제가 국유지를 수탈한 것이 아니라 대한제국의 공격적 공토정책
에 의해 국유지가 확대되었다가 1920년대에 이르러 일제가 오히려 조선
인 소작인에게 불하하여 농민경제의 안정을 꾀했다는 주장은 적어도 이
사례에 국한해서 볼 때 근거가 희박하다. 불하된 모든 역둔토가 이러한
경로를 걸었다는 것이 아니라 일제하 기생지주제의 확장과정에서 불하
된 역둔토는 지주가로 흘러들어갈 개연성이 아주 높았다. 역둔토 불하
지는 지주의 토지확장의 대상이 되었다. 역둔토에 대한 소유권 내지 중
답주의 권리를 박탈당하고 역둔토 국유지의 소작인으로 몰락한 농민들
이 이를 불하받을 수 있게 되었지만 생활이 어려워 매각한 뒤 다시 소작
농으로 생활하거나 농촌을 떠나게 되는 사태가 벌어지고 있었던 것이다.
주인식이 매입한 역둔토의 추수기를 통해 그러한 사정을 살펴보기로
한다. 주인식은 장남 주J환 명의로 계수리 역토를 매입했는데 어떻게 지
주제적으로 경영되는지 [표 7-10]을 통해 살펴본다.

---

24) 신안주씨가(I) 문서 030번, 「이순오처매입전 구문기」.

[표 7-10] 주J환의 계수리 역토의 지주제 경영

번호	주J환 지주제				매입시기	역둔토 지주제			비고
	작인	필지	지적	지대		작인	필지	지적	
1	홍삼룡	2	834	2석2두	1925.11.30	노익수	2	834	동일 이작
2	유기순 (홍삼룡代)	5	1460	1석4두5승	1924.10.11	홍삼룡	1	110	동일 계승
					1925.11.30	홍삼룡	4	1387	
3	김영준	7	1797	2석5두	1924.10.18	김영준	1	102	동일
					1926.01.12	김영준	6	1699	
4	정경진 (정기우)	2	2048	6석7두	1926.01.12	정기우	2	2048	동일 계승
5	김재원	1	2350	2석3두	1926.01.13	김재원	1	2350	동일
6	유춘섭	9	2868	5석10두	1913.02.15	유춘섭	8	3278	동일
					1924.10.18	유춘섭	1	146	
7	홍덕준	4	1904	1석9두5승	1925.11.26	홍덕준	4	1683	동일
8	김교영	7	2185	2석3두	1924.10.18	김교영	1	275	동일
					1926.09.29	김교영	6	1806	
9	장순문	2	235	13두5승	1925.11.26	장순문	2	235	동일
10	유기동	10	1617	19두	1913.06.21	유기동	9	1583	동일
					1924.11.11	유기동	1	76	
11	유기주	3	261	7두5승	1924.10.25	유기주	1	134	동일
					1925.11.30	유기주	2	139	
12	이영기	4	1608	2석9두5승	1925.11.26	이영기	4	1608	동일
13	유기석	5	2933	3석9두	1913.02.25	유기석	5	2933	동일
14	백성윤	1	1101	3석10두	1026.01.12	백성윤	1	1101	동일
15	김주영 (김도경)	6	2206	3석13두	1932.03.08	김재화	5	2206	동일
16	유기익	6	2964	3석7두	1924.10.11	유기익	1	133	동일
					1932.02.20	유기익	5	2801	
17	정경수 (정윤근)	1	636	1석17두	1932.02.19	정윤근	2	2034	1필지 불명
18	이치운	1	710	1석16두	1932.02.29	이치운	1	713	동일

* 출처 : '역둔토 지주제'는 신안주씨가(II) 문서 4-14번, 『부천군소래면계수리역토추수기』,
    1929년 음력 10월; '주J환 지주제'는 신안주씨가(I) 문서 032번, 『世傳田畓及諸子
    所有田畓□正地籍簿』, 1938년 3월
* 비고 : '동일'은 필지, 지적, 작인 등이 같다는 뜻이다.

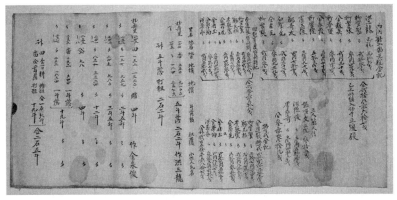

[도판 7-2] 『부천군소래면계수리역토추수기』

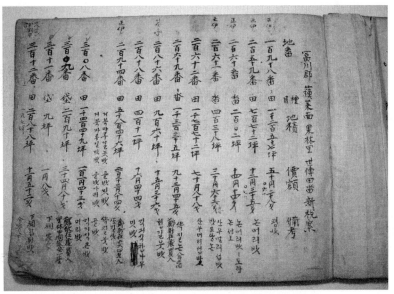

[도판 7-3] 『世傳田畓及諸子所有田畓 □正地籍簿』(1938년 3월)

이곳 계수리의 역토가 있는 곳을 '원내동(元內洞)'이라 했는데 신안
주씨가의 세거마을인 내곡(內谷)이다. 이곳에 주인식은 장남 주J환의 명

의로 역둔토를 매입하여 자연적으로 상속을 진행시켰다. '비교'란은 두 장부의 필지와 면적을 비교해보고 필자가 판정한 것인데, 역둔토를 매각하는 과정에서 재측량을 실시하여 필지별로 지적을 조금씩 교정했기 때문에 동일한 것도 면적에 약간씩 차이가 나곤 한다. 이렇게 약간의 착오가 발생한 것은 1909~1910년 역둔토실지조사의 결과를 토지조사부에 그대로 등재한 때문인데 역둔토실지조사는 대삼각측량법에 의거하지 않았기 때문에 착오가 조금씩 발생했다. 그것이 역둔토 불하과정에서 비로소 바로 잡히게 되었다.

17번의 한 필지를 제외하고는 모든 필지의 토지가『세전전답급제자소유전답□정지적부(世傳田畓及諸子所有田畓□正地籍簿)』에 나오는 주J환 명의의 계수리 소유지와,『부천군소래면계수리역토추수기』에서 비교 확인된다. 15번은 작인과의 관계는 알 수 없으나 지번과 지적이 똑같았다. 김재화에게서 사들인 것을 김도경의 상속인 김주영에게 소작시킨 것이다. 김재화와 김도경도 서로 관계있는 인물들일 것으로 유추할 수 있다. 1번 노익수의 소작지를 홍삼룡이 옮겨간 것처럼 주J환이 소작인을 바꾸어 새로운 경영의 틀을 짜는 것도 가능한 일이었다. 그렇지만 대체로 이전 역둔토 소작인이 계속 경작하는 것을 허용하고 있다. 자식이나 상속인이 계승하여 경작하는 경우도 많다. 역둔토 소작인이 농촌을 떠나지 못하고 경제적으로 열악한 상황에 놓여 있는데 그 소작지마저 지주가 뺏기는 어려웠을 것이다.

주인식은 역토를 매입했지만 취득세·불하대금·원지세·대부료 등의 부담이 만만치 않았던 것으로 보인다. 그는 그것을『부천군소래면계수리역토추수기』에 자세히 기록해 두었지만 불하대금과 대부료는 매각시기에 따라 차이가 나므로 상호 비교하기 어려워 그 내역의 분석은 생략한다.

주인식은 장남 이하 자식의 토지소유에 대해서는 매도자와 매수시기
를 필지별로 기재해 놓았다. 이를 통해 토지집적의 양상과 자식에게 상
속하는 모습을 동시에 살펴볼 수 있다.『토지조사부』와 비교할 수 있는
J환·G환·S환의 소래면 과림리·계수리·무지리의 토지확보과정을 중심
으로 살펴보면 [표 7-11]과 같다.

[표 7-11] 주인식의 토지매입과 상속

소유자	소재지	매입시기	매입처	토지 규모			『토지조사부』기록	
				필수	지적	가액	거주지	소유자
주 J 환	과림리	1915.12.04	강하석	3	2725	231.64	노온사리	강하석
		1915.12.20	이인상	2	854	102.48	과림리	이인상
		1916.01.26	**정인보**	**11**	**4667**	**225.3**	**공주군**	**정인방**
		1916.03.31	이진상	2	935	14.95	과림리	이진상
		1918.09.18	**정인보**	**4**	**1965**	**133.5**	**공주군**	**정인방**
		1923.04.23	이인상	1	1623	64.92	과림리	이인상
		1924.03.04	김인수	1	187	16.83	과림리	국유
		1924.04.01	김덕재	1	121	12.1	과림리	국유
		1924.07.01	이병관	4	402	29.57	과림리	이덕상
		1925.08.11	이길성	2	2116	332.2	과림리	국유
		1925.09.22	장선엽	2	1203	101.41	과림리	국유
		1925.09.22	김기운	2	769	92.28	과림리	국유
		1925.09.22	김학삼	4	1701	158.32	과림리	국유
		1925.09.22	이길성	3	1480	147.22	과림리	국유
		1925.09.29	김길룡	1	439	30.73	과림리	국유
		1925.09.29	설인식	6	2095	123.46	과림리	국유
		1925.09.29	민장현	2	1740	175.45	과림리	국유
		1925.09.29	민진현	4	1662	152.5	과림리	국유
		1925.09.29	민기현	4	1932	169.26	과림리	국유
		1925.11.04	곽준삼	7	2176	191.14	과림리 6 경성부 1	국유 이중흡
		1925.11.05	한상순	4	2018	190.04	과림리	국유

소유자	소재지	매입시기	매입처	토지 규모			『토지조사부』 기록	
				필수	지적	가액	거주지	소유자
		1925.11.24	현원택	1	1494	179.28	과림리	국유
		1925.11.24	박부성	2	2545	208.65	과림리	국유
		1925.11.24	김용수	5	2253	262.96	과림리	국유
		1926.10.25	이경삼	3	1529	102.93	과림리	국유
		1926.10.27	김용태	1	2493	236.83	과림리	국유
		1926.10.27	오순성	3	2697	309.25	과림리	국유
		1926.10.30	이기직	5	2730	302.52	과림리	국유
		1926.11.12	주진환	1	530	63.6	과림리	국유
		1927.06.22	유기동	1	1389	131.95	과림리	국유
		1928.02.02	장덕준	4	2763	269.56	과림리	국유
		1928.02.02	장호경	3	2928	154.86	과림리	국유
		1928.02.02	송은만	1	466	32.62	과림리	국유
		1928.07.02	정명옥	1	246	9.84	과림리	국유
		1928.07.02	김덕창	2	1505	101.06	과림리	국유
		1928.07.06	정석주	2	2219	238.04	과림리	국유
		1928.07.07	민태동	1	881	83.69	과림리	국유
		1929.05.30	백안순	5	1926	208.87	과림리	국유
		1929.07.26	석경문	2	1869	116.25	과림리	국유
		1929.07.26	이희정	1	982	157.12	과림리	국유
		1929.07.26	한영교	3	1565	82.53	과림리	국유
		1929.08.20	정명옥	1	128	12.8	과림리	국유
		1930.03.19	이남산	1	592	71.04	과림리	이회범
		1930.05.10	한긍렬	1	359	14.36	과림리	국유
		1930.05.14	이충상	1	219	15.33	과림리	국유
		1930.05.21	한홍삼	1	248	9.92	과림리	국유
		1930.06.10	이남산	2	661	25.4	과림리	이회범
		1930.06.12	김상윤	1	571	54.24	과림리	국유
		1932.02.19	김상현	1	587	55.76	과림리	국유
		1932.03.05	김병승	5	3027	406.7	과림리	국유
		1932.03.05	이순구	4	2424	208.39	과림리	국유
		1932.03.08	유운산	6	2837	274.12	과림리	국유

소유자	소재지	매입시기	매입처	토지 규모			『토지조사부』기록	
				필수	지적	가액	거주지	소유자
		1932.03.17	김연동	1	825	78.37	과림리	국유
		1932.03.18	김덕재	5	1462	77.32	과림리	국유
		1935.01.23	김지영	1	450	38.47	과림리	국유
		계		148	82,210	7,289.93		
	계수리	1913.02.15	유춘섭	8	3278	197.12	계수리	국유
		1913.02.25	유기석	5	2933	119.54	계수리	국유
		1913.06.21	유기동	9	1583	65.17	계수리	국유
		1924.10.11	홍삼룡	1	110	13.2	계수리	국유
		1924.10.11	유기익	1	133	13.3	계수리	국유
		1924.10.18	김교영	1	275	33	계수리	국유
		1924.10.18	유춘섭	1	146	14.6	계수리	국유
		1924.10.18	김영준	1	102	12.24	계수리	국유
		1924.10.25	유기주	1	134	16.08	계수리	국유
		1924.11.11	유기동	1	76	9.12	계수리	국유
		1925.11.26	홍덕준	4	1683	89.36	계수리	국유
		1925.11.30	노익수	2	834	116.76	계수리	국유
		1925.11.30	유기주	2	139	13.9	계수리	국유
		1925.11.30	홍삼룡	4	1387	44.75	계수리	국유
		1925.11.26	이영기	4	1608	88.14	계수리	국유
		1925.11.26	장순문	2	235	23.2	계수리	국유
		1926.01.12	정기우	2	2048	286.72	계수리	국유
		1026.01.12	백성윤	1	1101	154.44	계수리	국유
		1926.01.12	김영준	6	1699	90.6	계수리	국유
		1926.01.13	김재원	1	2350	235	계수리	국유
		1926.09.29	김교영	6	1806	137.47	계수리	국유
		1932.02.19	정윤근	2	2034	109.42	계수리	국유
		1932.02.20	유기익	5	2801	154.67	계수리	국유
		1932.02.29	이치운	1	713	114.08	계수리	국유
		1932.03.08	김재화	5	2206	212.57	계수리	국유
		계		76	31,414	2,364.45		
	무지리	1932.03.17	이중만	1	2830	45.28	무지리	국유

소유자	소재지	매입시기	매입처	토지 규모			『토지조사부』 기록	
				필수	지적	가액	거주지	소유자
		1934.04.09	윤극진	1	714	49.98	무지리	국유
		계		2	3544	95.26		
	합계			226	117,168	9,749.64		
주 G 환	과림리	1916.03.22	한상학	20	27100	2940.02	경성부10필지 경성부10필지	**이진구** 이해덕
		1923.07.12	**나원덕**	**13**	**31275**	**3968.83**	**경성부**	**나원덕**
		1928.02.27	**정인보**	**2**	**2730**	**191.1**	**공주군**	**정인방**
		1929.07.22	이정하	3	635	12.55	과림리	이인명
		1938	배석환	2	1148	116.08	경성부	배동혁
		계		40	62889	7228.58		
	계수리	1930.05.10	김학균	1	221	26.52	계수리	국유
		1932.02.19	홍태영	4	2403	172.38	계수리	국유
		1932.03.04	김학선	4	2845	357.85	계수리	국유
		계		9	65,513	7,427.48		
	무지리	1927.10.14	이중만	2	1177	102.79	함안군	이중만
		1927.11.18	이창우	1	225	3.6	무지리	김춘명
		1927.11.21	김동회	1	694	48.58	무지리	김춘명
		1928.02.27	김춘명	1	248	17.36	무지리	김춘명
		계		13	67,609	7,582.45		
	합계			54	70,702	7,957.66		
주 S 환	과림리	1934.09.18	차정환	3	1678	234.52	과천군	차정환
		1934.09.09	차규성	13	10389	1075.8	과림리12 경성부 1	이인상, 이회일, 국유, 엄비
		1934.12.07	차원숙	1	426	68.16	과림리	주홍식
		1937.04.21	고규성	1	1340	53.6	경성부	이진구
	합계			18	150,378	16,850.43		
	총계			298	201,703	19,139.38		

* 출처 : 신안주씨가(I) 문서 032번, 『世傳田畓及諸子所有田畓□正地籍簿』, 1938년 3월
* 비고 : '계'는 자료에 기록된 것을 버리고 산술적인 결과를 채용했다.

국유지의 경우 '매입처'에 기록된 이들은 그 소작인일 가능성이 높다. 그리고 토지조사사업이 시행된 이후에는 토지의 분할 매각이 많았다. 토지조사사업에서 동일 지목, 동일 소유자의 토지를 하나의 필지로 묶어 규모가 커짐으로써 토지의 소작이나 매매에 불편한 점이 많았다. 특히 국유지는 수만 평이 한 필지인 경우도 있다. 국유지든 민유지든 규모가 큰 경우 거의 분할 매각되었다.

주인식은 고향마을 자기 토지 주변의 땅들을 사들여 소유지의 집중도를 높여갔다. 소래면에 대해 관심이 낮아진 타지인이나 경성부 소유자의 토지를 사들이는 경향도 있다. 대표적으로 이진구의 경우는 앞에서 언급했고, 정인방의 경우는 [표 7-13]을 통해 뒤에서 언급할 것인데 이들 토지를 모두 신안 주씨가에서 사들였다. G환의 명의로 매입한 경성부에 사는 나원덕의 과림리 토지는 그가 과림리에 가지고 있던 답 13필, 31,276평 전부였다. 그 가운데 제486번 답 10,713평은 위토로 설정했다. 주인식은 위토를 아들 명의로 사들이고 그로 하여금 관리하게 한 것이다.

이처럼 주인식은 고향마을에서 역둔토를 선도 매입하는 방식 외에 중소지주의 토지를 일괄 매입하여 대지주로 성장한 특징을 보인다. 영세소유자들은 이제 더 팔 것도 없었다. 이 지역에서 지주제적 경영을 포기하려는 중소 부재지주의 토지를 집중 매입했다. 이러한 특징은 전라도 영광의 연안 김씨가 19세기말 소규모 토지를 소유한 빈농 또는 소농들로부터 토지를 매입한 뒤 그들을 소작농으로 삼은 토지집적 방식과는[25] 상이하다. 일제시기 대지주는 지역에 따라 다양한 방식으로 토지를 집적해 나갔던 것으로 볼 수 있다.

---

25) 허원영, 「조선말기 전라도 영광 연안김씨가의 지주경영」, 『한국민족문화』 56, 부산대학교 한국민족문화연구소, 2015.

2) 토지의 상속

주영식은 1937년 12월 본인과 직계가족의 토지소유실태와 지세부담을 종합 정리해 놓았다. 1934년 7월 1일부터 상속세법을 시행했다는 기록을 적어 놓은 점에서 볼 때 상속세를 염두에 두고 작성한 것으로 보인다. 조선상속세령은 1934년 7월 1일 처음 시행되었다. 토지는 주영식과 자식들 명의로 나뉘어 있는데 상속예정인지 상속한 결과인지 분명치는 않다.[26] 상속세를 어떻게 얼마나 납부했는지도 확인되지 않는다. 역둔토를 매입할 때처럼 토지를 매입하면서 상속했을 수도 있다. 주영식 가족의 토지소유실태를 살펴보면 [표 7-12]와 같다.

[표 7-12] 1937년 말 주영식 가족의 토지소유 실태

군	소유자	소재지	필지	평수	지가	지세	부가세 포함
부천군 소래면	주영식	은행리	7	8817	1304.55	19.568	44.81
		계수리	2	1678	163.86	2.458	13.005
		과림리	4	2927	209.732	3.22	
		옥길리	11	11776	1027.351	15.41	35.07
		計	24	25,198	2,705.493	40.656	92.885
	주B환	계수리	1	818	57.26	0.859	-
		과림리	4	2469	95.8	1.445	-
		計	5	3287	153.06	2.304	5.25
	주M환	계수리	3	3623	481.82	7.227	-
		과림리	7	5180	337.808	5.067	-

---

26) 영광 연안 김씨의 경우 저렴한 가격으로 가족 간에 이루어진 토지거래가 다수 보이는데 상속을 목표로 한 거래로 추정된다. 허원영, 「일제강점기 영광 연안김씨가의 농업경영과 자본전환의 모색」, 『역사문화연구』 60, 한국외국어대학교 역사문화연구소, 2016 참조.

군	소유자	소재지	필지	평수	지가	지세	부가세 포함
		계	10	8803	819.628	12.294	28.14
	옥련동 路上답	옥길리	10	9565	1217.96	18.269	41.78
	주B기 : 옥련동 路下답	옥길리	8	15630	2122.55	31.838	72.88
	합계		57	62483	7018.691	105.361	240.935
시흥군 서면	주영식	광명리	30	16185	1038.926	15.584	35.39
	주I환	노온사리	13	9864	1166.45	17.987	-
		광명리	1	484	33.88	0.508	-
		계	14	10348	1200.33	18.495	41.22
	주Y환	노온사리	4	11267	923.665	13.855	31.71
	주M환	노온사리	2	2543	266.06	3.999	9.12
	합계		50	40343	3428.981	51.933	117.44
	총계		107	102826	10447.672	157.294	358.375
소유자별 합계	주영식	부천, 시흥	54	41383	3744.419	56.24	128.275
	주B환	부천	5	3287	153.06	2.304	5.25
	주M환	부천, 시흥	12	11346	1085.688	16.293	37.26
	주I환	시흥	14	10348	1200.33	18.495	41.22
	주Y환	시흥	4	11267	923.665	13.855	31.71
	주B기	부천	8	15630	2122.55	31.838	72.88
	옥련동 노상전답	부천	10	9565	1217.96	18.269	41.78

* 출처 : 신안주씨가(I) 문서 084번, 『부천소래·시흥서면소재전답가대초평토지대장 附지세
  일람표(富川蘇萊·始興西面所在田沓家垈草坪土地臺帳　附地稅一覽表)』, 1937년
  12월 22일 현재
* 비고 : 1. 주봉환의 은행리 땅에는 水稅가 159.93원 부과되어 있다. 이것은 소래수리조합
  에 납부한 몽리답에 대한 수세일 것으로 추정되는데 세금에 비해 보면 3~4배 많은
  액수다. 2. '계'는 자료의 기록보다는 산술적인 결과를 따른다.

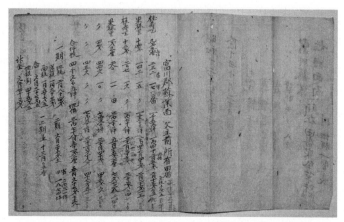

[도판 7-4] 『부천소래·시흥서면소재전답가대초평토지대장 附지세일람표』

　[표 7-12]는 부천군 소래면과 시흥군 서면으로 구분한 뒤 주영식 및 자손들 각각의 앞으로 되어 있는 토지의 규모, 지가와 지세, 그리고 부가세를 포함한 총세금을 정리한 것이다. 그리고 다시 소유자별로 합산되어 있다. 부천군 소래면에는 57필지에 62,483평이고, 지세는 105원 36원 1리, 부가세를 합한 총세금은 240원 93전 5리에 달했다. 시흥군 서면은 50필지에 40,343평, 지세 51원 93전 3리, 총세금 117원 44전이었다. 이 두 곳을 합하면 107필지에 102,826평, 지세 157원 29전 4리, 총세금 358원 37전 5리에 이르렀다. [표 7-5]의 1918년 규모와 비교하면 소래면에서는 36,971평이 62,483평으로 크게 증가했고, 시흥군 서면은 10,519평에서 40,343평으로 역시 크게 증가했다. 주영식은 계속해서 토지에 투자하여 소유를 확대하고 있었던 것을 보여준다.

　세금의 경우, 원지세는 지가의 0.15%로 하향 조정되었지만 부가세가 많아졌다. 도세는 지세 1원에 0.68원, 면세는 0.53원, 지세할(地稅割)은 0.08전으로 부가세가 1.29원에 달하여 지세보다 많았다. 주영식은 장부의 첫머리에 이러한 사실을 명확하게 기재해 놓았다. 지세부가세의 부담이 크다는 점을 크게 의식하고 있음에 틀림없다.

주영식은 1930년대에 들어 토지자산을 자손들에게 상속하고자 했다. 법적으로 상속절차를 밟았는지는 알 수 없지만 아들들과 손자 앞으로 돌려놓아 지세를 산정해 두었다. 전체 10만여 평 가운데 본인이 4만여 평으로 다수를 가지고 있지만 소래면의 1만 5천여 평을 상속했다. 옥길리에 소재한 옥련동 노상답은 위토인지 소유자를 명기하지 않았다. 이처럼 신안 지주가의 토지소유는 확대되었지만 상속을 통해 다시 분할되는 양상을 보인다. 주영식 대에 비해 자녀들의 수는 압도적으로 많아져 상속대상이 크게 늘었고 그만큼 소유지는 세분될 수밖에 없었다. [표 7-12]가 주영식가의 토지 전체인지는 확인되지 않는다.

큰집인 주인식도 동생 주영식과 마찬가지로 1918년 지세령 개정으로 지세부담이 늘어난 점에 관심이 아주 많았다. 주인식은 지세표를 작성하고 전답등급에 따른 지세가액을 작성해 놓았다. 인지세율·인지가격을 적어 놓았고, 국세로서 학교비·도비·면비의 해마다 증감을 기록해 놓았다.27)

주인식 역시 부천군 소래면과 시흥군 서면은 물론 수도권과 지방으로 확대하여 여러 곳에서 토지를 매집했다. 주영식과 마찬가지로 1938년의 실태를 정리해 놓고 있는데 [표 7-13]과 같다.

---

27) 주인식가 문서 3-22 '전답신세금'(1919년 11월 22일 작성)에 기록되어 있으나 생략한다.

[표 7-13] 1938년 3월 현재 주인식과 자손의 토지소유 실태

소유자	소재지	유래 매입처	전	답	대	기타	합
주인식	부천군 계수리	世傳	7/6418	8/24303	-	-	15/30721
	부천군 과림리	世傳	25/22921	12/16641	7/4527	2/897	46/44986
	부천군 각암리(과림리)	**정인보**	1/291	11/11928	-	-	**12/12219**
	부천군 무지천(무지리)	**정인보**	3/2262	14/18409	-	-	**17/20671**
	부천군 과림리	**이용의**	15/9182	1/110	3/1046	-	19/10338
	부천군 안현리	**황문수**	1/1332	1/501	-	-	2/1833
	부천군 과림리	**서병천**	10/4099	-	1/202	-	11/4301
	시흥군 노온사리	박춘실	3/3217	9/12938	-	-	12/16155
	수원군 장안면	-	11/5499	67/52842	1/754	-	79/59095
	수원군 우정면	-	-	6/4343	-	-	6/4343
	용인군 수지면	-	34/29135	32/28733	12/4475	-	78/62343
	광주군 낙생면	-	2/1389	3/2689	-	-	5/4078
	금산군 남이면	김대식	32/14548	78/39811	3/697	-	113/55056
	금산군 남이면 남일면	이인영	4/912	9/4829	-	-	13/5741
	금산군 석동리	이선휘	-	2/1101	-	-	2/1101
	금산군 군북면 금산면 남일면	김민식	6/2426	31/21009	5/799	1/1977	43/26211
	금산군 남이면	김선용	2/427	10/4522	-	-	12/4949
	금산군 남일면 남이면 금산면 금성면	김남석 등	3/1334	15/17192	-	-	18/18526
	금산군 남일면 남이면 금산면	김월매 등	3/1307	21/10399	4/1665	-	28/13371
	김포군 대곡리	-	6/5585	27/54695	2/702	-	35/60982
	시흥군 구로리	-	19/16892	6/7403	2/412	4/22504	31/47211
	시흥군 가리봉	-	6/3139	6/11634	1/600	6/8375	19/23748

소유자	소재지	유래 매입처	전	답	대	기타	합
	철산리						
	시흥군 광화대	-	5/6153	13/25514	2/648	-	20/32315
	광주군 구천면	김정규	11/6519	3/2306	6/1226	-	20/10051
	광주군 구천면 중대면	조소룡 김순단	1/1166	7/6379	-	-	8/7545
	광주군 동부면	유필준	1/2285	5/4669	4/1610	-	10/8564
	김포군 양촌면	-	-	13/9670	-	-	13/9670
	계		211/148438	410/394570	53/19363	13/33753	687/596124
J 환	부천군 과림리	-	71/26145	69/53861	9/2259	-	149/82265
	부천군 계수리	-	50/18106	20/12304	7/976	-	77/31432
	부천군 무지리	-	2/3544	-	-	-	2/3544
	계		123/47795	89/66165	16/3235	-	228/117195
G 환	부천군 과림리	-	12/9008	26/52721	2/1160	-	40/62889
	부천군 계수리	-	3/1380	4/3950	1/139	-	8/5469
	부천군 무지리	-	2/919	3/1425	-	-	5/2344
	고양군 둑도면	-	-	5/2949	-	-	5/2949
	계		17/11307	38/61045	3/1299	-	58/73651
S 환	부천군 과림리	-	6/5438	12/8395	-	-	18/13833
	광주군 언주면	-	3/4196	28/27842	-	-	31/32038
	계		9/9634	40/36237	-	-	49/45871
D 환	김포군 검단면	-	2/882	18/34076	-	-	20/34958
	광주군 동부면 서부면 구천면	-	3/1448	50/33152	-	2/8760	55/43360
	금산군 남일면 남이면 금성면	-	7/2237	15/7095	2/454	-	24/9786
	계		12/4567	83/74323	2/454	2/8760	99/88104
d 환	시흥군 반포리	-	-	2/6741	-	-	2/6741
	광주군 언주면 동부면 서부면	-	5/6702	39/31526	-	6/51390	50/89618

소유자	소재지	유래 매입처	전	답	대	기타	합
	구천면						
	광주군 서부면 구천면 동부면	-	1/481	3/1022	-	2/22360	6/23863
	계		6/7183	44/39289	-	8/73750	56/120222
j 환	시흥군 독산리 가리봉리	-	13/7590	81/58323	3/2284	10/2805	107/71002
	계		13/7590	81/58323	3/2284	10/2805	107/71002
총계			391/236514	785/729952	77/26635	33/119068	1286/1112169

* 출처 : 신안주씨가(I) 문서 032번, 『世傳田畓及諸子所有田畓□正地籍簿』, 1938년 3월
* 비고 : 1. 주인식 자녀들의 토지매입처는 필지별로 기재되어 있는데 표에서는 묶어 정리
했다. 2. 단위는 '필수/면적'이다.

주인식의 토지확보과정을 살펴보자. 『토지조사부』에 의하면 충남 공
주군 군내면 반죽리의 정인방(鄭寅昉)은 과림리에 33필지 25,922평을 소
유하고 있었는데, [표 7-13]에서 보듯이 정인보(鄭寅普)가 그 가운데 12필
지, 12,219평을 주인식에게 매각했다. 그것은 신해(辛亥) 12월로 1911년이
다. 토지조사부에는 1910년 신고 되고 1914년 사정고시 된 결과가 기록
되어 있는데, 정인보가 매각한 이동(異動)의 양상은 『토지조사부』에 반
영되어 있지 않아, 정인방의 명의로 등록되어 있는 것이다. 정인방과 정
인보의 관계는 확실히 알 수 없지만 정인보는 정인방의 대리인이다.[28]
무지천의 토지도 마찬가지로 무지리 『토지조사부』에 공주군 군내면 반

---

28) 주인식이 1915년 11월 20일 과림리의 토지를 鄭寅善에게 매입할 때 정인선이 정
인방을 토지매매 대리인으로 임명한 문서[신안주씨가(II) 문서 5-075], 1915년 12
월 12일 과림리 산야를 정인보로부터 매입할 때 정인방이 대리인을 맡은 문서
(5-160)에서 볼 때 정인방과 정인선은 상호간에 매매대리인을 하고 있는 것을 볼
수 있다.

죽리에 거주하는 정은조(鄭誾朝)의 명의로 되어 있는 15필지, 19,113평, 그리고 박춘삼과 이기신의 각각 전 1필지를 합해 17필지, 20,671평이 정인보의 명의로 주인식에게 매각되었다. 이들 토지를 정인보라는 사람의 명의로부터 매입했는데 실제 매매서류에 그렇게 되어 있는지 알 수 없고 주인식이 장부를 만들면서 편의상 기록했을 가능성도 있다.

이용의(李容儀) 명의로부터 매입한 과림리 토지는『토지조사부』에 경성부 동부 어의동에 사는 이도흥(李道興)의 소유로 되어 있다. 이도흥은 과림리에 22필지, 14,418평을 소유하고 있었다. 이 가운데 3필지를 남기고 대지까지 모두 매각했다.

충북 충주군 금생면 반백리에 거주하는 서병천(徐丙天)은 과림리 땅 14필지, 7281평 중 대부분을 주영식에게 매각했다. 그런데 이 필지들은 소유자란에 '서씨종중'이라 표현했다가 나중에 지운 흔적이 있다.『토지조사부』에는 단체명의로 기록될 수 없어 종중으로 등록하지 못하고 대표자 또는 공동소유로 등록했기 때문일 것이다. 아마도 종중의 위토를 주인식에게 대부분 매각한 것으로 보인다.

주인식이 소유토지를 자녀들에게 상속하는 모습은 여기저기에서 보인다. 우선 주인식의 계수리·과림리의 토지는 '세전전답(世傳田畓)'이라 하여 상속받은 것임을 암시하고 있지만 자료상 확인되지는 않는다. [표 7-2]에서 보듯이 주영식이 조상답과 자생답을 구별한 것과는 차이가 있다. 주영식의 자료는 한말의 결안이고 주인식의 것은 1938년이어서 '세전'의 의미를 '조상답'과 같은 의미로 쓸 수 있는지는 의문이지만 재산이 있었다면 주인식이 장남으로서 상속받았을 가능성이 높은 것으로 보인다.『세전전답급제자소유전답□정지적부(世傳田畓及諸子所有田畓□正地籍簿)』라는 제목은 이미 자손에게 상속해준 결과임을 나타내는 것으로 보인다. 1934년 7월 1일부터 상속세법을 시행했다는 기록을 적어 놓은 점에서 볼 때 이것도 상속세를 염두에 두고 작성된 것으로 보인다. 주영식의 토지와 같은 상황이다.

수원·용인·광주의 전답은 "나의 명의이지만 J환이 몇 년 전부터 추수한다"라고 부기해 놓았다. 시흥군 서면 광화대의 전답은 "내가 영식에게 증여했으나 아직 이동(移動)하지 않아 나의 명의로 아직 남아 있고 현재 i환이 추수했다"라는 부기가 있다. 주인식이 장남 J환과 동생 영식에게 상속 또는 증여한 것을 의미한다.

주인식은 가계를 총괄하면서 자식들이 농업경영에 참여할 수 있는 기반을 만드는데 각별하게 신경을 썼다. 47세인 1938년 단계에서 주인식 본인이 소래면 과림리를 비롯해서 시흥·광주·김포·수원 등 수도권 뿐 아니라 전북 금산에까지 토지를 지속적으로 매입하고 그 과정에서 자연스럽게 상속을 진행하고 있다. 주인식의 소유지는 고향마을 과림리를 기반으로 소래면 인근 지역의 토지를 확보하고 연접한 시흥군 서면 노온사리로도 확장된다. 그리고는 광주·수원을 거쳐 전북 금산으로 나가고, 장부의 기록순서로 보아 그 다음에 다시 시흥·김포·광주 등지의 토지를 사들인다. 장남인 주J환은 고향마을 과림리·계수리를 지키도록 그곳의 토지를 상속했고, G환·S환까지도 과림리·계수리·무지리의 토지를 상속해 주었지만, D환·d환·j환에게는 오늘날 도시화된 서울에 근접한 강남지역 토지를 다수 확보해 주었다. D환의 금산 땅을 제외하면 모두 서울 인근의 수도권의 토지를 확보해주고 있다. 도시개발로 인해 도시 근교의 지가가 폭등하기 이전 식민지 기생지주제가 구조화되어 있던 시기였다.

이상 정리하면, 신안 주씨 형제는 끊임없이 토지를 매입했다. 한말 상업활동에서 얻어진 수익을 고향마을의 토지를 매입하는 데서 시작하여 이후 지주제 경영에서 얻어진 수입도 거의 토지매입에 재투자했다. 그리고 그것을 자식의 명의로 등록함으로써 상속을 해나가고 이를 통해 집안의 경제적 규모를 확장해 나갔다. 그렇지만 한말 일제시기 지주로 급성장한 주인식·영식 형제는 자녀들에게 분할 상속해 줌으로써 지주제 성장은 한계에 도달했다. 일제말기 지주제가 쇠퇴하거나 위기를 맞게 된다는 주장은 대지주의 상속이 활발하게 진행되면서 나타난 통계상의 착시효과일지도 모른다는 생각이 든다.

식민지시기 지주제의 성격과 관련하여, 고율 소작료를 기대하며 지주-소작제로 경영하는 정태적 지주가 태반이지만 기업가적 경영을 모색하는 동태적 지주도 존재했다는 연구사적 성과가 있다. 신안 주씨가의 경영에서는 동태적 지주라고 볼만한 활동을 찾을 수 없다. 1917년 4월 소래면 과림동 355번지에 '신안주씨삼세적선비(新安朱氏三世積善碑)'가 세워졌다. 주석범, 주순원, 주인식 등 3세에 걸쳐 과림리, 중림리, 계수리의 주민들에게 춘궁기마다 구휼하고 영농비를 지원해 준 은혜에 대해 주민들이 적선비 창립을 발기하고 주민 전원이 협동하여 건립되었다고 한다. 지역 주민의 자발적인 모금에 의해 설립되었다고 하니 지역사회에서 덕업을 쌓은 것으로 볼 수 있겠다. 1922년 2월에는 비의 보호를 위해 주민들이 비각을 세우기도 했다. 이들 사업을 위한 발기인과 찬성원이 수십백명에 이르렀다.[29] 이러한 일은 조선시기 양반지주의 모습을 연상시킨다. 한말 이래 지주로서 성장했지만 양반지주의 적선을 모방하는 것을 보면 정태적 지주의 행태에 더 어울린다.

신안 주씨가는 상업활동을 토지투자로 연결시키고 지주제 경영의 수

---

29) 허홍범, 「과림동 신안 주씨가 소장자료의 성격」, 『시흥시사』 10, 2007, 329~336쪽.

익을 상업활동을 통해 극대화한 점에서 상인지주적 성격을 지니고 있다고 평가하는 것이 타당하다. 소유토지를 자녀들에게 분할 상속함으로써 지주제는 한계에 도달했지만 자손들의 재산형성에 기여한 점에서 '치부형(致富型)' 지주제의 성격을 지닌 것으로 평가할 수 있겠다. 회계장부를 『치부일기』라고 한 데서도 그러한 개념의 의미를 찾을 수 있다.

제8장 농지개혁과 석장둔 지역 토지소유의 변동

1. 시흥군 수암면 농지개혁의 진행과정

1) 6·25전쟁 이전의 농지개혁

제2차 세계대전 이후 지주제 폐지는 시대적 당위였다. 동아시아 각국에서도 마찬가지였다.[1] 그런데 동서 냉전이 시작되면서 토지재분배는 체제경쟁의 성격을 띠게 되었다. 근대국민국가의 수립은 토지재분배를 바탕으로 하지 않을 수 없었다. 한반도에서도 북쪽에서는 무상몰수 무상분배의 '토지개혁(土地改革)', 남쪽에서는 유상몰수 유상분배의 '농지개혁(農地改革)'이 진행되었다. 북한은 1946년 3월 토지개혁을 단행하여 인민민주주의적 국가체제를 수립할 토대를 구축했다. 남한에서의 농지개혁은 두 단계로 진행되었다.[2] 1948년 미군정은 일본이 남기고 간 귀속농지(歸屬農地)를 불하했다. 나머지 일반농지에 대해서는 대한민국 정부가 수립된 이후 1949년 6월부터 분배를 준비했다. 법안수정 과정을 거쳐 실제로 농촌 현장에서 농지개혁이 시작된 것은 1950년 초부터였으며 완료되지 못한 상황에서 6·25전쟁이 일어났다. 북한은 남한 점령지역에서 토지개혁을 실시하여 체제선전의 자료로 삼았다. 토지재분배 사업이 체제우월성의 지표로 되지 않을 수 없었다. 여기서는 남한에서 진행된 토

---

1) 유용태 엮음,『동아시아의 농지개혁과 토지혁명』, 서울대학교출판문화원, 2014 참조.
2) 편의상 국호 대신에 '남한', '북한'의 용어를 사용하기로 한다.

지재분배 사업의 진행과정을 석장둔 소재지인 시흥군 수암면을 중심으로 시간 순서에 따라 차례로 살펴보기로 한다.[3]

해방 직후 남한 지주제의 실태를 살펴보면 1945년 말 기준으로 소작지는 총경지의 63.4%인 147만 정보, 자작지는 36.6%인 85만 정보 합하여 232만 정보로 추정되었다. 소작지에는 일본회사 및 일본인 소유였던 귀속농지 23만 정보가 포함되어 있었다. 농가호수를 중심으로 보면 전 농가 2,065,477호 가운데, 자작농은 12.8%인 284,509호, 자소작농은 34.6%인 716,080호, 소작농은 48.9%인 1,009,604호, 화전민 및 피고용농은 2.7%인 55,284호로서 순소작농만 절반에 육박하고 있다.[4] 이러한 토지소유와 농업경영의 불균형은 국민 대다수를 차지하는 농민의 경제적 곤궁이 극에 이르렀음을 드러내며 이러한 상태를 방치해두고서는 새로운 국민국가를 수립할 수 없었다.

해방 후 미군정은 일본인과 일본단체가 남기고 간 적산(敵産)농지를

---

3) 농지개혁의 진행과정은 울산군 상북면에서 구체적인 자료를 가지고 상세하게 정리한 하유식, 『울산군 상북면의 농지개혁 연구』, 부산대학교 사학과 박사학위논문, 2010이 특히 참고된다. 농지개혁 진행과정을 지역사례로 정리한 논문으로는 다음을 참고할 수 있다. 장상환, 「농지개혁 과정에 관한 실증적 연구 - 충남 서산군 근흥면의 실태조사를 중심으로」, 『경제사학』 8,9, 경제사학회, 1984,1985; 유기천, 「농지개혁과 토지소유관계의 변화에 관한 연구 - 충남 연기군 남면의 사례를 중심으로」, 서울대학교 경제학과 석사학위논문, 1990; 최원규, 「해방후 농촌사회의 정치적 변동과 지주제 - 광주·해남지역을 중심으로」, 『이재룡박사환력기념 한국사학논총』, 1990; 장상환, 「농지개혁에 의한 농촌사회 경제구조의 변화 - 3개 마을의 사례를 중심으로」, 『한국근현대의 민족문제와 신국가건설』, 김용섭교수정년기념한국사학논총 3, 지식산업사, 1997; 정승진, 「장기사의 관점에서 본 나주의 농지개혁 - 전남 나주군 금천면의 사례」, 『대동문화연구』 98, 성균관대학교 대동문화연구원, 2017.

4) 조선은행 조사부, 『조선경제연보』 I, 1948, 28~29쪽. 통계마다 차이가 있다.

신한공사(新韓公社)에 귀속시켜 관리했다. 1948년 2월말 현재 귀속농지 총면적은 324,464정보에 이르렀는데 과수원·산림 등을 제외하고 일반농지는 전 62,631정보, 답 205,988정보, 대·기타를 포함하여 모두 282,480정보에 이르렀다.5) 미군정은 1948년 3월 22일 법령을 공포하여 귀속농지를 불하하기 시작했다. 상환조건은 평년 소출의 3년에 해당하는 농지가격을 매년 소출의 20%씩 15년에 걸쳐 장기 분납하는 방식이었다. 당시 시행되던 3·1제 소작료, 즉 33.3%의 지대로 계산할 때 매년 농사 지으며 9년간 소작료를 납부하면 자기 소유지가 되는 셈이었다. 새로운 국민국가의 수립을 위한 토지개혁이라는 시대적 과제를 배제해놓고 산술적으로 본다면 아주 좋은 조건이었다. 무상분배의 토지개혁과는 결이 다르지만 분명 지주제를 해체하고 농민적 토지소유의 길을 여는 방향이었다.

시흥군 수암면의 경우, 19개리 가운데 수암리·장상리·장하리·양상리·부곡리·성포리·월피리·고잔리·와리·하중리·하상리·조남리·목감리 등 13개리에서 90명이 1953년 단계에서 19.65정보의 귀속농지를 분배받았다.6) 1호당 0.218정보를 분배받은 셈이었다. 경기도가 1호당 0.797정보의 농지를 분배받고 전국평균이 0.409정보인 점과 비교하면,7) 아주 적은 편이다. 석장둔이 위치한 하중리에서는 1952년의 경우 12명이 10,500평, 하상리에서는 3명이 300평을 분배받았다.8) 이렇게 수암면과 석장둔이 위치한 하중리·하상리에서 일본인 토지가 아주 적었던 것은 제6장에서 식민지지주제를 논의하면서 언급했지만 수암면 일대는 비옥한 평야지대도 아니고 교통도 불편하여 일본인에게 매력적인 농업지대가 아니었

---

5) 농림부농지국,『농지개혁통계요람』, 1951, 19쪽, '귀속농지관리국 총관리면적표'.
6) 이명숙,「농지개혁 자료」,『시흥시사』10, 2007, 시흥시사편찬위원회, 59~60쪽.
7) 최영묵,「시흥군 농지개혁의 전개와 귀결」,『시흥시사』3, 2007, 370쪽.
8) 『농개통계에 관한 서류』, 시흥군, 1951, '귀속농지면적표'(1952).

기 때문이다. 귀속농지의 분배면적은 그 자체로 큰 의미는 없다. 농지개
혁법이 공포되면서 귀속농지는 농지개혁법에 의해 실시하게 된 일반농
지와 통합되었기 때문이다.

농지개혁법은 1949년 4월 27일 국회에서 통과되었지만 정부가 거부하
여 시행되지 못하다가 국회의 일방적인 결의에 의해 1949년 6월 21일 법
령 제31호로 공포되었다. 그렇지만 정부는 이 농지개혁법에 대해서도
반대했다. 지주보상액에 대해 국회와 정부 사이에 의견차이가 있었다.
수배자(受配者) 농민의 상환율이 125%이고, 토지소유자 지주의 농지보
상율이 150%여서 정부가 25%의 차액을 부담하도록 한 점이 큰 문제였
다. 그래서 정부가 개정안을 제출하여 결국 1950년 3월 10일 지주보상율
과 농지상환율을 150%로 동일하게 맞춘 농지개혁법개정법률이 법률 제
108호로 공포되었다. 그리고 이어서 3월 25일 농지개혁법시행령, 4월 28
일 농지개혁법시행규칙도 공포되었다.[9]

1949년 6월 21일 농지개혁법이 공포된 뒤 1950년 3월 10일 개정되기까
지 정부와 국회에서 복잡한 논의가 진행되었지만 일단 법령이 공포된
이후에는 절차에 따라 농지개혁을 실시하지 않을 수 없었다. 농지개혁
은 네 단계로 진행되었다. 첫째 농지분배 : 조사·매수·분배, 둘째 농민
상환 : 지가상환, 셋째 지주보상 : 지가보상·시설보상·지주전업(轉業)대
책, 넷째 기타 사항 : 기구·재정·등기·소송이다.[10] 첫째 단계인 농지분
배를 위한 작업은 농지개혁의 실행기구인 농지위원회 구성, 농가경제실
태조사에 의거한 농지소표(農地小票)의 작성 및 대지(對地)조사, 농가별

---

9) 농지개혁법의 시행과정에 대해서는 김성호 외, 『농지개혁사연구』, 한국농촌경제
연구원, 1989, 제5장 참조.
10) 김성호 외, 위의 책, 1989, 604쪽.

분배농지일람표 작성 및 종람, 분배예정통지서 발부의 순서로 진행된다. 여기서는 농지개혁의 첫째 단계인 농지분배를 위한 절차를 시흥군 수암 면에서 살펴보기로 한다.[11]

1949년 6월 21일 농지개혁법 공포 이후 농림부에서는 농가경제실태조 사를 실시했다. 농지상태와 농지소유관계를 파악하는 기초작업이었다. 조사결과에 의하면 경지면적은 전 834,018정보, 답 1,236,559정보, 합하여 2,070,577정보였다. 농가호수는 2,473,833호로 1호당 경지면적은 0.837정 보였다. 소작농은 526,195호(21%), 자작농은 925,218호(37%), 소작겸자작 농은 1,022,420호(42%)였다. 농지개혁을 위해 정부가 매수할 지주의 토지 는 601,049정보로 파악되었다.[12] 그것은 총경지의 29.0%에 불과했다. 해 방 직후 귀속농지 23만 정보를 제외하고 소작지는 124만 정보로 파악되 었는데, 그 사이 64만 정보의 지주 소유지가 매각되어 자작농의 소유로 됨으로써 60여만 정보만 남게 된 것이다. 해방 직후 분배대상 소작지의 절반 수준으로 축소되었다. 농지개혁이 지연되는 사이 이렇게 지주들이 소작지를 매각하여 농지개혁이 불완전한 개혁이란 지적이 많았다. 그렇 지만 한편에서는 지주가 소유지를 방매하면서 큰 시세차익을 올린 것도 아니므로 지주의 자발적인 토지방매도 지주적 토지소유의 소멸로 가는 일종의 농지개혁이란 지적도 있다.[13]

---

11) 시흥군 및 수암면의 농지개혁 전개과정에 대해서는 최영묵, 앞의 논문, 2007, 373~389쪽; 이명숙, 앞의 논문, 2007, 88~100쪽; 조석곤, 「농지개혁 수배농가의 분 배농지 전매매에 관한 연구 - 시흥군 수암면 사례」, 『대동문화연구』 81, 성균관대 학교 대동문화연구원, 2013, 389~395쪽에 잘 정리되어 있다. 이들 논문을 참조하 면서 본서에서는 6·25전쟁을 중심에 놓고 전·후로 구분하여 정리해 보기로 한다.

12) 한국농촌경제연구원, 『농지개혁사관계자료집』 3, 1984, 25쪽, '농가실태조사집계 개요'.

13) 유기천, 앞의 논문, 1990 참조.

그런데 귀속농지와 분배농지를 합해 농지개혁의 재분배 대상이 경지면적의 약 1/3 정도 수준에 머물고 있다고 본다면, 나머지 2/3는 일반 자작농지인 셈이다. 농지개혁 이후 농민경제의 실상을 파악하기 위해서는 농지개혁에서 분배된 농지만이 아니라 분배대상에서 제외된 자작농지도 포함하여 고찰할 필요가 있다. 본서에서는 이 점에 주목하면서 농지개혁 진행과정을 따라가 보기로 한다.

1950년 2월 3일 농림부는 매수농지에 대한 필지별 '농지소표'를 작성하도록 지시했다. 농지소표는 면에서 지세명기장에 의거해 지번·지목·지적·등급·임대가격·지주주소성명을 기재하여 작성했다. 경지도(지적도)를 가지고 현장에 나가 일필지씩 농지소표와 '대지(對地)조사'를 실시하여 착오를 바로 잡고, 경작자의 주소 및 성명과 자작·소작·귀속농지를 파악해 농지소표에 기록했다. 이 결과를 가지고 경작자가 거주하는 면별로 구분하면 '경작자별농지일람표'가 만들어진다. 면에서는 이를 10일간 열람토록 했다. 문제가 없으면 이를 확정하는데 그것이 바로 농민에게 분배할 '농가별분배농지일람표'가 된다.[14]

농림부는 경작자별농지일람표를 3월 10일까지 작성해서 15일부터 24일까지 10일 동안 공람하도록 지시했다. 농지개혁법 개정안은 3월 10일 공포되었고 시행령은 3월 25일 발표된 점을 감안하면, 농지개혁법과 시행령이 공포될 즈음 농지개혁은 정부의 의도대로 상당한 정도로 진행되고 있었던 것이다. 이승만 정부에서는 4월 10일까지 농지분배예정통지서를 교부하여 춘경기(파종기)에 소작농들이 자기 농지라고 생각하고

---

14) 1950년 2월 3일 '농지소표취급에 관한 건 - 농지소표취급요령'. 농지개혁 관련 법령에 대해서는 한국농촌경제연구원, 『농지개혁사관계자료집』 제1집(법규 및 내규편), 1984; 『농지개혁사관계자료집』 제2집(예규·통첩편), 1984 참조.

경작할 수 있도록 하라고 독려했다.[15]

그런데 현장에서는 정부의 계획보다는 훨씬 지연되었다.[16] 시흥군 및 수암면에서는 농가경제실태조사와 농지소표가 확인되지 않아 실상을 소개하지 못한다. 시흥군 농지개혁서류에 의하면 시흥군에서는 1950년 2월 10일 시흥군수 김건렬이 각읍면장에게 2월 14일 농지개혁사무협의회를 개최하여 농지위원회 구성과 농지소표 작성을 논의할 것을 공문으로 통보하면서 농지개혁이 본격적으로 시작된 것으로 볼 수 있다.[17] 국회에서 아직 농지개혁법 개정안이 논의되는 상황인데 현장에서는 정부의 지시에 따라 작업이 시작된 것이다.

3월 10일 시흥군수는 농지개혁사무 일정을 다음과 같이 제시한다.

각급 농지위원회 구성 : 3월 15일
농지소표 작성 : 3월 10일
농지소표에 대한 대지조사 : 3월 15일
경작자별농지일람표 = 농가별분배예정농지일람표 작성 : 3월 20일
농가별일람표 종람 : 3월 25일부터 4월 3일까지
농지분배 예정통지서 발부 : 4월 10일
중급농지사정보고 : 4월 30일
共通倍率 결정 공고 : 5월 10일
지주보상 신청 : 5월 3일
보상대장 작성 : 5월 20일
지가증권 작성 : 5월 25일

---

15) 김성호 외, 『농지개혁사』, 601~603쪽.
16) 이명숙, 앞의 논문, 2007, 89쪽; 조석곤, 앞의 논문, 2013, 390쪽에 정부안과 수암면의 진행과정이 대조되어 있다.
17) 시흥군 및 수암면의 농지개혁 진행과정에 대해서는 『농지개혁서류』, 시흥군, 1950 참조.

         지가증권 발부 : 5월 31일
         상환대장 작성 : 6월 10일
         상환증서 작성 : 6월 20일
         상환증서 발부 : 6월 30일

 이상의 절차를 거치면 농지개혁은 거의 완료된다. 이런 속도라면 6·
25전쟁 이전 농지개혁은 완료될 것으로 기대되는 일정이다. 그러나 현
장에서는 그대로 진행되지 못했다.

 수암면 및 각리 농지위원회 위원은 2월 25일자로 소급해 3월 31일 임
명되었다. 농지위원은 관측·지주측·소작인측으로 구분되었다. 1955년 3
월 수암면 농지위원은 위원장 류지연(면장), 소작위원 김동우·이병은·
이원재, 자작위원 박영진·김환·정숙현으로 구성되었다. 그러나 이들은
모두 면장·부면장·면의회의원 등을 역임하거나 임직하고 있어 소작위
원·자작위원의 구분은 실질을 갖추지 못했다.[18] 지역의 유지들이 농지
위원회 위원을 담당하고 있었다고 평가할 수 있겠다.[19] 군수와 읍면장
을 비롯한 실무행정관리들에 의해 농지개혁이 집행되었고 농지위원회
는 자문하거나 보조하는 역할에 그쳤다.[20]

---

18) 『농지위원명부 겸 주소록』, 시흥군농지위원회, 1951년 이후; 이명숙, 앞의 논문,
   2007, 71·105쪽.
19) 동리의 농지위원회 구성은 1964년도분이 확인되는데 하중리의 경우 위원장에 이
   병호(이장), 위원에 이천원·최석린·장형순·권희원·김명한·김상렬이 위촉되었다.
   하상리의 경우 위원장에 안세묵(이장), 위원에 정광필·문용일·장형순·권상규·안
   배익·윤석만이었다. 관청위원·민간위원으로 구분하고 민간위원은 지주측과 작인
   측을 구분하도록 했지만 이장인 위원장까지 모두 작인으로 기재되어 있다. 이들
   은 모두 농업에 종사하는 주민들이었다. 초창기와는 달리 1964년이면 농촌은 자작
   농체제가 정착한 단계이며 농지위원회는 이들 자작농들이 담당하게 된 셈이었다.
20) 농지위원회의 구성과 역할에 대해서는 이명숙, 「한국 농지개혁시 농지위원회에

농가별농지일람표는 농지소표에 의한 대지조사에 근거하여 작성하되 먼저 분배대상자분(소작, 소작겸자작)에 한하여 3월 20일까지 마치도록 했다. 농가별분배예정농지일람표 종람은 원래 3월 25일부터 4월 3일까지 10일간이었으나 자꾸 지연되어 실제로는 4월 6일 시작하여 15일에 완료되었다. 현장에 출장하여 주민들의 편의를 도모했지만 그래도 늦어져 결국 4월 20일에서 23일까지 4일간 추가한 뒤 최종적으로 4월 24일에 완료되었다.

경기도에서는 4월 10일부터 16일까지 1주일 동안 농지개혁선전행사를 진행했다. 인쇄물, 강연회, 좌담회, 애국반 등을 이용하여 농지개혁의 필요성과 중대성을 주민들에게 홍보했다. 북한이 남한 점령지에서 실시한 농지개혁의 강제성이나 선전과 비교해보면 강도는 매우 낮은 것이지만, 유상몰수 유상분배의 원칙이 북한의 토지개혁에 비해 덜 개혁적인 점에서 농민들의 반응이 미지근하고 지주들은 협조하지 않았기 때문에 독려가 필요했다. 여기서 위로부터 행정적으로 추진되는 농지개혁의 특징이 드러난다.

농지분배예정통지서는 4월 10일 발부할 예정이었지만 수암면의 경우 5월 1일 배부를 개시하여 5월 9일 5개리를 완료했지만, 나머지 14개리는 5월 20일까지 완료할 예정이었다. 분배예정통지서를 발부한 후 수배자에게 상환해야 할 내용을 공지하고 상환증서를 교부함으로써 분배확정통지서를 대신하는 것으로 했는데, 이때 6·25전쟁이 터졌다. 6·25전쟁 이전 농지분배예정통지서가 발부되었지만 그것이 어느 정도 농민에게 영향을 미쳤는지 단정하기는 어렵다. 6·25전쟁 이전에 농지개혁이 완료

관한 연구 - 경기도 양주군 와부면을 중심으로」, 경희대학교 사학과 석사학위논문, 2000; 하유식, 앞의 논문, 2010, 135~165쪽 참조.

되었는지 쟁점이 되어 있는데,[21] 분배대상 농지가 1/3 이하이고 귀속농지 분배에서 미흡한 분배의 실체를 이미 체감했고 농지분배가 생활상에 직접 영향을 미치기 이전인 서류상의 과정인 점에서 제한적이지만, 이 정도의 진행과정은 농지개혁이 6·25전쟁 이전 완료되었다고는 하지 못하지만 상당히 진척되고 있었다고 평가하지 않으면 안 될 것이다. 북한 점령하의 토지개혁에서 농지개혁의 성과와 방향을 상회하는 파격적인 조치가 요구되는 상황이었다고 할 수 있겠다.

한편 지주들의 보상신청은 지지부진하여 실무진에서 계속 독촉했다. 수암면은 5월 9일 현재 지주 215명 가운데 130명이 신청하여 신청율 60.5%에 이르렀고, 85명이 남았다. 5월 31일 이전에 지가증권을 교부해야 했지만 예정대로 진행되지는 않았다. 신청율 60.5%를 과소평가할 수는 없다. 후술하듯이 신안 주씨가에서는 5월 3일 이미 보상신청서를 제출했다. 농지개혁이 지주가에도 그만큼 큰 영향을 미치고 있는 상황이다. 6·25전쟁 이전 보상신청이 시작되었던 점에서 볼 때 농지개혁은 성과를 드러내기 시작했다고 평가할 수 있다.

이런 평가는 북한이 점령하지 않은 지역에서 농지개혁이 어떻게 진행되었는지와 비교하면 좀 더 분명해질 것이다. 북한에 점령당하지 않은 울산군 상북면의 경우에도 수암면과 유사한 일정으로 진행되었다. 농지분배예정지 통지서가 4월 9일 발부되기 시작했고, 5월 15일까지 지주보상 신청을 받고, 이의신청에 대한 심의도 진행했다. 그래서 6·25전쟁 발발 이전에 분배사무는 완료한 것으로 평가된다.[22] 시흥군 수암면에서도

21) 정병준, 「한국농지개혁의 재검토 - 완료시점·추진동력·성격」, 『역사비평』 65, 역사비평사, 2003.
22) 하유식, 앞의 논문, 2010, 166~174쪽.

울산군만큼 순조롭지는 않았어도 비슷한 시기에 유사한 절차가 진행되었다.

2) 6·25전쟁 이후의 농지개혁

1950년 9월 18일 서울을 수복한 지 한 달 뒤인 10월 19일 정부는 임시조치법을 제정해 가을 수확기에 농지개혁 상환사무를 우선적으로 시행하고, 2단계로 소표작성 및 대지조사, 지주확인 작업을 하도록 조치했다. 원래 이승만 대통령은 농지개혁을 1년 연기하고자 했지만 북한 점령하에 시행된 토지개혁의 영향력이 매우 컸다고 판단한 미국 측의 요구로 농지개혁의 재개가 선언되었다고 한다.[23] 그런데 1951년 1월 4일 중공군의 개입으로 농지개혁의 재개는 지연되지 않을 수 없었다. 1951년 2월 18일 서울을 재탈환하고 전선이 38도선에서 교착상태에 빠진 뒤 소표작성 및 대지조사 그리고 지주확인일람표 작성이 개시됨으로써 농지개혁은 실제로 재개될 수 있었다.[24] 시흥지역은 1·4 후퇴 이후 주 전투지역에 포함되어 막대한 피해를 입어 농지개혁의 재개는 좀 더 늦어졌다.

1951년 6월 4일 시흥군수는 각읍면장에 대해 다음과 같이 농지개혁 실시에 대한 지시를 내렸다.

> 북한 괴뢰군 및 중공군의 침구로 인하여 본군 농지개혁사업은 추진 중도에서 부득이 중단되어 있었으나 본 사업은 대한민국의 부동의 국시(國是)일뿐더러 결전전국하(決戰戰局下) 대내외적 견지로서도 급속 완수치 아니치 못할 정세에 감(鑑)하여 우선 좌기에 의하여 사업을 복구 추진코저 하오니 만난을 극복하여 소기의 목적 달성에 만유감이 없도록 조처하

---

23) 정병준, 앞의 논문, 2003 참조.
24) 1951년 3월 4일 '농지개혁 실시 및 임시조치에 관한 건'.

심을 무망(務望)함

농지개혁을 국시라고까지 한 것은 북한이 점령하여 실시한 토지개혁의 경험을 불식하려는 의도가 포함된 것으로 여겨진다. 급무는 전쟁 이전 작성된 장부를 복구하는 것이었다. 경작농가의 실태파악 및 지주소유농지를 확인하기 위한 농지소표의 복구가 시급한 과제였다. 자작, 소작, 귀속농지를 구분하여 동리의 필지 상황을 파악하게 되는 농지소표를 작성 확인해야 농지분배도 가능하다. 1950년 봄 작성된 농지개혁 관련 문서들은 전쟁 과정에서 소실되고 없었다. 북한은 남한 점령지에서 토지개혁을 실시한 뒤 모든 토지문서를 소각해버렸다.25) 그래서 여러 가지 남은 문서를 가지고 지적을 복구할 수밖에 없었다. 세무서의 지세명기장, 동리의 경지도 외에 수리조합 문서, 농촌실태조사서 등 최소한의 장부라도 활용하도록 했다. 공부가 전부 분실된 경우에는 토지소유자 및 제3자의 진술, 지주가의 등기문서, 추수장부 등을 활용하고 지적은 동리의 농지위원회가 답사에 의한 목측으로 임시 측정할 것까지 허용했다.26)

시흥군에서는 소실된 농지소표를 복구하기 위해 세무서의 지세명기장을 활용하도록 했다.27) 농지소표를 작성한 뒤에는 지적도(경지도)를 가지고 일필지씩 대지조사를 다시 실시하도록 했다.28) 이렇게 하여 전

---

25) 손전후, 『우리나라 토지개혁사』, 과학,백과사전출판사, 1983, 398쪽.

26) 『농지예규』(시흥군 수암면, 1951년 이후), '농지소표 작성에 관한 건'(1951년 7월 30일 시흥군수의 각읍면장에 대한 통첩).

27) 시흥시에는 하중리와 능곡리의 『지세명기장』이 아직 남아 있다.

28) 『예규(지적)』(시흥군), '농지개혁 실시에 관한 건'(1951년 6월 4일 시흥군수의 각 읍면장에 대한 지시).

쟁 이전의 농지개혁관련 장부를 복구하고 농지대가 상환, 지주보상 등
의 절차를 진행해 나갔다.

이후 분배를 포기한 농가 문제, 분배가 완료되기 이전의 농지이동 문
제, 분배농지 암매가 성행하여 소작제가 부활될 조짐을 보인 문제 등이
발생했다.29) 농지개혁은 지지부진하게 계속되다가 1968년 3월 13일 농
지개혁사업정리에 관한 특별조치법에 의해 마무리된다.

1949년 6월 현재 매수대상 농지는 601,000정보로서 총경지의 29%에
불과했다. 그것은 해방 직후 대상지의 절반으로 줄어든 것이었는데, 그
마저도 실제로 매수 분배되지 않았다. 1961년 현재 317,000정보, 1970년
말 현재 403,000정보를 분배하는데 그쳤다. 농지개혁을 실시하기로 예고
하고 실행되는 사이에 또다시 소작지는 방매되었던 셈이다.

그렇지만 농지개혁의 결과 지주적 토지소유는 소멸하고 농민적 토지
소유가 실현되었다. 경자유전(耕者有田)의 원칙이 제한된 범위에서 실현
되었다. 문제는 영세소농층이 비대하여 영세농경구조가 심화된 점에 있
다. 석장둔 지역에서 이런 문제가 어떤 모습을 보이는지 장부자료의 분
석을 통해 확인해 보고자 한다.

2. 농지개혁 전후 석장둔 지역의 토지소유 변동

1) 농지개혁에 의한 토지분배

농지개혁에 의해 토지소유에 어떤 변화가 초래되었는가?30) 먼저 하중

---

29) 이와 관련해서는 조석곤, 앞의 논문, 2013 참조.
30) 조석곤은 수암면과 수암면 목감리의 농지개혁에 대해 구체적인 연구를 이미 제출
    한 바 있다. 본서에서는 하중리·하상리를 중심으로 하지만 그의 연구결과를 일부

리·하상리에서 시행된 분배상황을 살펴보면 [표 8-1]과 같다.

[표 8-1] 하중리·하상리의 분배농지 상황

동리	1953년 『토지대장 및 등기부대조원부』					1954년 『분배농지수배자별조서』		
	전	답	대	기타	계	전	답	계
하중리	79/ 27814	369/ 262463	2/ 692	7/ 22292	457/ 313261	23302	212820	236122
하상리	33/ 6034	144/ 80304	2/ 620	3/ 601	182/ 87559	18681	86978	105659
하중리·하상리 분배면적 계	112/ 33848	513/ 342767	4/ 1312	10/ 22893	639/ 400820	41983	299798	341781
하중리·하상리 전체면적	516/ 183852	1332/ 825549	180/ 29280	233/ 161435	2261/ 1199846	-	-	-

* 출처 : 『지적복구공시조서』, 시흥군 수암면, 1950; 『토지대장 및 등기부대조원부』, 시흥군 수암면, 1953; 『분배농지수배자별조서』, 시흥군 수암면, 1954
* 비고 : 1953년의 경우 통계는 '필지/면적'의 방식으로 기재했다. 분배농지에는 귀속농지와 일반농지가 모두 포함되어 있다.

1953년 것은 필지별로 분배농지를 조사한 것이고, 1954년 것은 수배자별로 합계된 것을 계산한 것으로 통계에 차이가 있다. 전·답만[31] 비교해도 1954년에는 오히려 줄어들었다. 1953년의 경우 분배농지는 전 112필지에 33,848평, 답 513필지에 342,767평으로 전답 합하여 625필지에 376,615평이다. 이 면적은 하중리·하상리 전답 전체면적 1,009,131평의 37.3%에 해당된다. 필지로는 33.8%에 이른다. 하중리·하상리의 경우 농지개혁의 대상이 된 분배농지는 전체의 1/3을 조금 넘는 면적인 것이다.

활용한다. 조석곤, 「토지소유권대장으로서의 『토지대장』과 그 분석의 일례」, 『시흥시사』 10, 2007; 앞의 논문, 2013 참조.
31) 1953년 분배농지 가운데 '대'와 '기타'(주로 구거)가 포함된 사실의 의미는 아직 규명하지 못했다.

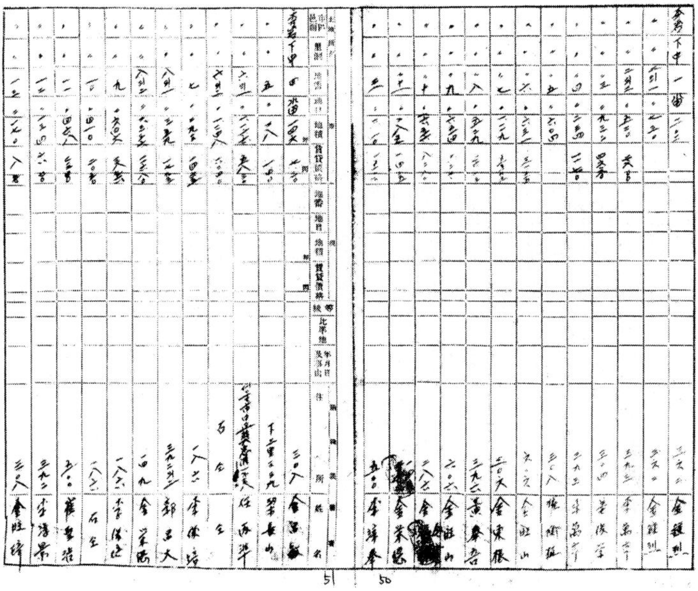

[도판 8-1] 시흥군 수암면 『지적복구공시조서』

1949년 6월 매수대상 농지가 전 경지의 29%였던 점과 비교하면 하중리·하상리는 농지개혁이 더 착실하게 시행되었다고 평가할 수 있다.

지적해 두어야 할 점은 2/3의 필지와 면적은 농지개혁의 영향을 받지 않았다는 점이다. 소작농이 토지를 획득할 수 있는 기회를 얻었던 상황은 자작농에게 어떤 영향을 끼쳤을까? 지주가 방매하는 경지를 소작농이 미리 매수하여 자작농이 된 경우라면 자기가 사들일 때의 토지매매가와 농지개혁의 상환대가를 놓고 경중을 저울질하며 손익을 계산할지도 모른다. 소작농의 토지획득기회를 자작농이 상실감의 차원에서 바라볼 수도 있을 것이다. 그렇지만 북한의 무상분배와는 달리 유상분배였으므로 소작료, 토지매매가, 상환대가 사이의 차액이 더 문제되었을 것이다.

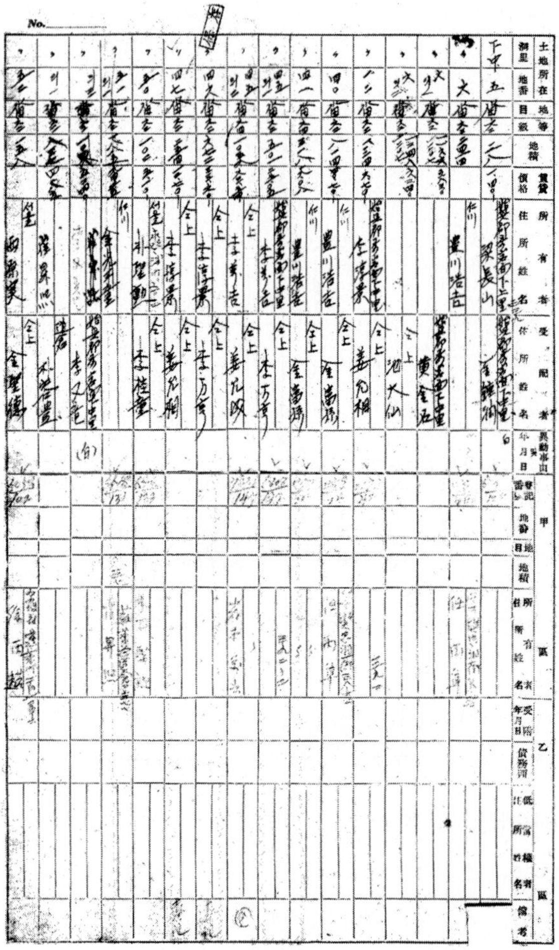

[도판 8-2] 시흥군 수암면 『토지대장 및 등기부대조원부』

　전과 답을 비교해보면 1953년의 경우 답이 82.1%의 필지에 면적이
91.0%에 이르러 압도적으로 많다. 분배농지는 거의 소작지였으므로 답
의 소작지가 압도적으로 많다는 것을 의미한다. 지주는 하중리와 하상
리의 답을 집중적으로 소유하면서 지주제적으로 경영했던 점을 말해준

다. 이 지역에 식민지시기 지주제가 논농사를 중심으로 발달해 있었던 것이다. 1954년 것도 답이 87.7%로 많다.

그런데 1953년 분배농지의 필지와 면적이 1954년과 왜 그렇게 다른 가? 분배농지가 확정되지 못하고 변동하고 있는 것인가? 그 실태를 살 펴보면 [표 8-2]와 같다.

[표 8-2] 하중리·하상리의 분배농지 면적의 변동 추이

	1952년 04월			1954년 11월			1958년 05월			통합정리		
	전	답	계	전	답	계	전	답	계	전	답	계
하중	11.1	25.3	36.4	10.9	70.7	81.6	9.2	70.6	79.8	7.3	78.8	86.1
하상	4.5	24.1	28.6	4.6	27.2	31.8	4.5	20.8	25.3	2.0	22.5	24.5
계	15.6	49.4	65.0	15.5	97.9	113.4	13.7	91.4	105.1	9.3	101.3	110.5

* 출처 : 조석곤, 「농지개혁 수배농가의 분배농지 전매매에 관한 연구 - 시흥군 수암면 사례」, 『대동문화연구』 81, 2013, 392쪽
* 비고 : 면적단위는 정보다.

6·25전쟁 이후 1951년에 재개된 농지개혁의 결과는 시기마다 면적에 큰 변화를 보인다. 1952년의 분배면적 65.0정보가 1954년에는 113.4정보 로 대폭 증가하고 1958년에는 105.1정보로 다시 감소했으며 최종적으로 110.5정보로 증가했다.

호수와 면적을 중심으로 변화상을 살펴보면 [표 8-3]과 같다.

역시 일반농지의 분배실태는 해마다 변동하고 있다. 하중리에서는 면 적의 변동이 크고 하상리에서는 분배호수의 변동이 크다.

이렇게 수배자와 수배농지가 변동하는 원인은 분배포기와 농지매매 때문이었다. 경제적으로 어려워 분배농지를 포기한 경우도 있고 농업환 경이 나빠 농사지어도 수확이 잘 안 되는 땅이거나 도시로 이농하는 경 우에도 분배농지를 포기했다. 포기농가가 늘면서 자작농은 경지획득의

[표 8-3] 하중리·하상리의 일반분배농지 호수와 면적 변동

동리	1952년			1953년			1958년		
	호수	면적	호당평균면적	호수	면적	호당평균면적	호수	면적	호당평균면적
하중	128	32.9	0.257	133	73.5	0.553	128	76.3	0.596
하상	69	28.5	0.413	72	28.3	0.393	90	25.2	0.280
계	197	61.4	0.312	205	101.8	0.497	218	101.5	0.466

* 출처 : 『농개통계에 관한 서류』, 시흥군 수암면, 1952; 『농지개혁에 관한 서류』, 시흥군 수암면, 1958
* 비고 : 대상지역은 구 초산면 지역의 동리다. 면적단위는 정보다. 귀속농지는 하중리 12호, 하상리 3호, 조남리 8호, 목감리 1호로서 면적에 변함이 없고 귀속농지를 분배받은 사람들은 일반농지도 분배받고 있으므로 시기적 비교를 위해 제외했다.

기회를 확장할 수 있고 상실감도 사라질 것이다. 1954년에는 수암면 전체에서 42호의 농가가 50필지 27,471평을 포기했다고 한다.[32] 포기농가는 후에 다시 회복하기도 하고 신규로 다른 사람에게 재분배되기도 했다.

또 불법적이지만 분배받은 농지를 매매한 경우도 생겼다. 상환이 완료되기 이전에는 소유권 이전이 되지 않기 때문에 농지의 전매는 불가능한 것이었지만 암매매가 성행했다. 1953년에 이미 다음과 같이 분배농지 암매매를 우려하는 지적이 나왔다.

경기도 경찰국장 제보에 의하면 최근 각 농촌에는 분배농지 암매매가 성행되고 있는 바 그 방법으로서는 실지로 분배농지를 타 채권자에게 매각하고 또 형식상으로는 가동노력(稼働勞力) 부족으로 타인으로 하여금 대농(代農)시키는 것 같이 가장하고 지가상환이 완료되는 대로 합법적인 이동(異動) 수속을 하여준다는 조건 하 감행되고 있는 바 당국으로부터 조속한 해결대책이 없는 한 금후 2~3년만 경과하면 왜정시대와 마찬가지

32) 조석곤, 앞의 논문, 2013, 393쪽.

로 지주소작인제가 재연될 것이라 운운.[33]

1920년대 역둔토를 불하받은 소작농이 이면계약을 맺어 지주에게 팔아넘기듯이 농지개혁에서도 분배받은 농지를 대농의 방식으로 매매하는 것이 성행했던 것이다. 시흥군 수암면에서 조사한 '경작자 이동(轉賣買)'의 실태 가운데 하중리와 하상리의 경우를 살펴보면 [표 8-4]와 같다.

[표 8-4] 1959년 8월 현재 하중리·하상리의 경작자 전매매 실태

동리	농가수			필지수			면적
	당초 분배농가	전매매 농가	%	분배 지번수	전매매 지번수	%	
하중리	137	50	36.5	425	108	25.4	70326
하상리	72	29	40.3	300	49	16.3	28444
계	209	79	37.8	725	157	21.6	98770

* 출처 : 『농지개혁에 관한 서류』(시흥군 수암면, 1959), '경작자이동(轉賣買)집계표' 및 '경작자이동지조서'(수암면 하중리, 하상리 부분)

하중리·하상리의 경우 1/3이 넘는 37.8%에 이르는 농가가 분배받은 농지 중 일부 또는 전부를 다른 사람에게 팔아넘겼다. 필지수로는 21.6%가 다른 사람에게 넘어갔다. 전매매된 면적 98,770평은 [표 8-2] 1958년 5월 전답 105.1정보(315,300평)의 31.3%에 이른다.[34] 그런데 이러한 분배농지 매매는 불법이었음에도 불구하고 1959년 시흥군 수암면에서 이를 조사할 때 '경작자 이동(轉賣買)'이라 표현하여 실질적으로 소유권이 이

---

33) 『농지분배임대농지·귀속행정재산·귀속임야에 관한 서류』(시흥군, 1953), '분배농지 暗賣성행설의 건'(1953년 11월 26일 치안국장의 농정국장에 대한 조회).
34) 조석곤, 앞의 논문, 2013, 404쪽에는 전매매 실태와 최종상환대장이 비교되어 있어 참고된다.

동되는 것을 인정한 것처럼 보인다. 북한이 토지개혁을 실시한 뒤 소유
권 매매를 금지한 것과 비교하면 분배농지의 1/3에 육박하는 면적이 전
매되었다는 것은 농지개혁의 기본취지를 뒤흔드는 것으로 평가할 수도
있겠다. 농지개혁이 계획대로 진행되지 못한 것이라고 비판할 수도 있
다. 다만 이 결과는 3정보 이내에서 자경할 수 있는 농가에 매매함으로
써 하향 영세농체제 하에서나마 소유분화가 진행되어 극빈 영세농의 탈
락과 자작농의 영농확대를 결과하는 방향으로 농촌사회가 변화할 조건
으로 작용할 수는 있을 것이다. '경작자이동지조서'에서 필지별 상황을
살펴볼 때 대체로 수배농가 사이에 매매가 많이 이루어지고 있고 간혹
새로운 농가도 등장하고 있다.35)

2) 농지개혁 전후 토지소유의 변동

농지개혁에 의해 농민적 토지소유가 성립함으로써 토지소유의 불균
등은 상당히 완화되었다. 소작농은 경작이 가능한 8km 이내에 거주하여
자작하는 것을 조건으로 3정보를 넘지 않는 자작지를 확보하여 자작농
이 되었다. 하중리와 하상리의 소작농은 어느 정도의 농지를 분배받았
을까? 귀속농지와 일반농지를 합해 수배자 면적별 분포를 살펴보면 [표
8-5]와 같다.

하중리와 하상리를 합해 205호가 308,921평을 분배받았는데, 31.2% +
26.4% = 57.6%의 농가가 0.5정보(1500평) 이하의 농지를 분배받았다. 1정
보 이하를 분배받은 농가를 모두 합하면 92.2%나 된다. 1정보 이상 분배
받은 농가는 겨우 16호에 불과했고 2정보 이상은 전혀 없었다. 2정보 이
상 분배받은 농가는 수암면 전체를 통틀어 보아야 겨우 찾아볼 수 있다.

35) 전매매의 의미에 대해서는 조석곤, 앞의 논문, 2013 참조.

[표 8-5] 1953년 시흥군 수배면적별 호수와 면적의 분포

군면리	구별	1~900	900~1500	1500~2100	2100~3000	3000~4500	4500~6000	6000~7500	7500~	계
하중리	호수	35	29	30	25	12	2	-	-	133
	면적	19079	38221	55629	60528	41857	10537			225851
하상리	호수	29	25	11	5	2	-	-	-	72
	면적	18154	27180	18082	12512	7142	-	-	-	83070
하중리 하상리 합계	호수	64	54	41	30	14	2	-	-	205
	/%	/31.2	/26.4	/20.0	/14.6	/6.8	/1.0			/100
	면적	37233	65401	73711	73040	48999	10537	-	-	308921
	/%	/12.0	/21.2	/23.9	/23.6	/15.9	/3.4			/100
수암면	호수	454	328	278	283	219	40	4	2	1608
	/%	/28.2	/20.4	/17.3	/17.6	/13.6	2.5	/0.3	/0.1	/100
	면적	239020	305204	501077	874920	793077	193764	26352	16129	2949543
	/%	/8.1	/10.3	/17.0	/29.7	/26.9	/6.6	/0.9	/0.5	/100

* 출처 : 『분배농지·임대농지·귀속행정재산·귀속임야에 관한 서류』(시흥군, 1953), 1953년 4월 14일 '수배농지면적계급별집계표 제출에 관한 건'(시흥군수의 경기도산업국장에 대한 보고);『농지개혁에 관한 서류』, 1953년 3월 15일 '수배농지면적계급별집계표 제출에 관한 건'(수암면장의 시흥군수에 대한 보고)

수암면 전체 통계에서 보면 83.5%의 농가가 1정보 이하를 분배받아 하중리·하상리의 경우보다 좀 나은 편이다. 표에는 제시하지 않았지만 서울 남부 일원에 넓게 분포된 시흥군 전체를 살펴보면 89.8%의 농가가 1정보 이하의 농지를 분배받았을 뿐이었다. 자작지를 합한다 해도 소유면적이 많아질 리 없다. 자작농체제라 하더라도 소유규모가 작아 영세과소농체제로 편재될 가능성이 높다.

석장둔이 위치한 하중리·하상리의 농지개혁이 가져온 토지소유의 변동에 대해 검토하기 위해 농지개혁 직전과 직후의 상황을 비교해 보기로 한다. 그런데 북한이 점령하여 토지개혁을 실시한 뒤 이전의 토지공부를 불태워버렸기 때문에 석장둔 지역에는 농지개혁 이전의 토지대장

이 존재하지 않는다. 제6장에서 1910년대 작성된 토지조사부를 분석한
바 있는데 그 이후의 상황이 반영된 토지대장이 멸실되었기 때문에 일
제시기의 상황도 파악할 수 없다. 그래서 6·25전쟁 직후 조사된『지적복
구공시조서』(1950)를 토대로, 복구된『토지대장』(1950~1976)과 비교하여
새로 대장을 만들었다.『토지대장』은 복구된 뒤 1976년까지 사용된 것
으로 필지분할, 개간 및 간척지 편입 등 변동사항이 포함되어 있고 일부
결락되기도 하여 완벽하지 않다. 농지개혁 이전의 상황을 제6장의 토지
조사부 분석과 같은 방식으로 분석해보면 [표 8-6]과 같다.

[표 8-6] 농지개혁 이전 하중리·하상리의 토지소유 실태

거주지	소유자	전		답		대		기타		합	
		필지	면적	필지	면적	필지	면적	필지	면적	필지	면적/%
국유지	1	3	2009	4	1940	1	162	12	8077	20	12188/1.0
공유지	1	-	-	4	1935	-	-	2	618	6	2553/0.2
하중리 하상리	347	379	134023	710	422974	155	21315	272	88523	1516	666835/54.9
타리·타면	102	21	6331	196	134955	2	308	40	36450	259	178044/14.6
타군	40	43	17171	98	49256	7	1336	28	14704	176	82467/6.8
서울	70	63	22616	313	213073	14	4662	42	33206	432	273557/22.5
합	561	509	182,150	1,325	824,133	179	27,783	396	181,578	2,409	1,215,644/100

* 출처 :『지적복구공시조서』(1950);『토지대장』(1950~1976)
* 비고 : 면적단위는 평이다. 시흥군이 워낙 넓기 때문에 '타리·타면'에는 '하중리·하상리' 인근의 동리나 면에 속해 직접 경작이 가능하거나 그 경계에 속한 지역을 포함했으며, '타군'은 직접 경작이 전혀 불가능한 거리에 소유자가 거주한 경우다.

제6장 [표 6-5]의 1910년대 토지소유 실태와 비해보면, 22.3%에 달하던 국유지는 농지개혁 단계에서는 1.0%로 줄어들어 있었다.36) 제7장에서 살핀 것처럼 역둔토 국유지는 1920년대에 대부분 민간에 불하되어 꼭 필요한 경우나 특수한 경우를 제외하고는 농경지로서는 국유지를 운영할 필요가 없게 되었다. 지주의 경우 서울의 부재지주는 27.0%에서 22.5%로 줄어들었지만 여전히 강세를 유지하고, 재지지주는 다소 증가했다. 하중리·하상리 거주자의 소유지는 36.5%에서 54.9%로 증가했다. 이런 현상은 식민지시기에 서울 부재지주의 소유지가 증가했다가 해방 후 농지개혁이 예고되면서 다수 토지를 방매한 상황을 나타낸다. 즉 식민지시기 국유지 불하나 해방 후 부재지주의 소유지 방매는 현장의 소작농에게 실시했으므로 토지소재지 주민의 소유지가 급증한 상황을 보여주는 것으로 해석된다.

그렇다면 농지개혁에 의해 어떤 변화가 초래되었을까? 같은 방식으로 살펴보면 [표 8-7]과 같다.

농지개혁 직전의 토지소유 실태와 비교할 때 '하중리·하상리' 거주자의 소유면적이 54.9%에서 74.7%로 급증했다. 반면 서울의 부재지주 소유지는 22.5%에서 4.9%로 소멸단계로 접어들었다. 부재지주의 토지를 소작농에게 유상매수 유상분배하는 것이 농지개혁의 원칙이기 때문에 당연한 현상인데 그 실태를 하중리·하상리 현장에서 구체적으로 확인할 수 있다. 남아 있는 부재지주의 소유지는 농지개혁의 대상에서 제외될 수 있는 500평 이하의 원예지, 과수 등 다년성 작물 재배지, 위토, 기타

---

36) 여기서는 농경지만을 대상으로 하지 않고 임야·구거·도로 등의 부지도 포함했다. 농업사회인 조선시기와는 달리 모든 종류의 토지는 경제적 가치를 품고 있기 때문이다.

[표 8-7] 농지개혁 직후 하중리·하상리의 토지소유 실태

거주지	소유자	전		답		대		기타		합	
		필지	면적	필지	면적	필지	면적	필지	면적	필지	면적/%
국유지	1	2	1474	3	1887	1	162	12	8077	18	11600 /0.9
공유지	1	-	-	-	-	-	-	2	618	2	618 /0.1
하중리 하상리	434	445	154438	1019	628932	160	24091	112	88719	1736	896180 /74.7
타리· 타면	153	14	5060	214	148578	2	308	40	18118	270	172064 /14.3
타군	32	40	16388	59	28437	7	1336	28	14704	134	60865 /5.1
서울	41	15	6222	37	17715	10	3383	39	31199	101	58519 /4.9
합	662	516	183,582	1,332	825,549	180	29,280	233	161,435	2,261	1,199,846 100

* 출처 : 『지적복구공시조서』(1950); 『토지대장』(1950~1976); 『토지대장 및 등기부대조원
부』(1953)
* 비고 : 면적단위는 평이다. 시흥군이 워낙 넓기 때문에 '타리·타면'에는 '하중리·하상리'
인근의 동리나 면에 속해 직접 경작이 가능하거나 그 경계에 속한 지역을 포함했으
며, '타군'은 직접 경작이 전혀 불가능한 거리에 소유자가 거주한 경우를 포함했다.

재단에 들어간 토지 등일 것으로 추정할 수 있다.[37] '타리·타면' 거주자
의 소유지에는 큰 변동이 없다. 8km의 경작가능 거리에서 자작 또는 자
작에 준하는 관리감독을 통한 영농이 가능한 범위에서 토지를 소유할
수 있었다.

다음으로 농지개혁 전후 하중리·하상리의 토지소유 분포를 비교해보
면 [표 8-8]과 같다.[38]

37) 최원규, 앞의 논문, 1990, 888-894쪽; 하유식, 앞의 논문, 2010, 174~187쪽 참조.
38) 농지개혁을 중심에 두고 토지소유분포가 어떻게 변화하는지 다음의 논문에서 살

[표 8-8] 농지개혁 전후 하중리·하상리의 토지소유 분포 비교

구분	소유자수/%		필지수/%		1인당 평균필지수		면적/%		1인당 면적평균	
	전	후	전	후	전	후	전	후	전	후
1~ 1000	259 /46.2	298 /45.0	426 /17.7	473 /20.9	1.6	1.6	130295 /10.7	150711 /12.6	503	506
1001~ 2000	144 /25.7	181 /27.3	518 /21.5	446 /19.7	3.6	2.5	204720 /16.9	257023 /21.4	1422	1420
2001~ 3000	51 /9.1	70 /10.6	264 /11.0	330 /14.6	5.2	4.7	122741 /10.1	172771 /14.4	2407	2468
3001~ 4000	36 /6.4	43 /6.5	243 10.1	270 /11.9	6.8	6.3	125172 /10.3	152546 /12.7	3477	3548
4001~ 5000	29 /5.2	26 /3.9	244 /10.1	203 /9.0	8.4	7.8	130615 /10.8	114477 /9.5	4504	4403
5001~ 6000	8 /1.4	16 /2.4	74 /3.1	151 /6.7	9.3	9.4	42966 /3.5	84926 /7.1	5371	5308
6001~ 7000	7 /1.2	7 /1.1	59 /2.4	76 /3.4	8.4	10.9	44964 /3.7	44208 /3.7	6423	6315
7001~ 8000	3 /0.5	6 /0.9	22 /0.9	70 /3.1	7.3	11.7	21822 /1.8	44265 /3.7	7274	7378
8001~ 9000	2 /0.4	3 /0.5	20 /0.8	56 /2.5	10.0	18.7	16077 /1.3	26356 /2.2	8039	8785
9001~ 12000	9 /1.6	8 /1.2	212 /8.8	133 /5.9	23.6	16.6	95232 /7.8	85061 /7.1	10581	10633
12001~ 15000	3 /0.5	1 /0.1	67 /2.8	10 /0.4	22.3	10.0	41435 /3.4	14477 /1.2	13812	14477
15000평 이상	10 /1.8	3 /0.5	260 /10.8	43 /1.9	26.0	14.3	239605 /19.7	53025 /4.4	23961	17675
계	561 /100	662 /100	2,409 /100	2261 /100	4.3	3.4	1,215,644 /100	1199846 /100	2167	1812

* 출처 :『지적복구공시조서』(1950);『토지대장』(1950~1976);『토지대장 및 등기부대조원
　부』(1953)
* 비고 : 토지는 모든 지목을 다 포함했다.

하중리·하상리 토지대장을 복원한 뒤 분배 이전의 필지를 모으고 분배 이후의 상황을 반영하여 농지개혁 전후의 변화상을 표 한 장에 소화한 것이므로 번잡함을 피하기 어렵다. [표 8-8]에서 농지개혁 전후에서 소유자의 변화를 보면 우선 소유자가 561명에서 662명으로 101명이 늘었다. 1정보(3000평)까지를 묶어 보면 454명에서 549명으로 95명이 늘었으니 늘어난 인원은 거의 1정보 이하를 소유한 자들이다. 비율로는 이전의 81.0%에서 82.9%로 비율이 소폭 늘었다. 반면 3정보 이상에서 3.9%가 1.8%로 줄면서 22명에서 12명으로 꽤 많이 줄었다. 영세소유자가 증가하고 대토지소유자가 줄어든 것을 의미한다. 그러나 면적으로 보면 1정보 이하는 37.7%에서 48.4%로 급격하게 늘어난 반면 3정보 이상은 30.9%에서 12.7%로 크게 줄었다.

대토지소유자의 숫자도 줄고 그들의 소유지도 감소했으며 영세소유자는 숫자도 증가하고 그에 따라 그들의 소유지도 증가했으니, 따라서 1인당 평균소유에서는 농지개혁 전후에서 큰 차이를 보이지 않고 농지개혁 이후에도 일정한 수준의 소유지를 유지하고 있는 모습을 보인다.

소작농의 자작농화로 인해 소유자수는 증가했으며 그에 따라 영세소유의 수준도 유지되었다. 전답의 1/3 정도 수준에서 토지재분배가 이루어졌으므로 대토지소유자가 감소한 반면 영세소유자는 증가하여 그것을 흡수한 것이라 할 수 있겠다. 여기서는 검토하지 못했지만 기왕의 많은 연구에서 농지개혁 이전 이미 소작지가 방매되었다는 점은 확인되었다.[39] 석장둔 지역에서도 소유규모의 양극화가 완화되어 이미 농지개혁

필 수 있다. 장상환, 앞의 논문, 1997; 조석곤, 「토지대장에 나타난 토지소유구조의 변화 - 예천군 용문면 사례의 예비 분석」, 『맛질의 농민들 - 한국근세촌락생활사』, 안병직·이영훈편저, 일조각, 2001; 조석곤, 「토지대장으로 살펴본 토지소유구조의 변화 - 원주시 호저면의 사례」, 『농촌경제』 28-2, 한국농촌경제연구원,

이전의 토지소유분포에 반영되었던 것이 틀림없다. 그러므로 전반적으로 보아 예상보다는 큰 변동이 없는 것으로 나타나고 있는 것이다.

가장 심각한 문제는 농지개혁 이전 2,167평이던 1인당 평균소유가 농지개혁 이후 1,812평으로 줄어들었다는 점이다. 여기에는 전답 이외의 토지도 포함되어 있으니 더욱 심각하다. 1정보에 크게 못 미치는 영세한 토지소유로는 농가경제를 꾸릴 수 없었다. 농지개혁에 의해 경자유전의 자작농체제가 구축되었으나 농업생산력은 오히려 정체된 것으로 파악되고 있다.[40] 농업생산력의 향상을 위한 수리관개, 농사개량이 필요할 뿐 아니라 영세소유 문제를 해결하기 위해 농경지의 확장이 긴요했다. 제10장에서 보듯이 간척을 통한 경작지의 확대정책은 농지개혁 자체에서 배태된 것이었다.

대토지소유자의 소유변동을 좀더 구체적으로 살펴보면 [표 8-9]와 같다.

2005; 조석곤, 「토지대장으로 살펴본 토지소유구조의 변화 - 김제시 죽산면의 사례를 중심으로」, 『동향과 전망』 65, 한국사회과학연구소, 2005; 정승진·松本武祝, 「토지대장에 나타난 농지개혁의 실상(1945~1970) - 전북 익산군춘포면토지대장의 분석」, 『한국경제연구』 17, 한국경제연구학회, 2006; 조석곤, 「토지소유권대장으로서의 토지대장과 그 분석의 일례」, 『시흥시사』 10, 2007; 조석곤, 「농지개혁 당시 수분배농가의 토지소유구조 변화에 관한 연구 - 원주시 호저면의 사례」, 『경제사학』 46, 2009; 이용기, 「한국 농지개혁의 가능성과 한계 - 혈연적 관계망에 주목하여」, 『동아시아의 농지개혁과 토지혁명』, 서울대학교출판문화원, 2014; 정승진, 앞의 논문, 2017.
39) 장상환, 앞의 논문, 1984; 유기천, 앞의 논문, 1990; 홍성찬, 『한국근대 농촌사회의 변동과 지주층 - 20세기 전반기 전남 화순군 동복면 일대의 사례』, 지식산업사, 1992; 하유식, 앞의 논문, 2010 참조.
40) 우대형, 「농지개혁의 생산성 증대효과 분석」, 『농지개혁 연구』, 홍성찬편, 연세대학교 출판부, 2001; 조석곤, 「토지조사사업과 농지개혁이 토지생산성에 미친 효과에 관한 비교 분석」, 『동향과 전망』 71, 2007.

[표 8-9] 농지개혁 전후 하중리·하상리 5정보 이상 대토지소유자의 토지소유 변동

번호	소유자	거주	농지개혁	전	답	대	기타	합
1	박홍서	서울	전	-	64/64537	-	4/9540	68/74077
			후	-	-	-	4/9540	4/9540
2	고문록·엄주동	포리	전	-	20/18779	-	6/4307	26/23086
	고문록	포리	후	-	-	-	3/2393	3/2393
	고문구	포리	후	-	1/97	-	1/638	2/735
	고문진	포리	후	-	3/4792	-	-	3/4792
3	장영순	하중리	전	1/658	11/6113	-	1/15236	13/22027
			후	1/658	5/2691	-	1/15256	7/18605
4	서순남	소래면 신천리	전	-	-	-	1/18892	1/18892
			후	-	-	-	-	-
5	임업석	하중리	전	-	32/17945	-	1/11	33/17956
			후	1/303	4/2517	-	-	5/2820
6	박홍선	서울	전	-	25/17940	-	-	25/17940
			후	-	-	-	-	-
7	강익원	경기도 연천	전	11/8457	10/5213	4/878	4/2800	29/17348
			후	11/8457	10/5213	4/878	4/2800	29/17348
8	장석형	하중리	전	4/553	-	1/219	2/16300	7/17072
			후	4/553	-	1/219	2/16300	7/17072
9	임병준	서울	전	-	24/12523	-	7/3550	31/16073
			후	-	-	-	4/2064	4/2064
10	이순경	하중리	전	9/2869	12/6700	2/344	4/5221	27/15134
			후	6/2116	5/4024	2/344	4/5221	17/11705

* 출처 :『지적복구공시조서』(1950);『토지대장』(1950~1976);『토지대장 및 등기부대조원부』(1953)
* 비고 : '필지수/면적평수'의 형식으로 정리했다.

　　농지분배는 전답에 한정되었으므로 '대'와 '기타'는 관련 없지만 여기서는 토지대장에 등록된 모든 지목의 토지를 대상으로 삼았다. 1번 박홍서, 6번 박홍선, 9번 임병준의 전답은 완벽하게 소작농에게 분배되었다.

박홍서의 64필지, 답 64,537평은 지대선, 최영길, 이명출 등 50명에게 한
필지 또는 여러 필지씩 분배되었다. 박홍선의 답 25필지, 17,940평도 22
명에게, 임병준의 답 24필지, 12,523평도 17명에게 분배되었다. 2번 고문
록, 5번 임업석의 경우는 본인 또는 가족이 일부 자작하는 방향으로 조
정되었고, 3번 장영순, 8번 장석형, 10번 이순경의 경우는 대부분의 토지
를 자작하면서 3정보 상한 등을 고려하여 재조정되었다. 7번 강익원은
모두 일가 10여명의 공동명의로 위토 등으로 소유했고 농지개혁 전후로
전혀 변동이 없다. '기타'는 구거, 산림 등인데 분배의 대상이 아니었기

[표 8-10] 하중리·하상리 농지개혁 수배농지 상위자의 소유변동

번호	소유자	거주	농지개혁	전	답	대	기타	합
1	지대선	하중리	전	-	-	-	-	-
			분배	662	5254	-	-	5916
			후	2/662	6/3974	-	-	8/4636
2	이명출	하중리	전	1/179	2/386	-	-	3/565
			분배		4621	-	-	4621
			후	1/179	5/4820	-	-	6/4999
3	최치호	하중리	전	1/494	6/2815	1/135	1/686	9/4130
			분배	350	3892	-	-	4242
			후	2/801	7/3548	1/135	1/686	11/5170
4	최영길	하중리	전	-	-	-	-	-
			분배	153	3782	-	-	3935
			후	1/153	3/3252	-	-	4/3405
5	장헌순	하상리	전	-	2/1706	-	-	2/1706
			분배	996	2801	-	-	3797
			후	-	4/3357	-	-	4/3357

* 출처 : 『지적복구공시조서』(1950); 『토지대장』(1950~1976); 『토지대장 및 등기부대조원
부』(1953), 『분배농지수배자별조서』(1954)
* 비고 : '분배' 부분은 평이며 나머지는 '필지수/면적평수'의 형식으로 정리했다.

때문에 대부분 그대로 유지하려는 경향을 보이며 후에 개인자산으로서 가치를 지닐 수 있게 된다.

그러면 구체적으로 분배받은 소작농들에게 토지소유의 변화가 어떻게 발생했는지 몇 가지 사례를 제시하면 [표 8-10]과 같다.

앞에서 본 것처럼 농지개혁의 전개과정에서 포기도 가능했고 재조사도 이루어져 일치하는 통계를 얻기 어렵다. 그렇지만 대략의 경향은 볼 수 있다. 지대선과 최영길은 전혀 토지를 소유하지 못한 순소작농으로서 지주의 전답을 분배받아 1정보 이상을 소유한 자작농으로 되었다. 나머지 세 사람은 자기 소유지에 분배지를 포함하여 1정보 이상의 여유를 얻게 되었다. 자작지를 내주고 소작지를 받기도 하는 등 내용은 복잡하다. 필지의 면적이 분배과정에서 재조정되거나 분할되기도 했다. 분배농지는 거주여부에 관계없이 비농가의 농지, 자경하지 않는 농지, 자경농지라도 3정보를 초과한 농지, 과수원 등을 3정보 이상 자영하는 자의 농지 등이었으므로[41] 일방적으로 소작농에게만 돌아가지 않는 복잡함도 있었다.

3. 신안 주씨 지주가에서 경험한 농지개혁

1938년 주인식과 그 자녀의 토지는 [표 7-13]에서 보듯이 전국에 걸쳐 전, 답, 대지, 기타 등 모두 1,286필지, 1,112,169평으로 370정보에 이른 것으로 집계된다. 전답만을 계산하면 1,176필지, 966,466평, 322정보였다. 30정보 이상 전답 소유자를 대지주로 통계하는 것을 놓고 보면 어마어마한 대지주다. 물론 특징적인 것은 한곳에 대농장을 가진 것은 아니라는

---

41) 김성호 외, 앞의 책, 1989, 629쪽.

점이다. 그중 부천군 소래면에 소재한 전답만을 모아 보면 [표 8-11]과 같다.

[표 8-11] 1938년 주인식 부자의 부천군 소래면 전답 규모

성명	전		답		계	
	필지	면적(평)	필지	면적(평)	필지	면적(평)
주인식	62	46,505	36	71,892	**98**	**118,397**
주J환	123	47,795	89	66,165	**212**	**113,960**
주G한	17	11,307	33	58,096	50	69,403
주S환	6	5,438	12	8,395	18	13,833
계	**208**	**111,045**	**170**	**204,548**	**378**	**315,593**

* 출처 : 신안주씨가(I) 문서 032번,『世傳田畓及諸子所有田畓□正地籍簿』, 1938년 3월; 제7장 [표 7-13]

전국적인 토지소유 규모는 주인식이 압도적으로 많지만 소래면의 경우 장남인 주J환이 부친과 견줄 만큼 많이 보유하고 있다. 이미 상속이 상당히 진행되어 장남으로 하여금 고향마을을 관리하도록 진행해 나간 것을 볼 수 있다. 주인식과 자녀들이 소래면에 소유한 토지는 전 208필지 111,045평, 답 170필지, 204,548평, 합하여 378필지, 315,593평이었다. 105정보에 달해 소래면에서만도 엄청난 규모의 지주였다.[42] 동생인 주영식과 그의 자녀는 제7장 [표 7-12]에서 보듯이 부천군 소래면에 소유한 전답이 57필지, 62,483평으로 약 20정보였다. 두 집안을 합하면 125정보에 달했다.

---

42) 그런데 조선총독부 기록에는 주인식(경성부 봉래정 4-76)은 부천군에 답 42정보, 전 1정보 합하여 43정보를 소유하며 소작인이 42명이라 하고, 장남 주J환(경성부 봉래정 4-76)은 부천군에 답 22정보, 전 15정보 합하여 37정보를 소유하며 작인은 53명이라고 한다.(한국농촌경제연구원,『농지개혁시 피분배지주 및 일제하 대지주 명부』, '경기도 지주명부', 1938년 5월, 87, 89쪽). 주인식 개인의 기록에서 조선총독부의 기록보다 토지규모가 더 많게 나온다.

해방 후 신안 주씨가의 전답은 어떻게 되었을까? 농지개혁에서 어느 정도 매수 분배되었을까?[43] 신안 주씨가 두 집안이 소래면에서 매수당안 농지면적은 [표 8-12]와 같다.

[표 8-12] 신안 주씨가의 소래면 매수당한 농지면적

가계	관계	이름	주소	보상신청일	전	답	합
주인식	장남	주J환	과림리 322	1955.04.09	51/21678	17/9904	68/31582
	장손	주N준	과림리 322	1955.04.09	20/8227	27/19326	47/27553
	장손부	정D순	과림리 322	1955.04.09	19/6877	20/15348	39/22225
		김J이	과림리 341	1955.04.09	14/7222	3/382	17/7604
	후손	주기B	과림리 341	1955.04.09	2/960	6/7228	8/8188
	후손	주기C	과림리 341	1955.04.09	3/2377	3/3339	6/5716
	후손	주기R	과림리 341	1955.04.09	4/2745	1/129	5/2874
	후손	주세J	과림리 341	1955.04.09	1/332	11/8135	12/8467
	계				114/50418	88/63791	202/114209
주영식	본인	주영식	과림리 320	1951.08.23	2/2528	15/17801	17/20329
	자	주M환	과림리 320	1951.08.23	-	5/6166	5/6166
	자	주Y환	과림리 320	1951.09.01	-	4/11266	4/11266
	자	주B환	과림리 320	1951.09.01	13/10984	23/21946	36/32930
	후손	주기S	과림리 320	1955.04.09	3/1904	9/6562	12/8466
	계	-	-	-	18/15416	56/63741	74/79157
합계	-	-	-	-	132/65834	144/127532	276/193366

* 출처 : 『지주신고접수부』, 부천군 소래면, 1951; 『지주신고서』, 부천군 소래면, 1955
* 비고 : 1. 단위는 '필지수/평수'이다. 2. 『지주신고접수부』에는 소래면 지주들의 보상신청 리스트가 작성되어 있고, 『지주신고서』에는 지주 개개인 소유지가 나열된 지주별 농지확인일람표와 함께 지주신고서가 수록되어 있다. 3. 주J환은 1955년 4월 22일 분배농지보상신청에 관한 권리를 자부인 정D순에게 양도했고, 아들 주N준이 주J환의 소유지를 대신 보상 신청했다.

---

43) 지주가가 겪은 농지개혁에 대해서는 박석두, 「농지개혁과 식민지지주제의 해체 - 경주 이씨가의 토지경영사례를 중심으로」, 『경제사학』 11, 1987; 홍성찬, 앞의 책, 1992 참조.

1938년경 주인식 집안의 소래면 전답은 378필지, 315,593평이었는데, [표 8-12]에서 보면 1951년 주인식 집안에서 매수당한 전답은 202필지, 114,209평이었다. 176필지, 201,384평이 줄었다. 주인식은 1945년 5월 사망하여 장남 주J환이 부친의 토지를 상속했다.[44] 주J환은 상속 받은 토지 중 일부를 자녀들에게 증여했다.[45] 어떤 자녀는 새삼스럽게 토지를 매입하기도 했다.[46] 해방 후 상속과 증여, 토지의 매입과 매도 등의 현상에 대해 자세한 사정을 알지는 못하지만 농지개혁이 임박해지면서 여러 가지 대책을 세우지 않을 수 없었을 것이다. 그 결과 소래면의 경우만 보더라도 주인식 집안의 소유전답은 63.8%나 줄어들었다.[47]

[표 8-12]를 보면 주J환은 전 21,678평, 답 9,904평 합하여 31,582평을 보상 신청했다. 그런데 1950년 5월의 보상신청서에는 전 28,403평, 답 18,274평으로[48] 훨씬 더 많았다. 주J환은 6·25전쟁이 일어나기 전인 1950년 5월 3일 소래면 과림리 등지 선친 주인식 명의의 토지에 대해 보상신청서를 제출했다.[49] 주J환과 주기C은 1950년 4월 이미 경기도 광주

---

44) 주J환이 김포군의 토지를 상속함에 따라 주인식에게서 토지소유권을 등기 이전한 한 사례가 있다. 신안주씨가(II) 문서 5-013번 '신안주씨 토지관련서류', 1946년 5월 24일.

45) 1947년 8월 15일 소래면의 토지 중에서 주기R·주기C·김J이·주기B·주기S·주세J·주N준 등 7명에게 전 21,628평, 답 40,107평을 증여했다. 신안주씨가(II) 문서 5-016번 '주정환 증여계약서', 1947년 8월 15일.

46) 주기C은 1946년 수원군 반월면의 답 1802평을 매입했다. 신안주씨가(II) 문서 5-018번 '주기천매매계약서', 1946년.

47) 반면 주영식 집안의 전답은 57필지, 62,483평에서 74필지, 79,157평으로 되어 오히려 17필지, 16,674평이 증가했는데 자세한 사정을 알지 못하므로 섣불리 해방 공간에서 토지소유를 확대했다고 말하기는 어려울 것이다.

48) 신안주씨가(II) 문서 5-027번 '주J환 보상신청서', 1950년 5월.

49) 신안주씨가(II) 문서 5-011번 '신안주씨 토지관련서류', 1950년 5월 3일.

군 낙생면의 토지에 대한 보상신청서도 제출했다.[50) 주J환은 1950년 4월 28일 수원군 장안면 수촌리 전 5270평, 답 24818평에 대한 보상신청서도 제출했다.[51) 시흥군의 경우 5월 3일 보상신청을 개시하는 것으로 예정 했었지만 모든 절차가 늦어져 용이치 않았다. 수암면은 5월 9일 현재 지주 215명 가운데 130명이 신청하여 신청율 60.5%였다고 앞에서 설명한 바 있다. 신안 주씨는 이러한 보상신청 절차를 잘 준수하여 재산을 보전 할 것을 도모했다고 평가할 수 있겠다.

농지개혁 때 지주의 보상신청서류 부본을 보관한 종이봉투에 보면 첫째 소래면 과림리 계수리의 13대 전래 정재(淨財)농지 전부, 같은 곳 역둔토 전답 전부 농지를 장자 주N준이 보상금을 신청·영수하여 사용했다고 적혀 있다.[52) 주J환의 메모에 의하면 "소래면 것이 대단히 복잡하였었는데 이 再카도로써 지가보상금액을 정리하여 받았다. 타처 것은 시청카트로 준행하여 계산하였다. 전 카트는 무효로 하고 이 카트로써 시행한다는 면장보고, 군수공문, 도를 경위하여 서울까지 와서 이 카트로 시행하였다"라고 되어 있다.[53) 이렇게 주인식 집안의 농지보상은 완료되었다.

주인식 집안의 어떤 후손은 다음과 같이 농지개혁 이후 대대로 물려받은 토지재산을 잃고 집안이 몰락한 것을 탄식했다.

自嘆歌

緣何流落朱氏家   무슨 연유로 주씨가문 유락하여

---

50) 신안주씨가(II) 문서 5-019번 '토지보상신청서', 1950년 4월.
51) 신안주씨가(II) 문서 5-012번 '주J환 농지보상신청서', 1950년 4월 28일.
52) 신안주씨가(II) 문서 5-024번 '보상신청서류부본보관봉투'(1962년 12월 24일 조사), 서울특별시 농지과.
53) 신안주씨가(II) 문서 5-001번 '지가상환 완수', 주J환.

一朝以作無産劫   하루 아침에 영영 무산자가 되었도다.
世襲財産汝代禍   세습해온 재산이 너의 대에 화를 입었으니
薄福訴言何處可   박복함을 어디대고 하소해 볼꼬!
不如不來物   차라리 나지 않았더라면 좋을 이몸
對祖上罪人   조상님 대하여 죄인이로다.
(1962년 2월 17일 香山)[54]

  농지개혁의 지가증권 보상으로 산업자본으로의 전환은 미흡했던 것
으로 평가되고 있다.[55] 주영식의 후손인 주B환은 1957년 과림2리 농업
협동조합조합장이 되었다. 대지주가의 후손이 이제는 자작농으로서 농
촌의 지도자로 정착한 모습이다.
  이렇게 농지개혁의 지주제 폐지와 경자유전 원칙이 가져온 결과를 수
리조합을 통해서도 확인할 수 있다. 먼저 농지개혁 이전 신안 주씨가 과
림지구에서 소유한 토지의 실태를 살펴보면 [표 8-13]과 같다.

[표 8-13] 신안 주씨가의 과림지구 토지소유 실태

성명	관계	주소	전		답		계	
			필지	면적	필지	면적	필지	면적
주영식	주인식 동생	소래면 과림리			1	733	1	733
주흥식	주인식 사촌	소래면 과림리			2	2,216	2	2,216
주J환	주인식 자	서울시 만리동 76	12	3753	42	29,534	54	33,287
		貯水畓 蒙利地 分			9	3,584	9	3,584
주G환	주인식 자	서울시 내자동 215	1	1478	6	16,562	7	18,040
주S환	주인식 자	서울시 내자동 215	1	1340	3	2,168	4	3,508
주M환	주영식 자	소래면 과림리			3	2,402	3	2,402
주N준	주J환 자	소래면 과림리			3	11,081	3	11,081

* 출처 : 『土地原簿 並 權利者名簿(과림지구)』, 인안수리조합
* 비고 : 면적단위는 평이다.

---

54) 신안주씨가(II) 문서 5-025 '보상신청서류부본 및 권리서류 봉투'.
55) 이지수, 「해방후 농지개혁과 지주층의 자본전환 문제」, 연세대학교 사학과 석사
   학위논문, 1994 참조.

수리조합 과림지구에는 과림리와 옥길리가 속해 있는데 신안 주씨가
의 인안수리조합 과림지구에 속한 토지는 모두 과림리에 소재한다. 과
림리에 가장 많은 토지를 소유한 주J환은 54필지 33,287평을 소유했고,
저수답 몽리지 분까지 합하면 63필지, 36,871평에 이른다. 주G환과 주S
환은 부친인 주인식과 함께 거주하는 것 같은데 이들의 토지를 합한다
면 11필지, 21,548평에 이른다. 이들 토지는 모두 주인식으로부터 상속받
은 토지다.

그런데 위의 자료가 언제 작성된 것인지 분명치 않은데 해방 후 농지
개혁 이전에 만들어진 것은 틀림없다. 그렇다면 농지개혁이 끝난 이후
에는 어떻게 되었을까? 1957년 과림지구 주씨가 조합원의 토지소유 상
황을 살펴보면 [표 8-14]와 같다.

[표 8-14] 1957년 인안수리조합 과림지구 주씨가 조합원

주씨가		나이	주소	조합구역면적
주B환	주영식 자	39	소래면 과림리	5,941
주M환	주영식 자	30	"	6,555
주Y환	주영식 자	32	"	2,733
주N준	주정환 자	51	"	1,175

* 출처 : 『평의원 및 보충원 선거인명부(과림지구)』(1957년)

농지개혁 이전 과림리에 많은 토지를 가지고 있던 주인식의 자녀인
주J환·G환·S환은 사라졌다. 대신 주영식의 자녀인 주B환·M환·Y환이
등장했다. 서울에 살던 주J환·G환·S환이 서울 생활을 청산할 리는 없을
것이다. 과림리에 거주하여 자경할 수 있는 사촌들이 넘겨받을 수도 있
었을 것이다. 주B환과 주M환은 2정보 정도 과림리에 토지를 소유한 것
으로 나오지만 주Y환과 주N준은 1정보에도 미치지 못한다. 주씨가는 고

향이 과림리이기 때문에 주로 과림지구에 토지를 많이 소유했고 그 다
음으로 소래지구에 토지를 소유했다. 지금은 광명시에 속하는 서면 쪽
에도 조금 소유했다. 그런데 소래지구의 선거인명부에는 주씨가의 어떤
사람도 등장하지 않는다. 그러니 농지개혁 이후 수리조합에서 주씨가가
차지하는 위치가 어느 정도로 추락한 것인지 짐작하고 남음이 있다. 그
들이 전국적으로 소유했던 광활한 토지는 매각되거나 분배되어 특정 지
역에 3정보 이하의 농지만을 소유할 수밖에 없었다.

다만 위토는 인정받았다. 농지개혁법에서는 종전부터 소작료를 받지
않고 묘지의 수호를 위해 이미 설치된 위토는 1위당 2반보=600평까지
허용했다. 묘지의 수에 따라 위토인정을 신청하면 심사를 거쳐 동리농
지위원회에서 위토인정증명서를 발급했다. 신안 주씨가의 위토 실태는
[표 8-15]와 같다.

[표 8-15] 신안 주씨가의 위토

성명	주소	분묘소재지	묘위	설치 시기	위토 위치	위토 필지수	위토 지적
주영식	과림리	과림리 산55	조카 1위	1927	과림리	1	360
	과림리	계수리 산20	부, 모, 처 3위	1941	계수리	1	1,500
	과림리	과림리 산55	2자, 3자 2위	1931	과림리	1	792
	과림리	과림리 산55	자부 1위	1927	과림리	1	400
주 J 환	서울 만리동	과림리 산51	부모, 조상 등 7위	1927	과림리	5	3,816
	서울 만리동	과림리 산360	조상 5위	1927	과림리	3	1,707
	서울 만리동	계수리 산27	13대 조부 등 조상 13위	1927	계수리	4	2,501

* 출처 : 『위토신청서』, 부천군 소래면, 1951

신안 주씨가에서는 1951년 8월 30일 가족이 일괄적으로 위토인정을
받았다. 모두 16필지, 11,076평(3.692정보)이었다.[56] 이 당시 주인식, 주영

식 형제 중 주인식은 이미 사망하고 주영식과 장손인 주J환이 묘역을 관
리했다. 묘역은 주로 1927년 조성되고 위토도 그때 설치된 것이 많다. 주
영식은 부모와 가족의 묘역을 관리하고, 장손인 주J환은 13대 조부까지
과림리와 계수리 일대의 묘역을 관리했다.

농지개혁에서 위토를 인정한 실태를 살펴보면 [표 8-16]과 같다.

[표 8-16] 위토인정 실태

면	건수	전		답		계	
		필지	면적	필지	면적	필지	면적
소래면	161	145	114,237	91	80,196	236	194,433
수암면	184	249	118,020	113	77,426	362	195,446
군자면	109	139	67,782	77	36,245	216	104,027

* 출처 : 『위토대장』, 부천군 소래면, 1951

위토는 묘지가 있는 위치에 설정되고 수호자가 별도로 선정되어 그가
경작자로서의 역할을 하게 된다. 묘지는 산지가 많은 곳에 설치되므로
산지가 많은 수암면과 소래면에 많은 묘역이 조성되었고 이에 따라 이
지역에 많은 위토가 설치되었던 것을 볼 수 있다.

이렇게 대지주 신안 주씨가는 농지개혁을 통과하면서 고향마을에 정
착한 사람들은 자작농으로 생업을 유지하고 고향마을을 떠난 사람들은
도시적 삶을 새롭게 꾸리지 않으면 안 되었다. 지주보상금을 어떻게 처
리했는지 지가증권을 어떻게 처리했는지 알 수 없는데, 지주자본의 산
업자본으로의 전환은 지주 자신의 산업자본화라기보다는 지주의 희생
을 바탕으로 한 산업자본의 조성에 초점이 있었기 때문에 농업을 보조

---

56) 해남 윤씨 종가는 약 12정보의 위토를 보유했다(최원규, 앞의 논문, 1990, 892쪽).

할 산업분야에 일부의 지주가 진출한 것을 제외하고는 대부분 몰락의 길로 접어들었다.[57] 신안 주씨가도 그런 도정에서 예외는 아니었다.

---

[57] 이지수, 앞의 논문, 1994 참조.

제9장 북한 점령하의 석장둔 지역 토지개혁

1. 북한 점령하의 토지개혁

1) 위로부터의 토지개혁

남한을 점령한 북한은 정치조직을 구축함과 동시에 즉각 '토지개혁'을 실시했다. 전쟁과 혁명에 민중의 에너지를 동원할 유력한 수단으로 토지개혁을 활용하기 위해서였다. 북한 점령하의 토지개혁이 과연 동원의 원동력이 되었는가 하는 문제는 6·25전쟁 발발 이전 시작된 남한의 '농지개혁'이 얼마나 진행되었으며 어떤 성과를 내고 있었는가 하는 문제와 직결된다고 평가되고 있다. 즉 남한의 농지개혁이 지지부진함으로써 북한이 남한지역을 점령하여 수행한 토지개혁이 혁명의 에너지를 동원할 수 있었다고 보는 견해와, 이미 남한의 농지개혁은 전쟁이 일어나기 이전에 사실상 완료되었고 북한이 점령지에서 수행한 토지개혁과 별반 다르지 않은 성과를 올렸다고 보는 견해가 대립되어 있다. 다시 말하면 농지개혁이 전쟁 발발 이전에 완료되었는지 아니면 성과를 올리지 못해 토지개혁의 영향을 받았는지 하는 문제이다.[1] 다만 남한 농지개혁

---

1) 이와 관련하여 농지개혁의 완료시점에 대한 논의가 있다. 정병준과 김태우는 농지개혁이 전쟁 이전에 완료되지 못했기 때문에 점령지의 토지개혁이 큰 영향을 끼쳤다고 본다. 정병준, 「한국농지개혁의 재검토 - 완료시점·추진동력·성격」, 『역사비평』 65, 역사비평사, 2003; 김태우, 「한국전쟁기 북한의 남한 점령지역 토지개혁」, 『역사비평』 70, 2005.

과는 달리 점령지의 토지개혁에서 고농(雇農)에게도 토지를 분배함으로 써 가장 빈곤한 머슴들이 북한의 점령사업에 앞장선 점은 모든 연구자 들이 인정하고 있다.

점령지 토지개혁은 전쟁 중 시급하게 추진되었기 때문에 위로부터 일 사분란하게 조직되고 추진된 특징을 보인다.[2] 전쟁 중이 아니어도 1946 년 3월 실시된 북한의 토지개혁도 한 달이라는 아주 짧은 시간에 일사 분란하게 진행되었다.[3] 북한은 점령한 남한지역에서 수개월에 걸쳐 남 쪽으로 내려가면서 토지개혁을 실시했다. 북한군이 퇴각한 뒤 토지개혁 의 결과는 백지화되고 1950년 10월 19일 중단되었던 남한의 농지개혁이 재개되었지만 점령지 토지개혁이 갖는 의미는 농지개혁을 평가하는데 있어서도 아주 중요하다. 위로부터 추진된 점령지 토지개혁의 전반적인 흐름을 정리하면서 석장둔이 위치한 시흥군 수암면, 부천군 소래면[4] 토 지개혁의 성과와 특징을 살펴보기로 한다.[5]

북한군은 1950년 7월 3일부터 9월 19일까지 시흥군을 점령하고 그 사

---

2) 기광서, 「한국전쟁기 북한의 남한지역 토지개혁」, 『한국전쟁기 남북한의 점령정 책과 전쟁의 유산』, 선인, 2014 참조.
3) 손전후, 『우리나라 토지개혁사』, 과학,백과사전출판사, 1983 참조.
4) 당시 시흥군은 오늘날의 서울시 서초구에서부터 관악구·금천구·과천시·안양시· 군포시·광명시·안산시·시흥시를 모두 포괄하여 현재의 시흥시 권역과는 비교할 수 없을 만큼 넓은 지역이었다. 석장둔이 위치한 곳은 시흥군 수암면과 부천군 소 래면 일대이다.
5) 북한 점령하 시흥군 토지개혁에 대해서는 노획문서를 활용한 정병준의 연구가 있 다(정병준, 「한국전쟁기 북한의 점령과 지방사회의 변화 - 경기도 시흥군의 사례」, 2014a; 「한국전쟁기 북한의 점령지역 동원정책과 '공화국 공민' 만들기 - 경기도 시흥군의 사례를 중심으로」, 2014b, 『한국전쟁기 남북한의 점령정책과 전쟁의 유 산』, 선인). 이를 참조하면서 본서에서는 석장둔 소재지에 초점을 맞추기로 한다. 시흥군 토지개혁 관련 노획문서는 국립중앙도서관에 수집되어 있다.

이에 토지개혁을 완료했다. 북한은 헌법 제7조에서 "아직 토지개혁이 실시되지 아니한 조선 안의 지역에 있어서는 최고인민회의가 규정하는 시일에 이를 실시한다"고 규정했다. 남북이 상대의 영토를 미수복지역으로 규정하던 상황이었다. 단지 선언에 그치지 않고 북한은 1949년 5월 남한 토지개혁 실시를 위한 법령기초위원회를 조직했다. 한국전쟁이 일어난 지 겨우 열흘 뒤인 1950년 7월 4일, "공화국 남반부지역에 토지개혁을 실시함에 관하여"라는 정령과 시행세칙을 발표한 것은 그러한 준비에 기초한 것임을 짐작케 한다.[6]

정령과 시행세칙을 살펴보면,[7] 점령지 토지개혁의 원칙은 북한에서 실시한 것과 마찬가지로 무상몰수(無償沒收), 무상분여(無償分與)였다. 무상몰수의 대상은 미국인 소유, 이승만 정부의 소유, 회사의 소유, 5정보 이상의 토지를 소작 준 지주의 소유, 5정보 이하라 하더라도 계속적으로 소작 주는 토지 등이었다. 5정보 또는 20정보까지 자작하는 토지는 몰수하지 않는다고 했다. 무상몰수한 토지는 고용농민, 토지 없는 농민, 토지적은 농민에게 무상으로 분여했다.

점령지 토지개혁을 주도할 최고의 기구로 농림성 산하에 박문규(朴文圭)를 위원장으로 한 '남반부 토지개혁지도위원회'가 구성되었다. 이 위원회는 7월 8일부터 토지개혁사업을 본격 추진했다. 토지개혁은 중앙으로부터의 지도와 지시에 의해 진행되었지만 리단위 조직에 의해 자발적으로 추진되는 외양을 취하여 혁명적 열기를 고취하고자 했다. 그래서 리단위 토지개혁의 실무를 담당할 '농촌위원회'의 구성을 매우 중시했다. 토지의 몰수와 분여는 현장의 혁명적 계급성을 지닌 주민으로 구성

---

6) 기광서, 앞의 논문, 2014, 157~160쪽 참조.
7) 「공화국 남반부 지역에 토지개혁을 실시함에 관한 정령 및 시행세칙」.

된 농촌위원회의 손으로 수행된 것으로 선전하고자 했다. 농촌위원회는 고용농민, 토지 없는 농민, 토지적은 농민, 즉 토지분여의 대상이 주체가 되어 농가호수를 고려하여 5-9명을 농민총회에서 선출하여 구성하는 것으로 규정되었다. 거수의 방법으로 농촌위원을 선출했는데 이는 위로부터의 의사를 관철하기 위해서였다.

그럼에도 불구하고 농촌위원의 구성은 토지개혁지도위원회의 의도대로 관철되지 못했는지 거듭 이에 대한 문제제기가 나오고 있다. 토지개혁지도위원장인 박문규 등은 7월 24일 고양군, 양주군, 시흥군 일부의 면과 동리들을 검열한 뒤 중농·부농·자작농을 농촌위원에 선정한 예를 비판하면서 소작농의 경우에도 소작지의 규모를 엄밀하게 살펴 빈농을 농촌위원으로 선정할 것을 요구했다.[8) 무엇보다 머슴 등 고용농민을 반드시 농촌위원에 선정되도록 하여 이들을 혁명적 동력으로 삼고자 했다. 박문규는 7월 24일부터 30일까지 서울시와 경기도 15개 시군구 정형을 검열하고 나서는 농촌위원에 상인, 기업주, 중농, 소작주는 자, 사기꾼, 건달꾼까지 포함되었다고 격렬하게 비판했다.[9) 자세한 내용은 생략하지만 부천군 소래면에서도 마찬가지였다.[10)

더구나 도·군·면 실행위원회는 물론 토지개혁의 실무조직인 각리에까지 중앙에서 별도의 전권위원, 즉 3명 이상의 지도위원을 비공식적으

---

8) 박문규, '농촌위원회 위원 구성에 대하여'(『충북도임시인민위원회결정 제5호 토지개혁사업실행에 관하야』, 보은군, 1950); 국사편찬위원회, 『북한관계사료집』 VII, 1989, 506쪽; 정병준, 앞의 논문, 2014a, 129쪽.

9) 박문규, 「농림성 남반부 토지개혁지도위원회 제2차위원회 결정서, 서울시 및 경기도 토지개혁실행위원회 사업정형에 대하여」, 1950년 8월 2일 (『충북도임시인민위원회결정 제5호 토지개혁사업실행에 관하야』).

10) 『몰수토지조사서 외 잡철』(부천군 소래면 미산리, 1950), '농촌위원회 위원구성에 대하여'.

로 파견하여 감독함으로써 위로부터의 토지개혁을 밀고 나가고자 했
다.11) 리에 배치된 파견원에 대해 다음과 같은 지침이 내려졌다.

> 리는 다음과 같이 배치한다.
> 도파견 리조직 선전 책임지도원과 군면선발지도원들로서 적어도 매개
> 리에 3명 이상의 지도원이 파견되어야 하며 이들은 토지개혁을 종결 지을
> 때까지 주재하여야 한다. 3명 중 1명은 통계·계산에 능숙하며, 1명은 정치
> 적으로 준비되어 옳게 문제를 판단 지도할 수 있으며, 1명은 선전사업을
> 책임질 동무들을 선발하여 각각 분공케 한다.
> 조직부는 토지의 기본조사, 몰수토지확인, 토지분여안, 토지개혁 전 정
> 형, 토지개혁 당시 정형, 중간총결 및 총결지도, 각종 조직에 관한 통계,
> 회의록, 결정서 등 작성 보고, 보관 등의 실무를 담당한다. 선전부는 광범
> 한 군중들에게 해설사업조직, 선전선동원 강습조직 및 실시, 선전요강 및
> 구호 등의 배포, 기타 토지개혁 선전사업에 관한 일절의 통계, 심사부는
> 토지개혁 실행 정형을 일상적으로 지도 검열하며 지방의 여론과 제기되는
> 문제 등을 제때에 포착 해결한다.12)

이처럼 리에 파견된 전권위원은 토지개혁 사업의 표면에 등장하지 않
았지만 농촌위원회를 표면에 내세우고 실질적으로 토지개혁을 주도한
세력이었다.

위로부터의 지도와 지시에 의해 토지개혁은 계획보다 신속하게 진행
되었다. 농촌위원회에서 수행한 토지개혁의 절차는 다음과 같다. 먼저

---

11) 김태우, 앞의 논문, 2005, 254쪽.
12) 농림성 남반부토지개혁지도위원회 위원장 박문규, 「(극비) 공화국 남반부지역에
토지개혁 실시를 위한 제반 조직에 관하여」의 '각급실행위원회 구성요강' (『충북
도임시인민위원회결정 제5호 토지개혁사업실행에 관하야』); 『북한관계사료집』
VII, 496~498쪽.

농촌위원회는 '농가별기본조사서'를 작성한다. 여기에 농가별로 자작토
지와 소작토지, 소작 준 토지를 구분하여 지번·지목·면적 등을 계산해
넣는다. 이를 통해 농가의 자작·자소작·소작 등의 구분에 따라 그 면적
을 확인할 수 있다. 이 가운데 소작 주는 토지, 5정보를 넘어서는 소유지
는 몰수와 분여의 대상이 되었다. 농가별기본조사서를 바탕으로 '몰수
토지조사서'를 작성한다. 몰수토지조사서에는 토지소재지·지번·지목·
면적을 기재하고 그 소유자와 소작인을 기재한다. 이는 소작 주는 토지
는 모두 몰수한다는 것을 의미한다. 몰수토지조사서를 바탕으로 정령
시행세칙의 토지분여 기준이 되는 '노력점수'를 산정한다. 분여대상 농
민들의 연령별, 남녀별 가족 수 및 실제 경작능력을 조사하고, 자작 또
는 소작해온 토지면적 및 지질을 조사한다. 남한에서 실시했던 귀속농
지와 농지개혁 분배농지는 별도로 토지매입증명서류를 조사하여 면인
민위원회에 제출한다. 그리고 고용농민, 토지 없는 농민, 토지적은 농민
에게 무상으로 분여할 '토지분여안'을 작성한다. 계속적으로 고용농민생
활을 하지 않으면 고용농민으로 인정하지 않아 분여대상에서 제외했다.
소작인은 소작지를 그대로 배정하는 것을 원칙으로 했다. 토지적은 농
민은 현재 소유지와 분여 받은 소유지를 합산하여 분배량을 정했다. 이
렇게 마련된 토지분여안을 농촌위원회는 농민총회에 붙이고 그 결과를
면인민위원회에 제출하여 비준을 받은 후 토지분여를 실시한다. 농촌위
원회는 소유권증명서를 교부하기 위한 제반 문건을 작성하여 면인민위
원회에 제출한다. 그 이후 도인민위원회에서 '토지소유권증명서'를 교부
하고 그 내용을 토지대장에 등록함으로써 토지개혁은 완료된다.[13]

---

13) 시행세칙에는 토지개혁 실시총화로서 보고할 여러 양식이 소개되어 있다. 토지개
    혁 실시 전의 토지소유 정형 및 경작관계자료, 토지개혁 실시 당시에 몰수한 토지

점령지 남한에서 실시된 토지개혁은 북한에서 1946년 3월 한 달 동안 완료한 토지개혁의 내용과 방식을 그대로 옮겨 놓은 특징을 보인다. 북한 토지개혁은 지도성·신속성·철저성을 특징으로 하는데 남한 점령지에서의 토지개혁에서도 그대로 관철되었다.14) 구체적인 사항을 들어보면, 무상몰수 무상분배의 원칙을 유지한 점, 지주 토지를 몰수하고 소작제를 철폐하고자 한 점, 당의 지도원이 도-군-면을 거쳐 리에 파견되어 주도한 점, 빈·고농에 의거하고 중농과 동맹하며 부농을 고립시키는 토지분배의 방침을 유지한 점, 영원한 소유권을 부여하다면서도 매매·소작·저당을 금지함으로써 실질적으로는 경작권을 부여한 점, 토지개혁을 위해 각종 선전활동을 수행하고 완료 후 대대적인 경축대회를 실시한 점, 25% 수준의 농업현물세제를 실시한 후 애국미헌납운동을 통해 잔여 잉여물을 흡수하고자 한 점 등은 남한 점령지 토지개혁에서도 관철되었다. 다만 남한에서의 토지개혁은 전쟁중에 실시된 점에 차이가 있다. 점령한 곳마다 그때그때 곧바로 토지개혁을 실시함으로써 절차상 일률적이지 못한 점이나, 이미 남한에서 실시된 귀속농지의 분배 결과를 일부 인정한 점이 보이고,15) 토지개혁을 통해 전쟁수행을 위한 인적·물적 자

내용과 소유관계별, 몰수한 토지의 분여된 정형, 리승만 괴뢰정부 존재 시에 농민들이 매입한 토지의 내용, 토지에 대한 부채 청산 정형, 농가별기본조사서, 몰수토지조사서, 토지분여안, 토지개혁 실시후 토지소유 분석표 등이다. 작성해야 할 양식을 보면 대단히 체계적으로 토지개혁을 진행할 계획이었던 것으로 볼 수 있다. 이것은 북한에서의 토지개혁에서 활용되었을 문건들일 텐데, 시흥군·수원군·보은군 노획문서 가운데서 상당한 부분을 확인할 수 있다. 이상과 같은 방식으로 토지개혁이 구체적으로 시행된 과정에 대한 사례연구로, 오보경, 「한국전쟁기 북한의 점령지역 토지개혁 - 경기도 화성군 안용면 안녕리의 사례」, 『한국전쟁기 남북한의 점령정책과 전쟁의 유산』, 선인, 2014 참조.

14) 손전후, 앞의 책, 1983 참조.

15) 경작할 토지가 없어 부득이 남한정부와 기관 그리고 지주의 땅을 매입하여 자경

원을 동원하려 한 점에[16] 특징이 있다.

2) 경기도 및 시흥군에서의 토지개혁

점령지 토지개혁이 구체적으로 어떻게 진행되었는지 시흥군을 중심으로 살펴보기로 한다. 시흥군의 경우, 임시인민위원회는 7월 20일 정당사회단체 책임자 및 도임시인민위원회 책임지도원 등 7명으로 토지개혁군실행위원회를 조직했다. 이튿날인 21일 군실행위원회는 8개면 71개리에 공작대원을 파견하여 인민위원회 선거사업과 함께 토지개혁 준비작업에 착수했다.[17] 석장둔 소재지인 부천군 소래면에서도 그러한 계획이 수행된 흔적을 볼 수 있다. 소래면농촌실행위원회 위원장 홍순복은 각 리 실행위원·파견원·리인민위원장 등을 7월 28일 소래인민학교에 소집하여 토지개혁을 위한 구체적인 실무 강습회를 개최했다.[18]

8월 1일부터 시작된 토지개혁은 열흘도 안 되어 토지분여안을 마련하는 단계에 도달했다. 시흥군 동면 봉천리 농촌위원회는 8월 7일 농민총회를 열어 토지분여안을 공개 심의했다.[19] 공개심의를 통과한 토지분여

하면서 토지대금을 상환 중에 있는 경우는 몰수대상으로 삼지 않았다(손전후, 앞의 책, 1983, 378쪽). 귀속농지를 분배받아 자경하면서 상환 중인 경우가 이에 해당할 것이다. 경기도 화성군 안녕리의 사례에서 북한이 귀속농지 분배결과를 인정한 실례를 볼 수 있다(오보경, 앞의 논문, 2014 참조). 그러나 남한 농지개혁에 의해 분배받은 토지는 아직 상환을 시작하지 않았고 또 남한정부의 정책을 무력화하려는 입장이었기 때문에 인정되지 않았을 것이 확실하다.

16) 정병준, 앞의 논문, 2014b 참조.
17) 『해방일보』, 1950년 7월 27일 '시흥군도 만반 준비, 농민들 열성적으로 사업에 협조'; 『조선인민보』, 1950년 7월 27일 '시흥군의 토지개혁 준비활발: 각리에 공작대원을 파견'. 두 기사는 거의 같은 내용이다.
18) 『몰수토지조사서 외 잡철』, 부천군 소래면 미산리, 1950.
19) 『해방일보』, 1950년 8월 11일 '역사적인 토지분여사업, 시흥군에서 승리적으로 진행'.

안은 8일 면인민위원회의 검토를 거쳐 9일 공포되었다. 이런 식으로 시흥군 각리에서는 8월 9일부터 토지분여를 시작했다. 그중 석장둔이 위치한 수암면은 더욱 신속하게 진행되었다.

> 시흥군 안양읍 수암면 동면 서면 남면 군자면 신동면 과천면 등 1읍 7개면 71리에 걸친 토지개혁 사업은 8월 9일 전몰수 토지를 완전히 농민에게 분여해 줌으로써 승리적으로 완료되었다. … 시흥군 1군 7개면 중 수암면이 가장 재빨리 토지개혁사업을 완료하였는데 동면에서는 8월 6일에 벌써 농민총회를 통한 토지분여를 실시하고 8월 7일에는 전면적인 경축대회를 열었다. 수암면민에 대한 토지분여사업의 결과는 그들에게 논 2,250,657평, 밭 1,274,786평, 그리고 과수원 및 대지 118,625평을 고용농민 농가 104호와 토지없는 농가 631호와 토지적은 농가 1079호에 공평하게 분여케 하였다.[20]

분여 받은 토지는 그 농민의 영구한 소유로 삼아 법적으로 보장했다. 그러나 분여 받은 토지를 매매할 수 없고 저당할 수 없고 소작주지 못하는 제한을 둠으로써 사용·수익·처분을 내용으로 하는 일지일주(一地一主)의 근대적 토지소유권이 인정받은 것은 아니었다.[21] 소유권의 내용은 사실상 경작권이나 다름없었다. 토지소유권증명서도 나누어 주었지만 후술하듯이 지세를 폐지한 대신 시행한 현물세의 수준이 문제가 될 것이었다. 전쟁 중에는 현저하게 낮게 책정할 계획이었지만 이것이 지

---

20) 『해방일보』, 1950년 8월 13일 '시흥군내 토지분여, 지난 9일로써 승리로 완료'.
21) 이것을 "소작제도의 복구를 방지하고 토지개혁의 성과를 공고히 하기 위하여 분여받은 농민은 그 토지를 타인에게 매매한다든가 소작을 준다든가 저당을 하지 못한다"고 선전했다. 『담화재료집』(팸플릿), '영웅적 조선인민군에 의하여 해방된 남조선 인민들은 토지를 무상으로 받고 있다', 조선인민군전선총사령부 문화훈련국, 9쪽.

세의 수준을 넘어 지대의 수준에 육박하게 된다면 무상분여와 소유권 보장의 의미는 약화될 것이다.

경기도에 실시된 토지개혁의 결과는 [표 9-1] [표 9-2]와 같다.

[표 9-1] 경기도의 몰수토지

몰수 대상	경기도	남한 점령지	북한
	면적/%	면적/%	면적/%
미제 소유토지(일본소유)	88.6 /0.1	975 /0.2	112,623 /11.3
리승만 괴뢰정부 소유토지	8,581.6 /5.5	39,627 /6.6	-
회사 및 상사 소유토지	2,645.2 /1.7	14,993 /2.5	-
종교단체 소유토지	1,697.7 /1.1	16,116 /2.7	15,195 /1.5
학교 소유토지	2,060.4 /1.3		
5정보 이상 소작주던 지주의 소유토지	32,224.7 /20.5	524,491 /88.0	237,746 /23.8
계속 소작주던 자의 소작준 토지	109,525.9 /69.8		621,489 /62.1
기타	-	-	13,272 /1.3
계	156,824.1 /100	596,202 /100	1,000,325 /100

* 출처 : 『해방일보』, 1950년 8월 25일 '경기도 남강원도 및 서울시의 세기적 토지개혁 실시 총결, 농림성 남반부 토지개혁지도위원회 발표'; 손전후, 앞의 책, 1983, 232, 402쪽; 기광서, 「한국전쟁기 북한의 남한지역 토지개혁」, 『한국전쟁기 남·북한의 점령정책과 전쟁의 유산』, 선인, 2014, 167, 170~171쪽

* 비고 : '남한 점령시' 항목의 경우 손전후의 책에 '기타'로 되어 있는 것을 종교단체·학교 소유토지로 판단했다. 면적단위는 정보(町步)다. '북한' 항목의 경우 '기타'에는 '민족반역자 및 도주자의 토지'를 넣었다.

[표 9-2] 경기도의 분여토지 비교

대상	점령지 경기도			남한 점령지 전체			북한		
	호수 /%	면적 /%	호당 평균	호수 /%	면적 /%	호당 평균	호수 /%	면적 /%	호당 평균
고용 농민	8,690 /4.1	4,610.6 /3.1	0.53	81,579 /6.4	28,080 /4.9	0.34	17,137 /2.4	22,387 /2.3	1.31
토지없는 농민	60,884 /28.4	54,032.5 /36.5	0.89	341,407 /26.9	196,494 /34.3	0.58	442,973 /61.5	603,407 /62.1	1.36
토지적은 농민	144,541 /67.5	89,383.2 /60.4	0.62	844,892 /66.7	348,769 /60.8	0.41	260,501 /36.1	345,974 /35.6	1.33
계	214,115 /100	148026.3 /100	0.69	1,267,878 /100	573,343 100	0.45	720,611 /100	971,768 /100	1.35

* 출처 : 『해방일보』, 1950년 8월 25일 '경기도 남강원도 및 서울시의 세기적 토지개혁 실시 총결, 농림성 남반부 토지개혁지도위원회 발표'; 손전후, 앞의 책, 1983, 232, 402쪽; 기광서, 「한국전쟁기 북한의 남한지역 토지개혁」, 『한국전쟁기 남·북한의 점령정책과 전쟁의 유산』, 선인, 2014, 167, 170~171쪽
* 비고 : 면적단위는 정보다.

몰수토지는 5정보 이상 소작 주던 지주의 토지와, 토지의 다과에 관계 없이 즉 5정보 이하라도 계속 소작 주는 토지다. 초점은 소작지의 몰수다. 전자가 20.5%, 후자가 69.8%로 후자가 훨씬 많다. 양자를 합한 소작지는 90.3%나 된다. 이렇게 경기도에서는 몰수토지 가운데 소작지의 비율이 남한 점령지 전체 88.0%, 평야지대가 희박한 북한지역의 85.9% 보다 높게 나타난다. 그만큼 경기도에는 지주의 토지가 많았고 지주제가 발달해 있었던 것을 의미한다.

경기도의 분여상황을 보면 토지적은 농민이 60.4%, 토지 없는 농민이 36.5%, 고용농민이 3.1%의 면적을 분여 받았다. 호수로 보아도 유사하다. 호당 분여면적을 보면 경기도의 경우 고용농민은 1호당 0.53정보, 토지 없는 농민은 0.89정보, 토지적은 농민은 0.62정보를 분여 받은 것으로 된다. 토지 없는 농민의 분배면적이 더 넓다. 점령지의 토지분배는 면적이

나 농가호수 상으로는 토지적은 농민이 많은 분배를 받은 것으로 계산
되지만 호당평균으로는 토지 없는 농민이 더 많다. 반면, 북한에서는 토
지 없는 농민이 면적이나 호수상에서 더 많이 분배받았다.

   그런데 몰수당한 면적과 분여면적 총액을 가지고 점령지 경기도, 남
한 점령지 전체, 그리고 북한을 비교하여 평가하거나 고용농민, 소작농,
자소작농 등 어느 계층에게 이익이 되었는지 계급적인 평가를 내리기는
어렵다. 토지재분배의 목적이 가족노동력의 수준을 고려한 자경농지의
균등화를 지향하고 있기 때문이다. 세칙에 입각해서 논리적으로 본다면,
분여방법은 농호의 가족 수와 가족의 구성(남녀·연령별) 및 실제 경작
능력, 그리고 현재 소유면적, 토지의 질 등에 의해 산정된 점수에 따라
이루어졌으므로 자경과 균산을 고려하여 이루어진 것이라고 해석하는
것이 타당할 것이다. 경기도의 경우 자소작을 겸했던 토지적은 농민의
경우 분배받은 경지와 이미 소유하여 자작하고 있는 농지를 합하면 토
지 없는 농민이 분배받은 0.89정보를 상회할 것은 분명하다. 토지개혁은
지주소작제의 폐지와 경자유전에 목적이 있었기 때문에 부농, 빈농, 고
농 중 어느 계급을 육성하기 위해 분여를 차별한 것은 아니었다.

   토지분여에는 자작지의 규모가 고려되고 있었다는 점을 간과해서는
안 된다. 토지적은 농민은 토지를 적게 분여 받지만 이미 자작지를 소유
하고 있기 때문에 총소유지는 늘어난다. 농가 1호당 평균에서 토지적은
농민이 토지 없는 농민보다 호당 평균면적이 더 적은 것은 토지적은 농
민은 이미 자작지를 소유하고 있는 점을 고려했기 때문이다. 또 충분한
농지를 확보하고 있던 자작농은 분배대상에서 제외되었다.

   경기도 용인군 이동면 묵리 540번지 1890년생 리석산은 토지개혁의
결과, "토지개혁 이전의 소유토지로서 현재에도 소유한 토지"로 묵리

556번 밭 191평과, "토지개혁 정령에 의하여 분여받은 토지"로 묶리 731
번 논 400평 외에 5필지의 밭 1,347평 등 모두 1,938평을 소유하게 되었
다. 토지소유권증명서에는 이제까지 소유하던 자작지 191평, 분여받은
토지 1,747평이 구분 기재되어 있었다.[22]

경기도 화성군 안녕리의 사례에서 자작지와 분여지를 합하여 정리한
통계를 살펴보면,[23] 자작농, 자소작농은 자작지를 인정받고 또 소작지를
분여 받아 경작면적에는 큰 차이를 보이지 않았다. 소작농도 소작지를
분여 받을 뿐 아니라 노력점수에 따라서는 추가로 분여 받을 수 있었다.
그리고 전혀 농사짓지 않던 고용농민이 노력점수에 따라 토지를 분여
받은 점은 북한 토지개혁의 가장 큰 특징이고 구체적인 사례에서도 드
러난다.

[표 9-2]와는 조금 다른 통계인데, 북한의 토지개혁에서 분여면적이
전 653,120평, 답 278,537평, 합해서 931,657평이고, 농가호수는 724,522호
라는 통계가 있다. 이때 분여 받지 않은 자작농지가 전 621,252평, 답
108,767평, 합해서 730,019평, 농가호수 292,891호에 달해, 면적으로
43.9%, 호수로 28.8%에 이른다. 이처럼 분여대상이 되지 않은, 많은 자작
지 및 자작농이 존재한다는 점을 주목해야 한다. 이들이 상대적으로 불
리한 처지에 놓인 것은 25%의 현물세제 시행으로 인해 이전에 내던 조
세보다 훨씬 많은 지세부담에 내몰린 점에 있다.[24] 반면 소작농으로서

---

22) 「토지소유권증명서」(국립중앙도서관), 경기도 용인군 리석산. 북한의 토지개혁에
   서도 '토지소유권증명서'에 "토지개혁법령에 의하여 분여받은 토지"와 "토지개혁
   이전의 소유지로서 현지에도 소유하는 토지"를 별도로 구분 기재하게 되어 있었
   다(손전후, 앞의 책, 1983, 243쪽).

23) 오보경, 앞의 논문, 2014 참조.

24) 이주철, 「토지개혁 이후 북한 농촌사회의 변화 - 1946~1948년을 중심으로」, 『역사
   와 현실』 16, 1995, 한국역사연구회, 160~161쪽.

토지를 분여 받은 농민은 일제시기의 병작반수나 해방 후 소작료 3·1제
보다 훨씬 저렴한 부담을 지게 되었다. 자작농은 세금 부담이 증대한 반
면 소작농은 새롭게 토지까지 분여 받았을 뿐 아니라 그 농지의 세금이
소작료보다 저렴하게 됨으로써 자작농은 상대적 박탈감을 가질 수밖에
없다. 자작농과 소작농·고농 사이에 심리적 갈등이 내재할 수 있는 배경
이다.

경기도의 시군별 몰수토지와 분여토지를 비교하면 [표 9-3]과 같다.

[표 9-3] 경기도 시군별 몰수토지와 분여토지의 비교

지역	몰수면적(정보)	분여면적(정보)	분여비율(%)	분여호수	호당 면적
시흥	5962.0	5844.7	98.0	9818	0.60
부천	4274.4	4055.2	94.9	7897	0.51
인천	4020.6	943.4	23.5	1972	0.48
수원	869.1	224.7	25.9	672	0.33
경기도	156824.1	148026.3	94.4	214115	0.69

* 출처 : 『해방일보』 1950년 8월 25일 '경기도 남강원도 및 서울시의 세기적 토지개혁 실시
　　　총결, 농림성 남반부 토지개혁지도위원회 발표'; 정병준, 앞의 논문, 2014a, 133쪽.

경기도 22개 시군 가운데 시흥 부근의 지역만 제시한 것이다. 경기도
전체로는 94.4%가 분여된 상태였다. 분배되지 않은 것은 국유지로 보류
된 것이다. 국유지는 8,798정보에 이른다.[25] 그렇지만 그것은 국유지라
기보다는 도시개발을 고려하여 분여를 보류한 지역으로 판단된다. 서울
시가지 밖의 주변지역에서 그 실례를 볼 수 있는데 그곳에서는 경작권
허여안을 작성하고 경작권증명서를 발급했다.[26] 인천과 수원의 분여율

25) 기광서, 앞의 논문, 2014, 167쪽.
26) 『해방일보』 1950년 8월 6일 '서울주변 토지개혁 준비진행: 도시계획의 특수성을
　　고려 무상으로 경작권을 허여'. "서울시 토지개혁사업에 있어서 특수한 것은 민주

이 아주 낮은 것도 도시지역이기 때문일 것이다. 시홍은 5,962정보를 몰수하여 9,818호에 5,845정보를 분여하여 분여율은 98%에 이르고, 호당 평균 0.6정보를 분여 받아 일반적인 농촌에서의 분여상황과 유사하다.

2. 석장둔 지역 부근에서의 토지개혁

1) 부천군 소래면 미산리 사례

석장둔이 주로 분포한 시흥군 수암면 하중리·하상리, 부천군 소래면 매화리·도창리 등지의 자료는 확인하기 어렵다. 일부 석장들이 위치한 미산리에 관한 노획문서만 남아 있다.[27] 이외에 경기도 화성군 안녕리에는 토지개혁 관련 장부가 거의 완벽하게 남아 있어 토지개혁의 구체적 진행과정을 알 수 있고,[28] 충청북도 보은군 회남면의 것도 남아 있어 참고 된다.[29] 미산리에서 진행된 토지개혁에 대해서는 그 단면밖에 확인할 수 없지만 이를 통해 이곳에서 진행된 토지개혁의 양상을 유추해 보고자 한다.

소래면 및 미산리의 주민들이 겪은 6·25전쟁은 다른 지역과 크게 다르지 않았다. 다만 이 지역은 전투현장에서 떨어져 있었기 때문에 일부 주민이 피난을 떠난 외에 대부분은 피난가지 않은 것으로 보인다. 인민

조국의 수도 대서울을 건설할 도시경영계획에 의하여 서울주변 지대를 국가에서 소용할 가능성을 고려하여 무상으로 경작권만을 부여하기로 된 것이다."

27) 정병준, 앞의 논문, 2014b, 234~240쪽 참조. 미산리의 사례는 『몰수토지조사서 외 잡철』(부천군 소래면 미산리, 1950)에 수록된 문서를 활용한다.

28) 오보경, 앞의 논문, 2014 참조.

29) 『충북도임시인민위원회결정 제5호 토지개혁사업실행에 관하야』;『토지분여증명서』(보은군 회남면, 1950) 등.

위원회는 포리의 염전창고와 미산리의 감리교회에 설치되었고, 시흥군에서 볼 수 있는 것과 같은 토지개혁과 인민위원회 활동이 진행되었다.30)

소래면 및 미산리에서 진행된 토지개혁의 과정을 살펴보자. 1950년 7월 30일 소래면토지개혁실행위원장 홍순복은 각리에 배부한 농가실태조사보고서 및 농지경작자일람표와 농지소표 등 토지기본조사가 완료되는 즉시로 함께 제출하라고 지시했다. 7월 31일에는 농가호수, 세대수 및 연월별 남녀인구통계, 몰수농지조사통계를 시일 엄수하여 작성할 것을 지시했다. 또 각리농촌위원장에게 8월 2일까지 토지주 외 자작 및 소작농호수, 도주자 명부, 역산 적산조사서(토지에 한함), 국가소유로 넘어갈 소유조사서 등을 작성하여 제출하도록 했다. 또 8월 4일에는 이승만 정부에서 강제매수당한 토지 및 적산토지, 농민들이 매입한 토지 등을 조사하도록 했다.31)

미산리농지실행위원장 조순용이 8월 6일 소래면 농지실행위원장 앞으로 제출한 '농가실태조사보고서'에는 미산리에 부락수 7개, 농가 총호수 130호, 농업 인구수 남자 420명, 여자 422명, 계 842명, 18세 이상 노력농민수 남자 219명, 여자 217명, 합계 436명이라고 보고되어 있다. 이보다 좀 더 자세한 보고는 토지개혁이 끝난 뒤 8월 26일까지 조사 보고한 것인데, 이에 의하면 미산리의 가옥과 인구수는 [표 9-4]와 같다.

---

30) 박동찬, 「주민들이 겪은 한국전쟁」, 『시흥시 신현동지』, 시흥문화원, 1999 참조.
31) 신안 주씨의 경우 미산리에는 토지를 소유하고 있지 않았지만 "土改 후 제반 문서를 1·4후퇴 때 지하에 埋置하였다가 부천군에서 몰수해 가져"갔다고 한다. 신안주씨가(II) 문서 5-005번 '금산군전답대 보상 이외건'.

[표 9-4] 부천군 소래면 미산리의 세대별 계급별 인구분포

계급	세대수	1~15 남	녀	16~30 남	녀	31~40 남	녀	41~50 남	녀	51~60 남	녀	61~ 남	녀	계 남	여	합계/비율
빈농	79/60.3	135	143	45	43	40	28	24	19	19	19	17	10	280	262	542/63.9
중농	45/34.3	59	64	32	20	14	18	21	16	6	5	6	9	138	132	270/31.9
부농	4/3.1	6	7	2	1	2	3					2	1	12	12	24/2.8
노동자	3/2.3	2	3	-	1	3	3							5	7	12/1.4
계	131/100	202	217	79	65	59	52	45	35	25	24	25	20	435	413	848/100

* 출처 : 『몰수토지조사서 외 잡철』, '리내거주실태조사에 대한 건'

미산리는 131세대에 남자 435명, 여자 413명, 합하여 848명으로 구성되었다. 남녀 비율로 보면 남자가 더 많이 피난했다든지 하는 모습은 보이지 않는다. 일반적으로 경찰과 군인, 공무원, 종교인 등은 피난 가능성이 높지만 일반 농민의 피난은 적었던 것 같다. 빈농이 60% 이상이며 중

[표 9-5] 미산리의 토지 상황

	전	답	과수원	계	농가호수
소작지	18,372	11,034	-	29,406	
자작지	102,102	261,047	9,100	372,249	
고용노동 경작지	-	-	-	-	
계	120,474	272,081	9,100	401,655	약 130
몰수토지	62,031	106,055	-	168,086	
이승만 정부 때 매입한 토지	38,027	165,858	9,100	212,985	98

* 출처 : 『몰수토지조사서 외 잡철』, '토지개혁 실시 전까지의 경작정형', 1950년 8월 6일 보고; '농가총호수 및 세대수와 연령별 남녀총인구 통계표 제출의 건', 8월 8일 보고; '리승만괴뢰정부 존재시에 농민들이 매입한 토지'

농은 1/3 정도 된다. 부농과 노동자는 아주 적다. 지주는 모두 피난했는지 아무도 없다.

다음으로 미산리의 경작상황, 몰수토지 등의 내용은 [표 9-5]와 같다. [표 9-5]의 자료는 여러 가지 보고를 묶어본 것인데 기준이 다르고 부정확하고 빠진 부분이 있어 명확한 설명자료는 되지 못한다. 그렇지만 어떤 단서는 얻을 수 있다. "이승만 정부 때 매입한 토지"는 "괴뢰정부 시의 토지개혁 한다하여 강제매수당한 토지 및 적산토지"로서 귀속농지 불하 및 농지개혁에서 분배한 토지를 의미한다. 그것이 212,985평이고 이를 받은 농가가 98호에 이른다. 전체 농지 401,655평의 절반을 넘는다. 토지가 없어 이승만 정부나 귀속농지 또는 지주의 토지를 매입하여 자경하는 경우로 상환이 진행 중일 때, 그 빚을 탕감하고 토지소유를 인정했다.[32] 남한의 농지개혁에서 분배된 토지는 아직 상환이 이루어지지 않았으므로 인정하지 않았을 것으로 보이고, 미군정에서 분배한 귀속농지는 경우에 따라 인정될 수도 있었을 것으로 보인다. 어쨌든 농지개혁으로 인해 130여호의 농가 중 98호의 농가가 토지를 불하 및 분배받았다면 전쟁 전 남한에서 실시한 농지개혁의 성과를 무시할 수는 없어 보인다. 남한의 농지개혁에서는 농지대가의 상환부담이 남아 있었지만, 북한 점령하의 토지개혁에서는 후술하듯이 고율의 현물세제를 실시하게 되므로 농지개혁의 효과를 토지개혁이 덮기는 용이하지 않았을 것으로 판단된다.

미산리에서는 8월 4일 사업보고서를 제출하여 토지분여를 실시했다고 보고했다. 소래실행위원회가 미산리 농촌위원장으로부터 사업보고를 접수했다는 접수증을 8월 5일자로 발부한 것은 미산리의 토지개혁이 완

---

32) 손전후, 앞의 책, 1983, 378쪽.

료되었다는 것을 의미할 것이다. 토지개혁은 각종 조사와 통계표 등을 보고함으로써 마무리된다. 소래면 토지계에서는 미산리에 사업지도서를 보내어 다음과 같이 토지개혁 후속작업을 완료하도록 지시했다.

1. 각리에서는 소유하고 있는 지적도, 약도, 기타 지적에 관한 서류를 리인위에서 신중히 보관하고 8월 19일까지 지시한바 양식에 의하여 보고할 것.
2. 각리 토지개혁실행휘원회는 토지개혁에 대하여 잘 되었나 못되었나 를 재검토하고 여론 등을 수집하여 상세히 전말보고를 하여야 한다. 보고양식은 1호서부터 10호까지 시행령 양식에 있는 일절을 8월 18 일까지 보고할 것.
3. 각리 토지개혁실행위원회는 사업이 결산 되는대로 리인민위원회에 인계하여야 한다. 리인민위원회는 인수한 문서를 인수한지 3일 이내 에 면인민위원회에 보고하여야 한다.
4. 각리에 토지개혁으로 인하여 나가 있는 농지소표, 농가실태조사보, 농가경지일람표 등은 즉시로 면인민위원회로 반환하여야 한다.
5. 사업종목, 토지소유권 및 경작권증명서 교부에 대하여 집행기간은 9 월 1일부터 9월 31일까지이나 추후 상세히 지시하겠음. (가) 리에서 는 토지분여가 완료 되는대로 상급기관의 지도에 의하여 토지소유권 증명서와 교부대장에 필요사항을 기입하여 면에 보고 제출할 것[33]

토지분여가 이루어진 각리에서는 토지개혁 경축대회를 개최했다.[34] 『조 선인민보』나 『해방일보』 등 신문에는 농민들의 경축대회가 자발적인 것으로 보도되었지만 그것은 위로부터 지시에 의해 계획된 것이었다.

---

33) 『몰수토지조사서 외 잡철』, '사업지도서'.
34) 시흥군 동면 안양리의 경축대회 모습은 『해방일보』, 1950년 8월 11일, '시흥군내 각서서 경축대회 성대: 흥겨웁게 농악 울리면서 토지개혁의 완수를 축하'의 기사 를 통해 엿볼 수 있다.

부천군 소래면의 사례에서 살펴보면, 1950년 8월 10일 소래면실행위원회
는 토지분여안의 점검이 완료되면 각리에서 토지개혁 실시에 대한 경축
대회를 열도록 하고 그 요령을 다음과 같이 지시했다.[35)

I. 회의순서 ; 개회, 점명, 주석단선거, 보고, 토론, 결정서 채택, 김장군
에 드리는 메세지, 만세삼창, 폐회
* 폐회후 간단한 오락을 조직할 것
* 장소선택은 적기 내습의 위험 없는 곳을 선택하되 김일성 장군 및 쓰
탈린 대원수 초상화 등을 게시하며 적당히 장치할 것.
II. 김일성 장군에게 드리는 메시지 작성 요령
1. 첫머리에 "우리 인민들의 경애하는 수령이시며 우리 인민군의 최고
사령관이신 김일성 장군이시여!"라고 쓸 것
2. 오늘 우리 □□리 농민들이 공화국 최고인민회의 상임회의 정령에
의하여 토지개혁을 실시하고 경축대회를 가지게 된 것은 모두 장군
의 덕택이며, 뜨거운 감사를 드리는 뜻을 쓸 것
3. 원쑤 리승만 역도들과 그의 상전 미제국주의자들의 침략과 억압으
로 과거 5년간 우리들의 비참한 생활형편을 간단히 지적하고 이같
은 형편을 북반부에까지 연장시킬 목적으로 리승만은 동족상잔의
내란을 도발하였다는 것을 쓸 것
4. 그러나 영용한 인민군대의 정의의 투쟁은 인민의 원쑤를 소탕하고
남반부 인민을 해방시키고 인민의 자유와 권리를 보장하고 농민들
에게 땅을 주어 농민들에게 광명한 살림의 길을 열어주었다는 뜻을
쓸 것
5. 이는 오직 공화국 깃발 아래서만이 할 수 있으며 인민정권과 인민
군대와 잘 살 수 있는 길로 영도하는 장군의 은덕이라는 것을 지적
할 것

---

35) 이미 토지개혁에 대한 선전사업은 사전에 모두 계획되어 있었다.『북한관계사료
집』Ⅶ, 501~502쪽.

    6. 이 감사와 감격에 보답하기 위한 앞으로의 과업과 맹세를 쓸 것
이상과 같은 요령에 의하여 경축대회를 개최하고 결정서 메시지 회의
록 각각 3통씩 작성하여 1통은 리에 보관하고 1통만 보고할 것.
    추신 = 각리 농촌위원 전원, 인민위원장, 파견원 전원은 8월 11일 아침
아홉시까지 면실행위원회에 참집할 것.36)

  토지를 분여 받은 농민들은 경축대회나 좌담회, 그리고 언론에의 인
터뷰를 통해 감격적인 심정을 표현했다. 그러한 공개적인 고백의 진정
성을 의심할 수도 있겠으나 남한 농지개혁에서는 분배대상에서 빠진 고
용농민이 북한 점령하에서 분배를 받은 기쁨을 표현한 것은 상당한 선
전효과를 낼 수 있었을 것이다. 그래서 고용농민들이 그 선전에 앞장섰
다.37)

  토지분여가 확정되면 토지소유권증명서를 교부했다. 경기도의 토지
개혁은 8월 10일 마무리되었는데 8월 23일부터 30일까지 토지소유권 증
서를 모두 교부하기로 했다.38) 소래면 미산리의 경우 다음과 같은 공문
이 하달되었다.

    머리 건에 대하여 과반 귀직은 물론 각계각층에 요로인사들의 성심성
의 있는 성과로 말미암아 실시된 토지개혁에 대한 제반 사무가 완료되여
금번 이에 대한 소유권증명서가 완비되어 매 농호별로 교부하게 되었아오

---

36) 『몰수토지조사서 외잡철』, '토지개혁 실시에 대한 경축대회 개최에 관하여', 1950
    년 8월 10일 소래면실행위원회가 각리농촌위원장 앞으로 보낸 공문.
37) 북한에서는 토지개혁을 완료한 1946년 4월 토지개혁경축음악회, 토지개혁경축웅
    변대회, 토지개혁경축예술공연, 토지개혁경축체육대회 등을 개최했다. 손전후, 앞
    의 책, 1983, 202쪽.
38) 『해방일보』 1950년 8월 25일, '경기도 남강원도 및 서울시의 세기적 토지개혁 실
    시 종결'.

니 귀직께서는 급속히 아래 요강에 의하여 검수하시는 동시에 교부상 만유감 없도록 하심을 무망함. 추신 = 토지소유권증명서를 교부하는 동시에 반드시 요금 160원을 현금으로 징수할 것이며 따라서 교부대장에는 증명서 받은 자로부터 반드시 수령라인(날인: 저자주)을 받을 것이며 만약 증명서 받은 자가 도장이 없을 시는 리 인위장이 대리로 받도록금 수령라인에 있어서는 반드시 수장라인을 엄금할 것이며 실인 사용할 것을 엄격히 지시함. (지문찍는 것 금지하는 것) 검수월일 ; 1950년 9월 10일 중까지(시일 엄수할 사)[39]

정령에는 원래 3개월 이내에 토지소유권 증명서를 발급하도록 되어 있었지만 농림상 박문규는 8월 7일 "정치적으로 보아 이 증명서를 신속히 교부할 필요성에 의하여 각도 인민위원장은 각시도 인민위원장에게 위임하여 각시군 위원장이 직접 교부할 수 있게 되었으니 토지개혁이 끝나는 대로 2일 이내에 각시군 인민위원장들이 별지요강에 의하여 증명서를 교부하도록 조치"했다. 미산리에서는 1950년 9월 12일 각자 160원씩 미산1구 전체로 6400원을 납부했다. 토지소유권 증명서의 교부수수료는 북한에서는 20원이었고, '토지소유권 증명서 교부요강' 9항에도 "증명서를 받은 자는 증명서 교부요금으로서 증명서를 받을 때에 20원(북조선중앙은행권 기준)씩 납부한다"고 되어 있었지만,[40] 점령지 토지개혁에서는 화폐교환 문제로 160원으로 산정되었다.[41]

부천군 소래면 미산리 증태경의 경우, 분여받은 토지는 매화리 답 1필

39) 『몰수토지조사서 외 잡철』, '토지소유권증명서 교부에 대하여', 1950년 9월 8일 소래면인민위원회 위원장 리덕규가 각리인민위원장 앞으로 보낸 공문.

40) 농림상 박문규, '토지소유권증명서 교부절차에 대하여', 1950년 8월 7일; '토지소유권증명서 교부요강'(1950년 월 일, 조선민주주의인민공화국 내각수상 김일성 비준) [『충북도임시인민위원회결정 제5호 토지개혁사업실행에 관하야』].

41) 『몰수토지조사서 외 잡철』; 『북한관계사자료집』 VII, 540쪽.

지 656평인데 비해 자작한 토지로 소유를 인정받은 것은 미산리 답 2필지 1,350평, 전 4필지 970평, 매화리 답 4필지 795평이었다. 자작지는 10필지 3,115평이고, 분여지 656평을 합하면 3,771평으로 1정보를 넘어서는 상당한 경지를 소유하게 되었다.[42] 분여지 외에 자작지를 상당 부분 인정받았던 것이다.

2) 현물세 부과

북한은 토지개혁 완성의 열기를 "총을 들고 인민의용군으로 전선에 참가하며, 극도로 앙양된 생산의욕으로 총궐기"하는데 동원하고자 했다.[43] 농촌현장의 농민들은 증산활동, 젊은 층은 의용군으로 나서도록 촉구했다.

토지개혁을 완료하면서 각리마다 경축대회나 좌담회를 열어 김일성과 인민군대에 대해 감사를 표시하고 인민군을 돕기 위한 각종 원호사업을 전개하고 나아가 증산운동에 나설 것을 독려했다. 시흥군에서 전개된 증산운동은 다음과 같은 내용이었다.

> "토지개혁사업은 승리적으로 완수되었다. 이제는 쌀 한톨이라도 더 내기 위한 증산투쟁을 적극 전개하자!" 이와 같은 기개와 구호 아래 시흥군 전체 농민들은 토지개혁사업의 종결에 잇달아 농작물의 다량 수확을 위한 눈부신 생산투쟁을 전개하고 있다. 농민들의 이러한 고조된 증산의욕을 기술적으로 보장키 위하여 시흥군 인민위원회에서는 이미 8월 7일부터 각

---

42) 『몰수토지조사서 외 잡철』, '토지소유권증명서교부대장 - 경기도 부천군 소래면 미산리 중태경'.
43) 『해방일보』 1950년 7월 27일, '시흥군도 만반 준비, 농민들 열성적으로 사업에 협조'.

면에 농업기술 지도원을 파견하였는데 그들은 농민들에게 제초작업과 미
파종면적에 대한 대파실시와 토지생산지도에 전력을 다하고 있다. 그리하
여 이미 많은 소채와 메밀 등의 대파를 실시하였다. 이와 더불어 면화적심
지도와 배토비배관리를 효과적으로 응용키 위한 기술지도가 진행되고 있
으며 잠업을 더욱 과학적 방법으로 발전시키기 위하여 기술지도원들이 잠
송사육과 상전의 합리적 운영에 대한 현지지도를 실시하고 있다.[44]

이러한 증산운동은 부천군 소래면 미산리 노획문서를 통해서도 확인
이 가능하다. 소래면 소채계획면적표, 가을 소채파종면적 조사 보고의
건, 가마니 수매사업에 대하여, 퇴비증산에 대하여, 양곡수매사업에 대
하여, 건초증산계획에 대하여 등의 각종 문서들에서 확인할 수 있다.

점령지 토지개혁은 무상몰수 무상분배를 원칙으로 했지만 현물세를
부과했기 때문에 그 부담의 수준을 따져볼 필요가 있겠다. 부담의 수준
에 따라 토지소유권은 사실상 제약을 당하게 될 것이다.

경기도 김포군 양동면 등촌리 3구에 사는 46세의 빈농 조하구는 토지
의 주인이 된 환희와 감격을 다음과 같이 말했다.

왜정시대에 전후 12년 동안 적산농장에서 3,300평의 논을 간신히 얻어
소작하다가 … 리승만 역적 놈의 때에는 논 16두락을 소작하여 잘되는 해
야 겨우 벼 40가마가 나는 것을 소작료라고 하여 14가마를 빼앗기는 외에
지주 놈은 거름 값이니 평년작 추수가 못되니 손해 배상하라는 등 각가지
명목으로 강제로 7가마를 빼앗아 간다. 그리고 파출소 순경 놈에게 추수
기에 두말을 강탈당하는데 그리고도 부족해서 소득세와 호구세만 하여도
1년에 6천원 이상이었고 또 그 외에 독촉국민회니 부인회니 청년단비니
무슨 무슨 기부금이니 하여 들어가는 것만 하여도 1면에 2만원 이상이나
되었으니 열한 식구가 밥만 먹자고 하여도 한 달에 세 가마가 있어야 되

44) 『해방일보』 1950년 8월 13일, '시흥군내 각면 증산운동 전개'.

는 판에 어떻게 살았겠는가. --- 이번 토지개혁에 논 4,200평을 무상으로
분여 받았다. 토지를 받던 그날 나도 벅찬 감격에 잠을 이룰 수가 없었다.
한두 밤을 뜬 눈으로 새웠다. 우리 집사람과 병신된 아들 원남이도 그랬다
는 것을 이튿날 아침에 알았다. 원남이 하고 나는 내 땅이 된 논두렁을 하
루밤새 밟아보았다.45)

 조하구의 진술을 통해 소작농이 일제 강점기와 미군정, 그리고 농지
개혁 이전 남한에서 소작농으로 살아가는 경제적 고충이 얼마나 컸는지
느낄 수 있다. 인용문에서 소작료와 각종 세금을 내고 여덟 명의 아이를
기르던 소작농 조하구의 고달픔을 읽을 수 있다. 그러나 점령지 토지개
혁 이후에는 또 어떤 세금으로 시달릴 것인가?
 북한은 남한에도 북한에서처럼 농업현물세제도를 시행하기로 8월 18
일 결정했다. 1950년에 한하여 보리·감자 등 조기작물의 현물세를 면제
하고 벼·콩 등 만기작물은 북한에서처럼 현물세 징수를 실시하기로 했
다. 수도(水稻)는 27%, 밭 작물은 23%, 과실은 25%, 화전은 10%였다.46)
 조기작물은 이미 수확이 끝났으므로 현물세를 부과할 수 없었다. 그
대신 원호물자를 수집하여 보충하는 것으로 했다. 미산리의 경우 소래
면 후방부위원회가 의용군 원호용으로 8월 15일부터 31일까지 다섯 차
례에 걸쳐 수집한 상황을 살펴보면 계란 44개, 호박 73개, 마늘 620개, 고
추 700개, 오이 24개, 감자 3관과 320개, 기타 고춧가루, 간장 된장 고추

---

45) 『조선인민보』 1950년 8월 23일, '기쁨에 넘친 김포군 등촌리 조한구씨 談 - 새로
 분여받은 내 논두렁을 밤새도록 만져보고 걸어보았다'.
46) 『해방일보』 1950년 8월 24일, '남반부지역에 있어서 농업현물세를 실시함에 관한
 내각 결정 채택'. 북한에서는 토지개혁 후 1946년 6월 현물세 25%를 부과했다가
 1947년 5월 벼 27%, 전작물 23%, 과실 25%로 조정했다. 이주철, 앞의 논문, 1995,
 250쪽.

장 등이었다.47)

소래면인민위원회는 9월 5일 농업현물세제 실시에 대한 강습회를 열었고, 미산리에서는 만기작물 현물세제 실시를 지지하는 농민대회를 9월 13일부터 9월말까지 추진하도록 지시받았다.

미산리의 만기작물 현물세 부과 상황을 살펴보면 [표 9-6]과 같다.

[표 9-6] 미산리 현물세 부과 실태

작물	파종면적(평)	예상수확고	현물세	세율(%)
벼	308,235	1,335가마	360가마	27.0
조	6,064	12가마	2.3	19.2
수수	50,234	33.2	7.3	22.0
콩	81,013	40.5	9.1	22.5
팥	7,529	2.5	1두3되	
녹두	5,282	1.2	1두3되	
참깨	2,477	20되	4되	20.0
들깨	362	2되	4홉	20.0
호밀	1,150	60되	13되	21.7
고구마	754	300근	69근	23.0
면화	3,578	84근	19근	22.6
고추	4,600	75근	17근	22.7
김장(배추)	8,040	5,400근	1,242근	23.0
합계	479,318	1,425가마 5,859근	380가마2두7되4홉 1,347근	

* 출처 : 『몰수토지조사서 외 잡철』, 무제의 문건. '부천군소래면미산리리인민위원회위원장'의 인장이 찍혀 있다.
* 비고 : 팥과 녹두의 예상수확고와 현물세의 단위가 불분명하다. 이런 까닭으로 합계도 들어맞지 않는다. 세율만 필자가 계산했다.

47) 『몰수토지조사서 외 잡철』, '원호물자수집상황'.

재배면적은 벼를 심은 논이 64.3%로 가장 많고 나머지는 밭작물이다. 벼를 심은 면적을 뺀 171,083평을 밭이라고 할 때 밭에는 콩47.4%, 수수 29.4%로 이 두 작물을 압도적으로 많이 심었다. 세율은 벼 27%, 밭 작물 23%의 규정에 비추어보면, 벼는 정확히 27% 현물세를 부과할 예정이었고, 밭작물 중 고구마·김장배추는 계산상 23%에 정확히 맞고, 조·깨·호밀은 못 미친다. 현장에서는 현물세 세율 규정에 따라 부과하려고 노력했던 것으로 평가할 수 있겠다.

그런데 이러한 현물세를 부과하는 과정은 매우 엄밀했다. 곡물을 파종한 농민의 필지별로, 곡물을 파종한 면적과 예상 수확면적을 확인한 뒤 수확고를 측정했다. 수확고를 측정하기 위해 평당 포기수, 평당 이삭

[표 9-7] 미산리 1구 조 수확고판정의 예

경작지				수확고							경작자	
지번	지적	파종면적	수확면적	규폭 또는 주간	평당 규장	평당 포기수	이삭평균알수	평당총알수	평당수확고	총수확고	주소	성명
232	1000	15	15	6	6	85	2848	242080	532.5	7.9	미산리	성점돌
257-1	411	70	70	6	6	87	2750	239250	536.3	37.5	〃	임상호
122-1	720	15	15	6	6	80	2150	172000	378.4	5.6	〃	임상호
553-1	115	15	15	4	9	75	2750	206250	453.7	6.8	〃	황기동
656	329	10	10	4	9	70	2070	144900	318.7	3.1	〃	황연선
165	590	100	100	4	9	70	2580	181600	397.3	39.7	〃	양한석
670	600	20	20	4	9	75	2370	177750	391.0	7.9	〃	임용호
577	676	100	100	4	9	95	2350	199750	439.4	43.9	〃	임명호
339	436	15	15	4	9	85	2950	250750	551.6	8.2	〃	김업성
225	416	30	30	6	6	87	1872	162864	358.3	10.7	〃	송복석

* 출처 : 『농산물수확고판정서』(국립중앙도서관, 부천군 소래면 미산리, 1950년 9월 16일)
* 비고 : 평당포기수와 평당이삭수는 동일한 개념이다. '수확고'난에 있는 '중량'은 모두 동일하여 제외했다. 세율, 현물세량은 내용이 기재되어 있지만 제외했다.

수, 한이삭 당 평균알수, 평당 총알수, 평당 수확고, 총수확고 등을 예상한 뒤 이를 판정하는 식이었다.48) 미산리 1구 조 수확고판정서의 열 필지만 제시하면 [표 9-7]과 같다.

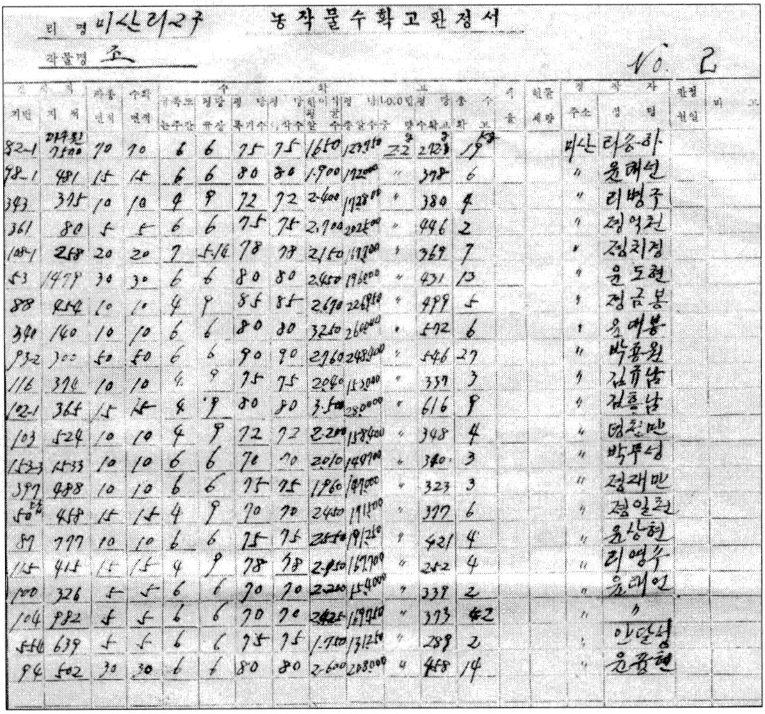

리명 미산리2구 농작물수확고판정서
작물명 조 No. 2

지번	지목	파종면적	수확면적	규측도 논주간	평당	평당 포기수	평당	한이삭 평균알수	평당 총알수	1,000립	평당 수확고	총수확고	석율	현물세량	주소	성명	판정월일	비고
82-1	7500	70	70	6	6	75	75	1650	123750	22	2723	19			미산	리용하		
78-1	481	15	15	6	6	80	80	1.900	152000	"	378	6			"	윤태선		
343	375	10	10	9	9	72	72	2.400	172800	"	380	4			"	리병주		
361	80	5	5	6	6	75	75	2.700	202500	"	446	2			"	정억천		
1084-1	258	20	20	7	5.16	78	78	2150	167700	"	369	7			"	정치정		
53	1478	30	30	6	6	80	80	2450	196000	"	431	13			"	윤도현		
88	854	10	10	4	9	85	85	2670	226950	"	499	5			"	정금봉		
340	160	10	10	6	6	80	80	3250	260000	"	572	6			"	윤태봉		
93-2	300	50	50	6	6	90	90	2760	248400	"	546	27			"	박홍원		
116	370	10	10	4	9	75	75	2040	153000	"	337	3			"	김유남		
102-1	365	15	15	4	9	80	80	3.500	280000	"	616	9			"	김홍남		
103	524	10	10	4	9	72	72	2.200	158400	"	348	4			"	염천만		
1533	1533	10	10	6	6	70	70	2010	140700	"	340	3			"	박무성		
397	488	10	10	6	6	75	75	1960	147000	"	323	3			"	정래만		
50답	458	15	15	4	9	70	70	2450	171500	"	377	6			"	정일천		
87	777	10	10	6	6	75	75	2550	191250	"	421	4			"	윤상현		
115	415	15	15	4	9	78	78	2.150	167700	"	252	4			"	리영수		
100	326	5	5	6	6	70	70	2.200	154000	"	338	2			"	윤태언		
104	982	5	5	6	6	70	70	2425	169750	"	373	42			"	"		
556	639	5	5	6	6	75	75	1.750	131250	"	289	2			"	안달성		
94	502	30	30	6	6	80	80	2.600	208000	"	458	14			"	윤공현		

[도판 9-1] 미산리 조의 수확고판정서

가장 특징적인 것은 전쟁 와중에 거의 경작이 이루어지지 않아 파종면적이 매우 적었다는 점이다. 필지마다 극히 일부분에만 조와 수수를 파종한 상태였다. 인민위원회는 얼마나 파종했는지 가늠하기 위해 필지

48) 정병준, 앞의 논문, 2014b, 235~237쪽.

마다 파종면적을 철저히 조사했다.49) 파종면적은 수확면적과 동일한 것
으로 판정하여 조사된 파종면적에서 수확이 줄어든다는 것은 전혀 인정
하지 않았다. 필지별로 평당 포기수(이삭수)와 이삭당 평균알수를 계산
하여 평당 총알수를 계산하는 방식의 수확고 조사 및 판정 방법은 매우
철저하다. 균등하다고 보기보다는 잉여생산물을 조금도 남기지 않았던
봉건시대의 혹독한 세금징수를 연상케 한다.

[표 9-8] 미산리 조와 수수의 수확고 판정

작물	지역	필지	파종 면적	평당 포기수	이삭당 평균알수	평당 총알수	평당 수확고 (g)	총수 확고 (kg)
조	미산1구	31	855	70~95	1,575~3,680	133,875~328,700	294.5~723.1	395.8
	미산2구	21	360	70~90	1,650~3,500	123,750~280,000	272.1~616	145.0
	미산3구	22	400	64~85	1,560~3,040	104,000~206,720	228.8~454.7	138.6
	관외거주자	5	470	74~90	1,170~2,800	86,580~252,000	190.4~554.4	177.9
	계	79	2,085					857.3
수수	미산1구	54	11,920	3	697~1,472	2,100~4,416	40~84	740.7
	미산2구	48	10,160	3	650~1,421	1,950~4,554	37~87	604.0
	미산3구	96	17,635	3	576~1,748	1,276~5,244	34~100	992.0
	관외거주자	19	3,490	3	350~1,590	1,050~4,830	20~92	216.6
	계	217	43,205					2,522.0

* 출처 :『농산물수확고판정서』(부천군 소래면 미산리, 1950년 9월 16일)
* 비고 : 1. 수수작물에서 미산3구와 관외거주자 부분의 평당수확고의 단위가 소수점 첫째
       자리까지 산정되어 다른 것과 맞추기 위해 필자가 임의로 반올림했다.
     2. 평당포기수는 평당이삭수와 동일하다.

---

49)『1950년도 잡곡류 파종면적조사서』(국립중앙도서관, 부천군 소래면 미산리 1구,
    2구, 3구).

미산리 각 지구별로 조와 수수의 수확고 판정서를 평균해 보면 [표 9-8]과 같다.

파종면적은 조 2,085평, 수수 43,205평으로 수수가 압도적으로 많다. 농산물수확고를 판정한 뒤에는 이 각 필지와 경작농민별로 현물세를 부과하게 된다. 농산물 수확고 판정위원회는 판정위원장 임승재, 판정위원 정창섭·성홍렬·성동순·윤태언·임명재·정천만·정재만·차은석 등 9명인데, 위원장 임승재를 제외하고 나머지 위원들은 모두 해당 미산리에서 조와 수수를 경작하는 농민들이었다. 현장에서 농사 지으며 실태를 정확하게 파악하고 있는, 아마도 자신이 소작을 붙이다가 그것을 분여 받아 자기 소유로 하게 됨으로써 충성심이 높은 사람들을 현물세 부과를 위한 농산물 판정에 앞세운 것으로 보인다.

문제는 현물세 부과에 멈추지 않았다.[50] 현물세를 내고 남은 곡식은 자유로 처분할 수 있다고 했지만 북한은 애국미헌납운동을 벌여 남은 잉여물을 모두 수취했다.[51] 전쟁 중이라 더욱 심했는데 시흥군에서는 구체적으로 확인되지는 않았다. 그러나 북한에서는 1946년 가을 대대적인 애국미헌납운동이 벌어져 현물세 25%를 무색케 했다.[52] 현물세가 25% 수준으로 소작료 3·1제나 3·7제에 비해 5-8% 저렴하지만 애국미헌납이나 각종 원호물자 제공으로 사실상 모든 잉여물은 수취되었다고 보지 않을 수 없다. 이렇게 되면 토지를 분여 받았다 하더라도 생산물의 납부 부담이 크게 늘어 토지소유의 의미는 퇴색될 수밖에 없다. 이러한 상황에서 전쟁은 급속하게 진행되었고 9월 18일 월미도로 유엔군이 들

---

50) 현물세의 비중에 대한 논의는 분분하다. 이주철, 앞의 논문, 1995 참조.
51) 손전후, 앞의 책, 1983, 420쪽.
52) 손전후, 앞의 책, 1983, 330~338쪽.

어올 때까지 토지를 분여 받은 농민들과 그 자제들이 부역과 의용군에
동원되었다.[53]

---

53) 특히 인천상륙작전 이후 격렬한 전투가 벌어진 인천 주변에서는 전선원호사업이
    더욱 활발했다(손전후, 앞의 책, 1983, 431쪽). 소래면이나 수암면은 인천상륙작전
    당시 청색해안지역(Blue Beach)에 속해 있었다. 엄청난 포탄이 이 지역에 떨어졌다
    (박동찬, 앞의 글, 1999, 401쪽).

제10장 석장둔 지역의 수리조합과 토지소유

1. 해방 전후 수리조합의 재편과 운영

1) 수리조합의 재편과 운영

석장둔 주변의 소래·칠리제·매화·홍부 등 4개 수리조합은 해방 직전인 1945년 6월 21일 하나로 통합되었다. "조합 상호간의 불편을 일소하고 제반 사무의 단일화를 도모하기 위하여 기설 네 조합을 합병하고 인안(仁安)수리조합이라 명칭"했다.[1] 소규모 조합들이 모여 648정보를 몽리구역으로 한 대규모 수리조합을 이루었다. 소래면의 미산리·은행리·안현리·계수리·매화리·도창리·금이리·무지리, 수암면의 하중리·하상리·광석리·물왕리를 몽리구역으로 삼았다. 저수지가 여러 곳에 흩어져 있고 몽리구역도 구별되지만 수리조합 행정체계를 통합하여 운영의 효율성을 높이고자 했다.[2]

---

1) 인안수리조합, 『사업개요』, 1952.
2) 이후 1961년 12월 토지개량사업법의 제정으로 수리조합은 토지개량조합으로 변경되었다. 인안수리조합도 1962년 인안토지개량조합으로 바뀌고, 1970년에는 인안농지개량조합(899정보)이 되었다. 한편 이와는 별도로 6·25전쟁 이후 설립된 시흥(60정보), 안양(299정보), 군암(68.2정보), 과천(272정보)수리조합이 1961년 홍안수리조합(699.2정보)으로 통합되고, 1962년 홍안토지개량조합, 1970년 홍안농지개량조합(899정보)으로 되었다. 1973년에 이르러 인안농지개량조합이 이 홍안농지개량조합(1696.6정보)에 통합됨으로써 시흥·안양·과천·군포 일대 수리조합의 행정규모가 크게 확장되었다. 이경란, 「수리조합 자료」, 『시흥시사』 10, 시흥시사편찬위원회, 2007, 226쪽 참조.

일본인의 소유지가 거의 없고 소작쟁의가 발생한 것도 아니어서 해방
을 맞았다고 수리조합 체제에 큰 변화가 초래되지는 않았다. 식민지시
기 수리조합의 간부들이 해방 후에도 이어서 계속 일했다. 새롭게 평의
원을 선출하기 위해 소집된 1949년 9월 27일의 총대인회(總代人會)에는
총대인원 143명 중 참석자 35명에, 위임장 제출자가 50명, 합계 85명으로
개회했다. 의장인 조합장 김진형(金鎭螢)은 지역별로 안배하여 소래지구
에 이희규·전대권, 매화지구에 함수철·함수춘, 홍부지구에 권형·이덕
근·고창례, 칠리제지구에 김응렬을 평의원으로 추천했다.3) 이들 평의원
의 경력과 경제상태를 살펴보면 [표 10-1]과 같다.

[표 10-1] 1950년 인안수리조합 평의원의 경제상태와 경력

성명 (나이)	生地	주소	직업	토지 (평)	재산 (만원)	연수입 (만원)	학력·경력
이희규 (59)	소래 신천	소래 은행	농업	4,152	250	25	한문수학, 인천경찰서근무, 소래면 협의회원, 소래보통학교 학무위원, 소래수리조합 평의원
정대권 (62)	소래 미산	소래 미산	농업	4,424	130	20	서당, 영신학교, 측량학교, 소래면 협의회원, 소래보통학교 학무위원, 소래수리조합 평의원
함수철 (65)	소래 매화	소래 매화	농업	5,835	170	15	한문수학, 소래면 협의회원, 매화 수리조합·홍부수리조합 평의원
함수춘 (47)	소래 매화	소래 매화	농업	4,876	200	20	소래보통학교, 동경명교중학, 소래 수리조합 평의원
권형 (62)	수암 하상	수암 하상	농업	14,229	250	30	한문수학, 수암면 협의회원, 홍부 수리조합 평의원
이덕근 (59)	수암 하중	수암 하중	농업	3,326	100	15	한문수학, 소래면·수암면 서기, 홍 부수리조합 평의원

3) 『評議員及同補充員에 관한 서류』(인안수리조합, 1949), 1949년 10월 13일 '평의
원 보충원 선정의 건 보고', '인안수리조합원총대인회 의사록'.

성명 (나이)	生地	주소	직업	토지 (평)	재산 (만원)	연수입 (만원)	학력·경력
고창례 (34)	인천 내동	소래 대야	정미	4,556	200	50	창영학교, 인천중학교, 인천부청 서기
김응렬 (55)	서울 종로	소래 무지	농업	7,380	부동산 100 동산 50	30	-

* 출처 : 『評議員及同補充員에 관한 서류』(인안수리조합, 1949), 1949년 10월 13일 '평의원 선임인가 신청의 건'
* 비고 : 1951년 2월 20일 정대권의 사망으로 보충원 정덕환이 계승했다. 그는 44세로 미산리에서 나서 거주하며 한문수학을 한 뒤 미산리 3구 구장을 역임했고 재산은 1,000만원, 연간수입은 360만원이라 했는데 인플레이션으로 인해 화폐가치가 떨어진 때문인지 다른 이들보다 수입과 재산이 지나치게 많다.

평의원 8명은 모두 현지에 살고 있고, 젊은 고창례 한 사람이 정미업을 경영하고 있는 것을 제외하면 모두 농업에 종사하고 있다. 농지면적은 2정보 내외가 7명이나 되며 권형만이 5정보 가까이 소유하고 있다. 모두 유복한 자작농 또는 소지주에 속한다. 도쿄에서 수학한 함수춘, 인천중학교를 나온 고창례 등 학력이 높은 인물은 젊은 편에 속한다. 보통학교를 졸업하고 하급 관리로 취직해 있다가 그만두고 나와 농사 지으면서 수리조합 평의원에 선정된 이들이 많다.[4]

평의원 보충원도 마찬가지 방식으로 조합장이 추천했다. 매화지구에서는 수암면 하중리의 이만길, 소래면 도창리의 백일흠, 소래지구에서는 소래면 미산리의 정덕환, 안현리의 유병호, 홍부지구에서는 수암면 하상리의 박영달, 하중리의 장영순, 물왕리의 박혁순, 칠리제구역에서는 소

---

4) 수리조합을 운영하는 평의원의 사회적 지위, 경제적 상태 등은 지역의 사정에 따라 다양할 수밖에 없다. 경상북도 칠곡군의 해방 후 수리조합 운영진에 대해서는 손경희, 「한국 근현대 경상북도 칠곡군의 수리조합 연구 - 운영주체를 중심으로」, 『대구사학』 117, 대구사학회 2014 참조.

래면 금이리의 이규동이 추천되었다.

1957년 평의회회의록을 보면 조합장은 김진형이고 평의원은 김병승·박창달·김홍렬·백일흠·장세만·함봉식·정명환·기명도·유병호·정재원·정숙현 등이다. 1957년 평의원 및 보충원의 경력을 살펴보면 [표 10-2]와 같다.

[표 10-2] 1957년 평의원 및 보충원의 경력

평의원					보충원				
성명	나이	출신	직업	학력 및 경력	성명	나이	출신	직업	학력 및 경력
유병호	37	소래	농업	국졸 공무원 15년	윤태환	36	소래	농업	중퇴 이장 3년
정명환	47	소래	농업	국졸 청년단장 3년					
기명도	46	매화	농업	국졸 공무원 12년	김청동	48	매화	농업	국졸 평의원 4년
함봉식	53	매화	농업	專卒 지방의원 2년	권진수	52	매화	농업	국졸 이장 4년
김홍렬	56	칠리제	농업	전졸, 지방의회의장 4년	손귀봉	51	칠리제	농업	한문수학 5년 농사개량실천 조합장 3년
박창달	56	흥부	농업	한문수학 3년 이장 10년 평의원 4년	함수춘	55	흥부	농업	중졸 평의원12년
백일흠	47	흥부	농업	고보졸 공무원 13년	김천일	53	흥부	농업	한문수학 訓學 5년 상업 8년
정숙현	43	흥부	공무원	국졸 공무원 5년 지방의원 4년	안계덕	33	흥부	농업	국졸 공무원 8년
김병승	58	과림	농업	한문수학 5년 이장 6년	이효순	34	과림	농업	국졸 회사원 4년

평의원					보충원				
성명	나이	출신	직업	학력 및 경력	성명	나이	출신	직업	학력 및 경력
정재원	37	군자	농업	국졸 里 서기 3년	이병은	41	군자	농업	국졸 공무원 8년
이병은	41	군자	농업	국졸 공무원 8년	이산진	37	군자	농업	중퇴 이장 7년

* 출처 :『평의원 대장』(인안수리조합, 1957), 1957년 10월 15일 작성
* 비고 : 장세만 평의원의 사망으로 1959년 11월 6일 이병은이 평의원으로 선임되었다.

　이전의 평의원에 비해 전반적으로 연령이 하향되었고 학력이나 경력이 높지 않았으며 대부분 농업에 종사했다. 이렇게 수리조합 평의원의 학력과 경력이 하향된 것은 농지개혁으로 지주제가 폐지된 영향을 받은 때문이다. 고학력 토지소유자들이 농업현장에서 떠났던 것이다.

　수리조합은 평의회를 중심으로 운영되었다. 대한민국 정부가 수립된 후 첫 번째 해인 1949년도 예산안 심의를 위해 1949년 3월 25일 인안수리조합 평의회가 열렸다. 주된 임무는 실무진에서 마련한 예산결산안을 심의하여 결정하는 일이었다. 수리조합은 공적 기관이므로 예산결산안은 행정기관의 승인을 받는 것으로 되어 있었다.

　1949년도 예산편성의 문제에 대해 당시 실무를 전담하던 민태영 이사는 다음과 같이 발언했다.

　　본 예산 편성에 있어서 실무자로서 가장 곤란을 느꼈던 점은 조합원의 부담과중을 무시할 수 없는 이 현실과 일가월증(日加月增)하는 물가고로 점차 방대하여가는 일반 경상비의 팽창액을 여하히 수지균형을 취할 것인가 하는 점이었습니다. 세입세출이 전년도 당초예산에 비하여 상당히 증가되었습니다만 전년도 경리 실적에 비추어 보면 별로 증가된 것은 없고 실은 물가지수에 따르면 이 이상의 예산이 요구되나 그러나 조합원의 경제면을 숙고하여 세입의 조합비를 전년도 부과실적대로 최저한도로 계상

하고 세출을 억제하였사오니 이 점에 유의하시와 심의하여 주심을 바랍니다.5)

1948년 정부수립 이후 1950년대에 걸쳐 인안수리조합의 예산편성에서 논의된 것은 언제나 조합비 인상 문제였다. 물가상승, 경상비의 증가, 사업비의 설정, 수·한해의 피해 등 때문에 비용이 증가하는 실정이었다. 1949년의 경우 물가고와 경상비의 증가 때문에 수지균형에 어려움을 토로하고 있다. 그렇지만 전년 대비 인상은 추진하지 않고 있다. 농민경제가 어려워 인상할 수 없었다.

1950년 3월 25일 열린 평의회의 안건 중 중요한 것은 조합비의 12% 인상, 한해·수해 상습지에 수리조합 구역 확장 안건이었다.6) 그런데 곧 6·25전쟁이 일어나 북한의 점령 하에 놓이게 되었다. 제9장에서 살펴본 것처럼 북한은 점령지에서 토지개혁을 실시했다. 인안수리조합은 전쟁 과정에서 큰 피해를 입었다. 1951년 4월 1일 현재, 건축물 피해 1,855,500원, 비품 및 소모품 피해 5,045,000원, 자재 피해 2,640,000원, 관개시설 피해 17,120,000원, 전화시설 피해 3,280,000원, 문서 및 일반도서 피해 305,000원, 자동차 피해 12,000,000원 등 합하여 42,245,500원의 아주 큰 피해를 입었다.7)

수복 후인 1950년 11월 27일 평의회가 재개되었다. 이때 참석자는 의장인 조합장 김진형을 비롯해 평의원 이희규·정대권·함수춘·김응렬·함

5) 『평의회에 관한 서류』(인안수리조합, 1946~1950년), 1949년 3월 25일 '인안수리조합평의회회의록'.
6) 『평의회에 관한 서류』(인안수리조합, 1946~1950년), 1950년 3월 25일 '인안수리조합평의회회의록'. 구역 확장에 대해서는 뒤에서 별도로 논의하기로 한다.
7) 『평의회에 관한 서류』(인안수리조합, 1951), '피해총괄표'.

수철·고창례·권형·이덕근 등이 모두 참석했다. 이들은 1949년 9월 27일 조합원 총대인회에서 새로 선출된 평의원이었다. 6·25전쟁을 거쳤음에도 아무도 피해를 입지 않고 그대로 평의원으로 활동하고 있는데, 다만 정대권은 이듬해 1·4후퇴 때 사망하는 불운을 당했다.

1950년 11월의 평의원회에서는 6·25전쟁의 여파로 물가가 천정부지로 치솟아 조합비를 증액하는 조치를 취하지 않을 수 없었다. 물가의 상승 뿐 아니라 "대한발로 인한 재해 및 괴뢰들의 작난으로 농사관리가 불충분하였던 관계로 조합비 전면(全免)지구 158여 정보 및 감면지구 126여 정보, 합계 284여 정보, 즉 총부과비 예정 면적의 약 4할 5푼이란 피해

[표 10-3] 1950년 조합비 감면 실태

등분\지구	통상지구		7할부과3할감면		4할부과6할감면		전면	합계	
	면적	금액/반당	면적	금액/반당	면적	금액/반당	면적	면적	금액
소래	69.5	2,606,250 /3.75	32.2	845,250 /2.625	16.7	250,500 /1.5	67.6	186.0	3,702,000
매화	58.0	2,175,000 /3.75	33.1	868,875 /2.625	15.3	229,500 /1.5	43.0	149.4	3,273,375
홍부	212.6	7,398,480 /3.48	10.5	255,780 /2.436	9.4	130,848 /1.392	41.1	273.6	7,785,108
칠리제1	12.3	332,100 /2.7	4.8	90,720 /1.89	0.8	8,640 /1.08	4.4	22.3	431,460
칠리제2	7.3	131,400 /1.8	2.2	27,720 /1.26	1.4	10,080 /0.72	2.0	12.9	169,200
계	359.7	12,643,230	82.8	2,088,345	43.6	629,568	158.1	644.2	15,361,143

* 출처 : 『평의회에 관한 서류』(인안수리조합, 1946~1950년), 1950년 11월 27일 '인안수리조합평의회 - 인안수리조합 1950년도 조합비부과액총괄표'
* 비고 : 면적 단위는 정보, 금액 단위는 원이다.

지"를 낳아, 어쩔 수 없이 조합비를 증액하게 되었다고 한다.[8] 이로써 보면 북한군이 점령했을 당시 농사관리가 제대로 되지 못하여 농업생산이 전면 폐지된 구역도 있고 크게 피해를 받은 구역도 있었던 것 같다. 그래서 한편으로 조합비를 인상하면서 피해지구에 대해서는 조합비를 감면하는 조치를 취했다. 1950년 조합비 부과 실태는 [표 10-3]과 같다.

소래지구·매화지구·홍부지구·칠리제1구·칠리제2구 등 지구별로 전면(全免)지구와 감면(減免)지구로 구분하여 조합비를 부과했다. 감면지구는 다시 7할부과지와 4할부과지로 구분했다. 전면면제는 반당 수확량이 1석 미만인 곳, 1석 이상인 곳은 4할 부과, 1석 5두 이상인 곳은 7할 부과, 2석 이상인 곳은 전액 부과했다. 전체 면적 644.2정보 가운데 전면면제한 곳은 24.5%인 158.1정보, 6할 감면한 곳은 6.8%인 43.6정보, 3할 감면한 곳은 12.9%인 82.8정보에 이르고 정상적으로 수확함으로써 조합비가 모두 부과된 곳은 55.8%인 359.7정보였다. 절반 가까이 피해를 입었던 것이다. 조합비 부담은 이후에도 항상 문제가 되었다.

2) 농사개량사업

수리조합의 본연의 임무는 저수지의 관리, 용·배수로의 관리에 있지만 정부수립 후 식량부족으로 미국의 원조에 의존하던 형편에서 미곡증산에도 앞장서지 않을 수 없었다. 수리관개를 통해 몽리구역에서 미곡생산을 전담하던 수리조합으로서는 수리시설 외에 증산을 위한 농사개량에도 무심할 수 없었다. 일제시기 산미증식계획에 의해 관개배수 뿐아니라 품종개량 등 농사개량이 중요한 농업정책으로 추진되어온 전통

---

8) 『평의회에 관한 서류』(인안수리조합, 1946~1950년), 1950년 11월 27일 '인안수리
   조합평의회회의록'.

제10장 석장둔 지역의 수리조합과 토지소유 381

이 계승된 것이다. 1949년 농사시설을 위한 인안수리조합의 예산 계획안에는 채종답설치비, 묘대(苗垈)개량장려비, 자급비료증산 장려비, 수량(收量) 조사 기타 제잡비 등이 계상되었다.9)

수리조합에서는 일제말기에 시행된 증미계획을 그대로 계승하여 사업을 계획하고 있는 것을 알 수 있다. 채종답을 설치하여 벼의 우량종자를 생산하고 모판관리에 특별한 관심을 집중하며 퇴비를 생산하여 비료를 자급하고, 가을에는 수확량 조사를 실시하려고 했다.

6·25전쟁 이후 정부는 국가적으로 식량부족 사태에 직면했다. 이에 증산계획을 마련하고 농사개량을 지도하게 된다. 정부는 미곡증산운동을 전개하면서 수리조합에 대해 농사개량사업을 실시하도록 요청했다. 그래서 지도기술진을 확충하고 사업비를 책정하도록 했다. 경기도에서는 인안수리조합에 대해서도 농사개량사업비를 책정하지 않으면 수리조합예산을 승인하지 않겠다는 강경한 방침을 내놓았다. 몽리구역 200정보 또는 400정보에 1인씩의 농사지도기술자를 채용하도록 하고 농사개량시설비를 조합비부과총액의 20% 이상 책정하도록 강력하게 지시했다.10) 정부의 지시를 받아 인안수리조합에서 사업비로 농사시설비를 책정한 사유는 다음과 같다.

현하 가장 긴급히 요청되는 국가식량문제 해결에 있어 수리조합에 부하된 사명의 중대성에 비추어 1953년도부터 '1953년도 수리조합 농사개량시설 확충강화요강'을 책정하여 지시한바 있었는바 조합비 부담 능력이

---

9) 『평의회에 관한 서류』(인안수리조합, 1946~1950년), 1949년 3월 25일 '인안수리조합평의회회의록 - 농사시설비에 대한 사업계획'.

10) 『평의회에 관한 서류』(인안수리조합, 1954), 1954년 3월 12일 '1955년도 수리조합 예산편성에 관한 건'.

박약한 조합에 있어서도 농림부 방침에 순응하여 적극적으로 농사지도기술직원의 배정 또는 시설비 예산을 대폭 계상하여 농사개량사업의 지도에 당하고 있는 반면에 조합비 부담능력이 있는 조합에 있어서 농림부의 방침에 순응치 않고 … 있음은 실로 유감으로 사료하온 바이며 특히 1954년도부터는 가일층 적극적으로 수리조합 농사개량사업을 추진할 방침으로써 별첨 '수리조합미곡증산운동전개요강' 및 '동 요강에 대한 농림부의 기본방침' 및 실시요항을 책정하여 이미 별도 지시한 바 있으므로 만반 조치 중일 줄로 사료하는 바이나 동 실시요령에 의거하여 조합비의 부담능력 한도 내에서 보통농사기술자의채용과 아울러 농사개량시설비 예산을 증액함과 동시에 수리조합의 전 기능을 총집결하여 목표량의 증산에 매진토록 할 것이며 예산서에는 필히 농사개량사업계획 내용을 명시한 계획서를 첨부할 것.[11]

국가식량문제 해결을 위해 정부에서는 수리조합이 적극 나서서 농사개량을 지도하도록 했다. 전후 재정부족 상황에서 항상적 조합비 수입으로 운영되는 수리조합의 자금을 동원하는 의미였다고 보인다.

이때의 시책을 반영한 것으로 보이는 인안수리조합규약에서 수리조합의 역할을 살펴보자.

제2조 본 조합은 조합구역 내 토지의 농업상 이용을 증진하기 위하여 좌의 사항을 행함으로써 목적함
1. 관개배수에 관한 설비 및 공사
2. 토지의 교환, 분합, 지목변경, 기타 구획 형질의 변경 및 도로 제당(堤塘) 휴반(畦畔) 구거(溝渠) 유지(溜池) 등의 변경 또는 폐치(廢置)
3. 전 2항의 사항을 시행하기 위하여 또는 시행한 결과 필요한 공작물(工作物)의 설치 및 유지관리

---

11) 『평의회에 관한 서류』(인안수리조합, 1954), 1954년 3월 15일 산업국장의 인안수리조합장에 대한 긴급 지시, '1954년 수리조합 예산편성에 관한 건'.

제3조 본 조합은 전조에 규정한 사항 외에 조합구역 내의 토지의 농업
상 이용을 증진하기 위하여 당분간 좌의 사항을 행함
  1. 농업지도원의 설치
  2. 파종답 및 모범답의 설치
  3. 자금비료의 장려
  4. 묘대(苗垈)개량의 장려
  5. 미곡 경작(競作)의 장려
  6. 병충해의 구제 및 예방 장려
  7. 경종법의 개선 장려
  8. 미곡의 건조 및 조제 개선의 장려
  9. 비료, 농구, 종묘(種苗) 등의 공동구입 간시(幹施)
  10. 토지의 수탁관리[12]

농림부의 지시에 따라 인안수리조합에서 마련한 1954년 농사개량사
업계획에는 묘판개량 장려비, 정조밀천식(正條密淺植) 장려비, 채종답
경영비, 수도 병충해 구제 예방비, 농사개량강습강화전습회비, 자급비료
장려비, 직발(稷拔)장려비, 수도다수확경작회비(水稻多收穫競作會費), 수
량조사비, 증산선전계몽비, 온상장려비, 모범부락 설치조성비, 우량조합
원 모범농가 표창비, 농사개량실천조합 운영비, 시험답 설치비, 비료배
급카드 작성비, 선진지 시찰여비 등이 계상되었다.[13] 1954년 인안수리조
합의 농사개량계획에는 이제 본격적으로 미곡증산에 앞장서는 여러 방
침들이 모두 망라되었다. 정부의 강력한 지시를 받아[14] 그것을 수용할
뿐 아니라 수리조합에서 독자적으로 사업을 확장하여 제시한 것이다.

12) 『평의회에 관한 서류』(인안수리조합, 1946~1950년), '인안수리조합규약'.
13) 『평의회에 관한 서류』(인안수리조합, 1954), '농사개량사업계획서'.
14) 『평의회에 관한 서류』(인안수리조합, 1954), 1954년 3월 12일 경기도산업국장의
    공문 '1955년도 수리조합 예산 편성에 관한 건' - 농사개량사업비 예산계산 확보.

정부의 강력한 지시에 의해 수립된 이 계획이 실천될 수 있었는지, 그에 합당한 예산이 집행될 수 있었는지 미지수지만 수리조합이 저수지의 관리와 적절한 용·배수 업무를 넘어 농업생산을 선도하지 않을 수 없는 처지에 놓였음을 보여준다. 이러한 사정은 1955년에도 유사했다.15)

그렇지만 농사개량의 문제는 국가정책의 과제이지 수리조합의 임무는 아니었다. 인안수리조합규약에 포함하여 국가시책에 부응하고 있는 상황이었다. 1957년 평의회에서 유병호 평의원은 "농사개량에 의한 증산계획도 좋은 일이오나 이것은 구역 내외를 막론하고 국가기관에서 행할 문제이니 조합으로서는 이를 폐지하고 시설의 완비에다 치중함"이 옳겠다고 주장했다. 이에 대해 김진형 조합장은 "수리사업에 근본목적은 미곡증산에 있으니 그 수단으로서의 농사개량은 필요한 것이라 생각됩니다. 관개배수에 원활을 기함이 없이 증산을 기하지 못함은 사실이나 관개배수를 원히함과 동시에 병행되는 농사개량은 증산에 도움이 아닐 수 없습니다"라고 하여 관개배수를 우선하면서 농사개량을 통해 증산을 도모하겠다고 말했다.16)

인안수리조합에서는 1954년부터 농사개량실천조합을 조직하여 농사개량지도, 기타 조합사업운영의 실천적 기관으로 운영했는데, 1960년에 이르러 수리조합 하부기관으로 흥농계라는 조직을 만들어 운영했다.17)

수리조합의 농사개량사업은 일제시기로부터 계승된 것이다. 농지개

---

15) 『평의회에 관한 서류』(인안수리조합, 1955), '1955년도 수리조합 세입세출예산 편성'.

16) 『평의회에 관한 서류』(인안수리조합, 1957), 1957년 11월 3일 '인안수리조합 평의 회회의록'.

17) 『평의회에 관한 서류』(인안수리조합, 1960), 1960년 4월 29일 '인안수리조합 평의 회회의록', '인안수리조합흥농계운영규정'.

혁으로 영세자작농 체제가 구축됨으로써 생산력의 향상을 위한 농사개
량은 더욱 긴요한 일이었다.

2. 수리관개의 확장과 토지소유

1) 수리조합 구역의 확장

1950년 3월 25일 열린 인안수리조합 평의회에서는 한해·수해 상습지
에 수리시설을 마련하여 수리조합 구역을 확장하는 안건을 논의했다.[18)
한해 또는 수해 상습지를 수리조합에 편입하여 수리관개의 혜택을 받게
하고 그 사업수행 과정에서 6·25전쟁 이재민에게 일거리를 제공하기 위
한 것이었다. 수리조합 구역확장의 이유는 "식량증산의 근본요소인 토
지개량사업을 본 조합 인접지에 발전 확대시킴이 또한 국가시책에 공헌
됨은 물론 구역확장으로 생기(生起)되는 강력하고도 유기적인 운영으로
써 경상비의 절감을 꾀하며 조합의 건전한 발전을 촉진시킴을 이유"로
한다고 했다.[19) 수리조합 구역의 확장은 일제시기의 토지개량사업의 계
승을 통해 식량증산을 꾀함으로써 자립경제를 목표로 한 국가시책에 부
응할 뿐 아니라, 몽리구역의 확대에 따라 조합원이 증가함으로써 조합
비를 경감하는 효과를 올릴 수 있었다.

확장구역은 시흥군 군자면 장곡리·장현리, 서면 가학리·노온사리, 부
천군 소래면 과림리·옥길리·신천리·방산리였다. 군자지구·가학지구·과
림지구·신천지구의 네 지구였다. 군자지구의 경우 목적은 관개배수 개

---

18)『평의회에 관한 서류』(인안수리조합, 1946~1950년), 1950년 3월 25일 '인안수리조
  합평의회회의록'.
19) 위의 책, 1946~1950년, '의안 제5호 구역확장공사 시행의 건'.

선에 두고, 구역은 군자면 장곡리·장현리 뿐 아니라 석장둔 소재지인 수
암면 광석리·하상리·하중리도 포함했다.

구역확장 공사의 내용은 [표 10-4]와 같다.

[표 10-4] 인안수리조합 구역확장공사 총괄표

지구	몽리 면적	지역	사업비 /反當	증수량 /반당	상환기간 조합비/반당
군자	219.4	시흥군 수암면·광석리·하상리·하중리 군자면 장곡리·장현리	120,280,000 /54,922	3,285 /1.5	7,276,000 /3,322
과림	130.0	부천군 소래면 과림리·옥길리	82,219,000 /63,245	1,950 /1.5	6,370,000 /4,900
가학	100.0	시흥군 서면 가학리·노온사리	60,483,000 /60,483	1,800 /1.8	4,700,000 /4,700
신천	42.5	부천군 소래면 방산리·신천리	8,722,000 /20,522	637 /1.5	935,000 /2,200
계	491.9		271,704,000 /49,794	7,672 /1.56	19,281,000 /3,780

* 출처 : 『평의회에 관한 서류』(인안수리조합, 1946~1950년), '의안 제5호 구역확장공사 시
행의 건'

수리관개를 통해 확장하고자 한 몽리면적은 492정보에 달했다. 기왕
의 수리조합 구역 면적 645정보의 76%에 이를 정도로 넓은 면적이었다.
그렇게 되면 인안수리조합의 몸집은 크게 불어나고 사업비의 상환이라
는 부담이 크지만 조합비도 크게 늘어 조합운영에 큰 도움이 될 수 있었
다. 사업비는 국고보조금으로 118,838,345원, 기채금으로 152,865,655원,
합하여 271,704,000원으로 계획되었다. 이렇게 하여 수확될 미곡은 300평
당 1.56석, 전체 확장구역에서 7,672석이 될 것으로 기대되었다.

그렇지만 구역확장 공사는 6·25전쟁을 거치면서 수정되어 군자지구
와 과림지구에서만 시행하는 것으로 변경되었다. 군자지구 저수지공사

는 6·25전쟁 직전에 착수했으나 전란으로 물가가 올라 설계단가를 맞출
수 없게 되어 거액을 증액하지 않을 수 없었다.[20] 그리고 공사비로 국고
보조금은 75%를 얻었지만 나머지는 조달하기 어려워 해당지구 조합원
에게 부역(夫役)을 부과했다.[21]

　군자지구와 과림지구 수리조합 구역확장 공사의 내역은 [표 10-5]와
같다.

[표 10–5] 1952년 군자·과림지구 수리조합 구역확장공사의 개요

지구	인가	공사 기간	구역 면적	몽리 면적	저수지공사				용수로		배수로
					명칭	유역 면적	만수 면적	관개 면적	간선(間)	지선	간선
군자	1952. 3.30	50.5.1~ 53.3.1	233.1	219.4	홍부 저수지	1,320	59.61	219.1	1條연장 3,220	2조연장 1,120	-
과림	1952. 3.31	〃	156.1	130.1	과림 저수지	360	21.1	130.1	1조연장 300	2조연장 1,907	1조연장 440간

* 출처 : 『조합채에 관한 서류』(인안수리조합, 1952)

　[표 10-5]는 정부지시에 의해 1952년 4월 인상 단가에 의해 변경된 것
을 반영하고, 용수로와 수도(隧道)공사를 일부 변경한 결과다. 군자지구
의 경우 홍부저수지를 4척 높여 수원을 확보한 뒤 이를 군자면 장곡리·
장현리, 수암면 광석리·하중리·하상리의 구답(舊畓) 219정보에 관개 또
는 배수를 개선하려는 계획이었다. 전쟁 직전인 1950년 5월 우선 경기도
의 한해대책 사업비를 확보하여 공사를 시작하다가 전쟁으로 중단되었
다. 1951년 공사를 재개했으나 전란 후의 물가고로 인해 정부방침에 따

---

20) 『평의회에 관한 서류』(인안수리조합, 1951), 1951년 10월 1일 '회의록 - 자문안
　　제1호'.
21) 위의 책, 1951년 9월 27일 '인안수리조합평의회회의록'.

라 공사비의 단가를 인상하고, 부합하지 않은 공사를 일부 수정하여 설계를 변경했다.[22] 이렇게 하여 흥부저수지와 과림저수지의 제방을 높여 저수량을 확장하고 용수로를 통해 천수답 지역에 제공함으로써 미곡 증산을 꾀하면서 이들 지역의 토지소유자를 조합원으로 확보하려는 것이었다.

수리조합 확장구역으로 군자지구와 과림지구의 수리시설은 1956년 2월 준공을 보았다. 그리하여 인안수리조합은 [표 10-6]과 같이 확장되었다.

[표 10-6] 1956년 인안수리조합의 실태

	조합	위치	설치일	면적(정보)
일제시기 수리조합	소래	소래면	1929.05.30	186
	매화	소래면, 수암면	1939.11.16	150
	흥부	소래면, 수암면	1942.09.07	277
	칠리제	소래면	1939.09.02	35
	소계			648
1950년대 확장지구	군자	군자면	1956.02	219.4
	과림	소래면	1956.02	130
	소계			349.4
구역편입		군자 및 과림지구		9.5
합계				1006.9

* 출처 : 『평의회에 관한 서류』(인안수리조합, 1946~1950년); 『평의회에 관한 서류』(인안수리조합, 1954), 1954년 3월 31일 '인안수리조합 평의회회의록 - 재산명세서(부동산)'; 인안수리조합, 『사업개요』, 1952

일제시기 시흥지역 수리조합의 면적은 648정보였는데 1950년대 군자지구와 과림지구에서 349.4정보를 확장하고 또 확장한 지구 인근의 9.5정보까지 편입하여 인안수리조합은 1006.9정보의 대규모 수리조합이 되었다.

---

22) 인안수리조합, 『군자·과림지구 구역확장공사계획 변경계획서』.

[도판 10-1] 현재의 석장둔 지역 조절수문

[도판 10-2] 현재의 석장둔 지역 배수갑문

2) 석장둔 지역의 확대 간척

전쟁이 끝난 후인 1953년 인안수리조합에서는 새로운 간척사업을 추진했다.[23] 앞에서도 언급했지만 농지개혁에 의해 영세자작농체제가 구축되어 농지면적이 아주 부족했다. 더구나 전쟁 이주민이 발생하여 농촌 인구가 증가했다. 인안수리조합에서도 이러한 문제 해결을 위해 간석지의 매립을 통해 답 50~60정보를 확보할 계획을 세웠다. 1953년 12월 1일 공유수면매립면허를 경기도지사와 농림부장관에게 신청하고, 1955년 1월 10일 면허가 나와 2월 20일 공사에 착수했다. 수리조합에서는 1954년 1월 5일 이 안건을 평의회에 부의했다.

> 본 간석지를 매립함으로써 답 50정보가 개발되고 개발된 농지 50정보를 본 조합 과림 및 군자지구 확장공사 시공으로 인하여 농지를 잃은(저수지 부지) 농민에게 적절 분배하여 경작케 함과 아울러 매년 정기적인 경작료 수득으로서 조합경비에 충당코자 함

과림지구 및 군자지구 저수지 확장공사로 그 부지로 들어간 농지는 보상이 이루어졌겠지만 그들의 생업이 막막하므로 간척농지를 분배하여 생활안정을 제공하고, 경작지를 제공하는 대가로 수취할 경작료를 조합경비에 충당하고자 했다. 미곡증산을 장려하는 국가시책에 부응하는 측면도 있었다. 문제는 사업비였는데 국고보조금 및 기채로 조달하는 방법과, 전액을 조합에서 조달하는 방법을 놓고 고심했다. 모두 공사 준공 후 경작지의 경작료 수입으로 상환할 계획이었다. 첫째 방법으로

---

23) 간척사업에 대해서는 『공유수면매립에 관한 서류』(인안수리조합, 1954년 이후)의 문건을 참조한다.

하게 되면 자작농 창설도 가능할 것으로 전망되었다. 자체 조달할 경우 첫해의 경비는 수리조합 구역 645정보에 조합비를 추가 부담시켜 충당하고, 둘째 해의 경비는 금융기관 차입을 고려했다. 공사 착수 후 4년부터 시작(試作)이 가능하므로 6년 후부터 수확을 예상했다. 결국 국고보조금과 장기보증융자를 확보하지 못해 자력부담으로 출발하게 되었다. 여러 차례 정부지원을 요청했으나 수용되지 않았다.

간척지역은 [표 10-7]과 같다.

[표 10-7] 석장둔 제방 하부 갯벌의 간척

동리	위치	면적
소래면 포리·매화리	포리 1의 1번지 앞에서 매화리 820의 12번지 앞까지의 해면	15정보
수암면 하중리	하중리 138의 2번지 앞에서 317의 1번지 앞까지의 해면	25정보
군자면 장현리·장곡리	장현리 1의1번지 앞에서 장곡리 3의1번지 앞까지의 해면	20정보

간척 예정 지역은 부천군 소래면 포리·매화리 15정보, 시흥군 수암면 하중리 25정보, 군자면 장현리·장곡리의 20정보, 합하여 60정보에 걸쳐 있다. 구역의 면적은 60정보지만 작답하게 될 몽리면적은 50정보이고 나머지 10정보는 수로·방조제·농도 부지로 들어갈 예정이었다. 50정보의 작답은 1구획을 2반보씩 정리하는 것으로 했다. 즉 간척지는 지형지물이 없는 평야지역이므로 2반보=600평씩 사각형으로 경지를 정리하는 것을 의미할 것이다. 18세기에 석장둔을 간척할 때에도 정사각형·직사각형 형태의 경지유형으로 작답하고자 했을 것이지만 [도판 5-2]의 하중리·하상리 지적도에 표시된 석장둔 지번에서 살펴볼 수 있듯이 그렇게

는 잘 되지 못했다. 그러나 이제는 측량기술과 간척기술이 발전하여 불가능하지 않았다.

공사과정은 "제1년도에는 방조제 공사 및 배수갑문 개수 공사를 시행하여 유역(流域)으로부터의 유수(流水)를 저류(貯流), 염분을 제거하고, 제2년도에는 잔여공사를 완료할 것"으로 계획했다. 그래서 제2년도의 잔여공사에는 도수로(導水路) 공사, 작답(作畓) 공사, 용수로 공사, 양수기설치 공사 등이 포함되었다.

공사구역의 도면을 살펴보면 [도판 10-3]과 같다.

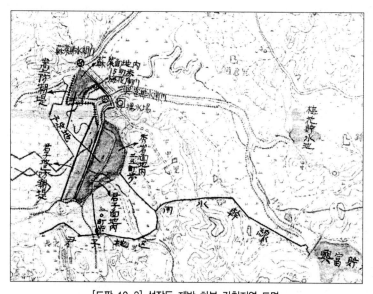

[도판 10-3] 석장둔 제방 하부 간척지역 도면

* 출처 : 『평의회에 관한 서류』(인안수리조합, 1954), '공유수면매립면허원(안)' - 첨부도면; 『공유수면매립에 관한 서류』(인안수리조합, 1954년 이후)

도면을 보면 석장둔 제방 아래쪽 해면의 양쪽 갯벌을 간척할 계획임을 알 수 있다. 석장둔 제방에 위로부터 '소래배수갑문', '매화갑문', '홍부배수갑문'은 이미 설치되어 있던 시설로 보인다. 수암면과 군자면의 간척지에는 홍부저수지로부터 용수간선을 설치하여 용수를 공급하고, 소래면 간척지에는 매화갑문을 통해 용수가 공급되는 것으로 설계되었다.

공사비를 자력부담으로 하게 되었으므로 공사가 예상대로 진행되지는 못했다. 1957년 8월 30일 농림부장관에 요청한 재정지원에 관한 문건을 보면, "조합 군자지구 구역확장 공사 시행에 수반하여 그 구역에 인접한 해면은 본 확장공사 시행을 계기(契期)하여 개발할 목적 하에 방조제의 축조 및 구조물 등을 이미 설치하고 잔여 주요공사로는 개답공사, 양수장의 설치 및 배수갑문 1개소의 설치 등이 남아 있는 현상이온데, 본 사업은 조합구역 내의 용수원과 각종 시설물이 많이 이용되고 지리적으로도 호조건 하에 있는 관계로 조합 자력으로 사업을 추진하려 시도하였사오나 거액의 사업비를 감당하기에는 너무나 과중한 형편이므로 보조를 앙청"한다는 것이었다. 이후에도 또 지원을 요청했지만 성공하지 못해 자력으로 진행할 수밖에 없었다. 그러므로 예정된 준공기간을 맞추지 못하여 연기되기도 했다.

1958년의 보도에 의하면, 농림부로부터 2천만환의 자금을 받아 수암면 하중리 및 소래면 포리 일부 지역 약 70정보에 달하는 간석지의 개답공사를 실시하는데, 이는 "농지개간의 획기적인 사업일 뿐 아니라 이로 인해 약 5천여석의 증산을 도모"할 수 있게 되었다고 한다. 그리고 당시 1개 처의 용수잠관공사와 4개 처의 배수암거공사가 착수되었고 일제시기부터 논란되어온 양수장 설치도 시작되었다고 한다.[24]

원래 이 간척지를 조성한 이유는 과림지구 및 군자지구 저수지 확장공사에 부지가 들어간 농민들에게 경작지를 제공하고 그 경작료를 가지

---

24) 『경인일보』 1958년 8월 5일.

고 공사비용 및 조합 경비를 확보하는데 있었다. 그런데 농지개혁에서 처음에는 간척지를 분배대상에서 제외했었는데 1959년에 이르러 농지개혁과 마찬가지로 분배하는 것으로 바뀌었다. 즉 농림부장관의 지시에 의해 1959년 7월 22일 시행된 '공유수면매립농지분배요령'에서 이익조합이 공유수면을 매립할 경우는 무조건 분배조치를 취하도록 규정되었다.[25] 인안수리조합에서는 간척지를 경작인에게 계약으로 경작시키고 수확물의 일부를 수취하여 연부상환으로 공사비를 회수하려 했지만 불가능하게 되었다. 간척한 토지를 소작 준 뒤 경작료를 수취하여 수리조합의 경비로 사용하려던 계획은 성립될 수 없게 되었다. 농지개혁과 같은 방식으로 간척지를 분배하지 않으면 안 되었다.

수리조합이 간척하여 농지를 소유함으로써 일제시기처럼 대지주가 되고 그 농지를 지주소작제로 경영하여 수익을 얻을 수는 없었다. 그것은 농지개혁의 정신에 어긋나는 일이었다. 그래서 1961년 4월 인안수리조합에서는 거대한 사업비를 조달할 역량도 부족하고 수익사업으로 활용할 수 없으니 매립권을 양도하고 대신 그 지역을 조합구역으로 편입하여 수리조합의 구역을 확장하는 방향으로 방침을 전환했다. 다만 매립지 중 포리 소재 11.3정보의 지역은 정착난민이 경작할 수 있도록 제공하기로 했다. 6·25전쟁으로 많은 주민들이 삶의 터전을 잃었고 북쪽에서 피난 온 사람들도 많았으므로[26] 간척지 일부 즉 11.3정보=33,300평

---

25) 『농지예규』, 1958년 7월 20일자 시행 '공유수면매립농지분배요령'(1959년 8월 24일 부천군수의 각읍면장에 대한 지시).

26) 시흥지역에는 신천리 명진마을과 현장마을, 포리의 국시랑과 걸뚝에 피난민촌이 형성되었다. 걸뚝이 석장둔 초입마을인데 황해도 난민들이 정착했다 한다. 이승언, 「지명유래」, 81쪽; 박동찬, 「동민들이 겪은 한국전쟁」, 『시흥시 신현동지』, 시흥문화원, 1999, 401쪽.

을 그들의 정착을 위해 제공한다는 공익적 목적을 위해 사용하기로 한 것이다.

참고로 공사일정을 제시하면 다음과 같다.

1954.01.05 본건 신청을 평의회에 자문하여 전원 찬성으로서 당국에 면 허신청
1954.12.28 면허 발급(면허면적 60정보, 공사준공기간 1955년 12월 31일)
1955.02.27 공사착수
1955.12.17 공사기간 연기신청
1956.01.19 위의 기간을 1956년 10월 30일까지로 연기 허가
1957.08.27 당국에 대하여 사업비 조성 신청
1957.09.30 위의 신청에 대해 매립면허조건이 자부담이라고 책정불능 통지가 있음
1958.01.30 재차 공사준공 기간 연기신청
1958.02.22 위의 기간을 1958년 12월 31일까지로 연기 허가
1958.10.27 공사기간 연기신청
1959.01.29 당국의 재차 사업비 요청
1959.05.27 위의 기간을 1959년 12월 31일까지로 연기 허가
1960.10.30 매립면허 효력부활 허가 신청
1961.02.17 공사준공 기간을 1961년 12월 31일까지로 지정 허가

사업비 문제로 거듭 공사가 연기되고 있음을 볼 수 있다. 현대의 간척 도 이와 같은 어려움을 겪었는데, 본서의 출발점인 17세기 전반 진휼청 의 석장둔 간척은 얼마나 많은 어려움에 봉착했겠는가? 인안수리조합은 급기야 면허권을 포기하기에 이르렀다. 이 간척지가 어떻게 준공되고 어떻게 분배되었는지 이후의 사정은 확인하지 못했다.

[도판 10-4] 현재의 석장둔 지역 들녘

3) 수리조합 몽리구역의 토지소유

인안수리조합의 몽리구역은 소래·매화·홍부·칠리제수리조합의 구역
에 과림지구와 군자지구, 그리고 편입지구를 합한 것이다. 그 면적은 구
구역 648정보에 확장지구인 군자지구 219.4정보, 과림지구 130정보, 그리
고 군자 및 과림지구에서 편입된 몽리구역 9.5정보를 합하여 모두 1006.9
정보였다. 소래면 595.8정보, 수암면 275.8정보, 군자면 135.3정보였다. 저
수지는 홍부·소래·매화·칠리제에 과림저수지가 추가되었고, 배수갑문
은 종래의 소래·홍부·매화 외에 군자갑문이 추가되었고, 과림저수지는
소래갑문을 사용했다. 조합원수는 1952년 단계에서 구 구역은 1,155명,
확장지구는 394명으로 모두 1,549명이었는데, 확장지구가 완성된 후,
1957년에는 1,677명, 1960년에는 1552명으로 변동이 있다.27)

수리조합 구역 내의 소유분포를 살펴보면 [표 10-8]과 같다.

[표 10-8] 인안수리조합 몽리구역의 소유분포

	1957		1960	
	조합원 수	비율	조합원 수	비율
0.5반보 미만	855	51.0	751	48.4
1정보 미만	567	33.8	505	32.5
2정보 미만	237	14.1	266	17.1
2정보 이상	18	1.1	26	1.7
3정보 이상			4	0.3
계	1677	100	1552	100

* 출전 : 인안수리조합, 『사업개요』, 1952, 1957, 1960

0.5반보 미만이 절반을 차지하고 0.5에서 1정보 사이가 1/3 정도 되어, 1정보 이하가 80%를 넘는다. [표 6-4]의 하중리·하상리 석장둔민의 토지소유 분포, [표 6-6] 하중리·하상리의 토지소유 분포, [표 6-9] 석장둔 포용구역의 토지소유 분포, [표 6-21] 홍부수리조합 몽리구역의 소유분포 등과 비교해보면 토지소유의 분화현상은 매우 둔화되어 있다. 0.5정보 이하 영세소유자의 존재는 유사하지만 농지개혁에 의해 3정보 이상 소유자는 존재하지 않게 되었다. 농지개혁에 의해 소유분포는 매우 하향 평준화되었다.

수리조합 몽리구역의 소유분포를 좀더 구체적으로 분석해 보기로 한다. 제6장에서 홍부수리조합의 경우 1942년 『조합원명부』를 통해 조합원의 토지소유 실태를 확인한 바 있다. 해방 후의 소유분포는 『조합원명부』가 없어 소래·군자지구 『평의원 및 보충원 선거인명부』의 토지소유

27) 인안수리조합, 『사업개요』, 1952, 1957, 1960.

기록을 분석해 보기로 한다. 소래지구는 구 구역이지만 군자지구는 새
로 확장된 지구이다. 석장둔이 주로 위치한 매화지구·흥부지구의 것이
없어 아쉽다. 소래·군자지구 조합원의 소유분포를 살펴보면 [표 10-9]와
같다.

[표 10-9] 소래·군자지구 조합원의 토지소유 분포

구분	인원		면적		
	인원	비율	면적	비율	면적 평균
0~500평	33	5.3	11789	0.9	357
501~1000	140	22.3	103648	8.2	740
1001~1500	112	17.8	137953	10.9	1232
1501~2000	91	14.5	156085	12.3	1715
2001~2500	66	10.5	148404	11.7	2249
2501~3000	56	8.9	153656	12.1	2744
3001~3500	36	5.7	115519	9.1	3209
3501~4000	32	5.1	118975	9.4	3718
4001~4500	18	2.9	76757	6.0	4264
4501~5000	15	2.4	70122	5.5	4675
5001~5500	9	1.4	47484	3.7	5276
5501~6000	9	1.4	50794	4.0	5644
6001~9000	10	1.6	68145	5.4	6815
9000평 이상	1	0.2	10902	0.8	10902
계	628	100	1,270,233	100	2023

* 출전 :『평의원 및 보충원 선거인명부』, 인안수리조합 소래지구·군자지구, 1957

　1500평인 0.5정보 이하를 소유한 조합원이 45.4%에 이르고, 1정보 이
하로 확대하면 79.3%에 이른다. 1-2정보는 18.9%, 2정보 이상은 1.8%에
불과하다. 1정보를 기준으로 8:2의 비율이므로 영세소유자가 압도적으
로 많다고 하지 않을 수 없다. 이것은 [표 6-21]의 일제시기 흥부수리조

[도판 10-5] 군자지구의 『평의원 및 보충원 선거인명부』

합 조합원의 소유분포와 비교할 때 확연하게 다른 결과다. 홍부수리조
합의 경우 1정보 이하는 74.2%에 이르러 유사하지만 2정보 이상이
12.5%나 된다. 이러한 차이의 중간에 농지개혁이 놓여 있다. 평균면적을
비교하면 홍부수리조합 조합원은 3,274평인데 농지개혁의 결과 소래·군
자지구 조합원은 평균 2,023평을 소유했다. 지주적 토지소유가 폐지되고

농민적 토지소유가 성립한 것인데, 평균소유면적은 1/3 이상 축소되었
다. 이렇게 농민적 토지소유는 실현되었지만 규모가 너무 영세한 문제
를 안게 되었다.

조합원이 수리조합구역에만 토지를 소유한 것은 아닐 것이지만 대부
분은 수리조합 구역의 경지에서 수익을 얻는 것으로 여겨진다. 조합원
628명 가운데 33명은 소래·군자지구 이외의 다른 지구에도 경지를 소유
하고 있다. 그렇지만 조합원 명부는 거주지 중심으로 파악되어 있으므
로 여러 지구의 것이 합산되어 있다. 예를 들면 군자지구의 이만길은 하
중리에 거주하는 47세의 남성인데 매화지구 1,730평, 군자지구 2,623평,
흥부지구 1,125평 합계 5,478평을 소유했는데 군자지구에 등록되었다. 소
래지구의 차동섭은 미산리에 거주하는 36세의 남성인데 매화지구 3,030
평, 흥부지구 1,526평, 소래지구 2,352평 합계 7,908평을 소유했는데 소래
지구에 등록되었다. 이렇게 여러 지구에 토지를 소유한 조합원은 33명
으로 겨우 5%에 불과하다. 95%의 조합원은 자기 지구에 토지를 소유하

[표 10-10] 소래·군자지구 조합원의 연령별·성별 소유규모

연령	남			여			계		
	인원	면적	평균	인원	면적	평균	인원	면적	평균
10대	2	2340	1170	-	-	-	2/0.3	2340	1170
20대	60	100752	1679	3	3142	1047	63/10.2	103894	1649
30대	136	279506	2055	9	12281	1365	145/23.4	291787	2012
40대	192	419742	2186	13	23415	1801	205/33.1	443157	2162
50대	105	239162	2278	10	13608	1361	115/18.5	252770	2198
60대	63	129559	2056	3	3019	1006	66/10.6	132578	2009
70대	22	33006	1500	2	1409	705	24/3.9	34415	1434
계	580	1,204,067		40	56,874		620/100	1,260,941	

* 출전 : 『평의원 및 보충원 선거인명부』, 인안수리조합 소래지구·군자지구, 1957
* 비고 : 연령이 기재되지 않은 8명은 제외했다.

고 있다. 농지개혁 이후 경자유전의 뜻에 맞게 거주지에 가까운 경지를 소유하고 있는 현상이라고 해석할 수 있겠다.

소래·군자지구 조합원의 성별과 연령별 소유규모를 조사해보면 [표 10-10]과 같다.

남성은 40대-30대-50대순으로 조합원수가 많고 70대도 적지 않다. 반면 여성은 40대-50대-30대순이다. 당시 가부장제 가족구조가 유지되던 상황을 고려하면 여성 조합원은 남편 및 아들의 부재를 의미할 것이다. 남성 가부장은 70대가 되어도 조합원으로 가족의 생계를 주도하고 대표했다. 전체적으로 40대가 중심이 되어 30대·50대와 함께 농업생산을 주도하고 있었던 것으로 판단할 수 있다.

3. 간척사업의 지속

농지개혁 이후 경자유전에 의한 농민적 토지소유는 성립되었지만 영세농체제가 문제였다. 농지가 절대적으로 부족하여 개간과 간척사업을 통해 농지를 확대하지 않으면 안 되었다. 전국적으로 개간과 간척이 장려되었다.

구 안산군의 바닷가 갯벌을 끼고 있는 시흥군 일대에는 간척의 여지가 많았다. 여기서는 시흥군 군자면의 초지리와 수암면의 고잔리를 연결하는 간척농지의 사례를 살펴보고자 한다. 조선후기 초산면의 석장둔을 모델로 안산지역 해안가 갯벌로 간척이 확대될 때 인화면 월피리 등이 간척된 적이 있었다. 초지리는 월피리와 유사한 바닷가 갯벌이다. 현재 안산시청 근처 화랑저수지 일대로 이제는 완전히 육지 한가운데 있다.

시흥군 군자면 초지·고잔리 간척사업은 인천시 부평동 276번지의 화랑농장과 관련된다. 화랑농장은 6·25전쟁 때 포항전선에서 오른쪽 어깨

관통상을 입은 평안북도 출신 보병 3사단 상사 김국환(金國煥)이 1952년 5월 인천의 상이군인 100여명을 이끌고 부평의 군용지를 얻어 자활 집단농장을 만든 데서 시작되었다. 상이군인들은 임야를 개간하여 채소밭을 만들고 보리를 심었다. 결혼하여 가족을 이루기도 하고 수용인원도 증가되어 200여명이 넘게 되었다. 그런데 미군이 개간지 일부를 가져가면서 곤란을 겪게 되었다. 이에 1954년 초지리·고잔리 일대 갯벌을 간척하여 자립을 위한 재원으로 삼고자 했다.[28] 화랑농장에서는 1954년 2월 25일 초지·고잔 간척사업을 신청했고 3월 12일 승인받았다. 그 내용은 [표 10-11]과 같다.

[표 10-11] 화랑농장의 초지·고잔 간척사업

1. 개간정착예정지 및 정착예정세대수
(가) 개간정착예정지 : 시흥군 수암면 고잔리, 군자면 초지리 150정보
(나) 정착예정세대수 : 북한 출신 피난민 150세대
(다) 대표자 : 나계천(羅繼天)
2. 본 개간정착사업은 당초 지정된 개간예정면적과 정착예정세대를 증감 또는 변경할 수 없음
3. 개간정착실시기간 : 1954년 3월 10일부터 1956년 3월 9일까지 2개년간
4. 본 정착사업은 기일을 엄수하여야 함

* 출처 : 『농지개혁에 관한 서류』(시흥군 수암면, 1957), '농지분배신청에 관한 건'(1957년 3월 29일 시흥군수의 군자면장 수암면장에 대한 지시) 가운데 '參照寫文拔記'

이 간척사업은 1954년 3월부터 1956년까지 2년간 진행하는 사업으로 기획되었다. 면적은 무려 150정보=45만평에 이르렀고 피난민도 150세대 정착하는 것으로 되었다. 이만한 규모라면 부평의 화랑농장을 모두 옮

---

28) 인하대학교 박물관,『부평 산곡5구역 주택재개발사업 지역 내 문화유적 지표조사 보고서』, 2009년 9월; 「조선일보」1955년 2월 9일, '황무지 8만여평을 개간, 자립 자활의 길 찾는 화랑농장'.

기고도 충분히 남는 면적이었다. 부평화랑농장 농장장 김국환(金國煥)은 "본 농장에서 1954년 4월에 분농장을 설치하고 본농장 건장(建場)이념에 의한 이북출신 상이용사들의 자립갱생 자활을 위하여 간척지를 기간(起墾)"했다고 주장했다.[29] 부평에 본농장을 두고 이곳에 분농장을 설치하여 간척을 추진했다는 것이다.

그런데 연유를 알 수 없지만 불행이도 1955년 7월 21일자로 승인이 취소되었다. 대신 대한수리조합연합회가 1955년 11월 16일자로 공유수면 매립면허를 얻어 직접 준공한 후 1957년 4월 23일자로 군암수리조합을 설치하고 그 재산으로 관리 운영하게 되었다.[30] 수리조합연합회가 간척을 완료한 사실을 알게 된 화랑농장 사람들 중 나계천을 대표자로 하여

[표 10-12] 화랑농장 영농자 신청 명부

성명	가족	본적	성명	가족	본적	성명	가족	본적
강성기	8	평북 박천	박상호	5	황해 연백	이순오	4	황해 벽성
구자성	7	황해 연백	박선재	7		임영덕	7	함남 원산
김주연	7	함남 원산	박승인	8	함북 청진	장규현	6	황해 벽성
김철이	8	강원 통천	박찬영	7	강원 회양	장점남	7	황해 연백
나계천	9	함남 원산	박호순	4	함북 회령	전명섭	5	강원 통천
나덕천	6	함경 원산	상대식	8	함북 성진	정상룡	6	황해 연백
나용원	7	함북 청진	신순철	6	강원 회양	정호채	5	황해 벽성
문홍목	6	함북 청진	신희민	7	함남 안변	조규남	6	함남 원산
박경성	5	함북 갑산	여영학	7	함남 원산	조익준	7	황해 연백
박동률	7	강원 회양	우남양	8	함남 원산	주건빈	5	함북 성진
박병석	6	강원 회양	원건호	7	강원 회양	필현훈	7	강원 통천
박상렬	5	강원 회양						

* 출처 : 『농지개혁에 관한 서류』(시흥군 수암면, 1957), 1957년 3월 20일 '농지분배신청서'에 첨부된 '영농자명부'

---

29) 『간척농지경작계약관계철』(군암수리조합, 1957~1958), 1957년 5월 24일 '간척농지경작계약 체결에 관한 건'.

30) 『농지개혁에 관한 서류』(시흥군 수암면, 1958), '간척농지 분배상황 보고의 건'(1958년 9월 22일 시흥군수의 수암면장에 대한 지시).

수십 세대가 1957년 3월 20일 시흥군에 농지분배를 신청했다. 신청한 사람들은 [표 10-12]와 같다.

모두 34세대가 간척지에서 영농하겠다는 의사를 밝히고 간척지 분배를 요청했다. 즉 가족을 이루고 사는 세대가 간척지 분배의 대상이 되었다. 함경도 출신이 많고 강원도, 황해도 순이며 평안도 출신은 거의 없다. 휴전선에 가까운 북쪽 지역 사람들이 많다.

시흥군수는 1957년 3월 29일 화랑농장의 조성과정과 부근 주민과의 관계를 조사했다. 1955년 봄 화랑농장 상이군인에게 농지를 강제로 약탈당했다는 주민 3명이 확인되었다.[31] 이런 사실에도 불구하고 시흥군에서는 이 간척농지를 분배할 때 화랑농장을 배제하지 않았다. 그런데 간척농지는 군암수리조합의 재산이 되어 불하 되지 않고 경작계약을 맺는 방향으로 되었다. 아직 완성된 간척지가 아니었으므로 분배될 수는 없었다.

농지개혁법에서는 미완성된 개간지 또는 간척지는 분배대상으로 인정하지 않았다. 1950년 4월 3일 농림부장관이 경기도지사에게 통첩한 내용을 보면, 간척답은 준공 후 모든 농지에서 농사와 수확이 완전히 이루어진 것을 숙답으로 취급하며 그렇지 않은 미완성 간척농지는 분배대상에서 제외한다고 했다.[32] 1951년 8월 12일 시흥군수는 각읍면장에게 간척농지는 시읍면 평균생산량의 80% 이상이며 시설공사비 60% 이상 상환된 것을 완성된 것으로 인정하여 매수 분배하되, 개간 및 간척농지를 매수함에 있어 유지관리가 곤란할 때는 농지수배자가 수리조합에 편입하거나 수리조합을 신설하도록 했다.[33] 그래서 군암수리조합을 설립하

---

31) 『농지개혁에 관한 서류』(시흥군 수암면, 1957), '농지분배신청에 관한 건'(1957년 4월 10일 수암면장의 시흥군수에 대한 보고).
32) 『농지개혁서류』(시흥군, 1950), '농지개혁법 실시에 관한 건 - 법해석과 법운용상 참고사항'(1950년 4월 3일 농림부장관의 경기도지사에 대한 통첩).

여 초지·고잔 간척지가 완성될 때까지 관리하도록 되었던 것이다. 시흥
시와 군암수리조합은 이 간척지의 경작계약을 체결하여 경영했다.

시흥군이 초지·고잔 간척지에서 경작계약을 체결한 상황을 살펴보면
[표 10-13]과 같다.

[표 10-13] 초지·고잔 간척지 경작분배 내역

분배 대상	사정 (1957.05.18)		조정 (1957.06.22)		계약 (1958.04.01 또는 06.01)					
	인원	면적 (평)	인원	면적 (평)	인원	필지	면적	人當 면적	필지당 면적	계약일 및 기간
원주민	57	65,000	57	55,800	66	95	55,312	838	582	1958.4.1
南都 産業		10,000		10,000	3	14	8,311	2770	594	1958.4.1
敬老會	5	15,000	5	15,000	5	25	15,601	3120	624	1958.6.1 -12.31
화랑 농장	30	68,400	30	68,400	22	99	53,187	2418	537	1958.4.1 -12.31
나계천	14	30,000	14	30,000	-	-	-	-	-	-
계	106	188,400	106	179,200	96	233	132,411	1379	568	-

* 출처 : 『간척농지경작계약관계철』, 군암수리조합, 1957
* 비고 : 사정 및 조정의 일자는 자료에 포함된 문건을 통해 유추했다.

간척농지의 사정(査定)과 계약은 행정절차를 통해 진행되었다. 농지경
작권분배사정위원회에서 1957년 5월 18일에 사정한 뒤 다시 조정절차를
거치고 1958년 실제로 계약을 체결할 때에 다시 조정되있다. 따라서 분
배대상자와 면적은 사정과 조정, 계약 사이에 차이가 날 수도 있다. 최
종적으로는 군암수리조합장 겸 시흥군수와 분배대상자 사이에 간척지

---

33) 『농지예규』(시흥군 수암면, 1951년 이후), '개간간척농지분배에 관한 건'(1951년
8월 12일 시흥군수의 각읍면장에 대한 통첩).

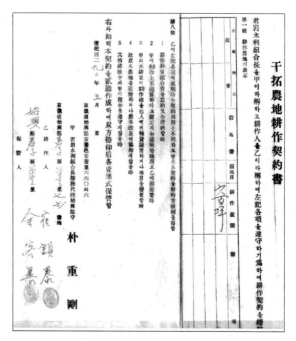

[도판 10-6] 『간척농지경작계약관계철』

경작계약이 체결되었다.34)

간척농지의 분배대상으로는 원주민·남도산업·경노회·화랑농장 등이 등장한다. 원주민으로 계약한 사람은 사정 당시의 57명보다 9명이나 증가해 66명이 되었다. 그렇지만 면적은 조정과정에서 계속 줄어들었다. 원주민은 누구를 가리키는가? 간척을 위해 화랑저수지를 조성할 때 자기 소유지가 그 부지로 들어간 사람들을 가리킨다. 그들은 소유지에 대한 보상을 받게 되지만 그래도 생계를 박탈당하게 되므로 이를 배려한

---

34) 『간척농지경작계약관계철』, 군암수리조합, 1957. 이 자료에는 간척농지 경작계약에 관한 문서와 계약당사자들의 계약토지 지적(地積)사항과 개인별 계약서가 철해져 있다.

것이다. 1950년대 인안수리조합에서 석장둔을 확장 간척할 때에도 적용
된 방침이었다. 그렇지만 간척의 목적이 원주민에게 경작지를 제공하는
것이 아니었으므로 그들에게 돌아간 농지면적은 아주 적었다. 다른 그
룹에서 5필지 3,000평을 기준으로 한데 비해 원주민의 1인당 분배면적은
그에 비해 1/3에도 미치지 못하게 현격하게 적다. 다른 그룹은 1인당 5필
지에 근접하게 배정받았지만 원주민은 1인당 평균 1.4필지에 불과했다.
배정의 우선순위에서 원주민이 제일 후순위에 배치되었던 것으로 판단
된다.

  남도산업에서는 직원으로 보이는 사람 3명이 경작계약을 맺었고, 경
노회에서는 5명이 계약했다. 남도산업과 경노회가 왜 경작계약의 대상
이 되었는지는 알 수 없지만 모두 생계와 연관된 어떤 사정이 있었을 것
이다. 경노회와 남도산업의 경우 적절한 분배를 위해 필지당 면적에 가
감이 있었다. 남도산업 1만평은 조사결과 8,311평을 분배하는 것이 타당
하다 하여 면적을 줄였다. 경로회는 15,000평을 분배할 예정이었으나 초
과하여 15,601평의 경작계약을 맺었다.

  화랑농장에 배분한 것은 상이군인의 생활안정을 위한 것이었다. 화랑
농장의 경우 30세대가 분배받기로 했지만 계약은 22세대와 체결되었다.
면적도 줄었다. 사정위원회의 결정은 67,342평이었는데 8세대, 18필지,
10,474평을 포기하여 분배면적은 56,868평으로 줄었다. 화랑농장에서는
배정받은 농지를 부평의 본농장에 30,195평, 군자면의 분농장에 26,673평
을 배정했다. 부평 본농장 소속원에게는 4필지 2,400평을 기준으로 하고,
군자면 분농장의 소속원에게는 5필지 3,000평을 기준으로 하여 기준을
달리했다. 개인별 경작계약서철에서 보면, 분농장은 군자면 원곡리에 있
었으며 9명이 1인당 5필지씩 45필지, 22,211평을 분배받았고, 본농장은

부평동에 있었으며 13명이 1인당 약 4필지씩 54필지, 30,976평을 분배받
았다. 그런데 경지를 분배받은 부평 본농장 사람들은 거리가 멀어 어떻
게 농사를 지었을지 의문이 가지 않을 수 없지만 확인하기 어렵다.

　나계천으로 대표되는 그룹은 원래 화랑농장 분농장 사람들일 것으로
보이는데 그들은 일찍이 34세대가 신청했지만 사정과정에서 14세대만
분배받기로 되었다. 그런데 어떤 이유가 있었는지 최종적으로 분배대상
이 되지 못하고 경작계약도 맺지 않았다. 그들 34세대는 화랑농장과 계
약을 맺은 22명 가운데에도 없다.

　계약서철을 살펴보면 원주민과 남도산업의 경우에는 계약기간을 명
시하지 않았고, 화랑농장과 경노회 부분에는 계약기간이 계약일로부터
그해 12월 말일까지로 되어 있다. 계약이 연간단위로 이루어졌을 가능
성이 높은 것 같다. 그것은 간척지가 완성에 이를 때 분배조치하기 위한
것이 아니었을까 추측한다.

　필지당 면적은 대체로 600평=2단보 전후로 되어 있다. 600평을 꼭 맞
추어 필지구성이 된 필지가 압도적으로 많다. 석장둔 간척확장지의 경
우에도 필지당 2단보=600평을 기준으로 경지정리를 했었다. 이 규모가
당시 기술 수준에서 벼농사를 원활하게 할 수 있는 규모가 아니었을까
생각된다. 군암수리조합에서는 필지당 600평에 5필지씩 3천평=1정보를
분배의 기준으로 삼은 것 같다. 경노회와 남도산업 분배지에는 이 원칙
이 잘 지켜진 편이다.

　간척농지 경작에는 까다로운 조건이 있었다. 간척농지경작계약서의
주요 내용을 살펴보면 다음과 같다.

　　　제2조 경작인은 계약농지에 대하여 경작에 전념함은 물론 군암수리조
　　　합의 지도감독에 순종하여 농지개량과 미곡증산을 도모할 의무를 부

(負)함

제4조 본 경작농지는 경작인이 자경(自耕)할 것이며 수리조합의 승인
없이 경작권의 전대(轉貸) 또는 양도행위를 못하며 선량한 경작자로
서 이 의무를 다하여 농지에 관계있는 도로·수로·제방·휴반(畦畔)
등의 관리보호에 당(當)함

제5조 경작료(耕作料) 부과는 수리조합이 성숙기에 경작자 입회하 간
평(看坪) 또는 평예(坪刈)방법 등으로 수확고를 결정하고 이를 기준
하여 다음의 경작료를 부과함

1. 반당 수확고 1석 미만 : 면제

2. 반당 수확고 1석부터 2석까지 : 수확고의 3할 이내

3. 반당 수확고 2석을 초과한 분(分)에 대하여는 경작료를 부과하지
아니한다.

제6조 경작료는 검사 2등품 이상 正租로 수리조합의 지정장소에 신입
(新叺)으로 포장하여 매년 11월 말일까지 수리조합에 납입하여야 함

제7조 본 계약농지에 대한 비용부담은 다음과 如함

1. 수리조합의 부담 : 수리조합비의 반액, 공과금·유지관리비의 전액

2. 경작인의 부담 : 수리조합비의 반액, 종자 및 비료의 전액, 자기노
력으로 가능한 소범위의 토지개량수리비

제8조 경작인이 좌기(左記) 각항에 저촉 시는 계약기간을 불문하고 수
리조합은 본 계약을 해약할 권리를 득(得)함

1. 경작료 및 조합비를 태납(怠納) 또는 체납할 시

2. 수리조합이 경작 상 부적당하다고 인정되는 원격한 지소(地所)로
경작인이 이거할 시

3. 수리조합의 승낙 없이 경작권을 타인에게 전대·양도하거나 지목을
변경할 시

4. 고의로 농지를 황폐하거나 농사개량에 협조치 않을 시

5. 기타 제법령과 수리조합의 지시를 준수치 않을 시

간척농지 경작의 기본원칙은 경작자의 자경(自耕)이다. 경작자가 보유
하게 된 것은 경작권이며 이를 타인에게 전대·양도할 수 없도록 되어

있었다. 경작료는 농사가 안되었을 때는 면제하고, 농사가 잘 되었을 때 반당(300평당) 2석을 기준으로 그 이상 수확하면 경작료 산정에서 면제했다.

경작계약서를 조사해보면, 233필지 중 217필지 125,311평이 군자면 초지리에 있고, 14필지 6,055평이 수암면 고잔리, 2필지 1,045평이 수암리 와리에 있다. 대부분의 경작지는 초지리에 있고 인접지역에 약간 걸쳐 있다.

이처럼 간척지는 군암수리조합이 관리하면서 그 경작권을 현지주민과 생계가 어려운 사람들에게 정책적으로 임대하여 경작료를 수입하는 방식으로 운영되었다.

그런데 초지·고잔 간척과정에서 기왕의 간척지와의 갈등이 일어났다. 장경성 등 여섯 세대 농민들이 1955년 4월 29일 경기도지사에게 진정서를 냈다. 그들은 수암면 고잔리의 해답(海畓)을 간척하여 경작하다가 농지개혁에 의해 분배를 받고 5년간 상환액을 납부하여 소유권을 확보했는데, 상이군인 김익수 등 10여명이 1954년 건너편 군자면 선부리에서 간척한다고 하면서 묘판을 탈취하고 구타행패를 자행했다는 것이다. 자신들도 군인 가족이며 상이군인도 있다고 호소했다.[35] 이 간척지는 농지개혁 당시 완전한 농지로서 분배된 것이었다.[36] 이에 경기도에서는

---

35) 『농지개혁에 관한 서류』(시흥군 수암면, 1958), '진정서'(1955년 4월 29일 장경성이 경기도지사에게 보낸 문건).

36) 위의 책, '농지쟁의조정에 관한 건'(1955년 6월 1일 경기도 산업국장의 시흥군 수암면 고잔리 화랑농장 대표 김익수에 대한 통보). 전춘화의 2필지 1,200평, 장경성의 3필지 1,500평, 이병돈의 1필지 300평, 박상석의 1필지 600평, 김명학의 1필지 600평, 김차수의 1필지 272평이었다. 이들 토지는 후에 군암수리조합 몽리구역에 편입되었는데 이미 분배된 것을 인정받고 필지별로 확인되었다[위의 책, '간척농지 분배상황 보고의 건'(1955년 9월 1일 수암면장의 시흥군수에 대한 보고)].

화랑농장 대표 김익수에게 침범하지 못하도록 조치했다.[37]

그런데 수년 지난 1958년 9월 22일 이들 토지는 분배한 것이 잘못된 것이므로 군암수리조합에 반환하라는 조치가 내려졌다. 조사 결과 농지개혁 당시에는 미완성 토지로서 분배대상이 아니었고 1955년 대한수리조합연합회가 일대를 간척할 때 포함되어 간척이 완료된 후 1957년 군암수리조합의 재산으로 들어갔다는 것이다. 이미 상환한 것은 다른 것으로 대체하고 원한다면 군암수리조합과 경작계약을 맺어 경작하라는 것이었다.[38] 이에 고잔리 주민 윤정현 외 33명이 진정서를 제출하여 수암면 고잔리 및 와리의 장경성 등의 토지는 일제시기부터 경작해 오고 농지개혁에서도 분배되어 10여년 경작해 온 것이라고 연명 호소했다.[39] 이것은 17세기 석장둔 간척과정에서 이전 갯벌과 육지부가 면한 부분의 소소한 간척지나 육지부의 기경지 사이에 일어난 갈등을 연상시킨다. 현대법으로도 쟁송이 일어나는 소유권 다툼이 17세기 전반 간척과정에서는 훨씬 심각했을 것이고, 분쟁의 조정결과를『속대전』에 반영했지만 그것은 세부규정을 갖추지 못한 대강에 불과했던 것이다.

한편 앞에서 석장둔 확대 간척사업에서 본 것처럼 1959년 7월 22일 시행된 '공유수면매립농지분배요령'에 의하면 간척지도 분배하도록 되었다. 그리하여 군암수리조합의 군자면 초지리의 간척농지도 농민에게 분배하여 장기 상환하는 조치를 취하지 않을 수 없었다. 농지분배계약이

---

37) 위의 책, '농지쟁의조정에 관한 건'(1955년 6월 1일 경기도산업국장의 시흥군 수암면 고잔리 장경성에 대한 통보, 1955년 6월 1일 경기도 산업국장의 시흥군 수암면 고잔리 화랑농장 대표 김익수에 대한 통보).
38) 위의 책, '간척농지 분배상황 보고의 건'(1958년 9월 22일 시흥군수의 수암면장에 대한 지시).
39) 위의 책, '진정서'(1958년 10월 시흥군 수암면 고잔리 윤정현 외 33명의 시흥군수에 대한 문건).

1961년 5월부터 체결된 것으로 보아 1959년 이래 간척지 분배사업이 진
행되었을 것으로 보인다.

수배자와 체결한 공유수면매립농지분배계약서의 주요조항을 살펴보
면, 농지분배계약을 1961년 5월부터 1975년 12월까지 15년간 상환하는
것으로 되어 있다. 상환액은 첫째 매립사업에 소요된 실비 할당액, 둘째
농지분배까지의 시설물 유지관리비(경작료) 및 상환완료까지의 시설물
유지관리비에서 환산된 수리조합경상비 예상액을 가지고 산정되었다.
상환을 완료할 때까지는 조합장의 승인 없이는 분배농지의 매매, 증여,
담보권 설정, 소작임대, 위탁경영 등을 금지했다. 다만 이거나 이농, 상
환 불이행 등의 경우에는 농지분배는 해제될 수 있었다. 그리고 조합에
서는 분배농지의 관개배수 및 방수를 책임지고 영농방법에 대한 지도
주선의 의무를 지도록 했다. 상환이 완료되면 지체 없이 농지의 소유권
을 이전하도록 했다.[40) 이러한 방침은 농지개혁의 기본방침을 위배하지
않는 방향이었다.

농지개혁 이후 한국 농업은 이렇게 경작지의 확대를 도모해야할 처지
에 놓여 있었다. 소유규모의 영세성을 극복하는 것이 과제였다. 좀 감성
적인 기록이지만 어떤 이의 회고를 보면, 개항 이후 신도시가 된 목포항
앞바다에 있는 삼학도 주변 고등학교 교사가 수업 도중 갯벌을 내다보
며 "저게 논이라면"이라고 아쉬워했다는데,[41) 도시 근교에서조차 식량
생산의 터전인 농경지 확대를 염원하고 있었다. 정부는 일본인이 놓고
간 귀속농지를 분배하고 받은 상환대가를 간척사업에 투자했다. 6·25전

---

40) 『공유수면 매립농지 분배서류』(홍안토지개량조합, 1962), '공유수면매립농지분배
     계약서'
41) 황현산, 『밤이 선생이다』, 난다, 2013, 55쪽.

쟁 이후에는 UN 관련기구의 지원을 받아 수리 및 간척사업이 정부 주도
로 추진되었다.

간척사업은 1960년대 이후 적극 추진되었는데 1962년에는 공유수면매
립법이 제정되었다. 식량확보를 위한 경지확대가 시급한 상황에서 간척
사업은 경지확대의 첩경이었다. 1962년 이래 여러 차례 간척자원이 조사
되었다.[42] 시흥군에서도 군자면 해안 갯벌들을 대상으로 개간예정지를 조
사한 기록이 있다.[43] 간척사업을 추진할 기구도 수리조합에서 토지개량조
합, 농지개량조합, 농어촌진흥공사, 한국농촌공사 등으로 변천되었다.[44]

이렇게 하여 1960년대의 동진강·계화도 간척사업, 1970년대의 남양·
아산·삽교천 방조제 사업, 1980년대의 서산·김포 간척사업, 영산강·대
호·금강·영암 방조제 사업, 1990년대의 시화 방조제 사업, 최종적으로는
2010년 완공된 새만금 사업에 이르기까지 대대적인 간척사업이 추진되
었다.[45] 인천지역에서도 농경지의 확보 뿐 아니라 도시개발과 공단건설
을 위한 간척이 추진되었다.[46] 간척지의 확대를 위한 정부의 정책은 20
세기 후반은 물론 21세기까지 이어졌다. 서해안 남쪽 신안군에서 시작
해 강화군에 이르기까지 갯벌 간척은 줄기차게 계속되었다. 서해안 해

---

42) 농어촌진흥공사, 『한국의 간척』 1996, 25~30쪽. 30쪽의 '서남해안 간척자원도'에
   서 일목요연하게 간척자원을 파악할 수 있다.
43) 『개간허가토지』(시흥군, 1965), '개간예정지조사사보고서'(1965년 7월 25일 시흥
   군 산업계); 『농지개간간척』, 시흥군, 1965.
44) 한국농촌공사, 『한국농업수리변천사』, 2007; 정승진, 「한국 근현대 농업수리질서
   의 장기적 재편과정(1908~1973)」, 『한국경제연구』 26, 한국경제연구학회, 2009.
45) 대한수리조합연합회, 『한국토지개량사업10년사』, 1956; 농어촌진흥공사, 『한국의
   간척』, 1996 참조.
46) 인천광역시 역사자료관, 『인천의 갯벌과 간척』, 2009; 인천광역시·국립민속박물
   관, 『인천의 간척과 도시개발』, 2018 참조.

안선을 방조제로 연결할 수 있을 정도가 되었다. 그리고 그 최정점은 1991년 착공하여 2010년 준공된 새만금간척지다.

그런데 1980년대 이후에는 식량 확보를 이루었고 대외개방정책에 의해 농산물도 수입하지 않을 수 없게 됨으로써 간척지를 농지로 조성할 필요가 없어졌다. 새로 얻은 간척지는 도시개발이나 다양한 종합개발에 투입되었다. 오히려 갯벌을 보호하기 위해 자연생태환경을 복원해야 한다는 주장이 힘을 얻고 있는 시대로 접어들었다. 이미 석장둔 아래쪽 염전은 시흥생태공원으로 조성되어 교육자원으로 활용되고 있고, 일각에서는 갯벌 원형을 복원해야 한다는 주장도 나오고 있는 실정이다.

결 론

본서는 우리나라 토지소유의 장기변동을 한 지역의 사례를 가지고 실증적으로 정리한 결과이다. 조선후기에서 일제시기를 거쳐 해방 후 국민국가 성립에 이르는 긴 기간 동안 토지소유권과 토지소유구조에 어떤 일이 일어났는지 사례연구를 통해 검토하고자 했다. 그 대상은 경기도 인천도호부와 안산군 경계에 있던 간척지 '석장둔(石場屯)'이다. 지금은 시흥시에 속해 있다. 본서는 토지조사사업(1910)과 농지개혁(1950)을 경계로 두 부분으로 나누었다. 제1부에서는 조선후기 석장둔의 간척에서 시작하여 갑오개혁 이후 대한제국의 개혁조치와 일제의 토지조사사업에 이르기까지 소유권(所有權)과 수조권(收租權) 개념을 활용하여 살펴보았다. 제2부에서는 토지소유권의 상품화를 기반으로 소유의 불균등 현상이 최고조에 달했던 일제시기 식민지지주제(植民地地主制)가 제2차 세계대전 이후 농지개혁을 통해 농민적 토지소유의 성립으로 해결되어 가는 모습을 살펴보았다.

1. 제1부의 내용과 성과

제1부에서는 석장둔이 1720년 이후 20여년에 걸쳐 진휼청(賑恤廳)에 의해 간척되면서 사적(私的) 토지소유권이 발생했지만 결당(結當) 조(租) 100두(斗)의 수조권(收租權)이 설정되어 제약을 받은 양상을 검토했다. 절수·사여지(折受·賜與地)를 개간하는 과정에서 절수 받은 기관, 개간과정에 자금과 노동력을 투여한 자, 그리고 경작자 사이에 토지에 대한 권리의 크기에 차이가 발생하는데, 대표적으로 조 100두를 납부하는 장토와 조 200두를 납부하는 장토가 성립될 수 있다. 석장둔은 '조100두형'의

대표적 모델로 볼 수 있다. 석장둔의 수취구조는 [진휼청(수조권 소유자) - 석장둔 소유자(토지소유자) - 작인(농업생산자)]의 구조로 되어 있었다. 수조권은 진휼청이 계속 장악하지 못하고 장용영, 수원 총리영 등 국가기관 사이에 이속되었다. 갑오개혁 이후 정부와 석장둔 경작자 사이에 소유권의 귀속을 둘러싼 긴장이 고조되었는데 당시에는 일물일권(一物一權)의 근대적 소유권 개념이 성립되지 않고 소유권의 귀속을 위한 사정도 이루어지지 않았다. 지세와 도조(지대)의 형식과 분량을 둘러싼 갈등이 노출되었지만 종래의 생산물 분배수준을 유지함으로써 소유권의 귀속에 결정적 영향을 미치지는 않았다. 그렇지만 일제 통감부가 왕실 및 정부기관과 연관된 토지를 모두 역둔토(驛屯土)로 통합하고 이를 국유화하면서 석장둔의 국유·민유 분쟁이 터졌다. 분쟁심사의 결과 석장둔은 민유화 되었지만 애초에 지세 수준에 불과한 결당 조 100두를 내는 장토에서조차 근대적 토지소유권의 성립과정에서 혹독한 시련을 겪은 사례로 기억할만하다. 이렇게 하여 토지조사사업 이후 석장둔은 해체되어 다른 민유지와 동일한 민간의 소유지로 되었다. 제1부에서 얻은 성과를 소개하면 다음과 같다.

첫째 간척의 구체적인 과정을 확인했다. 석장둔 간척은 1707년 강화도 선두포를 간척한 경험을 지닌 진휼청 당상 민진원(閔鎭遠)에 의해 추진되었다. 1720년 제방을 쌓는 것으로 간척이 시작되었지만 염분의 제거 등 작답(作畓)의 기술적인 공정에 노동력과 시간이 많이 소요되었고, 소유권을 분배하는데도 여러 가지 갈등이 뒤따랐다. 진휼청에서 '폐언방축자위주(廢堰防築者爲主)'의 원칙, 즉 제언을 쌓은 자가 소유주가 되는 권리를 포기하고, '시기자위주(時起者爲主)' 또는 '시집경파자위주(時執耕播者爲主)'의 원칙, 즉 개간하여 경작하는 자에게 소유권을 허용하는 파격적인 조치를 취함으로써 석장둔에는 사적 토지소유권이 탄생했다. 개간자에게 소유권을 부여한 조선시대의 개간정책이 구체적으로 어떻게 실천되었는지 확인된 사례가 된다. 간척하는데 20여년의 세월이 걸려 인천 석장둔은 37결 76부 3속, 안산 석장둔은 13결 9부 8속, 합하여 50결 86부 1속(약 200여정보=60만평)에 이르는 대농장이 탄생했다.

둘째 간척을 통한 토지소유권의 발생, 즉 원시취득의 양상을 확인했다. 개간자는 개간토지를 행정구역별로 일괄하여 진휼청에 입안을 요청하고 진휼청에서는 '진휼청당상수결답인입안(賑恤廳堂上手決踏印立案)'을 발급했다. 개간자는 지방관의 입안과 둔소(屯所)의 '둔관수결첩문(屯官手決帖文)'도 발급받아 소유권을 확고하게 했다. 그리고 소유자를 양안상의 주명(主名)란에 등재함으로써 소유권을 확인받았다. 최초의 개간자는 '자기경답주(自起耕畓主)'라고 칭하며 완전한 소유권을 획득하고 토지의 상속과 매매를 자기 의사대로 할 수 있었다. 이러한 방식으로 개간지에서 토지소유권이 발생하고 획득되는 절차를 확인할 수 있었다. 기경자에게 입안을 주어 소유권을 부여한 원칙은 법제적으로 일찍이 인정되었지만, 석장둔처럼 대규모의 농장에서 소유권이 발생하고 인정된 과정이 확인된 것은 성과라고 하겠다. 다만 진휼청과 지방관, 둔소 사이에 이루어진 입안의 선후절차는 명확하게 확인하지 못했다.

셋째 조100두형의 장토가 성립되었다. 진휼청에서 개간을 주도하고 민간인을 모집하여 작답한 과정은 석장둔의 소유와 운영에 영향을 미쳤다. 절수와 간척을 추진한 진휼청의 리더쉽은 미(米) 23두의 전세(田稅) 수준을 넘어 조 100두(미 40두)를 징수하는 수취수준에서 실현되었다. 절수·사여지의 '조100두형' 장토가 형성된 것이다. 민전의 결세가 미 23두이고, 궁방과 아문의 소유지 즉 영작궁둔(永作宮屯)이 최소 미 80두(조

200두)인 점에 비추어 보면 조 100두는 그 중간에 놓여 있다. 작답을 완성한 민간의 개간자는 자유로운 처분이 가능한 토지소유권을 제공받았고 작인을 둘 수도 있었지만 일반민전과는 다른 납세수준에 의해 민전과는 차별적 존재로 남게 되었다.

넷째 독특한 간척지 양안으로서 석장둔양안이 작성되었다. 안산·인천의 조100두형 개간지는 '석장둔'으로 불렸고 간척이 시작된 지 20년이 지난 1740~1745년 최초양안이 작성되고, 1755년 직전, 그리고 1755년에 걸쳐 여러 차례 양안이 재작성 되었으며, 규장각에 남아 있는 『안산석장둔양안』, 『인천석장둔양안』은 1755년에 작성된 양안으로 추정된다. 동일한 석장둔으로 운영되면서도 행정구역별로 별도의 양안이 작성된 것은 지방행정의 엄격한 경계를 표현한다. 각각 천자(天字)부터 시작된 자호(字號)의 부여, 그리고 자호를 넘어가면서 연속된 제차(第次), 즉 일련 지번의 부여는 석장둔이 독립된 농장이라는 특징을 나타낸다. 조100두형의 장토는 전국 곳곳 궁방과 아문의 장토에서 확인되지만, 양안에서 그 전모가 드러난 것은 처음이다.

다섯째 석장둔에는 둔토의 이름이 붙었지만 사실상 민유지이다. 석장둔 소유자는 작인에게 경작시킬 수도 있고 스스로 경작할 수도 있었다. 자유롭게 토지를 방매할 권리도 보장되었다. 다만 소속 국가기관에 조100두를 납부해야 하는 점이 민유지에서 미 23두의 전세를 군현을 통해 호조에 납부하는 것과 차이가 나는 부분이다. 말하자면 소유권에 수조권의 제약이 규정되어 있는 장토였다. 석장둔양안이나 양안상의 상지(裳紙)에 기록된 주명(主名)은 조 100두를 납세해야 하는 의무를 진 토지의 소유자이다. 즉 수조권을 짊어진 소유권자이다. 석장둔 소유자에게 토지소유권의 처분권은 민전의 사유지와 마찬가지로 보장되었지만, 민전에

비해 더 많은 납세를 감당해야 함으로써 납세 수준만큼 개인의 소유권
은 제한되었던 것이다.

여섯째 석장둔의 조 100두 수조권은 정부의 정책에 따라 정부기관 사
이에 이동되었다. 석장둔은 정조년간 수원의 장용외영에 소속되어 안산
과 인천의 석장둔에서는 조 100두를 거기에 납부했다. 장용영이 폐지된
후에는 수원부 총리영으로 옮겨져 갑오개혁 때까지 지속되었다. 1896년
선희궁으로 이속되었다가 이후 정부의 공토(公土) 정리정책에 따라 내
장원에 소속되었다. 조 100두를 납부하는, 민전이나 다름없는 장토가 수
조권의 대상이 되어 정부기관 사이를 전전했다.

일곱째 19세기 전반 용동궁에서 석장둔의 일부를 매입하자 그 토지는
궁장토인지, 석장둔인지, 민유지인지 모호해졌다. 용동궁은 1839년경 석
장둔의 일부를 매입하여 '노복량(奴卜良)' 또는 '궁노복량(宮奴卜良)'이
라는 호명(戶名)으로 경영했다. 이 호명으로 수원부 총리영에 조 100두
를 납부했지만 그 토지는 민간 지주와 마찬가지로 경영되었다. 용동궁
은 1866년 석장둔이 위치한 지역 부근에서 대량으로 민전을 더 매득하
여 경영했다. 갑오개혁 이후 용동궁장토는 [궁내부→내장원]에서 관리
하고 석장둔은 [수원부총리영→선희궁→내장원]에서 관리함으로써 용
동궁의 석장둔은 모순된 이중적 지배하에 놓였다. 이러한 처지는 일제
가 국유지를 정리하고 민유지를 조사할 때에도 동일했다. 대한제국이나
일제가 이러한 경우에 대해 어떻게 처리했는지 확인할 수 없지만 이중
적 규제에 놓인 용동궁 소유 석장둔의 사례를 통해 공토처리의 한 양상
을 추정해 보았다.

여덟째 갑오개혁 이후 수조권의 정리가 과제로 등장했다. 갑오개혁에
서는 역토·둔토·궁장토를 국가의 일원적인 관리체제로 편입하여 운영

하고자 했다. 이를 위해 을미사판(乙未査辦)을 실시하여 작인을 확인하고 도조(賭租)를 다시 책정했다. 문제는 장토의 성립기원을 고려하지 않고 일률적으로 도조를 책정하려 한 점에 있었다. 석장둔의 경우 토지의 비옥도를 고려하여 상·중·하로 나누어 필지별로 일일이 새로이 도조를 책정했는데 절반 이상의 필지에서 이전의 수준을 상회했다. 그러나 책정된 도조가 실제로 부과되지는 않았다. 석장둔민은 갑오개혁과 을미사판을 거치면서 납세액인 조 100두를 결세 수준으로 낮추어 민전으로 전환하는데 성공하지 못했지만, 정부도 지대를 인상하여 국가기관의 소유지로 만드는데 실패했다. 종래의 납세수준은 그대로 유지되었다.

1899년 대한국국제(大韓國國制)의 성립으로 전제군주권을 강화한 고종은 내장원을 설치하여 역토·둔토·궁장토를 소속시키고 거기서 얻어진 재원을 황실경비 및 개혁자금으로 활용하고자 했다. 내장원에서 광무사검(光武査檢)을 통해 강력한 공토 확장정책을 추진한 것은 이 때문인 것으로 이해되고 있다. 이에 따라 석장둔도 내장원의 장토로 편입되어 가는 위기에 놓이게 되었다. 석장둔민은 간척 당시부터 소유권을 인정받았기 때문에 강력하게 반발했다. 결국 결당 조 100두(미 40두)의 수조권 수준은 그대로 유지되었다. 광무양전사업에서도 처음에는 석장둔의 토지로 간주되었다가 검토과정에서 민간의 소유로 인정되었다. 석장둔을 관리하게 된 내장원의 소유로는 되지 않았던 것이다.

아홉째 석장둔민은 민유지로 인정받기까지 큰 고통을 겪었다. 한국을 보호국화한 일제는 재정정리의 일환으로 역토·둔토·궁장토에 대한 정리에 착수하여 1908년 6월 이들을 역둔토로 통합했다. 역둔토는 새로이 형성된 '국유지' 개념에 의해 국가의 소유지가 되었다. 국유지 목록에 올라간 역둔토는 5년 이내의 소작계약에 의해 지주제적으로 경영되었

다. 1909~1910년에는 역둔토실지조사를 실시했지만 역둔토에 대한 국가
의 권리가 소유권인지 수조권인지 또는 그 중간적 권리인지, 일지일주
의 근대적 토지소유권 개념에 입각한 사정은 하지 않았다. 명백히 민유
지인 경우에도 그것을 반환하지 않았다. 1910년 이후 민유지의 토지조사
사업을 시행하면서 다시 국유지를 조사하지 않을 수 없었다. 이 과정에
서 석장둔은 분쟁의 절차를 거쳐 민유지로 환원되었다.

　요약해보면, 1720년 탄생에서부터 석장둔의 토지소유권은 정부기관의
수조권에 의해 부분적 제약을 받았다. 갑오개혁과 대한제국의 토지정책
에서도 그러한 기조는 그대로 유지되었다. 그러던 것이 일제 통감부의
역둔토 국유지에 통합되면서 소작계약을 강요받고 소유권 상실의 위기
를 맞았다. 석장둔은 민간의 소유지였지만 장용외영, 수원부 총리영, 선
희궁, 내장원의 관리를 받으면서 공토화를 강요받았기 때문에 민간에서
완전한 소유권을 행사하는데 문제가 발생했던 것이다. 그렇지만 수백년
간 명백하게 민간의 사유지로서 매매되어 온 증거들이 명백했기 때문에
분쟁의 결과 민유지로 인정받게 되었다. 200년 가까이 민간에서 토지소
유권 매매가 이루어지던, 민전에 근접한 조100두형 장토에서조차 소유
권을 인정받기까지 험난한 과정을 거쳤다.

2. 제2부의 내용과 성과

　제2부에서는 일제의 토지조사사업에 의해 개인의 사적 토지소유권이
인정된 석장둔 지역에서 식민지를 거치면서 그리고 해방 후 새로운 국
민국가가 형성될 때까지 토지소유에 어떤 변동이 일어나는지 검토했다.
크게 석장둔 지역의 일반적 소유 경향, 석장둔 지역이 몽리구역에 포함
된 수리조합의 사례, 그리고 신안 주씨가의 지주제 사례를 축으로 삼아

식민지지주제가 어떤 모습을 보이며 농지개혁에서는 어떤 변화를 맞게 되는지 고찰했다. 석장둔 지역은 수도 서울과 개항장 인천의 배후지에 위치하지만 부평 지역이 배후지로서 지니는 특성과는 달랐다. 신안 주씨의 지주제 사례도 다른 지역의 지주제와는 달랐다. 뿐만 아니라 석장둔 주변에 설립된 4개의 수리조합에는 일본인이 거의 없고 소규모 수리조합으로 기능한 특징을 보인다. 해방 후 농지개혁의 경우에는 북한 점령기에 토지개혁을 실시한 모습이 부천군 소래면에서 드러나 비교할 수 있었다. 농지개혁의 결과 영세자작농 체제가 형성되었는데 부족한 경지면적의 확장을 위해 20세기 말에 이르기까지 개간과 간척이 장려되었다. 제2부에서 얻은 성과는 다음과 같다.

첫째 석장둔 지역에서는 일본인 지주나 대농장과 같은 식민지지주제의 전형적인 모습을 찾아볼 수 없었다. 일본인의 토지가 거의 없었다. 교통이 불편하여 경성과 개항장의 배후지 역할을 하지 못했기 때문이다. 연고 있는 경성의 부재지주가 재산을 확장하고 부수적으로 소작료 수입을 올리기 적합한 지역이었다. 식민지지주제를 연상할 때 떠오르는, 일본인 대지주 농장이나 동양척식회사 농장에 형성되어 있는, 대지주와 소작농 집단 사이의 생산관계를 찾을 수 없다. 석장둔 지역에는 기업적 경영에 관심 없는 정태적 지주가 대부분이었다. 그럼에도 불구하고 토지소유의 양극분해로 인해 경제적 불균형은 다른 지역과 마찬가지로 심화되었다. 조선인 지주-소작관계가 석장둔 지역에서 농장의 형태를 이루지 않은 채 파편적으로 광범하게 나타났다. 지주적 토지소유 및 식민지지주제의 모순은 일본인과 대지주가 존재하지 않는 전통적이고 평범한 평야에서도 심각했던 것이다. 토지대장이 없어 식민지시기 토지소유 분포의 변동 양상을 추적하지 못한 것은 아쉬운 점으로 남았다.

둘째 석장둔 지역에서는 수리조합이 각별한 의미를 지녔다. 석장둔이 간척지에서 출발하여 농업생산력의 향상을 위해서는 수리관개의 해결이 결정적인 문제였기 때문이다. 석장둔 지역은 수리조합에 의해 천수답에서 벗어나 수리안전답이 될 수 있었다. 도창저수지를 수원으로 하는 매화공려수리조합과 물왕저수지를 수원으로 하는 홍부수리조합의 몽리구역은 대부분 예전 석장둔이 위치한 지역이었다. 수리안전답이 됨으로써 석장둔 지역은 한발과 홍수로 인한 피해를 이기고 비옥한 논농사지역으로 거듭났으며 이 지역 일대 대표적인 미곡생산지로 우뚝 서게 되었다. 그런데 일제시기 말 홍부수리조합 몽리구역의 토지소유 분포를 보면 토지조사사업 단계보다 소유의 불균형이 더욱 심화되어 나타난다. 영세소유자가 많고 부재지주의 토지소유가 확대되어 지주-소작관계가 심화된 모습을 보였다.

고개 너머 부평수리조합과 대비해 보면 홍미롭다. 부평수리조합은 일본인 부재 대지주, 조선인 중소 재지지주가 중심이 되어 한강물을 양수기로 끌어올려 수리관개를 꾀했는데, 비용이 많이 들어 조합비가 상승됨으로써 결국 소작농에게 부담이 전가되었다. 소작농은 부평농민조합을 결성하여 저항하고 지주들은 지주회를 결성하여 조합과 대립하면서 큰 충돌이 벌어지고 사회문제가 되었다. 지역적으로 인접해 있음에도 불구하고 소래면과 수암면에서는 그러한 일이 전혀 일어나지 않았다. 석장둔 지역의 수리조합들은 일본인 대지주가 중심이 된 것이 아니라 조선인 중소지주, 자작농들이 중심이 된 소규모 수리조합의 성격, 새로운 토지의 간척이나 밭을 논으로 변환하여 미곡증산을 꾀하던 수리조합이 아니라 간척지에 기원을 둔 기경지의 긴급한 수리문제 해결을 위해 결성된 수리조합이라는 성격을 보였다. 18세기 초 간척에서 시작된 지역적 특성과 수리에 대한 실용적 욕구가 작동된 결과라고 본다.

셋째 석장둔에 인접한 신안 주씨가의 지주제 사례를 통해 이 지역 지주제의 특징을 검토했다. 주씨가는 한말 일제시기를 거치면서 대토지소유자로 급성장했다. 주씨가는 토지조사사업이라는 검증대를 무사히 통과하여 이미 확보한 토지소유권을 법인 받았을 뿐 아니라 그 불확실성의 시기에도 적극적으로 토지를 매입하는, 위기를 기회로 활용하는 적극적인 모습을 보였다. 그것은 개항기에 서울에서 상업활동을 하면서 체득한 근대적 거래관행과 제도를 적극 활용했기에 가능했다. 주씨가는 소득을 올리면 토지매입에 적극 투자했다. 지세부담에 민감하게 반응했는데 그것은 토지경영이 상업이윤보다 유리한지 판단하기 위한 것으로 보인다. 시세를 고려하여 농업생산물을 처분함으로써 이윤을 극대화하는 상업적 능력도 발휘했다. 토지매입은 소래면 과림리의 고향마을에서부터 시작했다. 이를 통해 고향마을의 유지로 성장했다.

고향마을에서 더 이상 살 땅이 없을 때 주목한 것은 1920년부터 불하되기 시작한 역둔토이다. 소작농에게 불하되는 역둔토의 상환대금을 대신 부담하고 그 소작농의 소작을 그대로 인정하면서 소유지로 삼았다. 역둔토 불하가 소작농들에게 돌아갔는지 지주에게 귀속되었는지 연구사적 논쟁이 있는데 신안 주씨가의 사례에서는 지주가에서 소작농으로부터 우회 매입하는 방식으로 토지를 확보하고 있어 지주로의 귀속에 힘이 실린다. 한편 신안 주씨의 토지는 많은 자녀들에게 대거 상속되는 특징을 보였다. 균분 상속은 아니지만 여러 자녀에게 비교적 골고루 상속함으로써 지주제 성장의 제한요소로 작용했다. 그러한 현상이 일제말기 지주제의 쇠퇴 또는 위기설로 제기되어 있는데, 1934년 상속세제 실시 이후 상속의 급속한 진행으로 그러한 현상이 통계상에 잡힌 것은 아

닐까 의문을 제기했다. 신안 주씨가의 지주제는 동태적 지주, 기업가적
지주와는 달리 정태적 성격, 상인지주적 성격을 드러내는데, 이를 치부
형 지주라고 평가했다.

넷째 농지개혁에 대한 연구는 많지만 여기서 석장둔 지역의 농지개혁
사례를 추가하면서 주목한 것은 분배농지의 규모나 분포보다 그 결과
토지소유분포에 어떤 변화가 나타났는가 하는 점이었다. 농지개혁 직전
과 직후 석장둔 지역의 토지소유 분포를 조사했으나 농지개혁 이전 이
미 지주의 토지가 방매되어 소유분포의 변동은 심하게 나타나지 않았
다. 이미 지주층은 사라졌다. 수리조합 몽리구역에서도 농지개혁 이후에
는 지주층이 사라졌다. 신안 주씨가의 토지는 여러 자식에게 이미 상속
되어 분산되었지만 농지개혁에 의해 그마저도 해체되지 않을 수 없었
다. 토지개혁의 결과 이제 농촌에 남은 주씨가는 지주로서는 존재기반
을 상실했다. 그것이 산업자본으로 전환된 흔적은 없다. 지주가로서는
몰락하고 농촌에 정착하려면 자작농으로 적응하지 않으면 안 되었다.
이렇게 농민적 토지소유는 실현되었으나 문제는 그 규모가 지나치게 영
세한 점에 있었다. 이 문제 해결을 위해 농경지의 확장이 시급했다. 이
후 개간과 간척이 적극 장려된 것은 이 때문이었다.

다섯째 농지개혁에서 보다 주목되는 것은 북한 점령기의 토지개혁과
의 관련이다. 북한군 노획문서가 남아 있어 시흥군 점령지에서 진행된
토지개혁의 양상을 파악할 수 있고, 소래면 미산리에서는 보다 구체적
인 모습을 볼 수 있었다. 농지개혁이 지주적 토지소유를 폐지하여 3정보
를 상한선으로 한 자작농체제를 구축하기로 하고 분배안이 이미 만들어
져 있었다. 농민들도 그 실현가능성을 예측하고 있었다. 그러므로 점령
지의 토지개혁이 실체를 드러냈을 때 농지개혁과 어떤 차이가 나는지

주민들은 가늠해 보았을 것이다. 일단 농지개혁은 유상으로 진행된 반면 토지개혁은 무상으로 진행된 점에 차이가 있었다. 농지개혁에서는 고농(머슴)을 토지분배대상에서 제외했지만 토지개혁에서는 포함하여 이들의 혁명성을 고양하고자 했던 점에 또 차이가 있었다. 그런데 현물세제를 실시하면서 전에는 23%, 답에는 27%를 부과하게 됨으로써 유상으로 진행된 남한의 농지개혁과의 차이가 현저히 줄어들었다. 더구나 현물세 징수를 위해 미산리의 예에서 볼 수 있듯이 포기와 낱알까지 계산하는 징수방식은 충격적인 것이었다. 나아가 토지개혁은 매매와 전당을 금지하여 지주제의 재발을 방지하고자 했지만 처분권을 제약함으로써 토지소유권의 분여가 아니라 경작권의 분여와 같은 결과를 초래한 점에서 한계를 보였다. 점령지의 토지개혁에 의해 농민이 토지로부터 해방되고 그것이 전쟁의 에너지로 분출했다고 말하기에는 현재로서는 고농에게 토지를 분배한 이외에는 증거를 제시하기 어렵다.

여섯째 농지개혁 이후 경지면적의 확장이 요구되었는데 이는 수리조합에서 주도했다. 석장둔 지역의 수리조합은 인안수리조합으로 통합되었다. 수리조합은 크게 두 가지 사업을 벌였다. 하나는 농사개량사업이고 다른 하나는 신규 간척사업이었다. 농사개량사업은 일제시기 산미증식계획의 핵심사업 중 하나로 해방 후에도 계승된 것이다. 여기서는 신규 간척사업에 주목했다. 본 연구가 간척지 석장둔의 탄생에서부터 시작되었기 때문이다. 농지개혁으로 자작농체제가 형성되었지만 소유면적은 더 축소되어 영세농이 광범하게 분포했다. 영세빈농의 광범한 편재를 해소하기 위해서는 경지면적의 절대적인 증가가 필요했다. 전국 각지에서 간척이 장려되었다. 수리조합에서는 석장둔 제방 아래쪽 갯벌을 간척하여 6·25전쟁 이후의 전재민의 정착을 위한 경지로 삼았다. 특별히 석장둔 지역은 아니지만 간척지의 분배사정을 알 수 있는 사례로 군자면 초지리 간척지를 구체적으로 검토했다. 이곳은 이북출신 상이용사들의 자립갱생 자활을 위해 부평화랑농장에서 간척했는데 우여곡절을 거쳐 주민들에게도 분배되었다. 이처럼 농지개혁 이후 한국 농업은 경작지의 확대를 도모해야할 처지에 놓여 있었다. 그것은 1991년 착공하여 실행여부를 둘러싸고 긴 논쟁을 이어간 끝에 2010년 준공된, 천문학적 규모의 새만금간척지 조성에 와서야 멈추었다. 이미 농업생산력의 발전과 농산물 개방정책으로 인해 더 이상 농경지가 필요 없는 단계에 도달한 시점이다.

요약해보면, 제2부에서는 조100두형의 석장둔이 민유지가 된 후 일제시기 식민지지주제 하에 놓인 사정을 검토하고, 농지개혁에 의해 영세자작농 체제가 되었지만 경지부족을 해소하기 위해 간척을 지속하게 되는 과정을 검토했다. 조선시기 궁장토·둔토로서 다른 장토와는 달리 민유지가 되었기 때문에 역둔토지주제나 동척농장이 되지 않고 파편화된 지주-소작제에 놓였지만 그곳에도 식민지지주제의 모순은 심각했다. 해방 후 지주제의 해체는 필연적이었다. 그것은 동아시아 공통의 과제였다. 북한에서는 토지개혁, 남한에서는 농지개혁이 실시되었다. 석장둔 지역도 마찬가지였다. 6·25전쟁 중에는 북한이 이 지역을 점령하여 북한에서 실시한 것과 똑같이 토지개혁을 실시했다. 농지개혁이 실시되는 과정에 있었는데, 토지개혁이 그것을 압도할 정도는 되지 못했던 것으로 판단된다. 문제는 토지소유 규모가 영세한 점에 있었다. 자소작 빈농이 자작 빈농으로 전환하면서 영세함을 벗어날 수 없었다. 전재민이 이주하여 농촌인구는 증가했으나 농경지는 부족했다. 정부는 개간, 간척을 적극 장려했고 이에 반세기에 걸쳐 경작지의 확장이 지속되었다.

참고문헌

1. 자료(유형별)

* 제1부

『承政院日記』; 『朝鮮王朝實錄』; 『備邊司謄錄』

『擇里志』(李重煥); 『輿地圖書』(1760년경); 『戶口總數』(1789); 『京畿誌』(1842-43); 『安山郡邑誌地圖』(1899); 『朝鮮地誌資料』(1911); 『舊韓國地方行政區域名稱一覽』(朝鮮總督府, 1912); 『新舊對照 朝鮮全道府郡面里洞名稱一覽』(越智唯七 編, 1917); 조선총독부 육지측량부, 『朝鮮五萬分一地形圖』; 『1 : 5,000 인천부천시흥지번도』, 영진문화사

『私淑齋集』(姜希孟); 『국역 사숙재집』(세종대왕기념사업회, 1999); 『晉山世稿續集』; 『晉山世稿』; 『蓮池事蹟』(權用正, 1846); 『蓮城吟社』(김교성); 『蓮城姓譜』(1984)

『安山石場屯田量案』(규18997); 『仁川石場屯量案』(규18996); 『安山郡所在石場屯田番査正量案』(1827, 규18918); 『安山郡所在壯勇營屯田番査正量案』(1827, 규18673); 『安山郡草山馬遊兩面所在龍洞宮買得田番打量量案』(1875, 규18194); 『京畿安山郡量案』(1900, 전15책, 규17654)

『安山郡石場屯田番賭租區別成册』(1896, 규21030 『各郡驛土成册』 수록); 『京畿道各郡所在各屯土調査成册』(1897, 규19550); 『宮內府所管京畿安山郡各屯土査檢案』(1899, 규21046 『經理院驛屯土成册』 수록); 『宮內府所管京畿安山郡各屯土査檢案』(1899, 규21046 『經理院驛屯土成册』 수록); 『京畿各郡公土案』(1899, 규19614의11책)

『安山秋收記』(1867, 1868, 규20564); 『龍洞宮安山草山面下上里秋收册』(1869, 규20558); 『龍洞宮安山草山面中職洞秋收記』(1870, 규20561)); 『龍洞宮安山草山面下上里秋收册』(1903, 규20807); 『安山草山面中職洞秋收册』(1903, 규20807 합본); 『安山草山面下中里秋收記』(규21976); 『安山

郡甕岩面洞長里秋收記』(1904, 규20844); 『安山郡甕岩面洞長里秋收
記』(1905, 규20843); 『安山洞長里秋收記』(규20845); 『前龍洞宮坪安山
草山面下中里秋收記』(1907, 규21976 제3책)

『京畿道安山郡草山面所在庄土龍洞宮提出圖書文績類』(규19299-10, 19299-21,
19299-22, 19299-41, 19299-52, 19299-73); 『京畿道安山郡仍化面所在庄
土龍洞宮提出圖書文績類』(규19299-63); 『京畿道安山郡月串所在庄土
金在元提出圖書文績類』(규19299-17); 『京畿道安山郡陵內洞所在庄土
朴平瑞提出圖書文績類』(규19299-49); 『京畿道安山郡馬遊面庄土申錫
賢提出圖書文績類』(규19299-84)

『量田謄錄』(1720); 『華營重記』; 『華城城役儀軌』; 『龍洞宮謄錄』; 『龍洞宮公
事册』; 『龍洞宮井間册』; 『公文編案』(규18154); 『驛土所關文牒去案』;
『訓令照會存案』(규19143); 『京畿道各郡報告』; 『京畿道各郡訴狀』; 『各
郡各穀時價表』(규21043-제2책); 『國有地調査書(抄)』, 朝鮮總督府 中
樞院; 『內藏院各道公土案』(1899, 규19164)

『完北隨錄』; 『田案式』(국사편찬위원회); 『時事叢報』; 『財務週報』; 『度支部公
報』; 『大韓自强會月報』; 『매일신보』

不動産法調査會, 『調査事項說明書』, 1906; 法典調査局, 『不動産法調査報告
要錄』, 1908; 대구재무감독국, 『隆熙二年大邱財務監督局財務一斑』,
1908; 荒井賢太郎, 『臨時財産整理局事務要綱』, 朝鮮總督府, 1911; 『驛
屯土實地調査槪要』, 朝鮮總督府, 1911; 『土地調査參考書』, 度支部,
1909; 『朝鮮地誌資料』; 『臨時土地調査局局報』; 『朝鮮土地調査殊ニ
地價設定ニ關スル說明書』, 朝鮮總督府, 1918; 和田一郎, 『朝鮮土地
制度及地稅制度調査報告書』, 朝鮮總督府, 1920

국사편찬위원회 소장 석장둔 관계 고문서

* 제2부

『土地調査簿』(1910, 시흥군 수암면·군자면, 부천군 소래면); 『仁川府田反面所在
畓衿記』(1911, 규27237)

『朝鮮土地改良組合事業』, 朝鮮總督府, 1940; 小早川九郎 編著, 『朝鮮農業發

達史』(資料編), 友邦協會, 1960

『富川·始興兩郡土地臺帳抄本』(1918); 『富川郡蘇萊面桂壽里驛土秋收記』(1929);
　　　『富川蘇萊·始興西面所在田畓家垈草坪土地臺帳附地稅一覽表』
　　　(1937); 『世傳田畓及諸子所有田畓□正地籍簿』(1938)

『京畿道富川郡蘇萊水利組合事業計劃書』; 『蘇萊水利組合設置認可書』(1929); 『梅
　　　花共勵水利組合事業計劃書』(1939); 『興富水利組合事業計劃書』(1942);
　　　『君子地區事業計劃書』; 『君子擴張地區事業計劃書』; 『군자·과림지구
　　　구역확장공사계획 변경계획서』

『評議員及同補充員에 관한 서류』(1949, 인안수리조합); 『평의회에 관한 서류』
　　　(1946~1950년, 1951년, 1954년, 1955년, 1957년, 1960년); 『협의회에 관한
　　　서류』(1954); 『평의원대장』(1957); 『조합채에 관한 서류』(1952)

『사업개요』(1952, 1957, 인안수리조합); 『공유수면매립에 관한 서류』(1954년 이후,
　　　인안수리조합); 『공유수면 매립농지 분배서류』(1962, 흥안토지개량조합);
　　　『개간허가토지』(1965, 시흥군); 『농지개간간척』(1965, 시흥군)

『土地原簿』(소래수리조합); 『토지원부』(매화공려수리조합); 『조합원명부』(1942,
　　　흥부수리조합); 『토지원부』(흥부수리조합); 『土地原簿 並 權利者名簿
　　　(과림지구)』; 『군자지구 토지원부 병 권리자명부』; 『평의원 및 보충원 선
　　　거인명부』(1957, 소래지구, 군자지구, 과림지구); 『간척농지경작계약관계
　　　철』(1957~1958, 군암수리조합)

조선은행 조사부, 『조선경제연보』 I, 1948; 농림부농지국, 『농지개혁통계요람』,
　　　1951; 『농지개혁경과일지』, 한국농촌경제연구원, 1984; 『농지개혁사관계
　　　자료집』 제1집(법규 및 내규편), 한국농촌경제연구원, 1984; 『농지개혁사
　　　관계자료집』 제2집(예규·통첩편), 한국농촌경제연구원, 1984; 『농지개혁사
　　　관계자료집』 제3집(통계편), 한국농촌경제연구원, 1984; 『農地改革時 被
　　　分配地主 및 日帝下 大地主 名簿』, 한국농촌경제연구원, 1985

『지적공부 복구공시조서』(1950, 시흥군 수암면); 『토지대장 및 등기부대조원부』
　　　(1953, 시흥군 수암면); 『분배농지수배자별조서』(1954, 시흥군 수암면); 『토
　　　지대장』(1950~1976, 시흥군 수암면)

『농지개혁서류』(1950, 시흥군); 『농지위원명부 겸 주소록』(시흥군농지위원회, 1951
　　　년 이후); 『농개통계에 관한 서류』(1951, 시흥군); 『농지예규』(1951년 이
　　　후, 시흥군 수암면); 『예규(지적)』(1951, 시흥군); 『농지개혁서류』(1950, 시

홍군);『농지분배임대농지·귀속행정재산·귀속임야에 관한 서류』(1953, 시
홍군);『농지개혁에 관한 서류』(1959, 시홍군)
『지주신고접수부』(1951, 부천군 소래면);『지주신고서』(1955, 부천군 소래면);『위
토신청서』(1951, 부천군 소래면);『위토대장』(1951, 부천군 소래면)
『공화국 남반부 지역에 토지개혁을 실시함에 관한 정령 및 시행세칙』;『담화재료
집』(팸플릿);『충북도임시인민위원회결정 제5호 토지개혁사업실행에 관하
야』(1950, 보은군);『토지개혁 조직지도원 및 선전원 조직통계보고』(1950,
보은군 회남면);『몰수토지조사서 외 잡철』(1950, 부천군 소래면 미산리);
『1950년도 잡곡류 파종면적조사서』(부천군 소래면 미산리);『북한관계사
료집』Ⅶ, 국사편찬위원회, 1989
『경인일보』;『동아일보』;『해방일보』;『조선인민보』

2. 논저

* 저서

근대사연구회편,『한국중세사회 해체기의 제문제』(하), 한울, 1987
김건태,『대한제국의 양전』, 경인문화사, 2018
김대환·백영서편,『중국사회성격논쟁』, 창작과비평사, 1988
김성보,『남북한 경제구조의 기원과 전개 - 북한 농업체제의 형성을 중심으로』, 역
　　　사비평사, 2000
김성호·김경식·장상환·박석두,『농지개혁사연구』, 한국농촌경제연구원, 1989
김양식,『근대권력과 토지 - 역둔토 조사에서 불하까지』, 해남, 2000
김용석엮음,『식민지반봉건사회론 연구』, 아침, 1986
김용섭,『한국근대농업사연구』(증보판) 상,하, 일조각, 1984
＿＿＿,『한국근현대농업사연구 - 한말·일제하의 지주제와 농업문제』, 일조각, 1992
＿＿＿,『증보판 조선후기농업사연구(I)』, 지식산업사, 1995
＿＿＿,『한국중세농업사연구』, 지식산업사, 2000
김윤상,『지공주의 - 새로운 토지 패러다임』, 경북대학교출판부, 2009

김윤상·조성찬·남기업 외,『토지정의, 대한민국을 살린다』, 평사리, 2012
김준석,『조선후기 정치사상사 연구 - 國家再造論의 대두와 전개』, 지식산업사, 2003
김홍식 외,『대한제국기의 토지제도』, 민음사, 1990
농어촌진흥공사,『한국의 간척』, 1996
대한수리조합연합회,『한국토지개량사업10년사』, 1956
박병호,『韓國法制史攷』, 법문사, 1974
박영한 · 오상학,『조선시대 간척지개발』, 서울대학교출판부, 2004
박이준,『한국근현대시기 토지탈환운동 연구』, 선인, 2007
박흥수,『度量衡과 國樂論叢』, 朴興秀先生華甲紀念論文集刊行委員會, 1980
소순열·주봉규,『근대지역농업사연구』, 서울대학교출판부, 1996
손경희,『한국 근대 수리조합 연구 - 경상북도 경주군 서면수리조합을 중심으로』, 선인, 2015
손전후,『우리나라 토지개혁사』, 과학,백과사전출판사, 1983
송양섭,『조선후기 둔전 연구』, 경인문화사, 2008
시흥군지편찬위원회,『시흥군지』상, 하, 1988
시흥문화원,『시흥시 신현동지』, 1999
시흥시,『고서 고문서로 보는 조선시대 시흥』, 2006
시흥시사편찬위원회,『시흥과림 신안주씨가(I, II) 소장자료 상세목록 및 해제 조사 보고서』, 2006
　　　　　　　　　,『시흥시사』 1-10, 2007
심희기,『한국법사연구 - 토지소유와 공동체』, 영남대학교 출판부, 1992
안산시사편찬위원회,『안산시사』 1-10, 2011
양선아 외,『조선후기 간척과 수리』, 민속원, 2010
염정섭,『18~19세기 농정책의 시행과 농업개혁론』, 태학사, 2014
왕현종,『대한제국의 토지조사와 토지법제』, 혜안, 2017
유용태 엮음,『동아시아의 농지개혁과 토지혁명』, 서울대학교출판문화원, 2014
이규수,『식민지 조선과 일본, 일본인 - 호남지역 일본인의 사회사』, 다할미디어, 2007
이광린,『李朝水利史研究』, 한국연구도서관, 1961
이세영,『조선시대 지주제 연구』, 혜안, 2018

이승언, 『시흥의 인물』, 시흥시, 2001
이영호, 『한국근대 지세제도와 농민운동』, 서울대학교출판부, 2001
_____, 『동학과 농민전쟁』, 혜안, 2004
_____, 『근대전환기 토지정책과 토지조사』, 서울대학교출판문화원, 2018
이영훈, 『조선후기사회경제사』, 한길사, 1988
李榮薰·張矢遠·宮嶋博史·松本武祝, 『근대조선 수리조합 연구』, 일조각, 1992
이윤갑, 『조선총독부의 소작정책 연구』, 지식산업사, 2013
인천광역시·국립민속박물관, 『인천의 간척과 도시개발』, 2018
인천광역시 역사자료관, 『인천의 갯벌과 간척』, 2009
인하대학교 한국학연구소편, 『시흥의 금석문』, 2010
임혜영, 『근현대 익산 함라면의 토지소유변동 연구』, 전북대학교 사학과 박사학위
　　　　논문, 2013
장시원편역, 『식민지반봉건사회론』, 한울, 1984
장시원, 『일제하 대지주의 존재형태에 관한 연구』, 서울대학교 경제학과 박사학위
　　　　논문, 1989
전강수, 『토지의 경제학』, 돌베개, 2012
정병준 외, 『한국전쟁기 남북한의 점령정책과 전쟁의 유산』, 선인, 2014
정승진, 『한국근세지역경제사』, 경인문화사, 2003
정연태, 『식민권력과 한국농업 - 일제 식민농정의 동역학』, 서울대학교출판문화원,
　　　　2014
정용수, 『私淑齋 강희맹 문학 연구』, 국학자료원, 1993
조석곤, 『한국 근대 토지제도의 형성』, 해남, 2003
최윤오, 『조선후기 토지소유권의 발달과 지주제』, 혜안, 2006
편집부엮음, 『동아시아 사회성격논쟁』, 온누리, 1988
하유식, 『울산군 상북면의 농지개혁 연구』, 부산대학교 사학과 박사학위논문, 2010
하지연, 『일제하 식민지 지주제 연구 - 일본인 회사지주 조선흥업주식회사 사례를
　　　　중심으로』, 혜안, 2010
_____, 『식민지 조선농촌의 일본인 지주와 조선 농민』, 경인문화사, 2018
한국농촌공사, 『한국농업수리변천사』, 2007
한국역사연구회 토지대장연구반, 『대한제국의 토지조사사업』, 민음사, 1995
_____, 『대한제국의 토지제도와 근대』, 혜안, 2010

헨리 조지(김윤상옮김),『간추린 진보와 빈곤』, 경북대학교출판부, 2012
_____,『노동 빈곤과 토지 정의』, 경북대학교출판부, 2013
헨리 조지(전강수옮김),『사회문제의 경제학』, 돌베개, 2013
홍성찬,『한국근대 농촌사회의 변동과 지주층 - 20세기 전반기 전남 화순군 동복면
    일대의 사례』, 지식산업사, 1992
홍성찬편,『농지개혁 연구』, 연세대학교출판부, 2001
홍성찬 외,『일제하 만경강 유역의 사회사 - 수리조합, 지주제, 지역정치』, 혜안,
    2006
홍재상,『한국의 갯벌』, 대원사, 1998

江丙坤,『臺灣地租改正の硏究 - 日本領有初期土地調査事業の本質』, 東京大
    學出版會, 1974
安秉珆,『朝鮮近代經濟史硏究』, 日本評論社, 1975
河合和男,『朝鮮における産米增殖計劃』, 未來社, 1986
淺田喬二,『日本帝國主義と舊植民地地主制 - 臺灣·朝鮮·滿洲における日本
    人大土地所有の史的推移』(增補), 龍溪書舍, 1989
中村哲(안병직역),『세계자본주의와 이행의 이론 - 동아시아를 중심으로』, 비봉출
    판사, 1991
宮嶋博史,『朝鮮土地調査事業史の硏究』, 東京大學東洋文化硏究所, 1991
松本武祝,『植民地期朝鮮の水利組合事業』, 未來社, 1991
李圭洙,『近代朝鮮の植民地地主制と農民運動』, 信山出版社, 1996

* 논문

기광서,「한국전쟁기 북한의 남한지역 토지개혁」『한국전쟁기 남북한의 점령정책
    과 전쟁의 유산』, 선인, 2014
김건태,「戶名을 통해 본 19세기 職役과 率下奴婢」『한국사연구』144, 한국사연
    구회, 2009
_____,「20세기 전반 동성촌락의 경제적 변화 - 장흥군 용산면 칠리안속 마을을 중
    심으로」『대동문화연구』67, 성균관대학교 대동문화연구원, 2009

김문식, 「학문과 예술의 뿌리」 『안산시사』 4, 안산시사편찬위원회, 2011

김성우, 「임진왜란 이후 전후복구사업의 전개와 양반층의 동향」 『한국사학보』 3·
    4, 고려사학회, 1998

김소남, 「안산의 농지개혁」 『안산시사』 1, 안산시사편찬위원회, 2011

김용섭, 「한말에 있어서의 중답주와 역둔토지주제」 『동방학지』 20, 연세대학교 국
    학연구원, 1978[『한국근대농업사연구』(증보판) 하, 일조각, 1984 수록]

_____, 「고종조 왕실의 均田收賭 문제」 『한국근대농업사연구』(증보판) 하, 일조
    각, 1984

_____, 「《금양잡록(衿陽雜錄)》과 《사시찬요초(四時纂要抄)》의 농업론」 『겨레문
    화』, 한국겨레문화연구원, 1988(『조선후기농학사연구』, 일조각, 1988에 수록)

_____, 「결부제의 전개과정」 『한국중세농업사연구』, 지식산업사, 2000

김윤상, 「토지공개념과 지대조세제」 『역사비평』 66, 역사문제연구소, 2004

김태우, 「한국전쟁기 북한의 남한 점령지역 토지개혁」 『역사비평』 70, 역사문제연
    구소, 2005

김현숙, 「식민지 시대 종족마을의 토지소유관계와 지주경영 - 충남 연기군 동면 송
    룡리 장기황가를 중심으로」 『사회와 역사』 70, 한국사회사학회, 2006

_____, 「1910~1945년 충남지역 마을의 농지 소유구모의 변화 - 향한리, 한천리, 합
    덕리, 송룡리를 중심으로」 『이화사학연구』 41, 이화사학연구소, 2010

김호종, 「17세기 진휼청과 진휼정책에 관한 연구」 『국사관논총』 57, 국사편찬위원
    회, 1994

도진순, 「19세기 궁장토에서의 중답주와 항조 - 재령 여물평장토를 중심으로」 『한
    국사론』 13, 서울대학교 국사학과, 1985

라창호, 「일제하 수리조합에서 조합비 전가에 관한 연구」 『경기사론』 1, 경기대학
    교 사학회, 1997

문용식, 「조선후기 常賑穀의 설치」 『사총』 46, 고려사학회, 1997

박경안, 「姜希孟(1424~1483)의 家學과 농업경영론 - '理生'문제에 대한 인식과 관
    련하여」 『실학사상연구』 10·11합집, 무악실학회, 1999

_____, 「강희맹(1424~1483)의 농장에 관하여」 『역사와 현실』 46, 한국역사연구회,
    2002

_____, 「강희맹(1424~1483)의 농학이론의 형성과정에 관하여」 『경기향토사학』 7,
    전국문화원연합회 경기도지회, 2002

박석두, 「농지개혁과 식민지지주제의 해체 - 경주 이씨가의 토지경영사례를 중심으로」『경제사학』11, 경제사학회, 1987

박 섭, 「식민지 후기의 지주제 - 실태와 정책」『경제사학』18, 경제사학회, 1994

박성섭, 「일제강점기 임천수리조합 설립과 토지소유권 변동」『한국독립운동사연구』 51, 독립기념관 한국독립운동사연구소, 2015

박성준, 「대한제국기 내장원의 역둔토 경영의 성격」『조선시대사학보』6, 조선시대 사학회, 1998

박수현, 「1920·30년대 수리조합 반대운동의 일양상 - 지주·소작농의 연대투쟁을 중심으로」『명지사론』10, 명지사학회, 1999

_____, 「1930년대 초반의 수리조합비 항쟁」『국사관논총』96, 국사편찬위원회, 2001

박준성, 「17·18세기 궁방전의 확대와 소유형태의 변화」『한국사론』11, 서울대학 교 국사학과, 1984

박진태, 「대한제국 초기의 국유지 조사」『대한제국의 토지조사사업』, 한국역사연 구회 토지대장연구반편, 민음사, 1995

_____, 「갑오개혁기 국유지조사의 성격」『성대사림』12·13, 성대사학회, 1997

박찬승, 「한말 역토·둔토에서의 지주경영의 강화와 항조」『한국사론』9, 서울대학 교 국사학과, 1985

배성수, 「호조방죽(진청제언)의 축조와 석장둔」『시흥시사』2, 시흥시사편찬위원 회, 2007

배영순, 「한말 역둔토조사에 있어서의 소유권분쟁」『한국사연구』25, 한국사연구 회, 1979

_____, 「한말 사궁장토에 있어서의 도장의 존재형태」『한국사연구』30, 한국사연 구회, 1980

_____, 「일제하 역둔토 불하와 그 귀결」『사회과학연구』2-2, 영남대학교 사회과 학연구소, 1982

배항섭, 「조선후기 토지소유구조 및 매매관습에 대한 비교사적 검토」『한국사연구』 149, 한국사연구회, 2010

_____, 「'근대이행기'의 민중의식 : '근대'와 '반근대'의 너머 - 토지소유 및 매매관 습에 대한 인식을 중심으로」『역사문제연구』23, 역사문제연구소, 2010

서태원, 「조선후기 충청도 平薪屯의 설치와 경영」『규장각』37, 서울대학교 규장

각한국학연구원, 2010

손경희, 「한국 근현대 낙동강 유역의 수리조합 연구」 『대구사학』 111, 대구사학회, 2013

_____, 「한국 근현대 경상북도 칠곡군의 수리조합 연구 - 운영주체를 중심으로」 『대구사학』 117, 2014

송찬섭, 「17,18세기 신전개간의 확대와 경영형태」 『한국사론』 12, 서울대학교 국사학과, 1985

_____, 「정조대 장용영곡의 설치와 운영」 『한국문화』 24, 서울대학교 규장각한국학연구원, 1999

_____, 「정조대 장용영 둔전의 설치와 운영」 『한국방송통신대학교 논문집』 32, 2001

심재우, 「조선후기 선희궁의 연혁과 소속 장토의 변화」 『조선시대사학보』 50, 조선시대사학회, 2009

심희기, 「조선시대의 토지법과 토지소유관계」 『박병호교수환갑기념논총 II 한국법사학논총』, 박병호교수환갑기념논총간행위원회, 1991

양선아, 「생산과 경제」 『시흥시사』 5, 시흥시사편찬위원회, 2007

염정섭, 「조선후기 대동강 하류 河中島의 개간과 궁방전의 성립 및 변천」 『규장각』 37, 서울대학교 규장각한국학연구원, 2010

오보경, 「한국전쟁기 북한의 점령지역 토지개혁 - 경기도 화성군 안용면 안녕리의 사례」 『한국전쟁기 남북한의 점령정책과 전쟁의 유산』, 선인, 2014

오인택, 「경자양전의 시행조직과 양안의 기재형식」 『조선후기 경자양전 연구』, 한국역사연구회 토지대장연구반편, 혜안, 2008

_____, 「조선후기의 양안과 토지문서」 『조선후기 경자양전 연구』, 한국역사연구회 토지대장연구반편, 혜안, 2008

왕현종, 「19세기말 호남지역 지주제의 확대와 토지문제」 『1894년 농민전쟁연구』 1, 한국역사연구회편, 역사비평사, 1991

_____, 「대한제국기 양전·지계사업의 추진과정과 성격」 『대한제국의 토지조사사업』, 한국역사연구회 토지대장연구반편, 민음사, 1995

우대형, 「일제하 만경강 유역 수리조합 연구」 『일제하 만경강 유역의 사회사』, 혜안, 2006

유기천, 「농지개혁과 토지소유관계의 변화에 과한 연구 - 충남 연기군 남면의 사례

를 중심으로」, 서울대학교 경제학과 석사학위논문, 1990

이경란, 「수리조합 자료」『시흥시사』 10, 시흥시사편찬위원회, 2007

이경식, 「17세기의 토지개간과 지주제의 전개」『한국사연구』 9, 한국사연구회, 1973

이명숙, 「한국 농지개혁시 농지위원회에 관한 연구 - 경기도 양주군 와부면을 중심으로」, 경희대학교 사학과 석사학위논문, 2000

_____, 「농지개혁 자료」『시흥시사』 10, 시흥시사편찬위원회, 2007

이세영, 「조선시대의 진전개간과 토지소유권」『한국문화』 52, 서울대학교 규장각 한국학연구원, 2010

_____, 「조선전기의 진황처 기경과 토지소유권」『역사문화연구』 40, 한국외국어대학교 역사문화연구소, 2011

_____, 「1913~1945년 경상남도 창원군 내서면의 농지소유분화」『한국학연구』 24, 인하대학교 한국학연구소, 2011

이송순, 「농업정책과 농촌경제의 변화」『시흥시사』 3, 시흥시사편찬위원회, 2007

이승렬, 「주인식의 생활기와 치부 기록」『시흥시사』 10, 시흥시사편찬위원회, 2007

_____, 「서울·경기지역 상인의 일기(1899~1910)에 나타난 일상체험과 근대적 공공성 - 油商 주인식의 민족의식 형성을 중심으로」『한국사연구』 146, 한국사연구회, 2009

이애숙, 「일제하 수리조합의 설립과 운영」『한국사연구』 50·51, 한국사연구회, 1985

이영호, 「조선시기 토지소유관계 연구현황」『한국중세사회 해체기의 제문제』 하, 근대사연구회편, 한울, 1889

_____, 「대한제국시기의 토지제도와 농민층분화의 양상 - 경기도 용인군 이동면 광무양안과 토지조사부의 비교분석」『한국사연구』 69, 한국사연구회, 1990

_____, 「일제의 식민지 토지정책과 미간지 문제」『역사와 현실』 37, 한국역사연구회, 2000

_____, 「강화도 船頭浦築堰始末碑의 내용과 가치」『박물관지』 3, 인하대학교 박물관, 2000

_____, 「일제의 조선식민지 토지조사의 기원, 부평군 토지시험조사」『한국학연구』 18, 인하대학교 한국학연구소, 2008

이영호, 「조선후기 간척지의 소유와 운영 - 경기도 안산·인천 石場屯 사례」『한국문화』 48, 서울대학교 규장각한국학연구원, 2009

_____, 「안산·인천 石場屯量案의 토지정보와 성격」『규장각』 35, 서울대학교규장각한국학연구원, 2009

_____, 「한말~일제초 근대적 토지소유권의 확정과 국유·민유의 분기 - 경기도 안산 석장둔(石場屯)의 사례」『역사와 현실』 77, 한국역사연구회, 2010

_____, 「조선후기 '永作宮屯' 궁장토의 구조와 창원 모델」『지역과 역사』 30, 부경역사연구소, 2012

_____, 「부평의 수리조합과 지주소작관계」『박물관지』 16, 인하대학교 박물관, 2013

이영훈, 「토지조사사업의 수탈성 재검토」『역사비평』 22, 역사문제연구소, 1993년 가을

_____, 「한국사에 있어서 토지제도의 발전과정」『고문서연구』 15, 고문서학회, 1999

이용기, 「한국 농지개혁의 가능성과 한계 - 혈연적 관계망에 주목하여」『동아시아의 농지개혁과 토지혁명』, 유용태엮음, 서울대학교출판문화원, 2014

이종범, 「1915~45년 농지소유구조의 변동」『전남 무안군 망운지역 농촌사회구조 변동 연구』, 전남대학교 호남문화연구소, 1988

_____, 「1915~50년대 농지소유구조의 변동 - 광산군 하남면 사례」『이재룡박사환력기념 한국사학논총』, 이재룡박사환력기념한국사학논총간행위원회, 1990

이주철, 「토지개혁 이후 북한 농촌사회의 변화 - 1946~1948년을 중심으로」『역사와 현실』 16, 한국역사연구회, 1995

이지수, 「해방후 농지개혁과 지주층의 자본전환 문제」, 연세대학교 사학과 석사학위논문, 1990

이태진, 「16세기 연해지역의 堰田개발 - 戚臣정치의 경제적 배경 일단」『김철준박사화갑기념사학논총』, 지식산업사, 1983

이헌창, 「조선시대 재산권, 계약제도에 관한 시론」『경제사학』 56, 경제사학회, 2014

이헌창, 「조선시대 경지소유권의 성장」『경제사학』 58, 경제사학회, 2015

임대식, 「1930년대말 경기지역 조선인 대지주의 농외투자와 지방의회 참여」『한국사론』 34, 서울대학교 국사학과, 1995

임용한, 「정조의 거둥과 권농사」 『시흥시사』 2, 시흥시사편찬위원회, 2007

장상환, 「농지개혁 과정에 관한 실증적 연구 - 충남 서산군 근흥면의 실태조사를
　　중심으로」 『경제사학』 8,9, 경제사학회, 1984,1985

_____, 「농지개혁에 의한 농촌사회 경제구조의 변화 - 3개 마을의 사례를 중심으
　　로」 『한국근현대의 민족문제와 신국가건설』, 지식산업사, 1997

_____, 「해방 후 한국자본주의 발전과 부동산투기」 『역사비평』 66, 역사문제연구
　　소, 2004

장시원, 「식민지하 조선인대지주 범주에 관한 연구」 『경제사학』 7, 경제사학회,
　　1984

_____, 「부평수리조합의 창설과정」 『근대조선 수리조합 연구』, 일조각, 1992

_____, 「지주제 해체와 자작농 체제의 성립」 『광복50주년기념논문집』, 한국학술진
　　흥재단, 1995

전강수, 「일제하 수리조합사업이 지주제 전개에 미친 영향」 『경제사학』 8, 경제사
　　학회, 1984

_____, 「공공성의 관점에서 본 한국 토지보유세의 역사와 의미」 『역사비평』 94,
　　역사문제연구소, 2011

정병준, 「한국농지개혁의 재검토 - 완료시점·추진동력·성격」 『역사비평』 65, 역사
　　문제연구소, 2003

_____, 「한국전쟁기 북한의 점령과 지방사회의 변화 - 경기도 시흥군의 사례」 『한국
　　전쟁기 남북한의 점령정책과 전쟁의 유산』, 선인, 2014

_____, 「한국전쟁기 북한의 점령지역 동원정책과 '공화국 공민' 만들기」 『한국전
　　쟁기 남북한의 점령정책과 전쟁의 유산』, 선인, 2014

정부매, 「취락의 형성과 발달」 『시흥시사』 1, 시흥시사편찬위원회, 2007

정승진, 「일제시기 식민지지주제의 기본 추이 - 충남 서천 수리조합지구의 사례」
　　『역사와 현실』 26, 한국역사연구회, 1997

_____, 「수리조합사업의 전개 - 영광수리조합의 사례」 『한국근세지역경제사』, 경
　　인문화사, 2003

_____, 「1930년대 나주 영산강 유역의 농업변동 - 다시수리조합 구역을 중심으로」
　　『대동문화연구』 44, 성균관대학교 대동문화연구원, 2003

_____, 「식민지지주제의 동향(1914~1945) - 전북 『익산군춘포면토지대장』의 분석」
　　『한국경제연구』 12, 한국경제연구학회, 2004

정승진·松本武祝, 「토지대장에 나타난 농지개혁의 실상(1945-1970) - 전북 익산군
　　　춘포면토지대장의 분석」 『한국경제연구』 17, 한국경제연구학회, 2006
정승진, 「한국 근현대 농업수리질서의 장기적 재편과정(1908~1973)」 『한국경제연
　　　구』 26, 한국경제연구학회, 2009
_____, 「장기사의 관점에서 본 나주의 농지개혁 - 전남 나주군 금천면의 사례」 『대
　　　동문화연구』 98, 성균관대학교 대동문화연구원, 2017
정형지, 「숙종대 진휼정책의 성격」 『역사와 현실』 25, 한국역사연구회, 1997
조석곤, 「토지대장에 나타난 토지소유구조의 변화 - 예천군 용문면 사례의 예비분
　　　석」 『맛질의 농민들 - 한국근세촌락생활사』, 안병직·이영훈편저, 일조각,
　　　2001
_____, 「일제하 역둔토불하에 관한 연구」 『경제사학』 31, 경제사학회, 2001
_____, 「20세기 한국토지제도의 변화와 경자유전 이데올로기」 『한국경제성장사』,
　　　안병직편, 서울대학교출판부, 2001
_____, 「토지대장으로 살펴본 토지소유구조의 변화 - 김제시 죽산면의 사례를 중
　　　심으로」 『동향과 전망』 65, 한국사회과학연구소, 2005
_____, 「토지대장으로 살펴본 토지소유구조의 변화 - 원주시 호저면의 사례」 『농
　　　촌경제』 28-2, 한국농촌경제연구원, 2005
_____, 「토지조사사업과 농지개혁이 토지생산성에 미친 효과에 관한 비교 분석」,
　　　『동향과 전망』 71, 한국사회과학연구회, 2007
_____, 「토지조사사업의 실시」 『시흥시사』 3, 시흥시사편찬위원회, 2007
_____, 「토지소유권대장으로서의 토지대장과 그 분석의 일례」 『시흥시사』 10, 시
　　　흥시사편찬위원회, 2007
_____, 「제적부를 이용한 통계자료 분석의 일례」 『시흥시사』 10, 시흥시사편찬위
　　　원회, 2007
_____, 「농지개혁 당시 수분배농가의 토지소유구조 변화에 관한 연구 - 원주시 호
　　　저면의 사례」 『경제사학』 46, 경제사학회, 2009
_____, 「농지개혁 수배농가의 분배농지 전매매에 관한 연구 - 시흥군 수암면 사례」
　　　『대동문화연구』 81, 성균관대학교 대동문화연구원, 2013
주익종, 「일제하 수리조합사업 재고 - 거래비용론적 접근」 『경제사학』 28, 경제사
　　　학회, 2000
최영묵, 「시흥군 농지개혁의 전개와 귀결」 『시흥시사』 3, 시흥시사편찬위원회,

2007

최영준, 「강화지역의 해안저습지 간척과 경관의 변화」『국토와 민족생활사』, 한길사, 1997

최원규, 「한말·일제하의 농업경영에 관한 연구 - 해남 윤씨가의 사례」『한국사연구』 50·51, 한국사연구회, 1985

_____, 「해방후 농촌사회의 정치적 변동과 지주제 - 광주·해남지역을 중심으로」『이재룡박사환력기념 한국사학논총』, 이재룡박사환력기념한국사학논총간행위원회, 1990

_____, 「대한제국과 일제의 土地權法 제정과정과 그 지향」『동방학지』 94, 연세대학교 국학연구원, 1996

_____, 「한말 일제초기 일제의 토지권 인식과 그 정리방향」『한국근현대의 민족문제와 신국가건설』, 김용섭교수정년기념한국사학논총 3, 지식산업사, 1997

_____, 「일제초기 토지조사 법규정비와 토지신고서」『역사문화연구』 17, 한국외국어대학교 역사문화연구소, 2002

_____, 「일제 토지조사사업에서의 소유권 사정과 재결」『한국근현대사연구』 25, 한국근현대사학회, 2003

_____, 「일제의 토지조사사업에서 경남 창원지역의 토지소유권 분쟁 - 自如驛 倉屯 사례」『지역과 역사』 21, 부경역사연구소, 2007

_____, 「창원군 토지조사사업에서 소유권 분쟁의 유형과 성격」『한국학연구』 24, 인하대학교 한국학연구소, 2011

_____, 「일제하 수원 들목 조씨가의 경제생활과 사회활동」『수원시사』 5, 수원시사편찬위원회, 2014

최윤오, 「조선후기 토지개혁론과 토지공개념」『역사비평』 66, 역사문제연구소, 2004

_____, 「조선후기의 양안과 토지문서」『조선후기 경자양전 연구』, 한국역사연구회 토지대장연구반편, 혜안, 2008

함한희, 「조선말·일제시대 궁삼면 농민의 사회경제적 지위와 그 변화」『한국학보』 66, 일지사, 1992

_____, 「해방 이후의 농지개혁과 궁삼면 농민의 사회경제적 지위 및 그 변화」『한국문화인류학』 23, 한국문화인류학회, 1992

허원영, 「해제 : 동래정씨 동래부원군 정난종종택의 고문서」『고문서집성』 97, 동

래정씨 동래부원군 鄭蘭宗종택편, 한국학중앙연구원, 2010

허원영, 「조선말기 전라도 영광 연안김씨가의 지주 경영」『한국민족문화』56, 부산대학교 한국민족문화연구소, 2015

_____, 「일제강점기 영광 연안김씨가의 농업경영과 자본전환의 모색」『역사문화연구』60, 한국외국어대학교 역사문화연구소, 2016

허홍범, 「하중동 안동 권씨가의 蓮池 자료」『시흥시사』10, 시흥시사편찬위원회, 2007

_____, 「과림동 신안 주씨가 소장자료의 성격」『시흥시사』10, 시흥시사편찬위원회, 2007

홍성찬, 「한말·일제하의 지주제 연구 - 강화 홍씨가의 추수기와 장책분석을 중심으로」『한국사연구』33, 한국사연구회, 1981

_____, 「한말·일제하의 지주제 연구 - 곡성 조씨가의 지주로의 성장과 그 변화」『동방학지』39, 연세대학교 국학연구원, 1985

_____, 「한말·일제하의 지주제 연구 - 50정보 지주 보성 이씨가의 지주경영 사례」『동방학지』53, 연세대학교 국학연구원, 1986

宮嶋博史, 「植民地下朝鮮人大地主の存在形態に關する試論」『朝鮮史叢』5·6, 靑丘文庫, 1982

中村哲, 「근대 동아시아에 있어서의 지주제의 성격과 유형」『근대조선의 경제구조』, 비봉출판사, 1989

宮嶋博史, 「朝鮮における植民地地主制の展開」『近代日本と植民地』3, 岩波書店, 1993

[日文要約]

韓國における土地所有の長期変動
- 京畿道始興石場屯の250年の歴史 -

李　榮　昊

　本書は、朝鮮後期から日帝時期を経て、解放後の國民國家の成立に至るまでの250年余りの長期的な土地変動の歴史を、具体的な事例をもって實証的に研究した結果である。その對象は、京畿道仁川都護府と安山郡の境界にあった干拓地「石場屯」である。現在は始興市に屬する。

　本書は、土地調査事業(1910)と農地改革(1950)を境界に二つの部分に分けた。第1部では、朝鮮後期の石場屯の干拓から始まり、甲午改革(1894)以降の大韓帝國の改革措置と日帝の土地調査事業に至るまで、所有權と收租權の概念を活用して土地所有の特徴と変動の樣相を考察した。第2部では、土地所有權の商品化を基盤に、所有の不均等現象が最高潮に達した日帝時期の植民地地主制が第2次世界大戰後に農地改革によって農民的土地所有に轉換されていく樣子を考察した。

　第1部は、甲午改革の前後で二つの時期に分けられるが、朝鮮後期は所有權と收租權が併存していた時期であり、甲午改革以後は所有權と收租權が衝突し、民有－國有の紛爭が發生した時期である。

　まず、朝鮮後期に干拓を通じて石場屯が誕生し、土地所有權が原始的に創出される樣相を具体的に考察した。干拓を主管した賑恤廳から

開墾者に所有權を付与することで、石場屯には私的土地所有權が誕生した。開墾者は自分の開墾した土地の所有權を認める文券を賑恤廳と地方官から交付を受けた。開墾者は土地を自由に相續・賣買することができた。このように干拓地として誕生した石場屯は、仁川都護府側に37.763結、安山郡側に13.098結、合わせて50.861結(約　200町步＝60万坪)に至る大農場を形成した。

　干拓を主管した賑恤廳は、石場屯から1結当たり租100斗(米40斗)を取り立てることができる收租權を獲得した。一般民田の田稅である米23斗より多い分だけ石場屯民の所有權は制限され、民田とは差別的な「租100斗型田莊」となった。石場屯の收取構造は、[賑恤廳(收租權所有者) - 石場屯の所有者(土地所有者) - 作人(農業生產者)]の形態になっていた。收租權は賑恤廳が掌握し續けることはできず、他の國家機關を轉々とした。

　甲午改革後、收租權の整理が課題として浮上した。甲午改革では、驛土・屯土・宮庄土を國家の一元的な管理体系の下に編入して運營しようとした。このため政府は、作人を調査し、賭租を再び策定した。宮房と衙門につながる庄土をすべて「公土」に編入する政策が推進されもした。問題は、田莊の成立起源を考慮せずに一律的に賭租を策定したり、公土に編入させようとした点にあった。石場屯民は所有權を喪失して政府機關の所有地に編入される危機に瀕した。石場屯民の所有權と政府機關の收租權が衝突したのである。しかしながら、政府も收租權を所有權に擴張することはできず、石場屯民も收租權を除去して完全な所有權を獲得しようという希望を叶えることはできなかった。

　日帝が韓國を保護國化した後、財政整理の一環として驛土・屯土・宮庄土に對する整理に着手したところ、收租權と所有權の問題が再燃した。日帝統監府は1908年6月に驛土・屯土・宮庄土を「驛屯土」という名稱で統合し、「國有地」とした。驛屯土の目錄に載せられた田莊は、5年以內の小作契約により地主制で経営された。石場屯もこの過程に巻き込まれていき、石場屯民は所有權を喪失した。1909~1910年に實施された驛屯土實地調査でも、驛屯土に對する國家の權利が所有權であるのか收租權であるのか、またはその中間的權利であるのか、一地一主の近代的土地所有權の概念に卽した査定は行われなかった。1910年以降に民有地の土地調査事業を施行した際に、石場屯は紛爭の手續を経て、辛うじて民間の所有地として還元された。200年近く民間で土地所有權の賣買が行われていた民田に近い租100斗型の田莊でさえ、所有權が認められるまで險しい過程を経た。

　第2部は、日帝時期と解放後の時期に分けられるが、日帝時期には土地所有の不均衡が深まるともに、植民地地主制が擴散した時期であり、解放後は地主的土地所有、地主制的農業生産を清算した時期である。

　植民地時期には石場屯が解体され、他の民有地と同一の民間の所有地となった。國有化された他の宮庄土・屯土や投託された民有地であるにもかかわらず返還されなかった田莊が朝鮮總督府の驛屯土地主制に編入されたり東洋拓殖會社に拂下げられた場合と比較するとき、石場屯は全く異なった環境に置かれた。石場屯地域には、日本人地主や大農場のような典型的な植民地地主制は形成されなかった。緣故を持った京城の不在地主らが財産の維持と経濟的利益のために土地に投資した。勿論、現地にも中小地主らがいた。朝鮮人地主−小作關係が

土地の集中した農場の形態を成さないまま、斷片的に廣範に現われた一般的な農村の姿を見せた。

　石場屯地域の地主制を類推し得る事例として、新安朱氏家の地主制の事例を檢討した。これまで多くの研究がなされてきた小作地の経営の側面よりは、所有土地の擴大の様相を考察した。新安朱氏家は商業活動で得た収入を故郷の村で土地を集積することに投資した。1920年代に小作農に拂下げされた驛屯土を迂回購入し、所有土地を擴張しもした。ところが、1934年の相續税制の實施以降は、大擧して複數の子女らに土地を相續した。1930年代後半以降、地主制の衰退する様相が統計上に現われているというが、相續税のために地主らが大擧して相續したためではないかと考える。新安朱氏家の事例を通して、石場屯地域において植民地地主制の典型や矛盾が劇的に現われることを確認することはできず、植民地時期の他の農村と同様に、地主－小作制の生産方式が土地所有の不均衡を極大化していた点を確認することができた。

　地主的土地所有の解消は、世界史的な課題であった。解放後、南北いずれも地主的土地所有の解体と農民的土地所有の實現は不可欠な課題であった。石場屯地域においても例外ではなかった。ところが、解放後、土地改革を予想して地主らが所有土地を賣却し續けたため、農地改革の對象面積は大きく減少した。分配とは無關係の多くの自作農らも存在した。そのため、本研究では、分配農地よりは分配前後の土地所有分布の変動に焦点を合わせて分析を行った。それとともに、干拓地の特殊な事情が作用せざるを得ない水利組合區域での変化、そして新安朱氏家において受けた衝撃にも關心を置いた。

　一方、朝鮮戰爭時に北朝鮮が占領した際に施行した土地改革に關する文件が殘っており、この檢討を行った。そのため、南北朝鮮で起きた地主的土地所有の解体の様相を比較してみることができた。南朝鮮では農地改革が推進されており、北朝鮮の土地改革はそれを壓倒するほどではなかったために、占領地の土地改革が戰爭のエネルギーとして作用するには不十分であったと結論付けた。

　農地改革の結果、農民的土地所有は實現したが、その規模が零細すぎる点が問題であった。農業生産力の向上のための農業改良も推進されたが、それよりは耕地面積の擴張が要求された。政府は、水利組合に干拓事業を推進するよう奬勵した。本研究では、新規干拓事業に注目した。石場屯周辺に對する干拓が新たに推進され、始興沿岸の干潟地に對する干拓も行われた。新規干拓地は、戰災民の定着のための農場として活用されもした。

　このように農地改革後の韓國の農業は、耕作地の擴大を図らねばならない境遇に置かれていた。干拓地の擴大のための政府の政策は20世紀末まで續いた。西海岸の南側から北側に至るまで干潟地の干拓は粘り強く續けられた。そして、その最頂点は、1991年に着工し2010年に竣工されたセマングム干拓地である。すでに生産力の發展と農産物市場の開放政策により、もはや農耕地は必要ない段階に到達した時点である。むしろ干潟地を保護するために自然生態環境を復元すべきだという主張が力を得ている時代に入った。石場屯下側の塩田は始興生態公園として造成され、教育資源として活用されており、一角では干潟地の原型を復元すべきだという主張も出ている實情である。

　他方、産業団地の造成、交通インフラの擴張、そして都市開發に

　よって農地面積は縮小し續けている。宅地開發により土地不勞所得を期待する現象が蔓延している。石場屯地域も例外ではない。石場屯の野辺の境界地帶は、住居空間により引き續き侵食されつつある。ソウルの不動産の暴騰により、首都圈に大規模な宅地の供給を決めた政府は、2018年夏に石場屯の野辺の一部を首都圈の宅地開發の對象地に含めた。干拓地として出發して今日まで300年近く、生命の糧食を供給していた農耕地がその壽命を終えようとしている。

　本書では、地域を制限して事例を通じて研究を行ったが、地域住民の暮らしには近づくことはできなかった。現在の住民を朝鮮後期の住民として遡及するのが難しく、主に歷史文獻と帳簿資料を利用した。ソウル大學校奎章閣韓國學研究院、韓國農村公社水原華城支社、國史編纂委員會、始興市廳に所藏されている資料を利用した。

[Abstract]

Long-term Changes in Land Ownership in Korea
The 250-Year History of Seokjang-dun in Siheung, Gyeonggi-do Province

Lee, Young-ho

This book presents the results of an empirical study on long-term land ownership changes in Korea for over 250 years from the late Joseon Dynasty era through the Japanese occupation period to the establishment of the nation-state after the liberation, with a focus on a specific case. The study subject is Seokjang-dun, a reclaimed land located on the boundary between Incheon-dohobu County and Ansan-gun County in Gyeonggi-do Province. The land currently belongs to Siheung City.

The book is divided into two parts according to two historical events: the land survey in 1910 and the land reform in 1950. The first part, based on the concepts of land ownership and *sujogwon* (right to collect tax), looks at the characteristics of land ownership and its changes in Korea starting from the reclamation of Seokjang-dun in 17C through the reform of the Daehan Empire to the land survey of the Japanese colonial authorities. The second part examines the process in which the colonial landlord system during the Japanese occupation period, where the inequality of land ownership reached its peak due to its commercialization, was transformed into peasants' land ownership through the land reform in 1950.

The first part is again divided into two parts, with Gabo(1894) Reform as a watershed. While land ownership and *sujogwon* coexisted during the late Joseon Dynasty era, the collision between the two rights after Gabo Reform led to the dispute between private and state ownership over lands.

First, the process in which the formation of Seokjang-dun through reclamation during the late Joseon Dynasty era established ownership over the land in a primitive manner was examined as follows. Jinhyulcheong (Bureau of Relief), which had overseen the reclamation, granted ownership to reclaimers and this transaction created the private ownership over the lands in Seokjang-dun. The reclaimers received the certificate that acknowledged their ownership over the lands that they had reclaimed from Jinhyucheong and local authorities. The reclaimers were able to freely inherit and sell their lands. Seokjang-dun, which was a new land established through reclamation, formed a vast farmland of a total of 50.861 *gyeol* (about 200 hectares), consisting of 37.763 *gyeol* of farmland in Incheon-dohobu County and 13.098 *gyeol* of farmland in Ansan-gun County.

Jinhyulcheong, which had supervised the reclamation, obtained the right to collect 100 *du* (1,800 liters) of rough rice or 40 du of rice per gyeol as tax from Seokjang-dun. Since the tax was higher than that generally imposed on a privately owned farmland (23 *du* of rice), the land ownership of the Seokjang-dun residents was limited and the land gradually became a "rough rice 100-du type farmland," differentiated from private farmlands. In sum, the tax collection structure in Seokjang-dun was as follows: Jinhyulcheong (the holder of *sujogwon*) ← the owners of Seokjang-dun (landowners) ← the tenants (agricultural producers). Meanwhile, the *sujogwon* was not maintained by Jinhyulcheong and was repeatedly transferred from one government institution to another.

After Gabo Reform, the rearrangement of *sujogwon* emerged as a focus of the reform. During the reform, attempts were made to put *yeokto* (post-station lands), *dunto* (public office lands), and *gungjangto* (royal palaces lands) under the government's integrated management system. To this end, the government investigated the tenants of each land unit and adjusted *dojo* (fixed rent). It also implemented the policy to incorporate all the farmlands associated with *gungbang* (royal palaces) and *amun* (public offices) into *gongto* (public lands). The problem was that it did not consider the origin of each farmland, but applied uniform standards to the reestablishment of *dojo* or the incorporation of the farmland into *gongto*. The residents of Seokjang-dun lost their ownership of their land, and it was in the crisis of being incorporated into the property of the government institution, which suggests collision between the land ownership of the Seokjang-dun residents and the *sujogown* of the government agency. The government, however, failed to extend its *sujogown* to land ownership, and the aspiration of the Seokjang-dun residents to remove *sujogwon* and acquire a complete ownership also ended in failure.

After Japan made Korea its protectorate, the issue of *sujogwon* and land ownership was raised again when Japan launched a project to reorganize *yeokto, dunto*, and *gungjangto* as part of a financial reform. The Japanese Residency-General integrated *yeokto, dunto*, and *gungjangto* into "*yeokdunto*" in June 1908 and designated them as state lands. The farmlands listed as *yeokdunto* were managed on the basis of a governmental landlord system under tenant farming contracts with terms of up to five years. Seokjang-dun was also subject to this land reorganization and the residents lost ownership over their farmlands. In the Yeokdunto Field Survey conducted from 1909 to 1910, the assessment based on the modern concept of land ownership, that is, the principle of "one owner in one land unit," was not applied and it remained unclear whether the state's right over the land was based on ownership, sujogwon, or an intermediate right. Seokjang-dun was handed over to the private ownership through a dispute process during the survey of the private lands after 1910. It took a lengthy and tedious process even in a "rough rice 100-*du* type farmland", which was similar to the private farmlands whose ownership had been freely sold and purchased among the people.

The second part of this book is divided into the Japanese occupation period and the post-liberation era. The former is characterized by the deepened inequality of land ownership and the spread of the colonial landlord system, while the latter is marked by the agricultural production based on the landlord system.

During the colonial period, Seokjang-dun was dissolved and became a private property as other private lands. The land became subject to a completely different condition in comparison with the cases where the unreturned farmlands, though they were private lands registered as other nationalized *gungjangto*, were incorporated into the *yeokdunto* landlord system of the Japanese Governor-General of Korea or sold to the Oriental Development Company. The typical colonial landlord system characterized by Japanese landowners and large farms was not implemented in this area. The absentee landlords who had connections with this area invested in lands for the maintenance of their properties and economic benefits. There were, of course, small- and medium-sized landlords in this area. However, the Seokjang-dun area displayed the characteristics of a general farming village where the landlord-tenant relationship among Koreans was pervasive and commonly distributed within the area in contrast with the formation of land-concentrated farms.

This book examines the case of the Ju Family of Sinan as an example from which how the landlord system of the Seokjang-dun area operated at that time can be presumed. It examines the aspects of the expansion of land ownership rather than the aspects of the management of holdings. The Ju Family invested their income from commercial activities in the collection of lands in their hometown. They also increased their lands by purchasing the *yeokdunto* sold to tenant farmers during the 1920s. Nonetheless, after the enforcement of the inheritance tax act in 1934, they turned their lands over to their children in large amounts. Statistics have shown the decline of the landlord system after the late 1930s and it can be attributed to the handing over of the lands by landlords due to the inheritance tax. The case of the Ju Family of Sinan, although it does not present a dramatic example of the typical colonial landlord system or its contradictions, demonstrates that the production based on the landlord-tenant system maximized the inequality of land ownership in this area as in the other farming villages during the colonial period.

The abolition of land ownership based on the landlord system was a challenge faced on a global scale after the Second World War. After the liberation of Korea, the dismantling of land ownership based on the landlord system and the realization of the peasants' land ownership were inevitable tasks in both South and North Korea. The same was the case in the Seokjang-dun area. However, the total area subject to the farmland reform greatly decreased as the landlords who had predicted the land reform had sold their owned lands. There were also many independent peasants whose land ownership rights were irrelevant to the distribution of lands. Therefore, the study introduced in this book carried out an analysis with a focus on the changes in the spread of land ownership before and after the distribution rather than on the distributed farmlands. Moreover, the study examined the changes within the area covered by the local irrigation association, which was inevitably affected by the special conditions of a reclaimed land, and their impact on the Ju Family of Sinan.

On the other hand, the study also examined the existing land reform document that was prepared by North Korea when it occupied this area during the Korean War. This enabled a comparison between the aspects of the abolition of land ownership based on the landlord system in South and North Korea. It was concluded from this analysis that the land reform in the occupied territory was not enough to supply energy to the war as South Korea's land reform had been already being enacted at the time and North Korea's land reform was at an insufficient level to excel it.

South Korea's land reform allowed peasants to have ownership over their lands but the problem lied in the negligible scale of the lands. Agricultural improvement was also promoted to enhance productivity, but it was demanded to expand the farmland area. The government encouraged the irrigation association to carry out new reclamation projects, on which the study focuses. Lands were reclaimed from the area near Seokjang-dun as well as from the tidal flats along the coast of Siheung. The newly reclaimed lands were also used as farms for the settlement of war refugees.

As discussed above, after the land reform, Korean agriculture was faced with the need for the expansion of the farmland area. The government's policy to increase reclaimed lands continued until the end of the 20th century. From the south to the north of the west coast, the reclamation of tidal flats was carried out. Furthermore, the peak was reached during the Saemangeum land reclamation project that was launched in 1991 and completed in 2010. Korea has already entered the stage where farmland is no longer a necessity because of the enhancement of productivity and the opening of the agricultural market. Rather, Korea has seen the advent of an era in which the argument that the natural ecological environment should be restored to protect tidal flats is gaining ground. The salt ponds below Seokjang-dun were recreated into the present Siheung Gaetgol Ecological Park and are now being used as an ecological educational resource. It is also insisted that the tidal flats should be restored to their original condition.

On the other hand, there has been a steady decrease in the total area of farmlands due to the creation of industrial complexes, the expansion of transportation infrastructure, and urban development. The pursuit of unearned income from land ownership through the development of house lots pervades the Korean society today and it is no exception for the Seokjang-dun area. The border areas in the fields of Seokjang-dun are constantly encroached on by the expansion of residential areas. The government, which decided to supply large-scale house lots to the capital area due to a surge in the real estate prices in Seoul, included a portion of the fields of Seokjang-dun in the development project area in the summer of 2018. The farmland that had been created from reclamation and had supplied the sustenance for life for about 300 years is now near the end of its life.

This book presents a study on the case of a limited area, and thus has limitations in examining the lives of the local residents. As it is difficult to associate the lives of the current residents with those of the people of the late Joseon Dynasty era, historical records and related official documents were used for this research. The resource contents mainly comprised the collections of the Seoul National University Kyujanggak Institute for Korean Studies, the Korea Rural Community Corporation Suwon and Hwaseong Branch, the National Institute of Korean History, and Siheung City Hall.

찾아보기

이영호(李榮昊/Lee, Young-ho)

서울대학교 국사학과 대학원 졸업(문학박사)
한국역사연구회 회장 역임
한국근대사회경제사, 한국근대민중운동사, 지역사 분야에서 연구활동
현재 인하대학교 사학과 교수

저서
『한국근대 지세제도와 농민운동』, 서울대학교출판부, 2001
『동학과 농민전쟁』, 혜안, 2004
『개항도시 제물포』, 민속원, 2017
『근대전환기 토지정책과 토지조사』, 서울대학교출판문화원, 2018

토지소유의 장기변동
- 경기도 시흥 석장둔의 250년 역사 -

초판 1쇄 발행일	2018년 12월 28일
초판 2쇄 발행일	2019년 12월 02일
지은이	이영호
펴낸이	한정희
편집부	한명진 김지선 박지현 유지혜 한주연
마케팅	전병관 하재일 유인순
펴낸곳	경인문화사
출판신고	제406-1973-000003호
주소	경기도 파주시 회동길 445-1 경인빌딩 B동 4층
대표전화	031-955-9300 **팩스** 031-955-9310
홈페이지	http://www.kyunginp.co.kr
이메일	kyungin@kyunginp.co.kr
ISBN	978-89-499-4787-7 94910
	978-89-499-4739-6 (세트)

값 33,000원
ⓒ 성균관대학교 동아시아학술원, 2019

* 이 도서의 국립중앙도서관 출판예정도서목록(CIP)은 서지정보유통지원시스템 홈페이지(http://seoji.nl.go.kr)와 국가자료공동목록시스템(http://www.nl.go.kr/kolisnet)에서 이용하실 수 있습니다.(CIP제어번호: CIP2016033455)
* 이 저서는 2013년도 정부(교육과학기술부)의 재원으로 한국학중앙연구원(한국학진흥사업단)의 지원을 받아 수행된 연구임(AKS-2013-KSS-1230001)